历史之眼
主编：姜进

弃夫潜逃

战时北平底层妇女的生活与犯罪

1937—1949

[美] 马钊 著

孔祥文 译

献给恺洋和淑萍

中文版序

新书出版是件令作者兴奋的事情，它标志着一个研究课题终于完成了学术生产流程并与读者见面，我期待着读者的审视、洞见与批评。本书的英文版于2015年出版，与中文版面世相隔10年，这也留给我很多时间反思书中关注的诸多学术问题，比如理论框架、历史中的个人经验与历史研究中的叙事结构之关系、国家与社会二元结构的预设，以及性别和阶级对个人生活实践的影响等。这些问题也是我在研究过程中经常思考的内容，我很高兴能借中文版出版之际，在此与读者分享一些理论思考与材料研读的心路历程。

我想有必要说明我的史学研究动因。我希望大家注意以下几个名字，他们是白凯（Kathryn Bernhardt）、苏成捷（Matthew H. Sommer）、白德瑞（Bradley Reed）、戴真兰（Janet Theiss）和作为法律社会史学家的黄宗智。这是一个兴起于20世纪90年代，以加利福尼亚大学洛杉矶分校为中心的新法律史研究团队。他们广泛使用保存在北京第一历史档案馆的材料，以及四川《巴县档案》《南部档案》、河北《宝坻档案》、台湾《淡新档案》等清代中央和地方司法审判档案，将立法与司法运作放置于广阔的社会文化变迁背景之中，以解读时代的兴衰，还原普通民众的个人生活。苏成捷教授曾经概括了新法律史研究的旨趣与特色：

> 相对于特权精英阶层，我更关心的是历史中的普通人和小人物，去了解他们的生活、境遇和想法，以及他们对历史的推动力。在法律案件中能找到很多关于这些普通人的资料，在别的

地方都没有,这也是我多年来钟爱法律案件的一个原因。[1]

这里提到的"普通人和小人物"的视角,是我开展这项研究的初衷。我也希望通过写作,"去了解他们的生活、境遇和想法,以及他们对历史的推动力"。

于是,我从 2003 年起,开始在北京的档案馆查阅民国时期北京地方法院的刑事审判档案,特别关注"妨害婚姻家庭"类的庭审材料。在阅读和抄录各种有关"通奸""诱拐"和"重婚"的案件材料时,最吸引我的是生活在老北京街头巷尾的下层妇女,以及她们的喜怒哀乐、悲欢离合。我希望回到历史现场,倾听当事人的诉说,追寻她们的身影,理解她们的抉择,讲述她们的故事。我对历史生活经验的关注,远远超过我对理论研究的兴趣。在近 3 年的查阅档案工作中,我抄录、复印了 400 余件刑事案卷材料,最终选取了 20 多个案例,构成了本书的基本叙事线索。在此,我要特别感谢这些材料中涉及的 700 余位有名有姓的妇女,她们生活在战乱时期的北京,囿于文化水平,不能用笔记述自己的生活。但是,她们的足迹与声音留在了尘封的法院案卷中,让我们得以看见她们游走于家庭、婚姻、道德和法律边缘的生活片段。我的首要任务是将这些细碎的生活片段和杂乱的声音文本拼接起来。在这个过程中,我依稀能看到她们忍饥挨饿时的一份苦楚,感受她们离家出走时的些许无奈,体会她们再婚改嫁时的某种期待,还能辨别出她们面对法官和警察自我辩解时那点狡黠的目光。坦率地讲,我无法改变作为 21 世纪的历史学家与生活在 20 世纪初战乱时期北京的普通人和小人物之间的时光差距,也无法改变我接受的西方史学训练的背景与我所试图了解的北京下层妇

---

[1] 见邱顾:《汉学家眼里的底层人物:美国斯坦福大学历史系教授苏成捷访谈》,《南方周末》,2015 年 3 月 27 日。

女之间的文化差异，但是我希望倾听她们的诉说，贴近她们的生活，勾勒她们的情感历程，讲述她们的故事。

妇女离家出走、弃夫潜逃等，并不是 20 世纪以后才出现的新现象，至少在明清时代就已经存在。在西方中国史学界，最著名的弃夫潜逃案例是史景迁所著《王氏之死：大历史背后的小人物命运》一书中的妇人王氏，意大利清史学者宝拉·帕德尼（Paula Paderni）也有专文研究清代刑科题本中出现的妇女弃夫潜逃问题。[1] 对此感兴趣的读者还可以参考苏成捷的新著《清代的一妻多夫与买妻卖妻：生存手段与法律制裁》，那里讲述了很多 18 世纪中国的光棍、买妻卖妻、共妻等问题。[2] 这些现象背后的家庭权力结构和社会道德习惯，都直接关乎 20 世纪 40 年代妇女生活的社会背景。我所要强调的是，妇女离家出走、弃夫潜逃的行为并非"现代性"的表达。或者说，40 年代的下层妇女并不需要从新文化运动和女性主义那里找灵感和动力，那些不见于纸面、却流行于社会之中的"潜规则"已经给她们提供了一套应对危机的策略。这些下层妇女是在法律和制度的空隙内谋生活，其生存手段让她们与国家保持一种逃而不离的关系。对于她们那些基于本能的日常生活行为，我不想赋予太多的、超出当事人理解范围的政治内涵，我只希望能在下层妇女的言行中发现她们的内心世界，并对她们的想法与抉择保持理解和同情。

下层妇女的生活不仅展现了她们的生存手段与情感历程，还为我们勾勒出国家权力在城市基层社会持续扩张的历史脉络。清末开始的户籍改革、警察制度改革、司法改革、婚姻登记制度改革，凡此种种，都是国

---

[1] Paula Paderni（宝拉·帕德尼），"I thought I Would Have Some Happy Days: Women Eloping in Eighteenth-Century China", in *Late Imperial China* 16, no. 1 (June 1995), pp.1–32.

[2] Matthew H. Sommer（苏成捷），*Polyandry and Wife-Selling in Qing Dynasty China: Survival Strategies and Judicial Interventions*, Stanford: Stanford University Press, 2015.

家建立官僚管理机构,强化行政管理手段的基本例证。市政管理对下层社会民众影响深远,特别是战争时期国家对经济生活和社会治安的高度重视,更空前强化了国家对社会的控制。很多涉案的妇女可以逃离家庭和婚姻,却无法逃脱细化并付诸实施的户口查验制度和常态化的巡逻制度。应该说,妇女犯罪、被捕、受审、获刑等并非20世纪以来的新现象,但此时国家机构应对犯罪的侦讯手段与惩戒能力,已经获得更大的发展。如果再考虑到当时北京施行的粮食配给、居住证、身份证等制度,我们可以看到国家行政权力在诸多私人生活场域内与普通妇女的"亲密接触",并对她们的生活造成深刻影响。对于下层妇女而言,抽象的"国家"并不存在,至少我没有从她们的口供中发现任何有关"党""国""主义""领袖"的表述。在她们的生活中,"国家"具体体现在各种行政管理者和一系列行政管理措施之中。清查户口的警察、站岗巡逻的宪兵、登记婚姻的文书、发放配给的保甲人员、主持庭审的法官和发动群众的干部,都是抽象"国家"概念的具体化身。妇女与政府的关系,或者说社会与国家的关系,就是在一次次的户口登记、居住证发放、婚书验证、配给口粮核发以及法庭调查和审判过程中被不断定义和实践的。

国家权力运作的另一个重要场域是文化道德改进,也就是清末以来经常见诸报端的"风俗改良""家庭改良""婚姻革命"等口号背后的各项改革措施。这里就出现了下层民众的生活实践和生存手段与政治和改革对下层民众的期许之间的多重紧张关系。试举一例说明语言表达层面的口号与实际生活的冲突:当法官问曰"结婚",妇女答以"找主",我们可以通过此处用语的差别想见两者对家庭内部权力结构的不同设定——前者强调夫妻双方应相互扶养,后者则凸显了妇女的经济依附地位。我们所熟悉的女性解放和社会改革的口号,例如"女性独立""男女平等""个人自由""社交公开"等,既非下层妇女的思想诉求,亦非她们的行动指南。这就出现了一个有意思的现象,国家倡导的行政管控与文化改造的效果并不一致,前者显而易见,而后者并不明显。这种差距也进一步激发了国家将自身视为"管理者"与"启蒙者"的双重努力。

以上是我的一点学术总结,希望对读者了解本书的研究旨趣与写作路径有所帮助。

如序言开篇提到的,学术研究本身是学者个人的学术创意,但这个研究过程仰赖同仁、评审、翻译、编辑等多方构建的学术共同体。我非常感谢上海教育出版社将本书收入"历史之眼"译丛,使我有机会将研究成果分享给中国学界与读者。在翻译与出版过程中,我首先要感谢译者。本书翻译的工作几经易手,首先是圣路易斯华盛顿大学的几位研究生,特别是汪闵、王奕涵、张媚等,他们利用课余和暑假的时间,对本书的若干章节做了初步翻译。接下来的翻译和校对工作由孔祥文女士接手并完成。孔祥文是文化和旅游部清史纂修与研究中心的工作人员,也是我在中国人民大学清史研究所求学期间的同班同学,她为人豪爽大度,对待工作一丝不苟。近年来,她在学术翻译领域成绩斐然,先后翻译了《甲午战争:一个意大利人的记述》《北京:公共空间和城市生活》。她扎实的史学研究功底以及深厚的学术翻译能力与经验,保证了本书的翻译质量。我在此深表感谢。

就出版而言,我最先是从姜进教授那里了解到"历史之眼"译丛。姜老师在城市史、文化史、妇女史等领域深耕细读,不仅培养了一代中国青年学者,还致力于中西学术交流,用研讨会、译丛书系等架设学术沟通的桥梁,建立跨国与跨学科的学术共同体。我非常有幸能成为这个共同体中的一员。经姜老师介绍,我先后结识了林凡凡、余璇两位编辑,她们为本书的翻译与出版付出了辛苦努力。上海与圣路易斯有10小时的时差,我经常会在上海的深夜或黎明时分发出问题或做出回答。这都不在她们的工作时段,但是两位编辑总能及时回复。这不仅加快了工作的进度,也经常让我想象我们是同处一城的工作伙伴,可以无时不刻的互相帮助、共同进步。

最后我想说的是,从研究、写作、英文出版,到翻译、中文版出版,本书历经 20 年,与我相伴始终的是我在约翰斯·霍普金斯大学的老师与同学,是我的父母与好友,是我的夫人李淑萍,还有亲爱的马恺洋同学。你们所给予我的友情与亲情,伴随我留学、工作、研究、生活的每个阶段,谢谢你们!

目 录

前言/1
 火线危城：战乱中的北平/5
 下层妇女的生存手段/10
 出逃与归案/18
 为妇之道：从改革到革命/26
 司法档案中的日常生活/31

第一部分　艰难时世/39

第一章　劳作中的妇女/41
 "职业"一词的演变/45
 妇女与城市政治经济学/48
 工厂女工/57
 服务业/67
 家庭空间、工作场所/74
 做工、性关系与有偿性交易/79
 结语/89

第二章　供养问题/92
 钱的问题/95
 惩治逃妻/107
 绝望的妻子和焦虑的丈夫/117
 结语/124

第二部分　街头巷尾 / 127

第三章　大杂院小社会 / 129

"墙中之墙" / 133

迁移中的城市 / 138

形成中的大杂院 / 144

定位大杂院 / 154

负面印象中的大杂院 / 162

犯罪因素 / 167

妇女们的关系网 / 172

结语 / 187

第四章　重婚的考量 / 189

婚礼现场 / 192

"耗费家财" / 200

不稳定的婚姻 / 203

法律与习俗之间 / 206

来自国家的审视 / 212

结语 / 223

第三部分　游走城乡 / 225

第五章　人口流动与生存手段 / 227

流动的生活 / 230

铁路客运 / 241

公路客运 / 249

犯罪"投资" / 255

买卖妇女 / 259

走私商品 / 269

结语/280

第六章　流动的秩序/282

　　旅行的性别意义/285

　　四海为家/292

　　登记制度/299

　　即时管理,追踪查验/308

　　行动中的国家/314

　　结语/322

结论/324

　　构建日常苦难/327

　　重塑街道经济/332

　　妇女与社会主义基层治理/334

参考文献/340

致谢/365

前　言[*]

  1943年夏,在日军占领下的北平市内二区太平湖营房11号,住着李友勋与李杨氏夫妇二人。李友勋,时年34岁,靠做"小生意"养家糊口;李杨氏,时年23岁,无业在家。此时北平城内百业萧条,二人生活困难。为了挣钱贴补家用,李杨氏来到邻居刘福来家中,"帮他们捡烂纸"。李友勋嘴上不说,心中却多有不快,因为他觉察到妻子与刘福来之间另有隐情。"九月间不计日期,我[李友勋]晚间回家,不见我妻。等候至夜一时余,我妻方回。我问她到何处去了,她说同刘福来看电影去了,我心里明白。"李友勋并未与妻子当面对质,这可能是按他本人所说,"为颜面关系,并未深究";也可能是因为李友勋生活困难,人穷志短,舍不得放弃妻子帮工的收入。无论原因如何,李杨氏与刘福来关系依旧。直到有一天,李杨氏收工之时,天色将晚,刘福来送她回家,二人"就在野地里有的事",之后又"野合过几次"。[1]

  到了1944年,日本在太平洋战场败征渐显,北平城内物资供应不足,粮食匮乏,居民生活愈发困难。就在此时,刘福来本人与其母亲都劝说李杨氏"跟刘福来回原籍过度",并许诺给她"好吃好穿"。经二

---

[*] 本书在撰写过程中,为符合英文表达的习惯,对书中所涉案件内容的表述做了简化处理。在译为中文时,作者在英文版的基础上对案件原始档案及部分内容进行了补充。编者注:1928年6月28日,南京国民政府改北京为北平,设为特别市;1949年9月27日,北平改名为北京。本书行文尽量遵从这一史实。

[1] 北平伪地方法院,J65-8-6347,刘福来(1944)。本书司法审判档案,皆源自北京市档案馆,文献名称保留原档案题名,依次包括"全宗-目录-卷号",案件被告人,庭审年份等。

人再三劝说,李杨氏决计弃夫潜逃。2月28日早8时余,"刘福来遂将我[李杨氏]带到前门外东车站,一同乘火车到通县南关段家小店暂住"。安顿之后,刘福来给了李杨氏5元钱,"叫我[李杨氏]在那里等着,他返京料理家事后,一二日内到通县,带我回他们老家"。李杨氏离家出走之后,李友勋见妻子下落不明,立即报警,并指称刘福来有作案嫌疑。警方展开调查,随后在两人暂居的小店内将其抓获。1944年3月6日,北平伪地方检察署以"通奸罪"起诉李杨氏与刘福来。

李杨氏的坎坷经历被记录在北平伪地方法院刑事审判案卷中,现存于北京市档案馆。审判案卷按被告所受刑事指控分类,按初审开庭时间排序。李杨氏一案被归为"妨害婚姻家庭罪"类,该类别包括"通奸""诱拐""重婚"三种罪行。现存案卷上起1939年,下至1949年。李杨氏一案及类似案件揭示了日伪统治及解放战争时期北平政治与社会生活的一些突出特点:政治动乱与战争(这既包括实际发生的战乱,也包括战争引发的恐惧)导致经济衰败;粮食及其他重要生活用品面临持续、结构性短缺;民生凋敝与愈演愈烈的贫困问题;由于生计所迫,妇女做出违背道德准则和法律规定的行为;巡警接到报案,调查处理各种违法案件;检察署与地方法院依法裁定家庭纠纷等。上述特点展现了目前研究20世纪上半叶中国城市史和妇女史的一系列重大主题——政权更替、城市贫困和缓足不前的社会改革运动,通过打击犯罪而不断推进的国家政权建设等。在对上述宏大叙事的研究中,受到关注的往往是当时那些行政管理机构和政府官员,他们负责规划城市社会结构和制定道德规范,也界定妇女的身份和行为准则。

然而,以李杨氏为代表的刑事审判案卷中的个人经历,展现出不同于宏大叙事的其他一些战时北平妇女生活的侧面,比如:妇女从事正式工作的机会十分有限,但是在以手工业、小生意及非法交易等构成的城市"非正规经济活动"(informal economy,或曰"灰色经济")中,她们找到了许多谋生机会;妇女在处理人际关系时,常常是从自己的经济和情感需求出发,邻里关系则满足了这些需求;此外,以火车和长途汽车为代表的现代运输工具大大提高了人口的流动性,妇女得以穿行于商业与犯罪的地域网络之中。本书旨在追溯与研究下层妇女日常生活中的苦乐片段,不再只是关注领袖、政党、意识形态、社会组织、法律,甚至官方语言代表的"顶层设计";相反,我们更需要了解在令人恐惧的战争、侵略、贫困、改革运动,以及革命政治的压力下,下层妇女所认可和践行的那些生存手段。

"生存手段"(everyday tactics)这一概念,来自米歇尔·德·塞托(Michel de Certeau)所著《日常生活实践》一书。它指的是"对话、阅读、搬迁、购物、烹饪等"日常活动。[1] 生存手段根植于日常生活中的种种困苦和愉悦,使得人们不断"灵活地处理特定的情况,使其成为可以为己所用的机遇",并"使不利因素服务于自己的需求"。[2] 个人的生存手段"蕴含着一种自身内在逻辑",提供了"一系列经过实践证明是行之有效的解决方案,个人可以根据自己认定的需求,从中加以选择利用"。[3] 塞托认为生存手段是一种"弱者的艺术"(an art of the weak)。当那些"福柯式"(Foucauldian)的政策与机构试图通过强化规训和惩罚来改造人们的思想、身体及精神之时,这些手段让人们既得以生存,又不必完全屈服于外来压力。[4] 通过关注妇女的生存手段,本书试图探讨下述问题:政治和社会变革如何改变与建构了下层妇女的城市生活空间?

---

[1] Michel de Certeau(米歇尔·德·塞托),*The Practice of Everyday Life*(《日常生活实践》),Berkeley:University of California Press,2011,p.xvii.
[2] 同上,p.xix。
[3] Graham Ward,*The Certeau Reader*,Oxford:Blackwell Publishers,Ltd.,2000,p.100.
[4] Michel de Certeau(米歇尔·德·塞托),*The Practice of Everyday Life*(《日常生活实践》),p.37.

社会变革给下层妇女的日常生活带来了何种危险与机遇？战乱中妇女与男子的生存手段有何区别？下层生活实践如何区别于上层统治理念和改革话语？生存手段和生活实践如何塑造了妇女对自身性别、社会地位及家庭关系的理解？生活在20世纪上半叶北平城内的下层妇女，面临着城市管理体系的变革，耳闻目睹了政党与知识阶层倡导的各种社会改革措施，还要面对深入基层的革命动员，她们是如何回应这些改革与革命工作的？通过回答这些问题，我们将发现一套非官方的价值观与行为实践，它们建立在个人对城市经济、社会空间、邻里关系、成规惯例以及传统社会性别角色规范的私密且深刻认识的基础之上，使下层妇女可以名正言顺地利用特定的生存手段满足自己的需求。

妇女的生存手段及其背后的逻辑，为我们展现了两个不同的世界和两套不同的内在秩序：一个世界是由行政规定、法律条文、治安措施、改革和革命话语所规定，这个世界是官方的、有秩序的、文明的、受到严格管理的，且时常为男性所主导。[1] 与此相对应，另一个世界里充斥着非

---

[1] 今天的研究者之所以能够熟知这个官方世界，应当归功于20世纪80年代末以来大量涌现的城市史研究成果。其中重要著作包括：史明正《走向近代化的北京城》、David Strand（史谦德），*Rickshaw Beijing: City People and Politics in the 1920s*《北京的人力车夫：1920年代的市民与政治》）、Madeleine Yue Dong（董玥），*Republican Beijing: The City and Its Histories*（《民国北京：历史与怀旧》）等。中国的现代城市改革意识并非仅仅出现在北京，还应该注意到，北京的城市改革实际上是一场全国城市行政管理改革运动的产物，这场运动也改变了中国的其他很多城市。这一方面的著作包括Joseph W. Esherick（周锡瑞）edited, *Remaking the Chinese City: Modernity and National Identity, 1900–1950*; Michael Tsin（钱增瑗），*Nation, Governance, and Modernity in China: Canton, 1900–1927*; Kristin Stapleton（司昆仑），*Civilizing Chengdu: Chinese Urban Reform, 1895–1937*; Zwia Lipkin（李慈），*Useless to the State: "Social Problems" and Social Engineering in Nationalist Nanjing, 1927–1937*; Peter J. Carroll（柯必德），*Between Heaven and Modernity: Reconstructing Suzhou 1895–1937*（《天堂与现代性之间：建设苏州（1895—1937）》）等。

正式的经济活动、约定俗成的行为习惯、邻里关系、依据等级关系划分的家庭权力结构、非法关系和犯罪活动等。这个世界是非官方的、灵活的、不守规矩的、混乱的、行为规范模糊不清、违法犯罪活动猖獗。这第二个世界，即像李杨氏一样的下层妇女生活的"地下世界"（the underworld），是本书关注的重点。通过研究下层妇女们生活的世界是如何变成了地下世界，追溯这个地下世界及其秩序在何时何处与官方世界发生重叠与冲突，本书试图理解这个地下世界的组织和运转规律，以及它对生活于其中的下层妇女的作用与意义。

可以说，到19世纪末为止，北京城中的大多数妇女都生活在这个地下世界里，而她们中的大多数人已经习惯了这个世界且游刃有余。但是在20世纪上半叶，包括日伪统治和解放战争时期，城市的管理者和社会领袖发起了各种改革运动，意在消除这个地下世界存在的政治模糊性、道德的暧昧性和犯罪的可能性。在这些大规模运动的压力之下，这个地下世界却持续存在，并遵循着自己的逻辑运转着。此外，本书也认为，下层妇女能够在战时及战后的北平，重塑这个由男性统治的城市，并且巧妙地破坏，或者说"逃避但不离开"男性统治力量主导的国家监控体系，正是基于她们在日常生活中形成且不断自我复制的生存手段。

火线危城：战乱中的北平

从1937年到1949年，北平深陷重重危机。1937年7月7日夜，枪炮声响划破宛平县城的夜空，日军向驻扎在当地的中国军队发起了进攻。双方交火彻夜未停。次日清晨日军增援部队赶到，中国军队虽然遭受了损失，但还在坚守阵地。7月9日，双方签订了停火协议。对于北平的普通居民和西方国家侨民来说，接下来的几天，北平城中弥漫着一种

"不自然的宁静"。[1] 一个美国人回忆道:"北平城里的生活像往常一样,人们怀疑(这场事变)是否只是又一次假警报,是否仅仅是一场转瞬即逝的炎夏的疯狂。"[2] 不过在平静的外表下,中日双方之间正进行着紧张的谈判。7月9日,日军开出了停战条件,要求中国驻军向日军道歉,处分涉事军官,撤出永定河左岸中国驻军,取缔"蓝衣社"等抗日组织。[3] 中方接受了这些苛刻的条件,但是日方并未撤军,并相继攻占廊坊、南苑等地,7月29日,北平沦陷。

面对日军的侵略,中国军队节节抵抗,战火遍布平津和华北广大地区。焦灼的战况和随后日本的军事占领,造成了持续几周的政治动荡和社会混乱。战事一结束,日方就将注意力从军事侵略转移到政权建设上面。起初只是在重点地区扶植亲日地方政权,但很快扩展到了更为广阔的日军占领区域。1937年7月29日,日军出面组织"北平地方治安维持会",开始重建法律和秩序。[4] 8月6日,新一届市政府成立,填补了政权上的真空。12月14日,日本扶持的"中华民国临时政府"成立。到了1938年初,横跨数省的华北沦陷区分别由三个傀儡政府管辖:以平津两市为中心,包括河北、河南、山西、山东四省,由伪临时政府管辖,后因其1940年并入汪伪政府后改称"华北政务委员会";北平以北的热河省属于伪满管辖;西北方向的绥远和察哈尔两省则由"蒙疆联合自治政府"管辖。

1　Peter Lum, *My Own Pair of Wings*, San Francisco: Chinese Materials Center, Inc. 1981, p.196.
2　同上。
3　郭贵儒、封汉章、张同乐:《华北伪政权史稿:从"临时政府"到"华北政务委员会"》,北京:社会科学文献出版社,2007年,138—139页。
4　John Hunter Boyle(约翰·亨特·博伊尔), *China and Japan at War 1937‐1945: The Politics of Collaboration*(《中日战争时期的通敌内幕 1937—1945》), Stanford: Stanford University Press, 1972, pp.84‐85.

1945年8月,日本战败,国民政府光复北平,结束了日伪统治。然而不到一年,中国又陷入了另一场战争。1946年夏,国共和谈破裂,内战爆发。此时北平是国民党华北"剿总"所在地、军政指挥中心,共产党虽顽强作战,尚无法对北平等主要城市形成有效攻势。随着1948年冬辽沈战役的结束,共产党在东北地区取得决定性胜利,华北形势也渐趋明朗。1948年11月,解放军兵临城下,1949年1月,北平和平解放。10月1日,中华人民共和国宣告成立。

在传统的历史研究中,1937年日本全面侵华、1945年抗战胜利国民党政权光复北平、1949年共产党取得解放战争的胜利等重要历史事件,成为研究者划分历史时期的重要依据。持续不断的战乱将1937年至1949年的历史,与之前的国民党南京政府时期和之后的共产党领导下的新中国区分开来。政治事件成为历史叙事的关键节点,这种以政权更替为绝对依据的历史分期方法,有助于书写线性政治历史。北平地方史研究尤其偏爱这种政治叙事方法,试图将包括"抗战"与"内战"在内的这段战争时期描述成北平近代史中一段非常特殊的时段。在这个时期,人民面临巨大的生命与财产安全的威胁,对政治前景倍感挫折,还要经受严重的社会动荡。然而,"哪里有压迫,哪里就有反抗",战争的苦难唤醒了人民的抵抗意识,将人民团结在共产党开创和领导的群众运动中,缔造了人民战争的英雄主义和革命伟业。这样的革命政治历史叙事,有助于史学家把北平这座城市和城市居民塑造成反抗国内外敌人的伟大力量。[1]

西方学者有意识地要突破上述革命史框架,因为在他们的眼中,这种从混乱到和平、从沦陷到独立的历史叙事,有很强的意识形态的意涵,

---

[1] 有关这种以政治叙事为脉络的研究,可参见中国人民政治协商会议北京市委员会、文史资料研究委员会编:《日伪统治下的北平》,以及曹子西编:《北京通史》第9卷,北京:中国书店出版社,1994年。

突出了革命政党在历史发展进程中的领导作用。虽然西方学者着力淡化政治叙事,但是他们也认可战争的动员作用,即战争使妇女变得更为激进。在国统区,上层妇女投身政治运动,她们走上街头,宣传动员,救助伤兵和难民。[1] 下层女性也跻身抗战救亡运动,何稼书(Joshua Howard)通过对重庆棉纺厂的研究指出,纺织女工加入了"为军队伤员募捐、张贴宣传抗日的墙报"等活动,这些活动"出人意料地提高了工人的自我价值意识和她们对合理待遇的要求"。[2] 显然,领导战争动员的不仅是国民党和各种进步团体,共产党也发挥了重要作用。曾经迫于国民党的"白色恐怖",共产党从城市转移到农村,抗战爆发之后,又重新回到城市劳工政治的舞台。韩起澜(Emily Honig)指出,"为了吸引更多女工加入共产党,共产党试图改造当时业已存在的女工组织,比如姐妹会和基督教女青年会学校等"。[3] 通过对这些妇女组织的渗透和改造,共产党可以紧密联系女工大众;以此为基础,到了解放战争后期,共产党

[1] Louise Edwards(李木兰), *Gender, Politics, and Democracy: Women's Suffrage in China* (《性别、政治与民主:近代中国的妇女参政》), Stanford: Stanford University Press, 2008; Danke Li(李丹柯), *Echoes of Chongqing: Women in Wartime China*, Chicago: University of Illinois Press, 2010; Federica Ferlanti, "*The New Life Movement in Jiangxi Province, 1934 – 1938*", *Modern Asian Studies* 44, no. 5(September 2010), pp.961 – 1000; Harriet Zurndorfer(宋汉理), "Wartime Refugee Relief in Chinese Cities and Women's Political Activism", in *New Narratives of Urban Space in Republican Chinese Cities: Emerging Social, Legal and Governance Orders*, edited by Billy K. L. So(苏基朗) and Madeleine Zelin(曾小萍), Leiden and Boston: Brill, 2013, pp.65 – 91.

[2] Joshua Howard(何稼书), "The Politicization of Women Workers at War: Labour in Chongqing's Cotton Mills during the Anti-Japanese War", *Modern Asian Studies* 47, no. 6(November 2013), p.1922.

[3] Emily Honig(韩起澜), *Sisters and Strangers: Women in the Shanghai Cotton Mills 1919 – 1949*(《姐妹们与陌生人:上海棉纱厂女工,1919—1949》), Stanford: Stanford University Press, 1986, p.225; 也参见 Elizabeth Perry(裴宜理), *Shanghai on Strike: The Politics of Chinese Labor*(《上海罢工:中国工人政治研究》), Stanford: Stanford University Press, 1995.

得以向女工传达政策,组织她们参加罢工和示威运动。同样的情况也出现在解放区,妇女处于农村革命的前沿,她们参加妇女救国会和各种学习小组,在农业生产中发挥巨大作用。[1] 共产党鼓励并奖励妇女参加土地改革、婚姻改革等运动,参与根据地的社会和经济改革。[2] 妇女不仅为战争时期各项动员工作做出了巨大贡献,还对自身承担的社会角色和政治责任有了新的理解。戴安娜·拉里(Diana Lary)曾经这样总结:

> 战争改变了中国社会的性别平衡。对于许多妇女而言,她们以往生活在父亲和丈夫的保护之下,可是现在要学习如何自己解决问题,自食其力。情势所迫下得来的种种自由,促使妇女开始改变从前依赖男性的生活模式,这赋予她们机会实现自我解放。[3]

在很多后来的研究者眼中,这些战乱时期的政治事件的确令人印象深刻,甚至极不寻常。在某些方面,这些事件确实影响深远。但是,这种启蒙和进步的叙事并非理解这一时期历史的唯一框架,这些政治事件的影响力也并非如此广泛而重大。北平下层妇女生活所展现的,往往并非政治事件所引发的改革与革命,而是危机和生存之间周而复始的循环。

20世纪上半叶,周期性的政治动乱给这座城市和生活于此的居民带来巨大灾难。1900年,义和团运动引发的八国联军入侵,席卷京城。1911年,清王朝覆灭,经过短暂的民初袁世凯统治,各路军阀逐鹿中原;

---

[1] Kay Ann Johnson, *Women, the Family, and Peasant Revolution in China*, Chicago: The University of Chicago Press, 1983, p.64.

[2] 同上,pp.63-89。

[3] Diana Lary, *The Chinese People at War: Human Suffering and Social Transformation, 1937-1945*, New York: Cambridge University Press, 2010, p.6.

为了控制中央政府和扩大势力范围,军阀之间相互倾轧,内战不绝。1926年到1928年间,国民党北伐成功,结束北洋军阀统治,在名义上实现了国家的再次统一。但是整个30年代,不仅新军阀内战不断,日军的挑衅与外交勒索成为统治当局和市民不得不面对的新威胁。抗日战争和解放战争接踵而来,当1949年1月1日共产党领导下的人民政府成立,这已经是25年来市民们所经历的第五个政权。

政局动荡总会引发经济危机,1928年,国民政府定都南京,将北平从国都降格为"特别市",这一决定令北平的地方经济丧失了来自中央财政的支持,而且导致城市最富有的居民阶层,如中央政府官员及其家属等陆续南迁,由此造成了巨大的经济损失。[1] 20世纪30年代,北平陷入长时期的经济衰退,随后又经历了抗战与内战时期的粮荒和通货膨胀。由此看来,战时北平的政治动荡与经济危机并不是前所未有的;相反,这些都是长期存在的问题。对于本地居民而言,这些周而复始的危机,无时无刻不在威胁着日常生活,也迫使人们不得不想出一套生存手段以度过艰难时世。

下层妇女的生存手段

李杨氏一案反映了战乱时期北平市民苦难生活的一个片段,虽然短暂,却很具有代表性。当李杨氏与邻居刘福来在1943年搭伙做生意时,日伪在北平的统治已经进入了第六个年头。尽管在日本占领当局的铁腕统治之下,华北政治局势相对稳定,但是经济情况却日渐恶化。战争尚在进行,伪政府调运各种资源到华北以外的广大地区,用以支持军事

1　Madeleine Yue Dong(董玥),*Republican Beijing: The City and Its Histories*(《民国北京城:历史与怀旧》),Berkeley:University of California Press, 2003, p.106.

行动,北平居民不得不面对粮食的极度匮乏和严重的通货膨胀。为缓解日益严峻的经济困境,伪政府于1943年7月24日开始向广大市民发放"混合面"。这是一种以豆饼为主,掺杂红高粱、黑豆、红薯干等合磨成的面,其中的主要原料"豆饼是榨出了油的豆渣子压成的饼,原来是喂骡马、大畜生的饲料"。[1] 8月初,混合面不仅没有缓解粮荒,反而因其中掺杂了大量不卫生的成分,在北平西郊引发霍乱。为了应对这场公共卫生危机,伪政府不得不切断了西郊工业区与城区之间的联系,隔离措施持续了数周。[2] 8月底,主要粮食价格飞涨,面粉、小米、玉米面的价格分别增长了45%、39%、12%。[3] 半年之后,也就是李杨氏被捕之时,粮价再次上涨,面粉、小米、玉米面的价格分别增长25%、50%、47%。[4]

李杨氏和其他生活在战乱中的北平下层妇女尝试了多种方法,克服生活中的重重困难。她们的生存手段与城市生活的物质环境密切相关。大多数妇女生活在北平的城区,这包括一个近似正方形的内城(下辖7个区)与一个呈长方形的外城(下辖5个区)。环绕北平的城墙始建于明代,最初是为了抵御南侵的蒙古铁骑而建。高耸的城墙不仅使游历者产生几分敬畏之情,也给城市居民提供了一些安全感。但是城墙将北平城营造成一个巨大的封闭空间实体,导致人口只能在城市内部膨胀,这与罗威廉(William Rowe)描述的19世纪汉口城市的人口过密发展相类似。[5] 20世

---

1 白宝华:《鞠躬、混合面、"献铜献铁"》,见中国人民政治协商会议北京市委员会、文史资料委员会编:《文史资料选编》,第52辑(1995年),118—120页。
2 北京市社会科学历史研究所、《北京历史纪年》编写组编:《北京历史纪年》,北京:北京出版社,1984年,345—346页。
3 伪财政部冀察热区直接税局北平分局,J211-1-4,"北平批发物价指数调查表",1943—1944年。
4 同上。
5 William Rowe(罗威廉),*Hankow: Conflict and Community in a Chinese City, 1796-1895*(《汉口:一个中国城市的冲突和社区(1796—1895)》),Stanford:Stanford University Press, 1989, p.5.

纪初的几次市政人口统计显示,1935年北平市辖境内70%的人口居住在城墙以内的城区,从1917年至1935年的18年间,城区人口从81万余人增加到了110余万人,增幅达37%。[1]

几个世纪以来人口的自然增长,以及19世纪初以来持续的人口迁入,特别是从20世纪初开始的农村劳动力的大量涌入,不仅导致北平城内人口密度大幅上升,也使城区内和紧邻城墙的区域形成了众多贫民聚居区。为了容纳日益增加的人口,已有的住宅被再度分割,同时还出现了很多用劣质建筑材料搭建的临时居所。这一过程逐渐使北平的城市空间变成了一锅"大杂烩",低矮杂乱的贫民区与明清两代帝都的皇家建筑、政府建筑、商业设施,以及维护良好的民宅并存。大户人家的豪华宅邸与城市贫民的破旧房屋截然不同,漫步在北平城内,人们会清楚地看到这两个相互对立但又相互联系的世界之间生动而又迷人的对比。对下层妇女来说,不论她们生在北平,或是初来乍到,城市生活体验总与大杂院息息相关。一些妇女建立了她们的小家庭,与丈夫和孩子生活在一起。其他人则生活在她们嫁入的大家庭中,但是这种合家而居的模式并非表明她们秉承传统四世同堂的家族理念,不过是出于实用性的考量——大家庭共同生活便于所有家庭成员分享物质资源,维持生计。

对妇女而言,城市空间不仅体现阶级差异,也被性别的因素重构。北平一直是一个由男性主导的世界。20世纪上半叶,男性人口一直远超女性,男女性别比例为149∶100,在李杨氏生活的内二区,该比例为140∶100。[2] 男性在大街小巷维护法纪、疏导交通、招揽顾客、拉车淘粪、惹是生非,仅仅通过这些日常活动和生计,他们就可以显示并强化在

---

[1] 韩光辉:《北京历史人口地理》,北京:北京大学出版社,1996年,131页。
[2] 北平市档案馆藏资料(1949年以前),12-2-273,北平市伪政府公安局,"违警人数及罪名统计表",1943年。

城市中的存在感。与男性相反,妇女的活动区域多在街头巷尾,远离闹市,她们是构成下层社会中大杂院与贫民家庭生活节奏的主要群体。

正是在这样的环境中,下层妇女度过了她们日常生活中的绝大部分时光。逼仄的居住环境迫使妇女将家庭生活扩展到院子和胡同等公共空间之中,日常活动将大杂院变成了多功能的城市空间,提供了各种经济机会,支持众多社会交往,维持多样情感纽带。这些机遇和活动所涉及的范围极为广泛,比如妇女们可以将家庭的居住空间变成手工业作坊,用于纺线织布、挑补绣花、纳鞋底、糊火柴盒、做纸花、织地毯,等等。她们也可以灵活地安排家务劳动,留出时间从事手工业生产,将居住空间与工作场所合二为一。一旦为生计所迫,妇女有时也可能在此进行各种犯罪活动,比如买卖人口、卖淫等。在这样的大杂院空间环境中,下层妇女建立了邻里网络,产生各种经济交往,发展了两性关系,这些复杂多样的关系构成了下层社会日常生活的基本交往类型。

北平地方法院刑事审判案卷显示,下层妇女利用城市的经济、社会、道德环境,来解决日常生活中的难题。通过追踪她们的城市生活轨迹,我们可以试图解答下列问题:当妇女们收入匮乏,又无法得到家人的帮助时,她们该如何维持生计?当妇女们无法加入学校、工厂、民间社团或政党之类的正式公共机构,她们该如何发展人际关系和社会网络?在家庭、社区与城市的空间限制之外,她们还能获取何种机会?妇女们怎样根据个人需求,利用城市空间去应对国家的严苛政策?通过考察下层妇女的抉择和行动,我们可以了解战乱、日伪统治、政治动荡以及经济危机等因素,对战时北平下层社区中的个人生活、婚姻和家庭的巨大影响。

在追寻下层妇女的城市体验的基础上,本书共分三个部分,每一部分包括两个相互关联的章节,着重讨论下层妇女赖以谋生的若干重要资源,例如城市灰色经济、多样化的工作、依托邻里关系建构的社交网络、不稳定的婚姻两性关系、跨区域的人口流动等。这些城市经济与社会资源，使妇女能够暂时逃离或者适当缓解战乱引发的生存压力。

本书的第一部分"艰难时世"关注的是下层妇女的城市经济生活，考察她们如何在工作与家庭的夹缝中，获取日益稀缺的生活资料。第一章勾勒出下层妇女的生存危机和生存手段与20世纪初北平"二元经济结构"之间的关系。董玥曾经用"低工业化与高商业化"来概括这一"二元经济结构"：20世纪上半叶北平城市的现代工业体系极不健全，发展极为缓慢，因此无法给妇女提供大规模的就业机会；同时，北平地处华北地区交通运输要冲，是商业贸易的重要枢纽，拥有高度发达的商品经济。[1] 频繁的商品交换与服务业的高度发展，不仅是地方经济的重要支柱，还带动了城市灰色经济的发展。从日常生活用品到人力资源，甚至包括妇女的身体，都可以成为有偿交换的商品。从缝补衣服，到生产与生育，也包括各种形式的性服务，都可以成为妇女获取收入的手段。刑事档案材料显示，下层妇女尝试通过非正式的、临时的，甚至是非法或非道德的机会挣钱，在巨大的城市灰色经济地带里寻找生存机会。以妇女多样化的生存手段为背景，第二章将通过刑事档案中围绕"供养"问题的争论，分析妇女对婚姻、夫妻关系和家庭经济结构的理解。在司法官员和社会改革者的眼中，拮据的生活不仅威胁了妇女个人生活，也削弱了婚姻和家庭的经济基础。与此同时，为物质生活所迫而建立的婚姻关系，不仅缺乏稳固的感情和经济基础，也有悖于"五四"新文化运动所倡导的自由恋爱、夫妻平等与服务国家社会的新婚姻家庭理念。换言之，贫困生活剥夺了妇女独立生活的机会，使之成为家庭经济生活中的被供养人，强化了妇女对男权家庭与社会结构的依赖性。然而在庭审过程

---

[1] Madeleine Yue Dong（董玥），*Republican Beijing: The City and Its Histories*（《民国北京城：历史与怀旧》），p.105.

中,许多妇女正是利用这种依附关系,以"贫困"和"不养"为理由,为自己离家出走或弃夫改嫁的行为辩护。也就是说,她们利用不平等的夫妻关系,将其作为一种策略性的选择,这种对婚姻关系普遍存在的理解,为妇女提供了一种修辞的武器,用来开脱违法行为。

本书的第二部分"街头巷尾"着眼于妇女日常生活所处的家庭空间和街巷院落空间,分析下层妇女如何在日常交往的基础上,建立起邻里社交网络,应对生活中的挑战与危机。第三章指出,胡同与大杂院是下层妇女的日常生活空间,在城市的行政管理者和社会改革者的眼中,这个空间是混杂、拥挤、肮脏不堪的,是滋生贫困与犯罪的温床。生活在其中的家庭与个人毫无隐私可言,生活条件也令人担忧,甚至是难以忍受。不仅如此,根深蒂固的贫困和与日俱增的经济困境,使得居民们没有改善生活的能力。家庭的困苦毫无保留地呈现在邻居面前,邻里之间的交往也常常引发婚外性行为与其他违法行为。与上述负面评论形成鲜明对照的是刑事档案里展现出的下层妇女如何理解胡同和大杂院的各种功用,在她们的眼中,生活空间里虽然存在种种不便,但其中的各种关系对她们的生活有所帮助。比如邻里之间的近距离接触和来自邻居的关注,有助于形成邻里之间的互助关系,给下层妇女困顿的生活提供额外的经济资源和情感支持。邻里关系构成了下层妇女之间最基本的社会纽带,以此为基础,妇女可以建立以自身为中心、服务自身生活需求的社会网络。更重要的是,如第四章所展现的,邻里网络和它所代表的社会习惯权威(social customary authority),挑战了国家试图管理婚姻的行政措施与婚姻改革所倡导的新理念。借助邻里网络与社会习惯权威,下层妇女将两性生活的不同阶段,包括单身、结婚、守寡、再嫁等,构建成一个细密互通的流程。在这个转换过程中,妇女利用媒人(大多由邻居充当)、传统婚姻礼俗,特别是由邻里参与的婚礼庆贺仪式(如拜天地、摆酒席等),在社会习惯权威的默许下,形成一种"不稳定的婚姻关系"。

妇女选择、转换，甚至间跨婚姻或两性关系的不同阶段与形态，以满足自身情感与经济需求。在研究下层妇女社会网络运作之时，我们特别要注意，这个网络是自发的、自我为中心的、服务于网络成员的。与其他社会组织相比（例如商会、行会、同乡会、工会、学生会和政党），邻里网络的建立与运作并不是以解决成员之间的矛盾、扩大团体的共同利益为目的；下层妇女们都是从自身的考虑出发，并没有整体、团体、共同利益的概念。因此至少在共产党建立革命政权之前，邻里网络最终没有成为将妇女团结起来的政治纽带，而只是依托街巷社区、服务于个人需求的一种机制，但是邻里网络帮助下层妇女在艰难时世中求得生存。

第三部分"游走城乡"试图找寻下层妇女游移于城市与乡村的身影。第五章表明下层妇女没有将自己禁锢在院落空间内，为了生存与生活，她们主动寻找机会，走出家门，游走于街巷、城区，甚至包括北平之外更广阔的区域空间。20世纪以来，现代交通工具的应用，特别是火车的开通，极大地便利了妇女的出行，既增加了旅行的距离，也缩短了旅行所花费的时间，还适当缓解了旅途劳顿。同时我们也要看到，铁路与公路将北平与周边城市和集镇密切联系起来，形成了发达的区域市场体系，由此形成的供求关系既包括合法的贸易流通，也有诸如走私鸦片、倒卖粮食、贩卖人口等犯罪活动。日伪时期的经济管制措施与国民党统治后期的通货膨胀，更加推动了黑市交易。下层妇女广泛参与了各种非法经济活动，如走私粮食布匹与其他管制物资，或者靠拐卖儿童和贩卖人口获得经济收益。在这些非法活动的推动下，灰色经济不再是一种依托单个城市的地方性经济体系，而是演变成覆盖城乡的地区性市场网络。下层妇女有意识地利用现代交通工具，在区域市场体系内获利谋生。当妇女穿行于大街小巷，游走于城市乡村，她们的身影和她们所从事的违法活动，引起了城市管理者对治安和道德的密切关注，这成为第六章关注的问题。虽然民国时期的官员不再像明清时期的官僚与士绅那般，坚守男女有别的儒家礼教,但是他们既有维持治安和维护风化的考虑,也试图密切监控流动人口和人口流动。从民国初年的军阀政府,到后来的国民党和日伪政权,城市管理者们借鉴明清时期人口管理的手段,以及近代西方和日本的治安措施,在户口、保甲、居住证、国民身份证等制度的基础上,建立起一套颇为有效的城市治安管理体制,追踪社区之间与城乡之间的人口流动。当然,城市治安管理也不断面临新的问题,而在解决这些问题的过程中,逐渐缔造了一个更集约化、各部门之间更加协调合作的警察国家。

通过考察战乱时期北平下层妇女的生存手段,我们可以发现她们既脆弱,又韧性十足。她们竭力搜寻所有可利用的资源来维持生计,有些妇女偶尔为本地的手工业雇主做活,有些则利用各种各样的小活计来贴补家用。这些工作往往都是临时性的,而且收入不高,因此对这些妇女来说,最终还是需要通过婚姻或家庭来获得经济支持。她们之中的一些人因突发的变故,丧失了家中男性的经济扶助,从此陷入困顿。在当时衰败的经济环境之中,失去丈夫就意味着落入贫困。当其他生活资料难以为继,很多下层妇女就不得不通过婚姻、做妾、同居,甚至卖淫,以性服务和生育为手段来谋生。妇女们知道,工作机会与稳定的男女关系,可提供一定程度的经济保障和心理安慰。在寻找工作和尝试建立婚姻关系的过程中,妇女经历起起伏伏,四处游走,有时也会参与犯罪,受到惩罚。通过研读她们在审判案卷中的生动供词,我们可以更好地在北平的普遍贫困、战前经济衰退、战时通货膨胀等严峻的经济与政治危机的大背景下,去理解这些个人的经济困境以及不得已而为之的选择。下层妇女的生存手段不仅显示出她们的实用技能,展现了她们对这座城市的了解,也透露出她们对政府、婚姻、家庭、法律文化、性别角色的认知。她们甚至能够使用一套"妇女的"和"下层的"话语表达体系,为妇女在社会和经济边缘苦苦挣扎的经历赋予意义。这些生存手段促成了城市灰色经济地带、底层社会系统和大众道德体系。在这些经济、社会、道德形态的支持下，下层妇女可以周旋于现代国家的修辞、管理和法律框架之中。

出逃与归案

1937年到1949年间，北平经历了三个政权，即日伪政权、国民政府和共产党建立的中央人民政府。在政权争夺和意识形态角逐的过程中，三者都将前政权描绘成自己的敌人。虽然这些政权在政治宣传的层面上水火不容，但是在履行市政管理职能方面仍有很多相似之处：市政机构负责分配食品及其他生活必需品，维持街头秩序和管理交通运输工具，监控人口变化趋势，登记注册人口出生与死亡等重大生命周期事件，还负责依法裁定社会和家庭冲突。在重建城市社会秩序、重新定义女性身份的过程中，这些政权也体现了许多共同的目标诉求，它们采用同样的行政干预手段，甚至聘用了同一批行政管理人员。各种城市管理措施和社会改造举措在街头巷尾展开，将政府机构与下层妇女的生存方式紧密地联系在一起。李杨氏的故事为我们研究这些互动关系提供了很好的案例，使我们进一步了解行政管理和社会改革的举措如何形塑妇女生活，以及妇女如何在日常生活中规避或利用外来的压力。

让我们再回到本书开篇引用的李杨氏一案，该案的庭审由推事段致平负责。段致平1906年出生于河北省房山县（今北京房山区）。21岁时，他进入了被誉为"民国第一法律学校"的北平朝阳大学求学，1931年学成毕业。[1] 其间，他完成了两年的实习，从1931年开始在河北省正定

---

[1] John Gillespie, Albert H. Y. Chen（陈弘毅），*Legal Reforms in China and Vietnam: A Comparison of Asian Communist Regimes*, New York：Routledge, 2010, p.227.

县法院工作。1937年抗战爆发,平津及华北地区陷于战火,段致平的法官生涯也被迫中断。在此后的四年之中,他没有在司法界担任任何公职。1941年,段致平接受任命,成为日军控制下的山东省青岛市伪法院的推事,接着又在河北省伪最高法院担任了一段时间的候补推事,然后被调往北平伪地方法院。[1] 大多数与段致平年纪相仿的北平伪地方法院推事们,都有相似的司法职业经历:在20世纪20年代后期进入大学学习,随后在日伪政府中任职。另外一些较为资深的推事,则是"三朝元老",跨越了北洋政府、国民政府和日伪政权三个时期。1943年的北平伪地方法院共有26位推事,其中有11位早在抗战爆发之前就开始了司法官的职业生涯(见下表)。

北平伪地方法院1943年第三季度办事人员学历

姓　名	职务	年龄（岁）	学　　历
刘世奇	院长	50	天津北洋大学法政专门学校法律本科
赵毓樟	庭长	36	朝阳学院法律系毕业,法官训练所第三届毕业
陈鸣谦	庭长	60	安徽官立法政学堂三年毕业
张品清	庭长	38	朝阳学院大学部法律科毕业,法官训练所第三届毕业
刘彦卿	推事	60	日本明治大学法律科毕业
朱应中	推事	59	前清优廪生,日本东京法政大学毕业
周国馨	推事	29	国立北平大学肄业三年,中国大学借读一年毕业
吴　棠	推事	41	北平私立朝阳学院,南京司法行政部法官训练所

---

[1] 北平伪地方法院,J65-3-339,"简历:段致平",1943年。

续　表

姓　名	职务	年龄（岁）	学　　历
关立成	推事	36	朝阳学院专门部法科,前司法行政部法官训练所第三届毕业
段松年	推事	30	朝阳大学法律系,司法官养成所第三期特班六月期满
王丙寅	推事	35	国立北平大学法学院法律系毕业,"华北政务委员会"司法官养成所毕业
陈显祜	推事	25	北平私立中国大学法科法律系四年毕业,法官养成所第三期特班受训六月期满
孔繁泰	推事	34	国立北平大学法商学院法律系毕业,司法官养成所毕业
杨　震	推事	28	北平私立朝阳大学法律系毕业,司法官养成所第三期特班六月期满
于士元	推事	33	北平大学法商学院,审判官训练所
赵永丰	推事	35	北平朝阳学院法律科毕业,司法官养成所毕业
张金键	推事	48	湖北私立法政专门学校,国民政府司法储才馆毕业
许大本	推事	31	北平朝阳学院毕业,"华北政务委员会"司法官养成所毕业
王精一	推事	35	东北大学
赵景霖	推事	33	北平私立朝阳学院法律科三年毕业,高等考试司法官初再试合格
王心秀	推事	31	国立北平大学法学院法律系毕业,"华北政务委员会"司法养成所毕业
赵　陆	推事	29	私立北平民国学院法律系毕业,"华北政务委员会"司法官养成所毕业
张祖诒	推事	35	北平朝阳学院,司法官养成所毕业
陆鼎祥	推事	30	国立北平大学法商学院学士,司法官养成所第一班毕业

续表

姓 名	职务	年龄（岁）	学 历
段致平	推事	37	北平朝阳学院专门部法律系毕业,"华北政务委员会"司法官养成所毕业
王谈恕	推事	34	东省特别区法政大学法律系毕业,司法官养成所本班第一班毕业

资料来源：北平伪地方法院,J65-3-161,"北平地方法院1943年第三季度办事人员学历",1943年。（表格中部分学院看似同一所但名称有细微差别,历史档案原文如此。）

是什么原因促使段致平和其他推事效力于日伪政权,北平伪地方法院的司法官人事档案没有给出答案,也没有透露出他们对日伪政权的看法。在很长一段时间内,历史研究将他们视为"万劫不复的汉奸"。[1] 但是卜正民(Timothy Brook)在其最近的著作中,尝试摆脱政治道德框架,重新审视"汉奸"的动机。卜正民认为,狂热和顽固支持日本侵略者的只是少数人,大多数的通敌官员只把为日伪政府工作看作"一种现实的生存策略"。[2] 本书将进一步揭示,这些"变节官员"能够效力于不同政权,保住其司法官的职业生涯,还取决于一些技术性的原因。北京地区

---

[1] Timothy Brook(卜正民), *Collaboration: Japanese Agents and Local Elites in Wartime China*(《秩序的沦陷：抗战初期的江南五城》), Cambridge, MA：Harvard University Press, 2005, p.13.

[2] 同上书,12—13页。类似观点可参见 David P. Barrett,"Introduction：Occupied China and the Limits of Accommodation", in *Chinese Collaboration with Japan, 1932-1945: The Limits of Accommodation*, edited by David P. Barrett and Larry N. Shyu(徐乃力), Stanford：Stanford University Press, 2001, pp.1-17. 及潘敏著：《江苏日伪基层政权研究(1937—1945)》,上海：上海人民出版社,2006年。Poshek Fu(傅葆石)关于上海沦陷区通敌文人的研究对这一问题也深具启发性,详见 Poshek Fu, *Passivity, Resistance, and Collaboration: Intellectual Choices in Occupied Shanghai, 1937-1945*(《灰色上海,1937—1945：中国文人的隐退、反抗与合作》), Stanford：Stanford University Press, 1997.

现代法律制度的建立,包括立法、法院系统以及司法官员的培养,离不开清末和北洋政府时期日本顾问的大量帮助。[1] 国民政府在20世纪30年代早期颁布的《刑法》和《民法》在战乱时期一直有效。除了具有政治敏感性的案件,日伪政府内的日本官员并不干涉案件侦查和庭审过程。这种法律条文和审判制度中的连续性,保证了段致平等能在日伪时期继续从事司法工作。

除司法系统以外,40年代城市管理和意识形态控制中的很多要素都在抗战之前就初具规模了。在20年代和30年代,国民政府为了更有效地管理一个流动性和多样性日益增长的社会,曾经施行了一系列体制改革,希望能更加深入和密切地控制社会。这些措施包括婚姻登记管理,颁发市制婚书,整顿旅馆业和长途汽车业,以及加强对公园、电影院、庙会、妓院等公共空间的巡查和管控。在这些措施之中,最重要的一项就是户籍制度,通过户口登记,政府官员可以获得辖区内居民的最新信息。在战乱时期,日伪政府继承并进一步改良了这些管理措施。此外,日伪政府继续拨款,在北平修筑道路,开辟新工业区,不断改变城市空间结构。[2]

李杨氏一案审结宣判约18个月后,日本战败投降,国民政府于

---

[1] Douglas Reynolds(任达), *China, 1898–1912: The Xinzheng Revolution and Japan*(《新政革命与日本:中国,1898—1912》), Cambridge, MA: Harvard University Press, 1993。有关中国法律体制改革"与日本的联系",参见舒新城:《近代中国留学史》,北平:中华书局,1933年;上海:上海书店出版社,1989年再版;尚小明:《留日学生与清末新政》,南昌:江西教育出版社,2002年;李春雷:《中国近代刑事诉讼制度变革研究(1895—1928)》,北京:北京大学出版社,2004年等。

[2] David Buck(鲍德威)关于日本傀儡政权伪满洲国"首都"长春的城市建设研究,显示出日本行政当局十分重视城市外观的现代化——包括街道、基础设施建设和高楼大厦。详见David Buck(鲍德威), "Railway City and National Capital: Two Faces of the Modern in Changchun", in *Remaking the Chinese City: Modernity and National Identity, 1900–1950*, edited by Joseph W. Esherick(周锡瑞), Honolulu: University of Hawaii Press, 1999, p.82。

1945年8月光复北平。由于缺少北平地方法院的人事资料,我们无从知晓这次政权更替对段致平的工作有何影响。但可以确定的是,效力于日伪政府的各级官员中,大约有四成留任。[1] 新中国成立之后,人民政府采取了不同的人事政策,宣布要清除曾在旧政府任职的人员。这一政策的出台,使得那些曾经服务于旧政权的官员们人心惶惶,感到他们的政治生涯与新建立的革命秩序相抵触,无论是在旧政府的任职经历,还是他们的社会关系,都成了难以摆脱的政治负担。不到半年,他们之中的大多数人都被解除职务,有些人受到惩戒,有些退休,还有些人被送到各类学校进行思想改造。[2]

需要注意的是,尽管新政权对日伪和国民政府的官员采取了惩罚性措施,但同时也保留了很多旧政权所建立的市政管理制度。以户籍制度为例,这一制度在1949年后继续发挥作用,并成为社会主义国家城市管理体系的基石。国家管控的粮食和生活必需品的分配方式与政府管理

---

[1] 北平市政府,J1-7-417,"本府及各局留用、擢用、及后方来平人员统计表",1946年。
[2] 城市接收工作从1949年初展开,到3月基本完成。原来的北平市政府各机关工作人员与国民党党政军警人员被分成六类,分别处理:"(一)有工作能力,思想不反动,仍留用;思想落后,甚至反动,但政治上尚无反革命活动,且有工作能力,为我需要者,可在本机关内,予以短期训练后,再分别录用。(二)思想落后,又无特殊能力,本机关又不需要者,可选送华北三大学予以较长期学习。(三)国民党特务分子、党务分子,及其行政上的代表(下自保长、人事科长、人事干事,上至处长、局长),原则上一律不用。特务分子中重大的,送公安局受训,审查了解,一般特务或党团工作人员,开除登记,听候处理。(四)贪污分子确有证据者,开除,重大案件送法院办。(五)年老力衰,无工作能力者,思想顽固,生活腐化者,其他坚决要求退休者,即予资遣回家。(六)此外少数高级职员,有相当技术与能力,但无适当工作位置者,或在本机关服务甚久,年虽衰老,辞退影响不好者,可成立研究室,或以其他办法,临时予以安插。"截至5月1日,市政府共留用旧人员3155人(占总人数的64.54%),接受短训者540人,发送华北大学、华北人民革命大学、华北政大学习314人,开除556人,惩处77人。这些数据来源于《中共北平市委关于就人员处理原则向中央、华北局的请示报告》,见北京市档案馆、中共北京市委党史研究室编:《北京市重要文献选编(1948.12—1949)》,北京:中国档案出版社,2001年,222—223页。

的婚姻登记体系等,也被保留下来。对保甲制度的改革也体现了城市管理体系的延续性,共产党政府曾经公开批判保甲制度是旧政权压迫人民的一种手段,并郑重宣告要将其彻底废除。保甲制度最终被废除,但是该制度所依赖的社区控制体系被融入新的居委会制度之中。1949年后,以社区为基本单位的基层管理和基层动员,都在这一制度的基础上得以展开。

20世纪上半叶,北平几经战乱,政权几度更替,但是城市管理体制基本延续了下来,这在一定程度上保证了政权更替能够顺利完成。这种制度上的延续性也有助于妇女理解和适应政治上的变化,她们已经习惯于在政府的监管之下生活,生活中无论是重大事件(例如出生、结婚和死亡)还是日常的个人活动(例如搬迁、旅行、购买食品和其他生活必需品),都不同程度地受到政府的管理与安排。她们已经熟知那些自上而下推行的社会改革行动,比如要求她们厉行节约,增加储蓄,移风易俗,养儿育女,服务社会与国家。与此同时,政府迫切要求妇女为改革和革命做出牺牲和贡献,这也客观地承认和保障了下层妇女能够出入城市公共空间,积极地参与公共生活。

不同的政权有着许多共同的目标,都试图通过新的城市管理体制来改造妇女与管理社会,但结果不同。抗战时期,沦陷区和国统区的妇女运动规模有限,并且都依托党派组织、行政部门或社会组织,在官僚体制的框架下渐次开展。[1] 北平的下层妇女基本缺席城市政治生活,也被排除在群体行动之外。1949年后,妇女获得了大量参与公共事务的机会,政府尤其鼓励下层妇女扮演更加活跃的角色。但是,如果这些妇女希望更积极地投入公共事务,做一些更有意义的工作,她们首先要成为"女干

---

[1] Federica Ferlanti, "The New Life Movement in Jiangxi Province, 1934 – 1938", in *Modern Asian Studies* 44, no.5(September 2010), pp.961 – 1000.

部""积极分子"或者"劳动模范"。[1] 在共产党领导的体制内,政府通过各种各样的政策对妇女的生活做出越来越多的指导与干预,她们的政治活动与日常生活也日益融入更大范围的群众运动之中。就此而言,妇女不一定能够总是按照自己的主张,完全自由或不受干涉地安排自己的生活轨迹。1949年以后的官方话语中,国家成为一个孜孜不倦的社会管理者和革命的有效推动力量,妇女运动的主要目的则是不断扩大官方的影响力,将妇女融入革命洪流之中。

通过研究国家权力在基层社会的运作,我们可以发现,战乱时期北平的行政当局曾试图大力改造城市空间,调整政治结构,改革社会和文化体系。在城市管理的目标与实践等方面,体现出了明显的延续性,这提醒我们需要重新思考日伪统治时期和解放战争时期在北京近代史乃至中国近代史上的意义。1937年到1949年间的这段历史,前面承继了国民政府的"南京十年",之后是共产党建立的新中国,这两个政权十分强大而又相互对立,但国共两党都不是这一战乱时期的绝对政治力量。因此战乱时期的历史也就无法完全融入以政党为主导的历史书写之中,而是停留在一个被忽视的"黑洞"之中。本书则试图展示,近代以来的

---

[1] 在新兴的社会主义政治文化中,有关共产党将劳动模范和政治积极分子作为新的女性偶像进行推崇,参见 Tina Mai Chen(陈庭梅), "Female Icons, Feminist Iconography? Socialist Rhetoric and Women's Agency in 1950s China", in *Gender & History* 15, no. 2 (August 2003), pp.268-295。在共产主义基层动员中,有关女性所发挥的作用,参见 Zheng Wang(王政), "Gender and Maoist Urban Reorganization", in *Gender in Motion: Divisions of Labor and Cultural Change in Late Imperial and Modern China*, edited by Bryna Goodman(顾德曼) and Wendy Larson, Lanham, MD: Rowman & Littlefield Publishers, 2005, pp.189-210;以及 Zhao Ma(马钊), "Female Workers, Political Mobilization, and the Meaning of Revolutionary Citizenship in Beijing, 1948-1950", in *Frontiers of History in China* 9, no. 4 (2014), pp.558-583。Gail Hershatter(贺萧)所著 *The Gender of Memory: Rural Women and China's Collective Past*(《记忆的性别:农村妇女和中国集体化历史》)则对农村妇女的经历以及社会主义时期中国革命运动的记忆进行了全面的评述,Berkeley: University of California Press, 2011。

城市管理措施和社会改造举措，展现了一种强大且持续的"现代性"诉求，无论是晚清政府、北洋军阀统治、日伪政权，还是国共两党的市政当局，都接受了这种现代性的感召，也成为现代性的推动力量。基于共同的现代性的努力，这些政权在城市管理的领域内，一定程度上超越了政治上的分歧与意识形态上的对立，促进了现代国家和现代城市的建立。

为妇之道：从改革到革命

虽然下层妇女可以依靠各种生存手段度过经济困难和应对家庭纠纷，但是她们的所作所为经常有悖于20世纪政治和社会领袖对理想妇女身份的构想。自晚清改革运动开始，妇女生活的各个方面，比如她们的身体和言谈举止、抚养和教育、工作模式和生活安排、婚姻和家庭关系、娱乐和欲望、她们的流动性，以及妇女对于自身社会地位的理解等，都受到改革领袖和革命领导的密切关注。然而，对妇女身份的构想与下层妇女的日常生活现实之间，存在着一道难以跨越的鸿沟，这道鸿沟使改革和革命领袖们感到震惊、失望，但同时也促使他们进一步推动自己的改革和革命进程。

美国社会学家西德尼·甘博（Sidney Gamble）在其名著《北京的社会调查》中曾经强调，从19世纪末到20世纪初，城市的飞速发展极大地改变了北京城的外在面貌与内在管理体制，但是生活在其中的妇女却依然面临诸多限制。甘博在书中写道，传统习俗"对女子提出相当严格的要求，她们在没有家人陪伴时不得外出旅行"，同时"政治生活不对女子开放"，"实业界也几乎没有她们的位置，她们受教育的机会比男子少得多"，因此"独身女子来北平的人数很少"。不仅如此，男子也习惯于"把家眷留在故乡"，"做父母的也几乎总是愿意儿媳和他们住在一起，而不是像城里人那样让儿媳和她的丈夫住在一起，因为儿媳可以帮助她们干活儿"。[1] 甘博和他的同事们穿行于北平的大街小巷进行社会调查,他书中描述的妇女的所谓"静止的"生活状态,不过是他认知中形形色色的妇女问题中的一个。

甘博将妇女问题归咎于中国文化传统中建立的性别规范,因为这些规范坚持"男女大防",将妇女限制在远离公共活动的家庭空间之内。由于缺乏政治和社会经济机会,中国妇女进一步丧失了以一种独立的、能够创造价值的、政治自觉的和情感需求得到满足的方式进行生活的可能。只有依靠教育、工厂就业、政治行动主义、社会福音运动,才能最终解决妇女受压迫的问题。从20世纪20年代到40年代初,甘博和他的同事、学生所进行的一系列社会调查工作,曾获得政府的大力支持,他们收集了大量实证研究材料,并且毫不回避地借鉴了从西方经验中形成的理论框架,这些特点值得我们注意。[2] 对这些社会学家来说,北平下层妇女的挣扎并没有为中国国家与女性所谓的落后性提供任何反例,反而再次强化了这种刻板的印象。研究著作中充满了"危险的女性""不道德的女性""闲散的女性""落后的女性"等提法;而在学术研究之外的社会调查、警察报告、报刊评论、官方宣传和政党材料中,这些提法也随处可见。所有对妇女的关注,既批评了妇女未能达到改革者的期望,同时也谴责了国家没有将妇女从无知和贫困中拯救出来。

社会学家的研究成果建立了一个相当具有说服力和深远影响的分析架构,这一架构塑造了20世纪中国妇女运动的政治和社会目标,也影

---

[1] Sidney Gamble(甘博), *Peking: A Social Survey*(《北京的社会调查》), New York: George H. Doran, 1921, p.102.

[2] Madeleine Yue Dong(董玥), *Republican Beijing: The City and Its Histories*(《民国北京城:历史与怀旧》), pp.212 - 214。有关这一主题最详尽的研究,参见 Tong Lam(林东), *A Passion for Facts: Social Surveys and the Construction of the Chinese Nation-State, 1900 - 1949*, Berkeley: University of California Press, 2011;以及黄兴涛、夏明方主编:《清末民国社会调查与现代社会科学兴起》,福州:福建教育出版社,2008年。

响了城市改革和革命的进程。这些改革的尝试和革命运动旨在促进妇女独立,同时也将中国转变成一个富有凝聚力的民族国家和现代社会。城市空间演变成政治和社会领袖的试验场。在这个空间里,他们鼓励生产力的发展,试图重建社会秩序,改革性别关系,并且构建紧密团结的社会共同体。妇女和城市是吸引改革者注意的众多问题中的一部分,为改革者提供了一个巨大的舞台,用来阐释、制造、展示妇女的新身份与城市的新特质。

20 世纪初北平的城市改革运动拆掉了城墙、铺平道路、改善交通、排淤清污、整顿卫生,同时也开辟了新的公共空间(例如公园),鼓励市民参与政治运动,发展新的文化活动。[1] 随后,为了改造妇女的身体,使之适应新的城市空间,社会改革运动调集了警察和医务工作者的力量,要求妇女放足,培养卫生习惯,并实行卫生检疫和疾病预防。[2] 改革运

---

[1] 史明正:《走向近代化的北京城》,北京:北京大学出版社,1995 年;"From Imperial Gardens to Public Parks: The Transformation of Urban Space in Early Twentieth-Century Beijing", in *Modern China* 24, no. 3(1998); Madeleine Yue Dong(董玥), *Republican Beijing: The City and Its Histories*(《民国北京城:历史与怀旧》); Marjorie Dryburgh, "National City, Human City: The Reimagining and Revitalization of Beiping, 1928 – 1937", in *Urban History* 32, no. 3(2005), pp. 500 – 524;以及 Yamin Xu(徐亚民): "Wicked Citizens and the Social Origins of China's Modern Authoritarian State: Civil Strife and Political Control in Republican Beiping, 1928 – 1937", Ph. D. diss., Berkeley: University of California, 2002。

[2] 有关现代中国的反缠足运动,参见 Dorothy Ko(高彦颐), *Cinderella's Sisters: A Revisionist History of Footbinding*, Berkeley: University of California Press, 2007,第一和第二章。有关城市卫生运动与疾病防控措施,参见 Gail Hershatter(贺萧), *Dangerous Pleasures: Prostitution and Modernity in Twentieth-Century Shanghai*(《危险的愉悦:20 世纪上海娼妓问题与现代性》), Berkeley: University of California Press, 1997,第十至十二章;Ruth Rogaski(罗芙芸): *Hygienic Modernity: Meanings of Health and Disease in Treaty-Port China*(《卫生的现代性:中国通商口岸卫生与疾病的含义》), Berkeley: University of California Press, 2004;以及杨念群:《再造"病人":中西医冲突下的空间政治 1832—1985》,北京:中国人民大学出版社,2006 年。

动还通过制定政策和修改法律来推广新的妇女理念。这种理念视妇女为具有独立身份的行为责任人,能够自觉自愿地采取行动,并且对自己行为产生的后果负责。[1] 这种对妇女身份的新构想旨在使妇女获得探索公共生活与职业生活的机会。伴随着这种妇女理念的推广,种种新的社会、道德和法律的约束机制也应运而生,开始规范妇女在公共事务和家庭生活中扮演的新角色。妇女的道德品行成为社会改革和革命运动争论的焦点,妇女本人也成为城市管理和法律改革所规训和惩罚的对象。保罗·贝利(Paul Bailey)和程为坤的研究已经向我们说明,妇女的不良行为以及她们在与异性交往的过程中所面对的潜在危险,都促使改革者与革命者开展关于妇女行为和道德的讨论。[2] 为了重构城市的空间结构和文化环境,同时也为了重塑妇女的身体、思想和精神,各种社会与道德改革运动相继涌现。

自20世纪80年代末以来,以韩起澜、贺萧、柯临清、王政、季家珍、程为坤为代表的众多历史学家们,不仅关注改革目标及革命运动本身,

---

[1] 改革者有关妇女解放的著作,参见 Wang Zheng(王政), *Women in the Chinese Enlightenment: Oral and Textual Histories*, Berkeley: University of California Press, 1999。有关性别平等原则的法制建设,参见 Kathryn Bernhardt(白凯), "Women and the Law: Divorce in the Republican Period", in *Civil Law in Qing and Republican China*, edited by Kathryn Bernhardt and Philip C. C. Huang(黄宗智), Stanford: Stanford University Press, 1994, pp.187 – 214; Glosser L. Susan(葛思珊), *Chinese Visions of Family and State, 1915 – 1953*, Berkeley: University of California Press, 2003; Mechthild Leutner(罗梅君):《北京的生育、婚姻和丧葬:19世纪至当代的民间文化和上层文化》,中华书局,2001年; Zhao Ma(马钊), "Wayward Daughters: Sex, Family, and Law in Early Twentieth-Century Beijing"。

[2] Paul Bailey, "'Women Behaving Badly': Crime, Transgressive Behavior and Gender in Early Twentieth Century China", in *Nan Nü*, 8, no.1(2006), pp.156 – 197;以及 Weikun Cheng(程为坤), *City of Working Women: Life, Space, and Social Control in Early Twentieth-Century Beijing*(《劳作的女人:20世纪初北京的城市空间和底层女性的日常生活》), Berkeley: Institute of East Asian Studies, University of California, 2011。

也十分注意考察现代中国重大政治和社会变革对妇女个人经历的复杂和深远影响。[1] 这些创造性的研究显示,妇女在近代中国城市的改革与革命进程中扮演着关键角色。这些改革和革命首先引发了体制层面的巨大变化,改变了城市政治与经济制度。体制变化的推进,直接触及了城市居民的日常生活;在体制改革和个人生活这二者之间,产生了各种各样的妥协、合作和冲突。这些复杂的互动关系极大地丰富并彻底改造了妇女的城市生活体验。随着性别成为研究中心,20世纪中国历史中以男性为中心的政治叙事得以改写。

以近20年妇女史研究为基础,本书进一步指出,妇女身份与城市空间的建构不仅由性别关系所决定,还同时带有鲜明的阶级特征。在男性领导者和上层妇女的眼中,20世纪改革运动旨在批评传统性别理念,或简称为"解放妇女",这是一次集体意愿表达和一次群众教育运动。通过谴责贞操崇拜、缠足、两性隔离等传统伦理道德和生活实践,改革者们发誓要将下层妇女教育和培养成为经济独立的劳动者与遵纪守法的城市居民,以确保妇女能够在新的城市环境中安全生活、事业成功。革命取代改革之后,政党领袖接受了社会学家和改革者的观点,宣告革命将最终使下层妇女走入新生活,获得新知识、参与革命政治、在经济和社会

---

[1] 见 Emily Honig(韩起澜), *Sisters and Strangers: Women in the Shanghai Cotton Mills, 1919-1949*(《姐妹们与陌生人:上海棉纱厂女工,1919—1949》);Christina Kelley Gilmartin(柯临清), *Engendering the Chinese Revolution: Radical Women, Communist Politics, and Mass Movements in the 1920s*, Berkeley: University of California Press, 1995; Gail Hershatter(贺萧), *Dangerous Pleasures: Prostitution and Modernity in Twentieth-Century Shanghai*(《危险的愉悦:20世纪上海娼妓问题与现代性》);Wang Zheng(王政), *Women in the Chinese Enlightenment: Oral and Textual Histories*; Joan Judge(季家珍), *The Precious Raft of History: The Past, the West, and the Women Question in China*(《历史宝筏:过去、西方与中国妇女问题》), Stanford: Stanford University Press, 2010; Weikun Cheng(程为坤), *City of Working Women: Life, Space, and Social Control in Early Twentieth-Century Beijing*(《劳作的女人:20世纪初北京的城市空间和底层女性的日常生活》)。

事务中享受平等权利。在这种升华了的改革/革命话语中,战乱时期北平的下层妇女显得无可救药的落后和愚昧,悲惨地挣扎在贫困和无知的恶性循环之中。她们似乎只能绝望地等待外界的政治干预和上层社会领袖来解放自己。

与这种精英叙事不同,本书尝试采用一种自下而上的平民视角来审视下层妇女的日常生活经历。以大杂院为代表的城市居住空间对她们生活的复杂影响为例,尽管这里脏乱而拥挤,但正是在这种环境里,下层妇女得以分享信息,参与到服务和商品供求系统之中。生活在大杂院,妇女们经常需要在院落或胡同的场域内料理家务,这模糊了私人空间与公共空间之间的界线。这种邻里之间的交往虽然不利于保护个人隐私,但是这些社会关系却能为下层妇女提供各种合法或非法的生活援助,比政府和社团建立的各种社会救助机构更为便捷和迅速。再以下层妇女的家庭关系为例,她们的婚姻和家庭建立在不平等的经济关系基础之上,即丈夫承担养家糊口的责任,妻子依附并依赖男性家庭成员的供养,这似乎为"妇女压迫"提供了有力的证据。然而,受困于长年累月的经济危机,这种不平等的家庭关系的效力已经岌岌可危。因为男性在家庭中的权力与他挣钱养家的能力直接相关,所以扮演养家者角色的丈夫实则承受着经济与道德的双重压力。换言之,在实际生活中,这种不平等的家庭制度为下层妇女提供了一种伦理上的说辞,她们可以借此抛弃丧失养家能力的丈夫,为自己离家出走的行为辩护。归根结底,下层妇女是从她们自己的想法或面临的困难出发,来理解与利用婚姻与家庭的关系,进而改变城市的社会和道德结构。

司法档案中的日常生活

在 20 世纪初期的北平,男性,尤其是有权力的男性,总是有很多途径表达自己的意见,并将其付诸行动。比如说,为了重振衰败的城市经济,他们将妇女的生产劳动力转化为人力资本,设计出建设工业新区的宏伟计划;他们还颁布法律,改革城市管理的规章制度,试图在家庭和公共领域促进性别平等;他们走街串巷,开展社会调查,针砭时弊,寻找社会改造的良方;他们还负责维持街头秩序,惩罚违规举动和犯罪行为。到目前为止,历史学家们主要是借助这些男性精英的言行,去理解城市结构变迁和妇女生活的变化。女性精英也参与其中,她们通过写作、出版、教书、街头抗议等方式,加入社会改革和文化辩论之中。与社会精英阶层相反,下层妇女似乎在这个男性和精英统治的社会中过着一种隐形和沉默的生活。

本书认为,像李杨氏这样的下层妇女是靠身体力行而非依赖写作,去感受北平城市发展变迁。通过阅读刑事审判档案中的庭审记录和个人证词,我们可以去找寻她们在城市里的足迹。李杨氏等案件显示,在战时北平,妇女游走于店铺、电影院、公园、庙会、作坊、旅店、火车站、城门、拥挤的胡同、偏远的乡村等。这些足迹标记着妇女的生活体验和情感,记录下她们在各种社会关系中经历的挫折,展现了为摆脱旧有生活所做的努力,也昭示了对新生活的期待与向往。这些刑事审判档案不仅记录了妇女四处游走的经历,还表明当时北平的执法机构与刑事司法系统行使职责,处理那些离家出走、背夫潜逃的妇女。警察责任重大,他们负责调查有关诱拐、重婚、通奸等指控,在火车站、长途汽车站、城门等交通要冲巡逻,搜寻可疑目标,稽查旅客和他们随身携带的必要身份证件。警方也定期盘查各类旅店,逮捕无法证明其合法关系的男女住客。

一般来说,被逮捕的男女首先被拘留在派出所,接受初步调查。警方搜集证词与证物后,会出具一份简明的调查报告,将案件移交给北平地方法院的检察院;检察官会举行初步听讯,判断是否已有充足证据支持刑事法庭对被告的审理。案件一经起诉,法官负责主持庭审,传召证人,复查证言和证物,听取律师陈述,然后定罪量刑。如果原告不服判决提出上诉,案件交由河北省高级法院负责,并做出终审判决。[1] 上述警察机关的调查取证过程和司法机关的刑事审判过程,会产生一系列档案材料,包括案情概要、当事人笔录、传票、起诉书、原告诉状、庭审口供、辩护状、物证(如婚书、照片)、判决书、上诉、终审判决书等。每个案件的案卷长短不一,庭审次数越多,说明案情本身越复杂,审判记录也就越长。

值得说明的是,民国时期的司法审判档案与清代的刑科题本有很大的不同。刑科题本是一种多人参与、经过多次加工的"混合型"(hybrid)审案报告,审判官员根据自己对案件的调查和对律令的理解,还原案情,论述原委,辨明是非,引用人证物证,攀附律例,定罪量刑。由于清代严格的复审查核制度,每一级复审官员需将自己的看法和判罚写入案卷,经过逐级加工,最终形成了我们今天看到的刑科题本。[2] 民国法院采取了不同的调查、取证和审判原则。例如取证过程采取"实质真实发现主义",法院不以原告和被告陈述为唯一凭据,转而强调物证和人证,依靠证据的客观性纠正当事人主观陈述中的臆断成分。审讯采取"言词审理主义",法官重视庭审过程中直接获得的口供,重视察言观色、避免书面陈述中的谬误。在新原则指导下,问答形式的庭审口供成为刑事审判文献的主体,这与总结报告形式的刑科题本形成了鲜明对比。[3] 当然,无论是"实质真实发现主义",还是"言词审理主义",都不可能完全杜绝伪证与谬供的现象。妇女出庭受审时承受了很大的心理压力,由于庭审的

---

1 北平地方法院,J65-3-287,"诉讼须知",1935年12月21日。
2 有关近代帝国法律档案特征的讨论,参见 Matthew H. Sommer(苏成捷):*Sex, Law, and Society in Late Imperial China*(《中华帝国晚期的性、法律与社会》),Stanford: Stanford University Press, 2000, pp.17-22;以及 Janet M. Theiss(戴真兰),*Disgraceful Matters: The Politics of Chastity in Eighteenth-Century China*. Berkeley: University of California Press, 2005, pp.3-7。
3 程维荣:《中国审判制度史》,上海:上海教育出版社,2001年,221页。

结果关系重大,她们总是会竭尽全力推卸责任,或者想方设法打动法官。为了能使法官做出有利于自己的判决,她们也会有意回避或歪曲一些事实。

另外,司法审判档案也无法全面记录下层妇女生活,只记载了当事人与案件直接相关的生活经历和部分社会关系。以李杨氏一案为例,除了她问题颇多的婚姻和不幸的婚外关系以外,我们还从审判案卷中得知她婚前的本名叫杨玉贞,婚后随丈夫李友勋姓李,自称李杨氏。李友勋请求检察官放弃起诉李杨氏,并且随后撤销了对刘福来通奸罪的指控。李友勋此举,可能是出于为妻子遮羞的原因,也可能他希望破镜重圆。1944年3月15日,北平伪地方法院结束了对李杨氏一案的调查,被告人刘福来因"意图奸淫而和诱有配偶之人脱离家庭"被判处有期徒刑一年。还有很多问题,我们无法从现存的案卷中找到答案,比如说,李杨氏的婚姻是不是包办婚姻?她娘家的经济状况如何?她本人是否接受过任何职业培训或具备任何职业技能?结婚之初夫妻关系如何?她和丈夫之间是否真正相爱?法庭宣判之后她是否回到了丈夫的身边?如果没有选择回到丈夫李友勋身边,她如何解决自己的生活来源?这些问题与已知的细节一样重要,都十分有助于还原和解读李杨氏的日常生活,但我们现在却无法回答。

了解上述局限性,并没有降低民国时期司法审判档案的社会史价值,而是提醒我们要调整问题的意识和研究预设,从而更大限度地挖掘档案的历史研究价值。更具体地讲,本书并非要构建某个妇女或家庭的完整历史,在我看来,审判档案中凝结了一个个生活瞬间,反映了下层妇女参与和适应城市生活的种种努力。借用历史学家贺萧对口述材料的定义,司法档案更像是"不错的故事"(good enough story),可以吸引读者的兴趣,引起人们的思考;可以让历史学家找到一些有意义的线索,深入个人生活的空间,站在历史人物的个人立场上,理解小人物的喜怒哀乐。[1] 这些司法档案是了解三四十年代的北平下层社会生活的文献宝库,通过研究庭审口供中记录的妇女经济生活细节和情感历程的轨迹,我们可以尽可能地从下层的视角还原下层生活。社会史研究所擅长的就是把片段化的、不均衡的记录综合起来,来解释离经叛道的行为,审视社会边缘人群的生活,理解非正规经济。彼得·安德烈亚斯(Peter Andreas)在研究美国历史中的走私贸易时强调:

> 走私活动之所以猖獗,往往是因为走私者和走私品不易被发现或计算。因此,相关档案常常是碎片化的、不均衡的。即使在最乐观的情况下,这些档案也只能提供一个粗略的估计。在阅读接下来的一章时,读者应该时刻牢记这种内在的限制。我希望读者阅读完此书后会赞成我的观点,也就是说不能因为走私犯的世界秘不示人,我们就假装它不存在。恰恰相反,我们更应该在承认相关数据不完美、不完整的同时,继续讲述走私的历史。[2]

与记载美国走私历史的材料类似,在战乱时期的北平,妇女在法官面前隐藏、篡改或夸大自己的经历,也会试图用情感打动法官,她们的证词并不完全客观。然而,正是这些日常生活的瞬间和片段,使我们得以更加深刻地理解下层妇女生活的地下世界,并认识到那个世界为其居民所提供的种种社会关系、经济机会和道德观念。我们应当追溯记录在这些案卷中的妇女的城市生活体验,倾听她们的证词证言,了解这些言词如何与官方档案和下层妇女自身的日常生活产生共鸣。通过这样的方

---

[1] Gail Hershatter(贺萧), *The Gender of Memory: Rural Women and China's Collective Past*(《记忆的性别:农村妇女和中国集体化历史》), p.3.
[2] Peter Andreas, *Smuggler Nation: How Illicit Trade Made America*, New York: Oxford University Press, 2013, p.1.

法,我们可以感受她们的痛苦与欢乐、焦虑与希望,最终理解她们在战时的身体、社会关系,甚至精神世界。

下层妇女以原告、被告或证人的身份出现在法庭上。[1] 当然,当时大多数下层妇女不会把家庭纠纷诉诸法庭,她们也不大可能寻求司法来解决个人生活困难,更多的人会尝试在家庭内部,或在亲友和邻居的帮助之下平息纠纷。在这些妇女的生活中,出庭受审是一种相当不寻常(也不正常)的情况。这就给研究者提出了一个问题,如果每个刑事案件档案都只是一个特殊历史时刻的不寻常的个人故事,那么这些故事如何代表一个更广泛的妇女群体?我们又如何理解关于城市和战争的更广阔的历史呢?

本书选择李杨氏作为研究对象,并非把她看作战乱时期北平妇女中的典型人物,而是因为保存在刑事档案中的她的个人经历吸引了我,促使我关注她和与她有相同经历的下层妇女的城市生活体验。20世纪上半期,北平城市人口中的大多数是包括李杨氏在内的下层民众。这里有关"下层"的提法,主要借鉴了民国时期社会学家的研究,它并非严格意义上按生产关系划分的阶级概念,而是以收入、支出、物质生活水平等经济指标来定义的社会学概念。社会学家李景汉曾将北平的市民按照其生活状态划分为四种:"任意奢侈""安乐度日""将就度日"和"穷得要命"。其中"将就度日"是指"人倒是吃饱了穿暖了,也用不着慈善机构的辅助,但近于禽兽的生存,至于人为社交的动物的各种需要还供给不

---

[1] Kathryn Bernhardt(白凯)在研究清代与民国时期的妇女离婚问题时,大量使用了20世纪40年代初北平伪地方法院民事案件审判档案。她指出:"民法在城市中影响巨大,市民对法律的了解更普遍,也更容易接触到新式法院系统。""在某种程度上,在新式法院打官司花费不多,并且审案效率较高。""在1942年,77%的离婚诉讼都是由妇女发起的。"参见 Kathryn Bernhardt, "Women and the Law: Divorce in the Republican Period", in *Civil Law in Qing and Republican China*, edited by Kathryn Bernhardt and Philip C. C. Huang(黄宗智)。

够。他们过了一日再说一日,即或偶尔有些积蓄也不足几天用的。若家主一旦有病或失业,全家立刻感觉困难,非当则借,有沦入第一层生活程度(即'穷得要命')的趋势"。[1] 生活在这两种状态中的市民属于"下层"。根据李景汉的统计,下层民众包括了当时北平近73%的人口。其他学者的研究也得出了基本相同的结论。民国时期北平有多达二分之一至三分之二的人生活在贫困之中,[2] 这个庞大阶层中的妇女是本书研究的主体。一直到解放战争结束,贫困问题持续存在,甚至愈演愈烈。很多社会统计数据和警察机关调查显示,环境导致妇女犯罪是战乱时期北平普遍存在的现象。这些不寻常的妇女和她们的生存手段给我们提供了一个窗口,展示女性处在政治动荡和军事占领这种非常时期,置身于一个物质极端匮乏的社会中的日常生活状态。

北平城市下层民众的日常生活暗藏了一系列的社会危机,这令当时的城市管理者、社会改革者和大学里的研究者感到震惊和担忧。在他们重建社会和道德秩序的努力中,下层妇女及其日常生活具有重要的意义:她们体现着城市中四处蔓延的贫困现象,还代表了因贫困引发的各种家庭危机和犯罪问题,这都成为社会学研究的对象,同时也为慈善事业、社会改革和政治革命等工作提供了持久的动力。然而,如果下层妇女希望在正式的、官方的语境中表达自己对城市环境设计和建构方式的关注,她们会发现机会总是非常有限。[3] 对于下层妇女而言,那些改革愿景与革命话语遥不可及;相比之下,还是那些成规定俗和传统价值观

---

1 李景汉:《北平最低限度的生活程度的讨论》,载《社会学界》1929年第3期,17页。
2 Madeleine Yue Dong(董玥),*Republican Beijing: The City and Its Histories*(《民国北京城:历史与怀旧》),p.214.
3 根据一项官方调查,1946年,妇女仅占市政府雇员的11%(1350人中有168人)。见北平市政府,J1-7-417,"本府及各局之雇员性别统计表",1946年8月。几乎没有证据表明战时北平的妇女协会还在积极运作。其他形式的集体行动,如有组织的劳工活动也极为罕见。

所默许的生存手段,更有助于妇女理解和利用城市而谋生。李杨氏和刑事案卷中其他故事的主人公,以及很多与她们背景相似的下层妇女,触犯了法律,扰乱了家庭秩序,威胁了公共安全,挑战了道德准则。这就为我们提供了一个机会,了解下层妇女的生存手段与城市管理之间的互动关系。随着城市意义与功能不断变化,社会的管理者对妇女身份做出新的构建和阐释,而下层妇女则通过日常生活来逃避、无视、对抗甚至削弱官方对妇女身份的定义。

最后需要强调的是,本书所记录的妇女日常生活,并不是我们第一次见到妇女参与城市空间的改造,其实她们一直在根据自己的需求,不断定义自己作为女儿、妻子、母亲、寡妇所需承担的社会与家庭责任。以王政的研究为例,她指出,相较于国民党所关注的政治和经济改革,20世纪20年代领导妇女运动的女性精英们,往往优先考虑追求女性平等权利的自由主义目标。[1] 国民党统治时期和抗战时期的女性主义运动积极分子们,自觉地抵抗国家对妇女运动话语和空间的控制。与之相比,下层妇女生活中则缺少体制性动员机制的支持,她们也并不迫切要求实现体制性的变革,而以一种自发的方式应对国家管理、改革尝试与革命动员等。通过日常生活中的各种活动,比如工作、闲聊、做媒、搬迁、走私等,下层妇女得以逃避自上而下的管控,并逐渐建立起自己对妇女社会和性别角色的理解。从这个角度上讲,下层妇女对城市社会和道德结构的影响并不亚于女性主义运动积极分子。随着下层妇女在政治混乱和经济困难中挣扎求生,她们不仅成为改革与革命的目标,也最终成为城市、国家和个人生活变迁的主体。

---

[1] Wang Zheng(王政), *Women in the Chinese Enlightenment: Oral and Textual Histories*.

第一部分

艰难时世

第一章　劳作中的妇女

35岁的陈马氏与年长她11岁的陈国福结婚数年,但二人聚少离多。这主要是因为陈国福在一李姓家中帮厨,住在李宅,不常回家,留下陈马氏和两个孩子在自家过活。[1] 1946年7月6日晚九时许,陈国福临时回家探看。当他进得院内,望见自家屋中一片漆黑,心中疑惑"怎么这么早就灭灯了"。于是他三两步进到屋内,打开电门,昏暗的灯光下是一幕不堪情景。只见一名男子"赤背仅穿一条裤子,在我屋内坐着",妻子陈马氏在一旁神色慌张,忙不迭地系着腰带。陈国福立刻明白二人之间"有不正当行为",心中怒火万丈,和那名赤膊男子扭到一处。陈马氏趁乱夺门而出,孰料慌不择路,一头撞见街上巡逻的警察。巡警看她衣服凌乱、跌跌撞撞,立刻拦下盘问,陈马氏只好如实回答。警察随即跟她回到家中,把已经打得头破血流的陈国福和那名男子分开,一并带回警察局盘问。面对警察的质询,陈马氏供称,丈夫陈国福"素日不顾我们生活,我于上年在晋太庙居住时,即带领两个小孩在外佣工糊口"。随后用"所得工资值些家具,即在口袋胡同13号赁房居住"。至1945年冬,随着日伪统治的覆灭,政治局势动荡,物价上涨。陈马氏生活愈发艰难,于是开始替人"洗做衣服",并结识了29岁的男子荣显宗。7月6日这一天,荣显宗"来取前天洗的衣裤四件,因下雨他将所穿雨衣脱下,这时陈国福回来看见,发生冲突打起来了"。陈马氏在口供中坚称"并没有与荣显宗不当的事情",但是警察并未采信她的说法,案件被移送检察机

---

[1] 北平地方法院,J65-13-833,陈马氏和荣显宗,1946年。

关。1946年7月31日,陈马氏与荣显宗二人因"通奸罪"在北平地方法院出庭受审。

在警察局和后来的法院,司法人员首先登记了三人的信息,将姓名、年龄、出生地、现住址、家庭成员的姓名和职业等记录在案。[1]记录显示:陈国福的职业是"厨行",荣显宗为"二等警士",问及陈马氏时,她交代自己先做雇工,后又代人洗做衣服,同时承认案发当天是荣显宗到她家中取洗净的衣服。尽管如此,警察还是在陈马氏职业一栏内填了"无业"二字。这在刑事案件档案中并不是一个罕见的笔误,而是经常出现的理解偏差。在诉讼档案中,有工作的妇女常常被认定为无业。由此看来,妇女的实际工作模式与官方对"职业"的定义和分类之间存在着差异,这就需要我们研究20世纪初在城市开展的改革运动、立法和政治动员是如何定义妇女的工作。官方定义与妇女实际生活中的差异也提醒我们注意法律、政策、政治修辞,以及妇女日常的生存手段是如何从不同角度表述与定义妇女的工作。

无论是在刑事检控期间,还是在行政管理过程中,政府部门对当事人的职业情况进行甄别与分类是一项例行程序,这展示了管理者和改革者如何认定居民经济收入的正当来源,也表明了他们致力于改善个人生活的承诺。政府官员们希望建立一个强有力的制造业,通过工业化,一劳永逸地解决长期困扰政府的财政收入匮乏的问题。当时的社会学家和社会工作者赞同这一经济计划,也支持工业化的前景。在这样的工业文化语境之下,职业被定义为一种需要技能和专业培训的定期有偿工作。此外,职业、工业化和市政府是密不可分的:职业源于现代经济,工业化是这种经济的基础,政府的干预管理确保了两者的适当发展。另外,职业对妇女具有特别的意义,在改革派的言论中,它成为女性获得社会和政治独

---

[1] 在一些案件中,问讯也包括记录一个人的教育程度和刑事处罚的情况。

第一章 劳作中的妇女

立以及自由人格的经济基础,没有这些,妇女解放就永远无法实现。

然而,实际情况着实差强人意。20世纪初的北平并不是一个工业中心。妇女很少有机会进入工厂,从事织布,或者制造香烟、鞋子和火柴的工作。据一项解放初的统计调查,1949年女工只占北平妇女总数的极少部分,不足2.3%(859 225人中有20 234人);而工厂女工的数量则更少,总共仅有2 322人。[1] 妇女所面临的严峻就业局面,不仅受制于战争、日伪统治、政权更迭等引发的当地经济崩溃等非人为因素,还取决于她们的性别和婚姻状况。女性的失业率远高于男性。例如,在1933年,妇女仅占劳动力总数的35.9%;但在全市418 705名无业居民中,妇女占55.5%。另外,高达62%的适龄妇女无业(相比之下,仅28%的适龄男性无业)。[2] 在接下来的十年里,情况并未得到改善。1944年,日伪政府社会局的一项调查显示,在陈马氏所居住的内二区,妇女无业率为54%。[3] 显然,已

---

[1] 北京市妇女联合会,84-2-4,"北京市妇女各界人数统计",1949年。在同一时期,其他城市的妇女就业情况也在改善。以上海为例,20世纪30年代,四分之三的棉纺厂工人是女性。参见 Emily Honig(韩起澜): *Sisters and Strangers: Women in the Shanghai Cotton Mills*, 1919-1949(《姐妹们与陌生人:上海棉纱厂女工,1919—1949》);Elizabeth Perry(裴宜理), *Shanghai on Strike: The Politics of Chinese Labor*(《上海罢工:中国工人政治研究》);S.A. Smith, *Revolution and the People in Russia and China: A Comparative History*, New York: Cambridge University Press, 2008。在天津,尽管男性主导着制造业,但女性在棉纺厂的劳动力却在上升:9.14%(1929年)、39%(1937年之后)和近50%(1947年),见 Gail Hershatter(贺萧), *The Workers of Tianjin, 1900-1949*(《天津工人,1900—1949》)。新兴城市也加入了工业发展的浪潮之中。例如,20世纪20年代左右石家庄崛起,成为华北地区新的纺织工业中心。借助不断增加的投资(特别是来自日本的投资)和接近棉花产地等优势,这座城市在20年内从一个农村城镇迅速发展成为一个省级工业中心。Peng Juanjuan(彭涓涓),"Yudahua: The Growth of an Industrial Enterprise in Modern China, 1890-1957", Ph. D. diss., Johns Hopkins University, 2007。然而,由于同一区域内存在众多竞争对手,分化或转移了有限的工业投资,阻碍了北平发展成为一个蓬勃的工业化城市。

[2] 北平市警察局,J181-1-371,"人口职业细别表",1933年。

[3] 北平市伪警察局,J2-7-408,"北平特别市内外城区冬季市民职业调查概况表",1944年。

婚妇女要想找到一份全职工作更加困难,因为大多数人都忙于照顾孩子、做饭、打扫卫生、照顾病人等家务。与此同时,按照北平当地习俗,只有极度贫困的人家才会让妻女外出做工,这就形成了一种鄙视并禁止已婚妇女外出工作的社会风气。全职工作,特别是在工厂工作,被视为经济贫困和走投无路的标志。[1]

20世纪二三十年代的政府报告和社会改革者的著作广泛探讨了北平现代工业经济发展的局限,但董玥指出了当地经济的另一个特征,即普遍存在的密集小型商品交易活动,任何物品都可以兑换成现金。[2] 在任何时候,任何人都可以成为一名商人或掮客,在市场体系下交换商品和(或)服务。妇女尤其是已婚妇女,在各种各样的服务行业中发现了自身的价值。在服务行业的一端是最常见并为社会所接受的工作,如家政服务、缝洗衣服;另一端是为人诟病的有偿性交易。这些不同种类的临时工作,以及它们所带来的商品交易活动,构成了城市灰色经济的重要部分。

这种灰色经济的存在深深地困扰着北平的行政官员和社会领导者,因为这些工作并非治愈贫困的良方;恰恰相反,它是大规模贫困、家庭收入下降、女性处于依附地位,甚至道德败坏的标志,这一切都背离了改革理想和愿景,并且会使这座城市偏离经济和社会现代化的道路。然而,零工和灰色经济帮助下层妇女在艰难时期生存了下来。许多女性把家庭空间变成了做小买卖的场所,从事制作手工艺品,乃至为下层男性顾客提供有偿的性服务。这类工作很少需要专业技能、证书、雇主、固定日程等,甚至没有稳定的工作地点,但确实给妇女带来了一定程度的物质支持和经济保障。通过研究下层妇女的工作方式,本章旨在展现她们如何应对战时北平物资紧缺所带来的困境。

---

1 北京市总工会,101-1-262,"区工会办事处领导下的女工工作总结",1949年。
2 Madeleine Yue Dong(董玥),*Republican Beijing: The City and Its Histories*(《民国北京城:历史与怀旧》),pp.135-141。

"职业"一词的演变

"职业"一词由"职"和"业"二字组合而成。最早出自春秋战国时期《荀子》《国语》等书。《荀子·富国》曰:"事业所恶也,功利所好也,职业无分;如是,则人有树事之患,而有争功之祸矣。"另有《国语·鲁语(下)》:"昔武王克商,通道于九夷百蛮,使各以其方贿来贡,使无忘职业。"此处"职业"指"官职及四人(民)之业"或"分内应作之事"[1]。尽管职业一词起源很早,但并未收录在19世纪晚期和20世纪早期外国传教士编纂的早期汉英词典之中,如麦都思(Walter H. Medhurst)《英汉字典》、季理裴(Donald MacGillivray)《华英成语合璧字集》、乔治·卡特·司登得(George Carter Stent)《英汉口语词典》和翟理斯(Herbert A. Giles)《华英字典》等。英语中的几个相关单词,如 occupation、profession、vocation 等,虽然在现代汉语中通常被译作"职业",但是当时的词典编纂者们都采取了其他译法。举例来说,在麦都思《英汉字典》中,他选择了以下译文:

> occupation　艺业、艺事、事业
> profession　事业、艺业、手艺
> vocation　事业[2]

虽然没有使用"职业"这个复合词,但传教士编纂的词典还是使用了"职"这个单字,其使用几乎全部是与官员任免和官僚等级有关。以

---

[1] Walter H. Medhurst(麦都思): *English and Chinese Dictionary*, 2nd ed, Shanghai: Mission Press, 1948, p.894, p.1011, p.1397.

[2] 同上。

"职员"为例,当代汉语中用其指代公司和商业机构的雇员,但在19世纪末"职员"被用来指称政府中的低级官员。

职官　officers
职衔　official rank
职员　an official generally of low rank
受职　to receive an appointment
落职　to be degraded in rank[1]

中国早期的英汉词典编纂者偶尔会在 occupation、employment 和 vocation 这几个词单独出现时,使用"职业"来翻译。[2] 例如邝其照的《字典集成》中,occupation 被译作"事业、艺业、工夫",profession 被译作"手艺、斯文艺业",vocation 被译作"事、职业"。[3] 但在翻译句子中如果遇到上述英语单词,词典编纂者往往会根据具体的语境,如说话人的社会地位或对话者之间的社会等级差异,寻找相应的其他词汇来代替。例如,在 1916 年颜惠庆编撰的《英华大辞典》中,给出了"What is your employment?"这句英文的三种译法:

1. 你有何手艺?
2. 尔做何行业?

---

[1] 见 Herbert A. Giles(翟理斯):*A Chinese-English Dictionary*, 2nd ed, Shanghai and Hong Kong: Kelly & Walsh, Limited(别发印书馆),1912 年,p.225; Donald MacGillivray(季理裴),*A Mandarin-Romanized Dictionary of Chinese*, Shanghai: The Presbyterian Mission Press(美华书馆),1905 年,p.341。
[2] 李玉汶:《汉英新辞典》,上海:商务印书馆,1918 年,496 页。
[3] 邝其照:《字典集成》,1868 年首版、1875 年再版,第 220、240、332 页。另外可参见李玉汶:《汉英新辞典》,上海:商务印书馆,1933 年,496 页。

3. 请教贵业？[1]

通过考察中外词典编纂者解释和翻译"职业"的不同方式，可以看出直到 20 世纪初，"职业"尚未成为汉语中普遍使用的词语。在词典编辑或语言翻译的过程中，编纂者或者没有收录这个词，或者选择其他的中文词来翻译 occupation 或 employment 等单词。

民国时期，特别是 20 世纪 20 年代末至 30 年代中期，"职业"一词开始频繁出现在新出版的词典中，并产生了新的含义。例如，在麦氏编辑的英汉大词典中，他在序言中强调"现代发明的涌入与科学知识的发展将丰富的新观念带入中国，旧有的词典落伍了"。[2] 因此，他编写新词典的主要目的是收录日新月异的新名词与新的表达方式，服务于中国社会与文化的飞速变化。这部新词典中收录的由"职"字组成的词语多达 33 条，以及包含"职业"的七个复合词：

职业上　vocational

职业之礼仪　professional etiquette

职业伦理　ethics of a profession

职业学校　vocational schools

职业指导　vocational guidance

职业教育　vocational education

职业组合　trades' unions [3]

1　颜惠庆主编：《英华大辞典》（第 4 版），上海：商务印书馆，1916 年，747 页。

2　R.H. Mathews（麦氏），*A Chinese-English Dictionary*（《麦氏汉英大辞典》），Shanghai：China Inland Mission and Presbyterian Mission Press, 1931, p.Ⅵ.

3　同上，p.137。

词典中与"职业"相关的词条越来越多，说明了"职业"在当时语境中的重要性和日趋普及。这也是更大规模改革运动的必然结果，这些运动不仅改变了中国的政治体制和社会制度，也带来了一种新的语言表达方式，为中国人思考政治变革、社会结构、文化传统和思想取向等开辟了新的维度和空间。

这些新词语主要有三个来源：新名词、旧词新用，以及回归借词。按照刘禾（Lydia H. Liu）的说法，这些词语是"日本人用来翻译现代欧洲词汇的古汉语复合词，然后重新引入现代汉语"。[1] 它们为中国人提供了一种翻译外国作品的方式，并用批判性的眼光审视来自海外的新思想和知识，从而使中国的政治和社会领导人能够想象和重塑中国未来的政治、社会和文化未来。以"职业"为例，它可能是一个新词，也可能是旧词新用的一个范例。清末戊戌变法的领袖人物康有为，曾旅居日本多年，着力介绍19世纪末明治维新时期日本实施的各项改革方案。他注意到，新的《户籍法》要求日本公民向政府机构呈报职业情况。中国的改革者可能只是把日文中的汉字带回了中国。但是，一旦"职业"这个词进入汉语词汇，它就不仅仅是全球知识流通中的"交换符号"了[2]。"职业"极大地推动了中国人对就业、工业化经济和国民财富的本土讨论，最终重构妇女的生活与城市政治经济的关系。

妇女与城市政治经济学

1946年7月16日，国民政府通过了《（各省市）户口查记实施办法》

---

[1] Lydia H. Liu（刘禾）, *Translingual Practice: Literature, National Culture, and Translated Modernity-China, 1900–1937*, Stanford: Stanford University Press, 1995, p.302.

[2] 从刘禾主编的一本书的标题借用了"tokens of exchange（交换的符号）"一词。参见 Lydia H. Liu edited, *Tokens of Exchange: The Problem of Translation in Global Circulations*, Durham: Duke University Press, 1999.

(以下简称《实施办法》),其中在广义上将"职业"定义为"直接、间接以取得金钱或实物报酬之作业"。[1] 该定义同时说明"凡从事作业而并未籍以取得报酬,或有报酬而非从事作业以取得者,均不能谓之职业;受救济或刑罚时之作业,纵有某种报酬,亦不得谓之职业"。换言之,凡有工作,即拥有职业。《实施办法》还在附带说明中特别规定了如何登记无业,何种情况被视为无业:

1. 不从事任何作业,仅恃财产孳息而生活者,如地主、高利贷者;
2. 恃迷信事业为生者,如卜巫、星象、堪舆等,是僧道以募化为生者,视为无业;其以诵经为生者归入宗教及其他自由职业;[2]
3. 恃罪恶行为为生者,如妓院、赌场等;
4. 监狱囚犯及救济机关所收容者;
5. 在校肄业之学生;
6. 专事料理家务并不直接增加家庭收入者。

从"无业"的定义来看,并非所有类型的有偿工作都符合职业的定

---

[1] 北平市警察局外城各分局,J184 - 2 - 159,"内政部各省市户口查稽实施办法",1946年,7月16日。
[2] 国民党政府的目的是区分宗教和迷信。前者指佛教、道教、基督教、伊斯兰教等国家认可的宗教专业人员;相比之下,后者包括占卜者、占星家和风水师等人,他们与任何宗教或世俗机构无关。有关现代中国世俗与宗教的对抗,以及现代中国国家对宗教活动研究(特别是流行的宗教)的重新分类,参见 Rebecca Nedostup(张倩雯), *Superstitious Regimes: Religion and the Politics of Chinese Modernity*, Cambridge, MA: Harvard University Asia Center, 2010; Shuk-Wah Poon(潘淑华), *Negotiating Religion in Modern China: State and Common People in Guangzhou, 1900-1937*, Hong Kong: The Chinese University Press, 2011。

义标准。这些标准表明,政府官员并没有简单地把就业视为维持个人生计的方式。相反,他们以一种相当有选择性且充满政治色彩的方式,把职业设想为既有生产力又符合社会道德要求的有偿劳动,既确保个人的经济收入来源,也有助于国家与社会财富的积累。除了国民政府的《户口查记实施办法》外,还有其他政策也秉承生产劳动的观点来定义职业。陈怡君(Janet Chen)关于20世纪初中国济贫问题的研究提供了另外一个生动的例子。陈怡君指出,明清时期的济贫方式主要建立在家庭赡养、民间慈善,以及政府支持的各种临时赈济活动相结合的机制基础之上,而清末改革运动极大冲击了这一模式。包括政府官员和社会领导者在内的改革者对传统的救济方法进行了批判,认为它们无能、低效,甚至会适得其反,因为传统的赈济活动培养了一种"寄生依赖"的文化,使得穷人"依靠慈善生活"。[1] 新的济贫政策认为,一个井然有序的道德社会需要人们劳作,甚至在必要时强迫大家工作。劳动和纪律可以保障个人的生计,并促成国富民强。

《户口查记实施办法》不仅是一个政治经济策略,它还展示了政府官员的共同信念,即支持全民就业。20世纪初的北平危机四伏,城市居民中有生活日益困顿的旗人、贫穷的农民、被遣散的兵丁,以及生活在社会和经济边缘的底层劳动者。尽管城市依照法律治理,警察遍布大街小巷,美国社会学家甘博曾经称北平为"最井然有序的东方城市",但形形色色的犯罪案件仍然层出不穷。[2] 无处不在的警察也显示了城市中平静生活的脆弱性,公共秩序随时面临挑战。犯罪学家严景耀曾担心:犯罪不仅危及北平居民的生活,而且越来越成为许多人的谋生之道。[3] 在

---

1 Janet Chen(陈怡君), *Guilty of Indigence: The Urban Poor in China, 1900 – 1953*, Princeton: Princeton University Press, 2012, p.2.

2 Sidney Gamble(甘博), *Peking: A Social Survey*(《北京的社会调查》), p.75.

3 严景耀:《中国的犯罪问题与社会变迁的关系》,北京:北京大学出版社,1986年。

第一章　劳作中的妇女

他眼中，对妇女人身侵害最甚者，对社会道德风尚危害最为显著者，莫过于娼妓业。沦落风尘的妇女多是迫于生计，或者是其他性犯罪的受害者。散落在城区内外的妓院成为城市夜生活的重要组成部分，但也是"道德沦丧的最显著的标志"[1]。在官员的眼中，犯罪与不道德的行为显示了社会瓦解与家庭失序，职业将为妇女提供稳定的生活来源，使她们得到一种集体归属感，可以改变个人前途，最终建构起一道预防犯罪的屏障。

社会活动者与政府官员联手合作，重新定义并扩充了职业的含义。除了将就业与北平城市政治经济的提升联系起来，他们还着重尝试在努力实现中国工业化、重振疲弱经济的大背景下去界定就业。对他们而言，职业不仅仅是任何类型的有偿工作，它还必须依托工业化，并为工业化做出贡献。1917年4月，上海创建了中华职业教育社，社会活动家首度把职业这个工业概念转化为教授男女学员实用知识、工业技能和工作纪律的一些项目。[2] 在20世纪二三十年代，职业教育发展进入顶峰时期，中华职业教育社创办了名为《教育与职业》的杂志，发表了一系列研究西方职业教育发展和中国职业教育面临挑战的专论；之后相继在包括北平在内的几个省份开设了数十所职业学校，举办以学员自制产品为特色的年度展览，呼吁公众关注全国职业培训。中华职业教育社的成员也迅速从1917年的八百多人扩展到1937年

---

[1] Weikun Cheng（程为坤），*City of Working Women: Life, Space, and Social Control in Early Twentieth-Century Beijing*（《劳作的女人：20世纪初北京的城市空间和底层女性的日常生活》），p.165.

[2] 中华职业教育社的创办人包括伍廷芳（1842—1922年，外交和法律改革者）、梁启超（1873—1929年，戊戌变法的领袖和杰出的知识分子）、张謇（1853—1926年，社会改革家和工业家）、范源濂（1876—1927年，教育部部长、北京师范大学校长）、蔡元培（1868—1940年，北京大学校长）和黄炎培（1878—1965年，教育改革家和政治活动家）。

的两万三千人。[1]

中华职业教育社设计了一项课程计划,提供两个学习科目:商科和机械。商科学生学习基础科学、书法、珠算、会计、数学、簿记和商务英语,成绩优异者有机会到银行、商店、会计师事务所和工厂实习。对于机械专业的学生来说,有钳工、锻工、铸工、木工等供选择。在两年的基础课程后,学生继续学习三年的高级课程,其中一半学分为课堂学习,另一半为工厂实习。中华职业教育社的课程体现了其创始人所宣称的职业教育宗旨,正如叶文心(Wen-Hsin Yeh)概述的那样:"课程的主题是通过努力工作和坚持纪律来推动社会进步,鼓励有抱负的年轻人把精力集中在实用的知识上。"[2] 通过教育学生尊重生产性工作和学习实用技能,职业教育为没有受过大学教育的人提供了一份证书和一种途径,让他们在工业经济中竞争到就业机会。需要明确的是,中华职业教育社和其他类似的培训项目可能无法确保每位学员都拥有城市中产阶级的未来;但随着时间的推移,他们的工作将职业赋予了工业化的内涵,并将其从一个新颖但抽象的改革派口号转变为一种学校课程和一种专门的管理制度,旨在为中国新兴的工业经济培养有能力的劳动者。

职业学校也招收女生。1933年,年轻的女性郑资静决定报考"河北省女子职业教育讲习所"。在入学考试的国文中,她介绍了自己的背景,说明求学的原因以及毕业后的目标:

> 我是农村里的一个孩子,虽然是受过完全小学的教育,但

---

[1] Wen-Hsin Yeh(叶文心), "Huang Yanpei and the Chinese society of vocational education in Shanghai networking", in *At the Crossroads of Empires: Middlemen, Social Networks, and State-Building in Republican Shanghai*, edited by Nara Dillon(温奈良) and Jean C. Oi(戴慕珍), Stanford: Stanford University Press, 2007, p.39.

[2] 同上,p.35。

第一章 劳作中的妇女

是对于一切总是感到,自己的知识是不能应于现在的社会的……一个女子如若不能独立,自己的前途是没有好的归宿的……不看现在大半有知识的女子,她们的肉体,已经变为商品了,但是考其原因,多为她们没有正当的职业,这是相当危险的!女子职业学校是想养成女子学习一种技能,将来可以是在社会上自己生活的独立。以脱封建社会,男女关系的羁制才可有自由可言。自食其力,不依靠人家,才能提高女子本身的地位,始可言真正自由平等。[1]

这篇作文揭示了职业教育运动在较短时间内取得的若干成就。首先,值得注意的是,一个十几岁的小学毕业的女生掌握了运用"职业""独立""压迫""自由"和"平等"等新术语来转述社会改革的理念,并把自己的教育选择和职业发展规划与妇女运动、中华民族的未来等宏大主题联系了起来。职业教育运动组织了大量的演讲和出版物,设立了学校课程和家庭作业,为这场运动的领导者、支持者和寻求教育的群众等提供了一个沟通的共同框架。通过建立沟通渠道和实施各种职业教育项目,改革派的理想从精英阶层进入普通民众的生活,也逐渐改变了他们的思想观念。在不到20年的时间里,职业教育运动成功地从职业发展服务机构拓展到社会改革,特别是妇女解放等领域。

职业教育运动的许多领导人都是20世纪初中国社会和文化改革的支持者;他们力图通过增加就业机会来提高妇女社会地位,这些举措也引起了当代女权倡导者的共鸣,他们认为就业是妇女解放的必经之路。一位改革倡导者声称:"由于缺乏就业机会,妇女除了依附于男人,成为

---

[1] 河北省女子职业教育讲习所:J28-1-81,"职业学校学生作文试卷·郑资静:投考女子职业学校的志愿",1933年。

男人的奴隶外别无选择。"[1] 郑资静报考河北省女子职业教育讲习所的同一年,燕京大学社会学系学生张如怡完成了学士毕业论文,发出了同样的声音。她在论文导言中先批评了妇女的依附地位,"一般中国的妇女,既无反抗的知识,又无反抗的能力,再加上长时期受这种不平等思想的麻醉,反而过惯了这种反常的生活,以为女子的天职,只当限于家庭之内,作贤妻良母,而与社会是完全隔绝的",继而提出了妇女运动的目标,"中国的妇女因为经过了相当努力和奋斗,最终得有教育上、职业上和政治上的权利"。[2] 在一系列权利之中,张如怡认为"职业上之权利为最重要",因为"中国的妇女如欲与男子达真正平等的地位,必须谋经济上之独立,自食其力,而不倚赖男子为生活"。[3]

在女权倡导者眼中,有一个普遍而持久的论点,即应该对教育机构的课程进行全面改革。他们强调传统教育是基于过时的模式和错误的观念,旨在准备科举考试,并把妇女塑造成服从于男性的贤妻良母。[4] 与之形成鲜明对比的是,新课程展现了尊重职业的教育,将实践培训优先于书本知识,并寻求培养自尊和自我价值感。妇女为改善经济状况而工作,更重要的是,为塑造自己的独立人格而工作,正如顾德曼(Bryna Goodman)所言,独立人格是建立在生产性的工作,以及诸如"独立思考、自力更生和个人道德操守"[5] 等关

1　罗家伦:《妇女解放》,见梅生辑:《中国妇女问题讨论集》,上海:新文化书社,1923年,15页。再版,上海:上海书店,1989年。
2　张如怡:《北平的女招待》,毕业论文,燕京大学社会学系,1933年,1页。
3　同上。
4　罗家伦:《妇女解放》,见梅生辑:《中国妇女问题讨论集》,15页。
5　Bryna Goodman(顾德曼),"The Vocational Woman and the Elusiveness of 'Personhood' in Early Republican China", in *Gender in Motion: Divisions of Labor and Cultural Change in Late Imperial and Modern China*, edited by Bryna Goodman and Wendy Larson, Lanham, MD: Rowman & Littlefield Publishers, 2005, p.265.也参见马钊:《女性与职业:近代中国职业概念的社会透视》,见黄兴涛主编:《新史学:文化史研究的再出发》,北京:中华书局,2010年,58—87页。

键美德的基础上。职业教育运动并不能保证为中国所有妇女谋得一份工作,但是它成功地塑造和推动了性别职业的话语认知,将妇女的社会自主性和独立人格与她们的就业状况紧密联系起来。

通过教育和就业解放妇女的概念持续地在改革领导者和支持者中引发共鸣,并影响了20世纪早期许多妇女生命历程。20世纪20年代末,民族主义革命以及随后在国民党统治下的国家发展进程,使职业的意义进一步政治化。对于北平的国民党官员和市政官员来说,就业是一个具有重要政治影响的经济问题。是否能创造更多的就业机会成为一个指标,用来衡量政府是否有诚意且有能力履行其提高个人福祉的家长式承诺。此外,就业赋予人们一种专业和制度上的身份,工作机构也培养了政治认同,并促进了从业者将认同转化为行动。职业与工作机构使官员们能够列举、分类,并最终动员人民完成保卫和重建中华民族国家的革命议程。北平市政府对待女招待的态度就是一个很好的例证。

20世纪30年代,市政官员承认女招待是一种新的职业形态,并对这项能迅速招聘女性员工的新就业机会持积极态度。他们颁布了新的注册登记制度,通过了一系列的规章措施,使女招待的雇用正规化。对市政官员而言,女招待的职业不仅需要加强政府管理,也是政府改造社会的重要途径。1930年6月,社会局开办"女招待训练所",旨在为职业妇女增长职业知识。1930年8月,在北平妇女协会的指导下,"女店员协会"成立并被授权代表女招待群体和"培养女性的职业尊严"。[1]

该协会创建人宣称:"从今天起我们要联络同情的妇女,组成巩固的团体,领受党的训练,养成健全的人格,促进妇女的觉悟,抗争男女的职业,扶助劳动的妇女,实现妇女的解放,并在党的指导之下,走向国民革命的正轨,和恶社会斗争到底,有敢于摧残女子职业、阻碍妇女运动者,

---

[1] 张如怡:《北平的女招待》,24页。

誓与之作殊死战。亲爱的同志们,我们要振作起来……"[1]

这份宣言中有几点值得注意。在这个政党领导的社会革命议程中,强调了提高妇女地位,试图把妇女当作平等社会成员,二者共同构建了社会改革理想。国民党的市政官员认为,几个世纪以来,妇女一直是性别隔离和经济压迫的受害者,这阻碍了她们充分平等地参与社会生活和政治事务。但职业通过让人们获得经济资源,鼓励妇女做出决定,使她们既能获得短期利益,又能获得长期发展,实现了更充实的生活。这种改革理念灌输了独立、生产力和公民意识,这不仅赋予了妇女在社会和经济上的权利,也使整个社会受益。在政治上,职业培养了一群遵守纪律和献身革命事业的人才。与此同时,它还提供了一种集体的公共身份及社会和政治的归属感。这种归属感根植于共享的工作节奏和工作场所,使她们能够应对工作安全和福利方面的共同挑战,甚至形成了一种可以帮助成员交流彼此痛苦和愿望的共同语言。因此,职业催生了新型的"法团"或专业协会,丰富了妇女采取集体行动的政治战略和战术,也有利于帮助政府进一步组织妇女,构建施政和发动政治运动的群众基础。[2]

在 20 世纪早期,"职业"一词不断被重新定义。对这个词的词源和语义的探讨可以说明妇女工作是如何与经济重建、妇女解放和国家救助等宏大的问题交织在一起,这种相互作用影响了职业概念的发明、工业化、再创造和政治化的过程。在社会改革和经济变革中,妇女加入了劳动大军。1937 年,燕京大学法学院社会学系的窦学谦利用田野调查收

---

[1] 《北平新晨报》,1930 年 8 月 18 日,见王琴:《近代城市空间和女性职业的兴起》,硕士论文,清史研究所,中国人民大学,2003 年,74—75 页。
[2] 有关民国时期北平市民组织的结构与政治潜力,见史谦德(David Strand),*Rickshaw Beijing: City People and Politics in the 1920s*(《北京的人力车夫:1920 年代的市民与政治》),中译本:南京:江苏人民出版社,2021 年(以下均为中译本页码),20—21 页。

集的数据,证明了职业妇女的数量正在稳步增加。制造业和服务业的工作是吸引妇女的两个主要职业类型,特别适合具备一定教育水平和专业经验的妇女加入就业市场。此外,妇女还开辟了新的就业方向,如教师、图书馆员、医生、护士、编辑、记者、翻译、口译、律师、实验室助理、药剂师、会计、秘书、打字员、速记员和电话接线员等。[1] 妇女的职业前景和城市经济似乎都在沿着改革家开辟的道路向前发展。

回到北平地方法院,面对司法官员有关就业情况的例行询问,参与诉讼的妇女讲述了她们的工作经历。这些证词展现了多元化的工作模式,包括全职工作与兼职工作,还有季节性工作与零工。有些定期支付薪水的工作需要专业培训,甚至需要工作技能证书;大多数工作则没有任何特殊要求。这些妇女的经历在许多方面直接挑战了改革者设计城市经济和确定妇女经济前景的方式,也向我们提出了许多问题:像陈马氏这样底层妇女在定义职业的过程中扮演了什么样的角色?为什么日复一日地奔波忙碌,她所从事的劳作却不能算是"职业"?在定义妇女的工作及其参与城市经济意义的过程中,她个人是否占有一席之地?这些问题的答案将我们带到职业话语的另一个维度,即职业让改革派的理想与社会现实相遇,也让政府政策与妇女生存手段相遇。

工厂女工

统计 20 世纪初北平工厂女工的数量是一项挑战,因为"工厂工作"种类庞杂、包罗万象,如在现代化的工厂里操作机械,或者在被服厂内生产军服、袜子、手帕、毛巾等。这座城市只有很少几家现代意义上的工

---

[1] 窦学谦:《中国妇女的地位、教育与职业》,毕业论文,燕京大学法学院社会学系,1937 年,22—26 页。

厂,与上海和天津等城市相比,女性产业工人非常少。1933年北平市公安局的职业调查显示,有10 060名女性在矿业、工业、商业、交通运输业和政府部门工作。但是,这些部门的性别比例极不平衡,男性占比远超女性,比例为21∶1(见表1.1)。大约十年后,在北平的266家各种类型的工厂中,只有17家雇佣女工,共计574名,占该市女性人口的不到1%。[1]

表1.1 北平居民职业(1932—1933年)

	男 性	女 性
农 业	4 313	1 427
矿 业	2 563	164
工 业	82 659	7 057
商 业	102 102	2 801
交通运输业	21 457	18
公务员	10 564	20
自由职业*	184 749	33 682
人事服务	77 395	99 246
无职业	186 400	16 2305

* 根据官方分类,自由职业包括医务人员、社会工作者、教育工作者和宗教工作者,据北平市警察局外城各分局,J184-2-159,"内政部各省市户口查记实施办法",1946年。

资料来源:北平市警察局,J181-1-371,"人口职业细别表",1932年。

---

[1] 北京市档案馆编:《日伪统治后期北京市各区工厂调查表》,载《北京档案史料》2001年第1期,69页。

第一章　劳作中的妇女

1944年,据北平市社会局统计,有11 025名女性从事制造业工作,占该行业全部劳动力的10.8%。[1]

这些令人失望的统计数字体现了这座城市的经济结构。几个世纪以来,北京一直是政治和文化中心,是皇帝、官僚、商人、文人、梨园子弟和其他专业人士的家园,但缺少实业家。20世纪初,历届地方政府曾数次试图实现城市工业化,但基本上都以失败告终。北平有闻名于世的帝都遗存、发达的商业和独具特色的京味文化,但是缺乏现代工业的活力。

下面的案例揭示了妇女在城市工业和半工业经济中的有限机会,更重要的是,此案例表明她们的工资收入不足以维持生活。谢骏如"业画匠为生",平日在北平市外五区药王庙做绘画,"不常在家居住",仅"每月回家五次"。1943年春节期间,谢骏如去岳母家拜年。在与街坊闲聊时,他听闻妻子谢常氏"不安于室",心中颇为不满。为了搞清事情原委,谢骏如于1943年7月27日早晨"到外三区草管胡同4号找生母谢冯氏回家,进门由窗帘窥见妻子谢常氏与一不认识男子同宿"。7月30日后,谢骏如到法院起诉,指控谢常氏通奸。在法庭调查过程中,谢常氏供称,她曾经在天桥西被服厂做工,在每天下班路上结识了徐国祥。徐国祥曾在一家洋行做事,后来赋闲,靠"给人订书本"为生。谢常氏供称,"自过门他们[谢骏如]全家即对我加以虐待,非打即骂,且有逼我为娼情事,故我起意与我公婆分居另过。自分居后,因我夫不给我生活费,遂于本年正月间前由我找向素识之徐国祥在我家奸宿,继续业经多次,我的生活费用即由他供给"。徐国祥也承认"与谢常氏通奸,有半年了,从阴历三月开始,三二日去一次,去便住一夜"。他还对主审法官说,是谢常

---

[1] 北平市社会局,J2-7-408,"北平特别市内外城区冬季市民职业调查概况表"。

氏"将我找她家去的,她说她家没有别人,因她生活不够养她,她才找我"等。[1]

谢常氏做工的被服厂是1912年由陆军部创建的,为军队制造军需装备。用甘博的话说,那是北平"唯一一家大量雇佣女工的工厂"。[2] 有大约3 000到5 000名女工在那里工作,大多数女工的年龄超过了20岁,但也有12岁的女孩子受雇。[3] 这家被服厂是北平首批由政府设立、旨在雇佣妇女的工厂企业。以此项目为代表,各届市政府做出了相当大的努力,利用城市工业化来扩大妇女的就业机会。但这些措施收效甚微,既没有彻底改革城市经济结构,也没有保障妇女的生计。北平的工业部门,尤其是采矿业、制造业和运输业等,一直未能为女性创造足够的就业机会。

由于工厂提供的就业机会有限,更多的妇女只能在规模较小的手工作坊打工,从事纺线织布、地毯编织、糊火柴盒、做纸花、缝鞋、做牙刷等工作。[4]

市政官员对北平手工业作坊的发展状况进行了统计。他们发现,1943年冬天,在谢常氏所在的外三区,有78个手工作坊和65家小型工厂(见表1.2和1.3)。6年后,中国共产党领导的北平市政府在对妇女就业的调查中关注了手工业雇佣女工的情况。调查发现,当时北平共有女工20 234名,其中近一半(9 380人)受雇于小型手工业作坊,或者是家庭作坊。另外三分之一的女工(7 716人)从事不同类型的零工、农业劳动或服务、运输行业。只有3 138名妇女为产业工

---

1 北平伪地方法院,J65-7-10254,谢常氏,1943年。
2 Sidney Gamble(甘博),*Peking: A Social Survey*(《北京的社会调查》),p.221.
3 李景汉:《北平最低限度的生活限度的讨论》,8页。
4 同上。有关在北平家庭手工作坊中的作用,也参见 Weikun Cheng(程为坤), *City of Working Women: Life, Space, and Social Control in Early Twentieth-Century Beijing*(《劳作的女人:20世纪初北京的城市空间和底层女性的日常生活》)。

人(见表1.4)。[1]

表1.2　外三区手工作坊(1943年12月)

鞋匣 1	织袜 6	制鞋 8
雕漆 2	毛巾 6	地毯 5
纺线 5	骨活 1	簪花 3
织布 3	笔墨书籍 7	胰皂 3
铜铁锡品 11	珐琅作 3	小器作 3
花活 11		

资料来源：北平市伪社会局,J247-408,"北平特别市内外城区冬季工业行业调查表",1943年。

表1.3　外三区工厂(1943年12月)

铁工厂 10	地毯工厂 3	织布工厂 38
制钉工厂 8	线工厂 2	毛巾工厂 2
皮革厂 2		

资料来源：北平市伪社会局,J2-7-408,"北平特别市内外城区冬季工作行业调查表",1943年。

---

[1] "工人"这个类别涵盖了几个职业群体，包括几乎所有依靠体力劳动谋生的人。本书认为,工人被模糊定义,可能是出于政治动机。这个统计项目至少有两个政治目的。首先,它把工人确立为北平妇女最大的职业群体,超过了随后三个职业群体的总和,即职员(5 992人)、自由职业者(5 634人)和文教工作者(5 091人)。
这给正在展开的城市共产主义革命提供了一个更大的群体,共产党可以从中招募领导者和追随者。其次,女工在统计上的突出地位使她能够在全市和跨阶层的妇女运动中分配给她们(尤其是产业工人)更多的权力。更多有关中共在北平统计和动员女工的讨论,参见马钊(Zhao Ma)："Female Workers, Political Mobilization, and the Meaning of Revolutionary Citizenship in Beijing, 1948-1950"。

表 1.4　北京工人(1949 年 12 月)

	男性工人	女性工人
产业工人	31 824	3 138
公共事业工人	19 418	803
手工业工人	53 306	7 392
独立劳动手艺工人	53 799	1 988
苦力搬运工人	59 382	142
农林园艺畜牧工人	1 146	62
店员	83 074	783
工役	15 571	5 926
总计	317 520	20 234

资料来源:北京市妇女联合会,84-2-4,"北京市各界妇女概况统计表",1949 年 12 月。

所有的市级工商业调查和职业统计都显示,20 世纪上半叶,北平的妇女失业率一直居高不下,但这并不仅归因于城市工业化发展缓慢而导致的岗位缺乏。市政官员、社会学家,以及后来的共产主义劳工运动组织者发现,产业工人中的女工并不会长久留在工厂。在妇女看来,工厂工作是一种靠不住的生计,是人生中的一个临时阶段,也是最不可取的人生选择。年轻女性只挣几年的工资,然后离开工厂结婚;已婚妇女一般不会入厂做工,她们往往寻找其他生计,或者依靠配偶生活。

有若干因素导致了北平许多妇女没有留在工厂工作。首先,许多人认为:在工厂做工是有失颜面的选择。当地习俗强烈反对女性在工厂工作,因为传统的性别观念试图将女性的活动限定在家庭场域之内,而外出做工则有悖于这个习俗。清末以来的文化改革运动努力让妇女通

第一章 劳作中的妇女

过就业融入社会,在官方的言论中也摒弃了保守观念,但是在日常道德规范中,传统的观念仍具有相当的影响力。例如,1940年燕京大学社会学系学生陈涵芬在学士毕业论文中对北平北郊的农村妇女做了一项调查。她发现妇女帮助家里种田是社会所认可的,去外面赚钱则绝对是件"羞耻事",其中"抛头露面"去工厂当工人或做佣工,对于妇女自己和家庭而言是最丢脸的事。[1] 共产党工会组织者也得出类似的结论,许多妇女只有在万般无奈之下才会去工厂做工。[2]

因为害怕社会上对女工的歧视,许多已经在工厂工作的妇女不愿在公众面前暴露她们的工人身份。一位名叫吕果的共产党新闻记者,在撰写解放军进入北平初期的一篇女工报告中,捕捉到了女工们背负的羞耻感。按她的话来说,"在解放前,当被服厂的女工穿着工人制服登上电车时,人们异常敏感,捏着鼻子说:'喔,被服大学的。''人还没到,味就先来了。'很多被服厂的女工们,为了掩饰自己'可耻'的身份,在工厂附近看见熟人和同学就不敢进厂。"[3] 吕果写道,为了避免这种口头骚扰,许多女工选择隐藏自己的职业。吕果还记载了被服三厂工人马文慧的一次经历。一天在上班的路上,马文慧遇到了一个曾经和她上过同一所学校的女孩。当她和朋友打招呼时,马文慧把午饭饭盒藏在背后,但不小心掉到了地上,这暴露了她的工人身份,马文慧感到非常尴尬。但后来她发现朋友其实也在附近的被服厂工作,而对方也试图掩盖自己做工的事实。[4] 除了这例个案,不少材料都指出:女工自己"轻视劳动,大部分抱着不得已才进工厂。做工是混饭,认为工人是低下的。譬如不穿工人

---

[1] 陈涵芬:《北平北郊某村妇女地位》,学士毕业论文,燕京大学法学院社会学系,1940年,50页。
[2] 北京市总工会,101-1-262,"本部工作总结",1949年。
[3] 吕果:《解放前后北平被服厂的女工》,载《新中国妇女》,1949年1月,38页。
[4] 同上。

制服,怕别人知道她是工人,羡慕剥削者的舒适生活";[1] 女工"以劳动和工人为耻,虚荣心重,这种思想表现在行动上的是不愿当工人,想尽法子不使人看出她们是工人(尤其是未结过婚的)。除在厂做工时间以外,每天下班换衣服、梳洗、化妆……特别是烫头发的占青年女工的十分之八,模仿小姐、太太,尤其是学生的言行"。[2] 最后工作组的人员总结,很多工人"都是不甘于作工人,一旦有机会,就想脱离工厂,因此对生产是做一天和尚撞一天钟;而结过婚的,也只是踏踏实实、战战兢兢地做活,为的是混饭吃"。[3]

许多妇女认为工厂工作不受欢迎,不仅是因为社会偏见,也因为她们在做工时会面临很多实际困难。大多数雇主视女性为廉价劳动力,只让其从事一些简单的工作,这些工作只需要很少的培训和经验,而这反过来又阻止了女工工资的提高,也不利于女工提高技能以获得更好的工作。雇主们以妇女不是家庭的经济支柱为借口,拒绝提高女工的待遇。也就是说,雇主认为妇女可以接受低工资,因为她们的收入只是用于贴补家庭收入,而非承担养家的重担。[4] 民国时期的政府统计数据表明,在1926年至1930年期间,女工的工资不仅没有增长,还下降了大约5%。这意味着,1930年的妇女难以维持5年前的生活水平。调查还发现,当时大多数女工的月薪都低于人均15元的最低生活保障。[5] 谢常氏一案记录了她每个工作日能挣0.7到0.8元,按当时的粮价,她只能买不到半斤的小米或玉米,不够吃一顿饭的。[6] 她的丈夫谢骏如供称每月

---

1 北京市总工会,101-1-262,"本部工作总结"。
2 北京市妇女联合会,84-2-15,"女工工作材料整理",1949年。
3 同上。
4 北京市总工会,101-1-262,"区工会办事处领导下的女工工作总结"。
5 麦倩曾:《中国工厂女工工资之研究》,硕士论文,燕京大学法学院社会学系,1931年。
6 伪财政部冀察热区直接税局北平分局,J211-1-4,"北平物价调查表",1943年。

第一章 劳作中的妇女

给"六十元生活费",但是也只能"分次给,没一定"。考虑到通货膨胀的因素,谢常氏日常生活还是入不敷出。在这种情况下,谢常氏辩称"实因生活,他养不了我,我也是无法子的事情","我也是被生活所迫呀",结识徐国祥,是为了维持生存,"我没生活,他养活我,我就算跟着他了"。

在市政府开办的妇女手工厂内,女工最长可受雇两年,在此期间她们可以学到一定的技能,期满后,凭着这些技能,她们能在其他地方找到工作。妇女手工厂创建于1941年,它不是一个自给自足的营利性企业,更像是一个福利机构,由市社会局支付运营成本和补贴女工日常膳食。根据其章程,该组织只接纳经济状况糟糕的妇女,并提供培训课程,来教授她们实用技能。[1] 定期雇佣使更多的妇女可以从项目中受益,但不鼓励妇女将该项目视为长期的福利来源。[2] 以被服厂女工为例,不同的工作会获取不同等级的工资。车工(机器工)是长期雇佣的,工资相对较高。她们不仅给家庭带来了收入,甚至自己买得起化妆品。但是那些做低技能工作的女工,比如锁扣眼的工人,生活就比较艰难,因为工资低,而且还面临定期的裁员。[3]

其他种种困难,如长时间工作、身体虐待、男同事和经理的性骚扰等,进一步阻碍了妇女在工厂工作。记者吕果在文章中写下了女工的困境:

---

[1] 北平市伪社会局,J2-1-263,"妇女手工厂组织规则",1939年。
[2] 解放战争末期的政治危机和经济动荡极大地改变了妇女手工厂的运作方式,尤其改变了它的招聘政策。随着国民政府统治的瓦解,这座城市需应对失控的通货膨胀、城市中产阶级家庭的贫困,以及辽沈战役期间从东北流亡到北平的难民潮。在这样的压力下,市政府把妇女手工厂作为战时状态之下的一个社会救济项目,开始接纳中产家庭的妇女,如"落后的旧官僚、逃亡户、中等职员的女儿"。她们中的大多人因为战乱而丧失生计,只能依靠政府的救济渡过难关。北京市总工会,101-1-262,"区工会办事处领导下的女工工作总结"。
[3] 北京市总工会,101-1-262,"本部工作总结"。

> 每天，天还不亮，被服厂的女工们提着饭盒去上班。街上很少行人，一路上警察吆喝着骂她们，狗赶着咬她们，到了工厂外边，天上还亮着星星，别人都还在做梦，她们却顶着大风在门外等着。女工们感叹地说："那时是两头不见日头，来去顶着星星。没有表，宁可早些，不能被开除呀。"二厂女工张镇安，因为父亲病了，来晚了些，工头让她出去，她不肯，就打她的耳光，把她踢出去，从此被开除了。多少女工害怕一不对事就被开除，忍受着肉体上和精神上的剥削和压迫。扶在机器上，沉默着，度着她们疲乏而黑暗的岁月。[1]

需要说明的是，这份报告是1949年初为配合宣传而撰写的。吕果和赋予她这项任务的干部们正试图发动北平的工人阶级，帮助新生的共产党政府重建城市的经济。彼时，一个团结的、积极参与政治活动的工人阶级尚在建构和发展过程中。受限于多样和复杂的社会背景，女工群体内部多有差异。因此，共产党宣传干部和工作组认为，他们只有通过强调女工在资本主义工厂制度和国民党统治下所经历的苦难与压迫，方能形成一种群体意识，帮助她们克服个人差异，从而培养其无产阶级的统一身份。人们期望这种共同的苦难意识能把工人们转变成政治上活跃、充满激情的革命大众的一部分。

尽管有宣传的成分，但吕果的报道还是展现了工厂女工的困苦生活。在过去几十年里，这个故事反复出现在社会学家笔下非政治化的学术研究之中。他们指出，工资限额、劳动合同条款、家庭经济模式、婚姻和生育，以及社会的污名化，促使许多妇女只能暂时从事工业劳动。此外，她们要么一年到头从事不同的劳作（包括到工厂

---

[1] 吕果：《解放前后北平被服厂的女工》，载《新中国妇女》1949年1月，38页。

做工),要么同时从事多种工作来增加收入。虽然灵活的工作模式和多样化的收入来源并不一定有利于加强工人内部的团结,且可能造成工人的内部差异,但事实证明,这种灵活的工作模式对妇女的生存至关重要。

总之,尽管市政府和地方实业家试图通过开设工厂来振兴制造业,但这些工厂未能把北平转变为一个蓬勃发展的工业城市。在工厂工作的机会非常有限,同时还要面临许多困难,如不太安全的工作条件、苛刻的管理规定、长时间的工作、工资歧视和身体虐待等,所有这些都使工厂成为不受妇女欢迎的地方。当工厂工作对妇女,特别是已婚妇女失去吸引力时,服务业工作就成了替代品。

服务业

1942年3月18日,北平伪地方法院审理了丁刘氏通奸一案。被告丁刘氏原籍河北省三河县,于17岁时嫁给了比她大4岁的同乡丁宝启。丁刘氏的供词没有详细描述家庭状况,但她提到了"夫妇感情融洽,生有一男一女,已死"。由此我们可以推测,他们很有可能生活贫苦,因为当时贫民家庭中新生儿和婴幼儿的死亡率明显高于家境好的家庭。[1]

---

1 Tommy Bengtsson(托米·本特森)认为,"生活水平对出生率、生育率、死亡率等人口行为影响巨大,特别是在历史上,绝大部分人口生活在温饱贫困线上"。穷人更有可能成为营养不良的受害者,造成"营养摄入不足或罹患疾病",这会导致致命性疾病发病率增加,同时出现高出生率及新生婴儿高死亡率。经济因素也影响其他领域,比如"疾病的传播和接触、个人卫生、环境卫生和医疗保健"。生活在这样充满挑战的环境中,穷人的婴儿死亡率很高,预期寿命很短。见 Tommy Bengtsson, "Living Standards and Economic Stress", in *Life under Pressure: Mortality and Living Standards in Europe and Asia, 1700-1900*(《压力下的生活:1700—1900年欧洲与亚洲的死亡率和生活水平》), edited by Tommy Bengtsson, Cameron Campbell(康文林) and James Z. Lee(李中清), Cambridge, MA: The MIT Press, 2004, pp.27-59。

1938年,丁宝启"外出作花工,无有音信",丁刘氏一人留在家中,"生活无着"。丁刘氏随即决定背井离乡,外出做工糊口。[1]

当丁刘氏决计外出打工,她可以选择到三河县以南150公里的天津,那里有庞大的现代工业,吸引了大量农村劳动力进城做工。根据贺萧的研究,最初天津的劳动力基本上都是男性。但从20世纪20年代开始,妇女加入劳动力大军;到了20世纪30年代中期,棉纺厂等行业的劳动力部分实现了"女性化"。大量农村妇女被招募进入工厂,从事简单、低工资和非技术性的工种。棉纺厂"在天津郊区附近地区设立了招募点,那里是新近从农村出来的农民工聚集的地方"。[2] 雇主也会在工作日的早上,在工厂门口直接雇用女工。1939年左右,妇女占天津工厂劳动力的39%,而且这个数字还在继续增长。[3]

北平位于三河县以西60公里,丁刘氏也可以来此做工。其实,三河县一带的农民到北平做工由来已久。过去人们称三河县有"四多",这是一个带有贬义的说法,但它真实地描述了三河人积极投身城市经济,靠扛活打短工、当老妈子(女佣)、挑八根绳(做小买卖)和行乞要饭等四种方式谋生。地方志中记载,在1949年以前,该县有数以千计的农民到北平找活路。其中有6 363人(包括男人和女人)打零工,1 915人乞讨要饭,居于第三位的是家政服务,有1 817名妇女当女佣。[4]

丁刘氏和许多三河人一样,选择到北平,在"南柳巷佣工"。家庭佣工大致分为4种:厨子、照顾新生儿和幼儿的奶妈、丫鬟和老妈子(见图1)。[5]

---

[1] 北平伪地方法院,J65-6-948,"丁刘氏和丁宝启",1942年。
[2] Gail Hershatter(贺萧),*The Workers of Tianjin, 1900-1949*(《天津工人,1900—1949》), pp.142-147.
[3] 同上,p.55。
[4] 金城主编:《三河县志》,北京:学苑出版社,1988年,641页。
[5] 陆德阳、王乃宁:《社会的又一层面:中国近代女佣》,上海:学林出版社,2004年,43-62页。

丁刘氏这类已婚妇女经常受雇当老妈子。事实上,只有富裕的家庭才有能力雇几个佣人,并为每个佣人分配特定的任务。大部分家庭佣工的分工并不明确,一个佣人通常要干几种活,这样雇主能尽量降低雇佣成本,获得最大的佣工收益。在整个 20 世纪早期,北平对女佣的需求一直保持稳定。官僚家庭、退休的政客、薪资优渥的大学教授、富有的商人和外国旅居者构成了相当大的雇主群体。这个群体中的许多人在 1937 年日本占领北平时离去,取而代之的是一批新贵,如日本的军政官员,还有任职于日伪政府的中国政客与官吏。

图 1 戴虎头帽的婴儿和保姆

图片来源:《甘博照片集》(462A_2662),由杜克大学纪录片、善本与手稿档案馆及特藏图书馆提供,下同。

家庭佣工之所以吸引从农村进城的新人，主要有以下几点显而易见的优势。首先，大多数家庭事务，如打扫卫生、做饭、缝纫、照看孩子和操持家务等，都不需要特殊的培训。妇女可以将她们在日常生活中获得的技能，转化为获取收入的工作。其次，佣工收入尚可。在20世纪二三十年代，经济相对稳定，一个佣人每月的收入在3元到6元之间，3元钱可以买到345个芝麻烧饼、25斤猪肉、18尺布或1克纯金。[1] 此外，佣人在雇主的家里住宿和吃饭不产生额外的费用。年底的红包和日常小费进一步增加了她们的收入。

有些雇佣关系订立过雇佣合同，另一些只是佣工与雇主达成口头协议，这允许女佣根据个人经济需要和家庭时间安排，比较自由地开始工作和终止雇佣关系。[2] 下面将通过一位老练的人贩子程黄氏的犯罪经历，来考察家庭佣工与妇女生活之间的关系。程黄氏是个寡妇，曾因诱拐罪在北平市监狱服刑。1930年，她在服刑期间接受了周叔昭的采访，访谈记录被收入周叔昭的硕士论文中，由此我们得知程黄氏的犯罪经历以及她在北平的生活和工作。

程黄氏出生在北平郊区的一个农民家庭，1897年她17岁时出嫁，丈夫赶马车为生，婚后二人共生有5个子女。从访谈记录上看，程黄氏婚后10年生活还算稳定，之后公婆相继病逝。在她29岁时，长子订婚，38岁时长子结婚，但婚后婆媳关系并不融洽。又过了一年，程黄氏的丈夫病死，她独自抚养另外未成婚的子女（分别为18岁、13岁、10岁、6岁）。守寡后，程黄氏的生活愈发困难：年近四旬，没有受过教育，没有固定工作，但要养家糊口。[3] 为了维持生计，程黄氏于1919年至

1　邓云乡：《六十年前北京人经济生活杂述》，见《旧京人物与风情》，北京：北京燕山出版社，1996年，181—185页。

2　李滨声：《老妈店》，见《旧京人物与风情》，北京：北京燕山出版社，1996年，468页。

3　周叔昭：《北平诱拐的研究》，硕士论文，燕京大学社会学系，1933年，37页。

1920年间,开始涉入诱拐犯罪。她先是通过丈夫的朋友,协助邻居钱李氏将街坊家中一13岁的媳妇,连同另外两个人卖到长春妓院,程黄氏与邻居等共分酬金70余元。接下来她又将自己远亲拐卖到东北,分得酬金62元。后又伙同邻居钱李氏将一17岁的媳妇,找主改嫁,后卖到沈阳的一家妓院,分得100多元。随后受人之托,将一19岁妇女,找主嫁人,与他人等共分200多元的彩礼钱。在此之后,程黄氏一发而不可收,10年间先后策划参与了20多起诱拐案。这10年间,她有时会做几周甚至几个月的佣工。雇主包括她的朋友、电料行的老板、奉系军阀的参谋官等。佣工期间,她住在雇主家中;没有工作的时候,她则暂时栖身介绍佣工的"老妈店"。佣工似乎成为某种"安全网",不仅给程黄氏带来一定的收入,还为她提供免费食宿,填充她两次犯罪中的时间间隙。

对丁刘氏而言,佣工给她提供了一份工作、一项收入、一处栖身之所,更重要的是帮助她在一个陌生的城市里谋生度日。可当她来到北平仅半年之后,也就是1938年末,丁刘氏因病失去了工作,生活再一次陷入困顿。由于在北平举目无亲,她只得收拾好随身物品,"与同事妹妹石姓在西柳树井三盛店暂住"。在养病过程中,丁刘氏决计找个办法一劳永逸地解决生计问题。就在此时,她遇到了33岁同村人丁宝田。此人"在原籍作长工",在北平城内靠打零工和做小买卖过活,暂住"西珠市口三和店"。随着关系的发展,二人决定搬离原来居住的客栈,共同租房。此举既可以帮他们节省一些生活的开销,也方便一同生活。然而,他们收入微薄,只能租在外五区铜法寺一带的贫民窟,这里是京城里出名的"八大臭沟"之一。二人"共同租房姘度,生男孩一个"。就在丁刘氏在北平城内谋生姘度时,她的原夫丁宝启回到了三河县老家,发觉妻子已经离家出走,随即四处查找。最终他在1942年初找到丁刘氏、丁宝田二人,并向法院提起诉讼,指控丁刘氏通奸。

从某种意义上说,佣工是妇女家庭生活和家务劳动的延伸:它允许妇女作为雇主家庭的一员与其共同生活、照料日常起居。妇女在家庭环境中生活和工作,只需运用她们已经掌握的家庭劳动技能,比如带孩子、做饭、打扫房间、洗衣服等。

20世纪初北平城市经济的发展,还为妇女提供了其他服务性的工作。1928年,北平的商家,尤其是饭馆和娱乐设施,开始雇佣女招待。商家声称此举是为了"提倡女子职业和振兴市面"[1]。"提倡女子职业"可能是流行一时的空洞口号,"振兴市面"则透露了商家真正的担忧。1928年6月,北平不再是首都,降级为隶属河北省的特别市。这引发了官僚阶层的外流,也对本地商业造成了沉重打击,因为他们失去了最宝贵的客户。一项统计数据显示,城市的零售业在6个月内裁员近15%。这种恶性循环一直持续到第二年,截至1929年6月,餐饮业和食品加工业的工作减少了35%以上,服装业的劳动力减少了一半。[2] 严峻的形势迫使商家采取大胆的行动来招徕顾客,雇用女招待是众多解决办法之一。

在随后的几年中,北平社会局陆续收到"各业添用女招待"的申请。[3] 到1932年,北平全市经社会局登记在册的女招待总数为1 311名:87.4%(1 147人)在197家饭馆工作,4.1%(54人)在18家茶社工作,6.5%(85人)在11间台球厅工作,1.9%(25人)在其他各业8处商家工作。[4] 1932年春天,北平市警察局公布的一份有关妇女就业的官方统计数据表明,超过20%的就业妇女从事女招待工作。[5]

---

1 张如怡:《北平的女招待》,6页。
2 林颂和:《北平社会概况统计图》,北平:社会调查所,1931年。
3 据1930年到1932年的社会局统计,北平当地雇佣女招待的商家包括:饭馆、茶舍、球房、照相馆、印书馆、布店、织袜厂、拍卖行、娱乐场等。参见王琴:《近代城市空间和女性职业的兴起》,23页。
4 张如怡:《北平的女招待》,7—9页。
5 《北平晨报》,1932年4月22日;王琴:《近代城市空间和女性职业的兴起》,36页。

第一章 劳作中的妇女

从本地报纸登载的一些文章来看，雇用女招待可以吸引一些顾客，增加营业收入。不断有饭馆等"添设女招待，表面上莫不曰'提倡女子职业'，实则多有在其铺店门前，用五色彩纸大书'本铺新聘有女招待，应酬周到'等语"。[1] 考虑到市政府在20世纪30年代早期尚未解除"禁止男女共用公共设施"的禁令（如戏院和电影院），如此大张旗鼓地招聘或宣传女招待，更多是商家利用女子为招牌，在商业竞争中占得先机。当地小报还专门开设了专栏，讲述女招待的趣闻轶事。

女招待的工作职责因业务性质的不同而有所不同。在台球厅工作的女招待通常负责打扫球桌、记录分数，偶尔还会和男客人一起打球。[2] 在饭馆工作女招待需要招待顾客、递热毛巾、擦桌子和倒茶等。[3] 她们的收入主要有两个来源，相对固定的工资，还有客人付给的小费。在19世纪30年代早期，大部分女招待的工资都在2元至6元之间，而小费可能是两到三倍于工资。[4]

公共设施或私人家庭的服务工作为妇女提供了收入来源，不过，这些工作也有一些不尽如人意之处。给人帮佣的妇女在主人家起床前就得开始工作，从清早干到深夜，直到雇主家人就寝之后，一天繁忙的工作才能结束。除此之外，佣人们还被要求随叫随到。因为生活在主人的眼皮底下，她们的一言一行都会受到监督和约束。在这种情况下，身体和性的虐待并不罕见。因此，妇女们把家政服务看作一种临时的解决办法，把雇主的家看作一个临时的庇护所，随着运气好坏而进进出出。

1　张如怡：《北平的女招待》，39页。
2　王琴：《近代城市空间和女性职业的兴起》，37页。
3　张如怡：《北平的女招待》，20页。
4　《北平晨报》，1932年8月；出自王琴：《近代城市空间和女性职业的兴起》，35页。

在饭馆做女招待,工作时间长是家常便饭。女招待通常从清早一直工作到晚上,时间长达12到14个小时,一周工作7天。为了节省上下班路上所耗费的时间,也为了避免恶劣天气,有很多女招待选择在工作附近的旅馆租房。[1] 性骚扰也是家常便饭。"吃女招待"成为一个新的市井俗语,意味着类似行为成为在一些男性顾客中流行的娱乐形式。在这些顾客的眼中,女招待的工作是尽可能使用一切手段招待顾客,如果需要,还包括性服务。社会局官员要求女招待保持"庄重",禁止"猥亵行状",但是他们失望地发现,商家大多对此置若罔闻,"此项等于废话"。[2]

在招聘过程中,个人的婚姻状况并不是一个特别关键的因素。根据1933年初对220名女招待的研究,其中90人已婚,在这群已婚妇女中,32人有孩子。[3] 可见只要能够兼顾工作和家庭,已婚甚至已育的妇女都有机会从事这个职业。同一研究还发现,有118名女招待的年龄在19岁以下,92名在20岁到29岁之间,只有10名年龄超过30岁。[4] 也就是说年龄是一个很重要的因素,决定了妇女能在这个岗位上待多久,从长远来看,女招待这个职业是歧视已婚妇女的。

家庭空间、工作场所

刑事案件档案和其他历史资料显示,大量涉案妇女(包括被告、原告和证人)没有正式稳定的工作。民国初年(1912—1927)司法部曾经每年编辑出版《刑事统计年报》,内容之一就是追踪女犯的职业背景。结

---

[1] 张如怡:《北平的女招待》,20页。
[2] 王琴:《近代城市空间和女性职业的兴起》,56页。
[3] 张如怡:《北平的女招待》,13—16页。
[4] 同上。

果显示,在1914年至1923年服刑的女犯人中,在入狱前从事过制造业工作的不到9%,约有一半的女犯在入狱前处于无业状态。[1] 刑事案件档案不仅揭示了女性的就业率,还揭示了女性在日常生活中就业、工作和收入之间的复杂关系。在本章开头讨论的陈马氏一案中,虽然官方文件认定她是"无业",但她实际上做过一些家务服务类工作,比如缝补和洗衣服。在社会研究报告中也可以找到类似妇女就业相互矛盾的记录。1929年,周叔昭调查了北平监狱的100名女犯,有44人在被捕时无业,但从来没有工作过的只有29人。[2] 更重要的是,只有56名妇女有固定工作,但有多达84名女犯曾经获得某种收入,[3] 可见这些妇女的收入似乎并不仅仅来自正式职业。如果是这样的话,她们是怎么赚钱养活自己的呢?

20世纪初北平手工业的迅速发展为妇女提供了一些非正式的工作机会;这些手工业作坊将妇女的劳动与生产系统和国际市场联系起来,但并不要求她们在公共和正式的场所里工作,而是把所需的原料或半成品拿回家中加工,如刺绣、贴片、制作地毯与纸花等。以绣花业为例。在清末和民国初期的北平,绣花业主要是缝制结婚礼服、官员的朝服,为马车缝制轿垫,为梨园行缝制戏服和舞台道具。[4] 到了20世纪30年代,国外订单激增,新订单主要是刺绣品,如窗帘、床单、台布、桌布、枕套和其

---

1 张镜予:《北京司法部犯罪统计的分析》,载《社会学界》1928年第2期,见李文海等主编:《民国时期社会调查丛编·底边社会卷》,福州:福州教育出版社,2005年,266页。
2 周叔昭:《北平一百名女犯的研究》,载《社会学界》1932年第6期。见李文海等主编:《民国时期社会调查丛编·底边社会卷》,福州:福建教育出版社,2005年,296页。
3 同上,297页。
4 Catherine Vance Yeh(叶凯蒂),"Where is the Center of Cultural Production? The Rise of the Actor to National Stardom and the Beijing/Shanghai Challenge,1860s-1910s", in *Late Imperial China* 25, no.2 (December 2004), pp.74–118.

他装饰品。[1] 在生产高峰期,北平全市有数百家作坊和数十家经销商,以满足国内外市场的需求。但这个发展迅速的行业只保留了少量的固定劳动力,其中仅有几百名专业绣工。相比之下,约有5万多名妇女在该行业从事非正式工作,并依靠它来补充家庭收入。[2]

绣花业的生产流程始于商人给绣庄下订单,绣庄再把订单指定给绣作以及中间商(如承头人和包头人)。绣作通常有少数手艺好的绣工,她们多在绣作内居住,工资计件。这样可以降低绣作运营成本,尤其是在生意不景气的时候。当需求激增时,她们可以专注于主要的活计,如"花样"和绣成的"软片",把更小、更简单的活包给绣作以外的其他女绣工。这些妇女参与到刺绣生产中来,不是作为合同工,而是作为独立的劳动者,在承头人和包头人的管理下工作。通过这些中间商,妇女从绣作处得到绘样和材料。刺绣时,女工以四根方木做框,缚成平架,架的大小以软片尺寸为准,然后将取到的软片以合股麻绳绷紧于架框上;女工坐在炕上盘膝刺绣,将线坯子一端捻尖,穿于细绣针上,上下穿绣。完成软片的数量和工艺的难度决定了她们的收入。[3]

处在生产流程的最底层,妇女不太可能摆脱在性别制度和家庭经济方面的从属地位。手工业的用人原则符合中国传统的社会规范和性别观念,并不一定鼓励妇女离家去追求事业,但明确地赞扬"用手和身体努力工作"。[4] 妇女参与大规模手工业生产,或多或少是家务劳动的延伸,从为自己和家庭成员缝补发展成为作坊缝补。但她们的收入是微薄的、

---

[1] 金受申:《老北京的生活》,北京:北京出版社,1989年,355—357页。
[2] 陶子亮:《以家庭妇女为主力的挑补绣花业》,见杨洪运、赵筠秋主编:《北京经济史话》,北京:北京出版社,1984年,195页。
[3] 金受申:《老北京的生活》,355页。
[4] Dorothy Ko(高彦颐),*Every Step a Lotus: Shoes for Bound Feet*, Berkeley: University of California Press, 2001, p.15.

第一章　劳作中的妇女

不稳定的,不足以支持妇女们离开家庭或父母独立生活。手工业并没能让妇女脱离家务劳动,只是使她们能为家庭经济做贡献。她们也无法完全控制自己劳动的过程和结果,而是要接受手工作坊、中间商或者家庭的安排。

此外,外包制度下的手工业没有将女性劳动力迁移到工厂,将她们转变为产业工人阶级。欧美国家的西方工业化实践经验表明,随着商人寻求更大程度的监督、对工人生产力的最大控制和提高质量控制手段,外包制随着时间的推移而解体。工厂最终取代了作坊,合同工取代了独立劳动者。然而,北平的外包制度一直持续到20世纪50年代;它的最终消亡并不是资本收益或市场经济的结果。这个制度的终结是因为新生的革命政权在接管了一个饱受战争蹂躏的城市后,寻求快速解决城市贫困肆虐的问题,并旨在招募妇女投入生产劳动来建设社会主义经济。社会主义经济的规划者认为外包制度的生产系统效率低下且过时,必然要被淘汰。取而代之的是一项政策倡议,它首先把妇女组织到邻里合作的生产小组,然后把小组合并成更大的合作社,最后招募妇女到工厂工作。外包制最终让位给社会主义集体经济。

在手工业生产过程中,妇女们虽然受到作坊主和中间商的盘剥,但并非完全处在被剥削的位置。因为是在家工作,她们可以按照自己的节奏来安排劳动时间,平衡工作和家务的不同要求。这也使她们避免了诸如长时间工作、肮脏和不安全的工作环境,以及在工厂里太过常见的性骚扰等问题。更重要的是,通过参与手工业生产,妇女能够进一步丰富社区生活。她们不仅在家工作,还要走家串户,比如分发原材料或样品、收集成品等,这些活动方便了"少妇长女"[1]频繁接触,使妇女能够在不

---

[1] 高叔平、高季安:《花市述往》,见北京市政协文史资料研究会、北京市崇文区政协文史资料委员会编:《花市一条街》,北京:北京出版社,1990年,14页。

受严格的工厂纪律约束的情况下相互合作。以邻里为基础的生产组织方式,使北平手工业面对价格变化和市场波动具有更强的弹性和适应性。

即使不为当地的手工作坊工作,妇女也可以利用她们掌握的家庭技能,比如缝纫、洗衣、熨烫和修改衣服等,获取一些小额的现金收入。20世纪初的北平,妇女在街头巷尾缝补衣服,或在商业繁华地段挨家挨户收洗衣服,这都是司空见惯的景象。根据甘博对20世纪20年代末283个中国家庭收支状况的研究,其中有98名妇女有收入来贴补家用,有58人是靠缝洗衣服挣钱。[1] 当地俗称缝洗衣服为"缝穷",可以理解成"为穷人缝补"或"由穷人缝补",这两种说法意味着服务提供者和顾客的经济地位都不高,双方生活都不富裕。在繁华地段,"缝穷"的妇女拿装着针线的笸箩筐,坐在商店门口的台阶上等待顾客光临。她们的主顾主要是附近商家里的店员和学徒,这些年轻人独自在外谋生,身边没有家人陪伴,因此需要找人帮忙补衣服、缝袜子、拆洗棉袄棉被,做些杂活等。[2] 妇女们坐在街角,仔细地打量每个过路人的衣服,看有没有可以修补的破洞或者脱落的纽扣(见图2)。[3] 为了增加收入,"缝穷"的妇女还会收集脏衣服回家清洗。顾客们要么自己去取洗净的衣服,要么等人把衣服送回来。这种工作不需要妇女学习任何新的技能,也不耽误她们的家务,它自然成为妇女挣钱贴补家用的选择。

---

[1] Sidney Gamble(甘博), *How Chinese Families Live in Peiping: A Study of the Income and Expenditure of 283 Chinese Families Receiving from $8 to $550 Silver per Month*, New York and London: Funk & Wagnalls Company, 1933, p.317.

[2] 瞿鸿起:《老北京的街头巷尾》,北京:中国书店,1997年,141—143页。

[3] 赵纯孝:《京城旧事杂谈》,北京:群众出版社,1997年,42—43页。

第一章　劳作中的妇女

图 2　在客店和当铺旁进行缝补的妇女

图片来源：《赫达·莫里逊的中国摄影》（HM20.1655），哈佛燕京图书馆藏，下同。

做工、性关系与有偿性交易

旅居北平的外国人注意到，底层妇女在日常生活中频繁涉足各种经济活动。1920年前后，服务于美国公理会的凡妮·S.威克斯（Fannie S. Wickes）在北平居住工作。有一次，她走进了公理会牧师住所附近的一个胡同。胡同里的住户基本是城市劳工阶层，比如鞋匠、人力车夫和剃头匠等，[1]但真正引起威克斯夫人注意的是劳工家庭中形形色色的妇

1　Fannie S. Wickes 写有 *My Nearest Neighbors in Peking* 一书，见 Sidney Gamble（甘博），*Peking: A Social Survey*（《北京的社会调查》），pp.331-332。

女,那些妻子、母亲、女儿、小妾、妓女、女佣等,以及她们是如何挣扎在社会与经济边缘。这些妇女大多在家,虽然没有正式工作,但每天从早到晚劳作不息。例如威克斯夫人的笔记中有这样一条记录:胡同里的第三家住户是个人力车的车主,"他的妻子是一位丰满而头发已白的妇女,帮着孙子的媳妇做家里的杂务,如洗刷人力车的座套等"[1]。她的儿媳"管理着人力车生意","还经常与那盲人公公吵架"[2]。妇女们的日常劳动与男性的生产、生活节奏紧密结合,她们凭着自己的劳动来贴补家用,同时使自己成为"有用的人",以换取供养。

随着威克斯夫人对她邻居的进一步走访,一些妇女生活中的阴暗面不断进入她的视线。住在东边第三个门的那位"很好看的年轻妇女",是个军人"买的小老婆(妾)"。从"她衣服领子宽大而舒展"来看,威克斯夫人认定"她是一名不规矩的女子"。[3] 由于丈夫从军下落不明,这名妇女带着"斗鸡眼的五岁女儿"和"一个矮而胖、有着同样衣领的妇女"住在一起。[4] 很明显,这个小妾和她的同伴并不是威克斯夫人在胡同中遇到的仅有的"不规矩"女人。她的笔记还记载了她和一个正在服丧的家庭之间发生的一件事。她曾经走访过一户人家,三个姐妹刚刚失去了父亲。转过天来,威克斯夫人打开自己房门,发现三姐妹中的一个"穿着未经漂染的丧服"站在门口。令她吃惊的是,这个姑娘央求威克斯夫人"将她们的房子买下,或将房子做抵押"。[5] 威克斯夫人听了那些悲伤的故事和"其他有意引起同情的事情"后,仍然保持冷静,并开始怀疑这姑娘的诚意。最后,威克斯夫人送走了她,没有承诺提供任何进一步的帮

---

[1] Fannie S. Wickes, *My Nearest Neighbors in Peking*, 见 Sidney Gamble(甘博), *Peking: A Social Survey*(《北京的社会调查》), p.331。
[2] 同上, p.332。
[3] 同上, p.333。
[4] 同上。
[5] 同上。

第一章 劳作中的妇女

助。后来,威克斯夫人发现她的疑虑是有根据的,因为她了解到,"这三个姑娘都被父亲送去做了妓女。年龄大的两个已做了很长的时间,而小的也已做了两年多"。[1] 在这件事之后,威克斯夫人在胡同里又遇到过两个姐姐几次:"人们可能常看到大姑娘经常在人力车夫中间站着纳鞋底,二姑娘最近到不远的一座城市里做妓女去了。"[2]

威克斯夫人并没有进一步调查胡同中那些道德上模棱两可的因素。作为一个局外人和社会工作者,她既没有足够的资源来调查那些令她不安的事情,也没有足够的权力去纠正这些行为。但她在记录中坚持自己信奉的道德标准,对胡同中一些妇女的言谈举止表示严重关切。从威克斯夫人的记录中,我们看到这些妇女似乎明白,她们的生产劳动并不是她们赖以谋生的唯一手段。在这座城市里,性交易和不断增长的娱乐设施(饭馆、舞厅、咖啡馆和球房等)促进了男性对女性身体消费的幻想,这使得两性关系成为一种交换关系。妇女可以满足男性感官享受的欲望,也由此获得经济上的报偿。性工作因此成为一种临时性工作,帮助一些妇女应对突发的家庭经济危机。

以妓女为例,她们既在公共空间招徕顾客,也在家庭场所里操持"生意"。在公共空间内,20世纪初的北平卖淫行业发展迅速。1912年,市内注册妓院有353家,注册妓女2 996人。在接下来的几年里,这一数字稳步增长,到1917年,全市共有妓院406家,注册妓女3 887人。[3] 20世纪20年代末经济衰退,特别是1928年"国都南迁"之后,卖淫业亦受影响。但与其他受到严重影响的服务行业不同,卖淫业的利润仅略有下降,全市依

---

[1] Fannie S. Wickes, *My Nearest Neighbors in Peking*, 见 Sidney Gamble(甘博), *Peking: A Social Survey*(《北京的社会调查》), p.333。

[2] 同上。

[3] Sidney Gamble(甘博), *Peking: A Social Survey*(《北京的社会调查》), p.247。

然保有在册妓院395家。[1] 1937年的日本入侵,之后是日伪统治时期,这一行业再度兴旺发达。到1944年,北平有执照的妓院增加到460家,其中一等"轻吟小班"100家,二等"茶室"100家,三等"下处"220家,四等"小下处"40家。[2]

面对妓院和妓女的不断增加,市政府官员出面干预,来规范卖淫业的发展。关于民国初期北平卖淫业的管理措施,甘博于1921年所著的《北京的社会调查》提供了迄今最全面的记录。虽然当时卖淫受到官方言论和道德改革倡议者的坚决谴责,但并没有被完全取缔。北平市警察局就妓院执照的申请和续办,妓院的日常经营,妓女的登记、医疗检查和妓女在公共场所的行为等关键问题,制定并实施了一套较为详细的规定。甘博写道:

> 警察局对涉及卖淫活动的各方面都进行详细审查,并设立专门机构负责妓院和妓女登记工作。妓院开业必须获得警察局批准,妓院达到警察局规定的数目后,新妓院将不再被批准。坐过牢的人不许开妓院。妓院一律不准开有临街的窗户和门廊,也不准装饰得很奢华。妓院里的妓女和使女都必须在警察局备案,有任何变化都应立即向警察局报告。妓院内一旦发现通缉犯、携带武器者,或者出现酗酒滋事、打架斗殴等情况,妓院经营者须立即通知警察局。妓院老板绝对不许毒打妓女、逼迫妓女接客;不许借取妓女服装或向妓女索要嫖客给妓女的私人钱财;不准阻拦妓女转换妓院,如果妓女愿意从良,老板也不许阻挠。患有花柳病的妓女必须

---

[1] 杜丽红:《20世纪30年代的北平城市管理》,博士论文,中国社会科学院研究生院,2002年。
[2] 北平市伪警察局,J181-16-91,"修正北平特别市政府警察局管理乐户规则",1944年。

第一章 劳作中的妇女

送医院就医。[1]

国民党官员对上述规定进行了修改,继而日伪政府官员也颁布了相关的规定,但基本上都照搬了民国初年的规章制度,只是增加了妓院执照的发放数量。这一现象表明,尽管政治动荡,但卖淫行业持续发展,对于深陷财政危机的市政府而言,发放妓院和妓女执照,可以增加税收,弥补财政亏空。[2]

北平有执照的妓院集中在若干城区,毗邻商业和娱乐设施。一、二等妓院大都集中在南城前门地区,服务于中上阶层的顾客(见图3)。根据警方记录,1928年以前这里有27家妓院。1928年至1937年,在国民党的统治下,该地区新开了43家妓院。在日本占领的前4年里,又有58家妓院开始营业,使得该地区的妓院数量于1941年达到128家。由此往南不远,是混杂着各色廉价娱乐的下等妓院。

警察的记录和社会学研究表明,登记在册的妓女中有年轻貌美的,也有年老色衰的。她们提供各种各样的服务,如出席社交聚会与陪侍宴会,当然还有性服务。社会改革者的著作经常强调妓院内部的

---

[1] Sidney Gamble(甘博), *Peking: A Social Survey*(《北京的社会调查》), p.248.
[2] 在国民党统治下的北平,官方有关卖淫的政策,参见麦倩曾:《北平娼妓调查》,载《社会学界》1931年第5期。见李文海主编:《民国时期社会调查丛编:底边社会》,福州:福建教育出版社,2005年,482—522页。以及 Weikun Cheng(程为坤), *City of Working Women: Life, Space, and Social Control in Early Twentieth-Century Beijing*(《劳作的女人:20世纪初北京的城市空间和底层女性的日常生活》)。在《八大胡同里的尘缘旧事》一书中,作者张金起研究了民国时期北平前门地区臭名昭著的妓院区卖淫妇女的内心世界。Christian Henriot(安克强)和Gail Hershatter(贺萧)有关在上海卖淫的著作提供了地区性的案例比较。见 Christian Henriot, *Prostitution and Sexuality in Shanghai: A Social History, 1849 - 1949*(《上海妓女:19—20世纪中国的卖淫与性》), New York: Cambridge University Press, 2001; Gail Hershatter, *Dangerous Pleasures: Prostitution and Modernity in Twentieth-Century Shanghai*(《危险的愉悦:20世纪上海娼妓问题与现代性》)。

图 3 妓院招牌

图片来源:《甘博照片集》(272A_1556)。

等级制度,把妓女描绘成妓院老板和领班的奴仆。妓院确实建立了一套管理制度,决定了妓女的日常起居,甚至决定了她们未来多年的生活方式。来自贫困家庭的年轻女孩要么是被父母带来,要么是被人贩子诱拐,从农村到北平,然后被卖到妓院。她们在妓院里长大和接受训练,一旦她们身体发育成熟,就开始接客。也许妓女们希望有一天能赎身,开始自由的生活。然而,赎身通常要花费一大笔钱,特别是当妓女还相对年轻的时候,妓院老板通常会索要数目可观的赎金,因此许多女性只能希望能被有钱的男人纳为妾,或者等到自己年纪大了,不再当红,也有可能被经济地位较低的男人赎买为妻。根据这些社会

第一章 劳作中的妇女

学研究的描述,陷入卖淫的妇女和女孩只能听任人贩子、妓院老板、皮条客和主顾的摆布。[1]

鉴于这种依托妓院发展出来的,在政府管控之下的性产业,刑事案件档案揭示了北平性交易的多样性,妇女可以通过其他非正式的方式提供性服务。1943年12月,吴吴氏离家出走,随后半年内,她的丈夫、人力车夫吴奎连一直在四处找寻。1944年5月13日,当吴奎连拉车来到西直门外取灯胡同,迎面遇上一个女人,他立刻认出此人正是吴吴氏,于是将她一把拦住,要她一同回家,但吴吴氏严词拒绝。二人发生争吵,由此引来了巡警,将二人扣押。[2]

法庭调查集中在吴吴氏离家出走的原因和出走后的生活,其中部分讯问如下:

> 问:你由家内出来混事,你男人知道吗?
> 答:我男人知道我出来混事。
> 问:你为什么又从家内出来?
> 答:因他拉车不够生活,叫我混的事。
> 问:你混事你男人知道吗?
> 答:是我男人叫我混的事。

"混事"一词是由动词"混"和名词"事"组成。在20世纪初的北平,"事"是描述一项工作或从事这项工作的人的流行语,如"找事""做事"和"无事"。虽然"事"在口语中有宽泛的含义,但在1940年代的北平,"混事"一词明确指卖淫。

1　王书奴:《中国娼妓史》,1933年。再版,长沙:岳麓书社,1998年。麦倩曾:《北平娼妓调查》。
2　北平伪地方法院,J65-8-3574,吴吴氏,1944年。

但是,与那些卖身妓院、登记在册的妓女不同的是,吴吴氏从事的皮肉生意更像是一种临时工和打短工。根据吴吴氏的口供,她的丈夫吴奎连"每日拉车挣钱,不在家中过度"。1943年4月初吴奎连"叫我到丰台混事去",商妥好妓院之后,"他使洋一百元"。现存审判记录没有说明吴吴氏是否与妓院订立契约,不过大约两个月后,吴吴氏"因丰台不能挣钱,我于六月间回家"。稍后,吴奎连又"在前外四圣庙给我找的下处,他使了洋一百三十元"。根据社会局的调查,前门外四圣庙一带聚集了22家三等妓院,每天接待大约1 700名顾客。[1] 吴吴氏在四圣庙"混事"之时,结识了一名客人,即拉排子车的王志海。据王志海口供:"吴吴氏找我并说与我从良,她欠二百元账,我遂应允,我给她二百元,将她接到我家过日子。"

对于吴吴氏这类的妇女而言,混事是一种临时工作,当家庭或自己穷困潦倒、无以为继的时候,操皮肉生意来救急,一旦经济状况好转,她们就回归正常生活。这种情况之下的性交易,条件非常灵活,可以提供不同的安排。妇女可以混事几周或几个月,提前从妓院收到现金(即所谓"使钱压账"),也可以与妓院口头达成协议按比例抽成(即所谓"自混"),或是成为没有在政府注册的暗娼,在家里或在租来的小屋里(北平本地人称此为"暗房子")提供性服务。通过在政府和妓院的监管框架之外运作,妇女可以避免缴纳费用,将收入尽可能地留在自己的口袋里。这些临时性和非正式的妓女被称为"私娼""游娼""散娼"或"野鸡"。所有这些术语都表明一种不稳定的临时身份,这种身份尚未完全受到政府的监督。[2]

妇女不仅在家中从事性交易,也利用居住空间学习一些必要的服务

---

[1] 北平市伪社会局,J2-7-483,"外五区娼妓调查表",1943年。
[2] 赵纯孝:《京城旧事杂谈》,76—77页。

技能，为日后在商业娱乐场所工作做准备。20世纪40年代中期的一天，北平警方在南慕义胡同1号逮捕了舞女张丽珍，怀疑她涉嫌拐卖人口、逼良为娼。其中一名受害人是一位叫张君明的15岁女孩，警方调查认定，张君明原名刘书云，张丽珍"于民国二十九年阴历六月十八日，经素识人陶恒氏等介绍，用洋三百元典得刘陈氏之女刘书云作为义女，以九年为期，立有字据，将该刘书云收点后，给予易名张君明，并令学习跳舞"。在警方抓捕张丽珍时，张君明已经被带往沙城咖啡馆充当女招待。搜查过程中，警方还发现另外4名十几岁的女孩和张丽珍住在一起；她们都可能是诱拐犯罪团伙的受害者。张丽珍在法庭审讯中否认了所有指控。她声称"在我十七岁时候，即充舞女为生"，"以前我在交通、正昌、白宫、欧伦比亚等各舞场营业，现在中西舞场营业"。除了在舞场跳舞，张丽珍还在家中开设舞蹈课，专门培训十几岁的女孩，警察发现的张君明等人，都是她的学生。[1]

20世纪30年代初，北平出现了舞厅。一开始，大多数舞女来自中国南部和东部沿海地区；舞厅在南方地区开设多年，已经成为一种颇受欢迎的娱乐形式。[2] 张丽珍原籍浙江宁波，辗转来到北平，希望靠跳舞谋生。在张丽珍来到北平大约一年后，伪政府规定舞厅必须注册，方可开业，并向伪政府缴纳各项税费。在舞厅工作的舞女，不仅为顾客陪舞表演，同时也为那些对舞蹈感兴趣或者有意做舞女的人提供培训。[3] 舞厅开业伊始曾经引起过一些关注，但是舞厅文化在北平似乎从未真正流行，光顾舞场的大多是旅居北平的外国人、大学生和为外国企业和文化机构工作的中国人。据1943年伪社会局的统计，当时北平共

---

[1] 北平伪地方法院，J65-6-1930，陶恒氏，1940年。
[2] 王琴：《近代城市空间和女性职业的兴起》，硕士论文，中国人民大学清史研究所，2003年，41页。
[3] 同上，42页。

有舞厅 13 家,集中于东城一带外国人聚居的地方。张丽珍供认,十年来,她曾先后在 5 个舞厅工作过,现在她在一家外国人开设的舞厅跳舞。这个舞厅可容纳 60 余人,但根据营业记录显示,当时的上座率不足三分之一。[1] 由于顾客稀少,张丽珍只得在家开设舞蹈班,收取学费,贴补日常开销。

张丽珍混迹舞场十余年,十分了解外貌身材等对舞女的收入与个人前途的重要性,这也成为她开班收徒的选才标准。张丽珍告诉警方自己收养张君明的经过:她和一名叫陶玉明的舞女在奥林匹亚舞厅工作时成为朋友。1940 年的一天,她到陶玉明家串门,碰到陶玉明之母陶恒氏。两人闲谈之间,陶恒氏"对我言说她的友人冯姓妇,住齐外中中街,有院邻刘陈氏,素极贫,因欲将生女刘书云找一吃饭之处,托她代为觅主"。陶恒氏随即问张丽珍"愿否收留该幼女刘书云",张丽珍回答"我身下现在乏人,愿收为义女,惟必须定日看看此女之相貌,方可决定"。相见时,张丽珍觉得刘书云"面貌生得尚称不恶,当时即允收留做我之义女",并为其改名张君明,为她买药治病,痊愈后开始教习舞蹈。然而,事情并没有按照张丽珍的计划发展,虽然张君明已经学会了一些舞步,但是张丽珍发现,张君明"因营养不足,身体尚未发育成熟",因"身体过矮"而"暂时不能入舞场营业"。就在此时,张丽珍的朋友"吴姓女近嫁与友邦人士,素在沙城县开设相生食堂。我友吴姓女前二星期来京,托我转找女招待。这张君明闻知,欲去充招待,我未加拦阻"。

在此案中,张丽珍为学生们准备了舞女或女招待两种职业选择,这表明:城市娱乐业的发展为女性提供了新的工作机会,也提高了社区作为工作场所的价值。对于张丽珍、张君明而言,家庭空间提供了一系列

---

[1] 北平伪地方法院,J65-6-1930,陶恒氏,1940 年。

的可能性。比如它为张丽珍提供了一个经营培训课程的商业场所,以补充她不温不火的舞女营生;同时也为张君明提供了一个学习机会,让她了解一种现代的娱乐形式,并给了她一个谋生手段。当然,我们也要认识到,这类家庭作坊提供的技能和知识,并不能保证妇女实现社会自主和经济独立。很多营生不符合道德规范,不是当时政府提倡的受人尊敬的职业道路。相反,这些谋生手段只满足市场有关性消费方面的需求,妇女参与了这一过程,并获得了一定的收入。与此同时,性消费进一步将妇女的身体商品化,将她们的身体、心理、生计与城市娱乐和性产业等经济社会生活密切结合。

结　语

让我们回到本章开头的陈马氏一案上来。1947年2月26日,法庭裁定陈马氏"其夫陈国福为人佣工在外住宿,被告不甘寂寞,遂与荣显宗勾搭通奸"。据此,陈马氏和荣显宗二人犯有通奸罪,但"犯罪在[民国]三十五年十二月三十一日以前,最重本刑为有期徒刑以下之刑",根据新颁布的《大赦条例》,两人被"免予起诉"。在本案的判决书中,尽管陈马氏于庭审中反复提及自己过去的佣工经历,也一再说明被捕之时从事缝洗衣服的营生,但她还是被法庭记录为"无业"。在此案中,职业登记和其背后更大的职业话语为我们提供了一个窗口,来探究城市政治经济学是如何从一种全球性知识,演化成为对妇女生计和社会地位的地方话语,以及这种地方话语是如何被社会现实和改革努力等因素所驱动。自清末以来,北平和其他地方的市政官员和社会改革家在理解职业的含义时,习惯性地将其融入工业经济体系和资本主义生产模式之中,将它定义为一种有固定报酬的工作。职业需要接受专业培训,需要在公共空间工作,并在专业规则和技术管理监督下执行专门任务。陈马氏在

1945年当了几个月佣人,在1946年被捕时,靠"缝穷"过活,这样的工作经历似乎既不够正规,也缺乏专业性,更与工业相去甚远,故此不符合官方的职业概念。

市政官员和社会改革者寄望通过发展城市经济来推动妇女的劳动就业和塑造女性的独立人格,但是陈马氏们的"职业状况"显示这种期望落空了。不过,对于陈马氏本人而言,灵活的工作模式给她带来了实实在在的好处。佣工可能是陈马氏这样的贫困妇女最常见的有偿就业形态。此外她们从事的其他有偿工作,要么是家务劳动的延伸,要么与性交易有关。最常见的情况是,贫穷妇女全年从事不同的工作,或同时从事多种工作,以最大限度地增加收入。在民国时期的北平,妇女,特别是已婚妇女,虽然可以找到很多做工挣钱的机会,但是这些工作收入微薄,仅供糊口或贴补家用,无法帮助她们实现经济独立和人身自由。其实,宋元以来特别是明清时期,妇女已经与市场密切结合,白馥兰(Francesca Bray)和彭慕兰(Kenneth Pomeranz)的研究都展示,妇女的生产劳动,特别是手工业生产,是中国家庭收入的重要组成部分,而且这些劳动将妇女与更大的市场网络联系起来。[1]

职业推动了工业知识的传播,也促进了社会改革与社会动员,构建了一种重新想象妇女生活、身份和家庭内部权力结构的官方话语。对于一个有职业的妇女来说,世界可以分为工作场所和家庭两个对立的区

---

[1] Francesca Bray(白馥兰), *Technology and Gender: Fabrics of Power in Late Imperial China*(《技术与性别:晚期帝制中国的权力经纬》),Berkeley:University of California Press,1997。Kenneth Pomeranz(彭慕兰),"Women's Work and the Economics of Respectability",in *Gender in Motion: Divisions of Labor and Cultural Change in Late Imperial and Modern China*, edited by Bryna Goodman and Wendy Larson,Lanham,MD:Rowman & Littlefield Publishers,2005,pp.239—263。学者和政府机构用中国货币来记录价格。从1912年到1949年,在北平流通的主要货币是银元(1912—1935)、法币(1935—1937,1945—1948)、联银券(1938—1945)和金圆券(1948—1949)。

域,时间可以分为工作时间和休闲时间。职业的概念将家庭生产单位分割开来,并将生产劳动和有报酬的就业与生育、家务区分开来。同时,职业还成为集体身份和阶级意识成长的新基础。在近代中国,职业话语展现出强大的政治潜力,引发了一场自上而下的改革和革命运动,为国家培育有纪律、有生产力的主体。职业运动强调了妇女劳动的场所、劳动报酬以及民族国家的建设;相比之下,在职业话语的制定者看来,那些不稳定、灵活、低工资的工作模式,虽然让妇女们在兼顾家务的同时还能挣钱贴补家用,但并不能将她们转变为具有政治意识的公民。这种官方职业话语与生存手段的相互作用,成为中国妇女政治、经济、文化现代性体验的重要组成部分。

第二章　供养问题

　　1943年早春,人力车夫郭锡厚一家倍感生活困难。同年早些时候,北平市面上的面粉价格上涨70%以上。伪政府下令定量供应面粉、玉米面和小米,以应对日益严重的粮食危机。措施尚未奏效,伪政府又发放了新的货币,加剧了市场波动。在这一系列经济危机的影响之下,郭锡厚与妻子郭杨氏"家境寒苦"。3月下旬的一天,邻居李郑氏到郭杨氏处串门。二人闲谈间,话题转到郭杨氏的生活上。李郑氏说可以帮郭杨氏"在外另给代为找主",只需郭锡厚"写一离婚字"即可,还允诺给他40元作为补偿。[1] 郭杨氏听闻颇为动心,于是叫醒了在隔壁房间睡觉的丈夫。郭锡厚听了李郑氏的话,"因颜面攸关,峻拒不允",并立即将她"逐出院外"。

　　在接下来的日子里,生活似乎一切照旧。郭锡厚照常外出拉车挣钱,郭杨氏则留在家里照顾年幼的孩子。4月9日,郭锡厚收车回家,进门后发现妻儿没了踪影。回想起几天前发生的事情,他担心妻子可能是带着儿子离家出走了。于是立即跑到警察局报案,并指认邻居李郑氏就是唆使妻子离家出走之人。两周后,警方找到了郭杨氏与孩子。4月24日,郭锡厚到法院起诉李郑氏诱拐郭杨氏弃夫潜逃。[2]

　　出庭受审之际,李郑氏矢口否认自己诱拐郭杨氏。她辩称此案一切起因于郭杨氏向她哭诉丈夫郭锡厚"不养"(即不能养家),所以提议"代

---

[1] 从1912年到1949年,在北平流通的主要货币是银元(1912—1935)、法币(1935—1937,1945—1948)、联银券(1938—1945)和金圆券(1948—1949)。

[2] 北平伪地方法院,J65-7-3123,李郑氏,1943年。

为找主",以解决其"生活困难"。在战时的北平,许多妇女为了获得经济保障而选择弃夫潜逃,确切人数难以统计。类似郭杨氏这样因生活困难而离家出走的,还有在法官质询下借"不养"来自我辩解等,都是弃夫潜逃案件中经常出现的情况,如"无有生活""生活无着"或"不顾生活"等表述频繁出现。据白凯(Kathryn Bernhardt)对这一时期离婚案件的研究显示,多达51%的妇女是因为供养问题而提起离婚诉讼。[1] 这些案例揭示了在战争、日本占领和金融危机的特殊时期,经济波动、情感纠葛和家庭完整这三者之间的复杂关系。

到1943年,日本占领北平已经进入第6个年头,此时日本军队已控制了华北的主要城市。尽管政治统治尚且稳固,日伪当局却无法化解日益恶化的经济危机,这既削弱了伪政府的财政基础,也影响了市民的生计。伪政府的统计数据显示,当时物价飞涨。例如,麦粉的零售价从1937年到1945年上涨了近4300倍,其他生活必需品的价格也普遍上涨。[2] 日伪统治末期情况更糟,从1945年8月到12月,仅4个月物价几乎上涨了10倍,纸币发行的数量翻了一番。[3] 在日本投降、国民党接管后,恶性通货膨胀才暂时停止。但1946年物价再次上涨,然后直线飙升,直到1949年初解放军入城,情况才有所改善。

迄今为止,对中国战时通货膨胀的研究大多集中在20世纪40年代末国民党统治后期,主要关注的是经济危机与政治溃败。历史学家认为,经济危机在国民党政权的覆灭中起了关键作用,并促成了共产党在

---

[1] Kathryn Bernhardt(白凯),"Women and the Law: Divorce in the Republican Period", in *Civil Law in Qing and Republican China*, edited by Kathryn Bernhardt and Philip C. C. Huang(黄宗智),p.206.

[2] 直接税局北平分局,J211-1-4,"北平批发物价指数调查表",1945年。

[3] Arthur Young,*China's Wartime Finance and Inflation, 1937-1945*, Cambridge, MA: Harvard University Press, 1965, pp.303-304.

1949年的全面胜利。[1] 其实早在解放战争爆发之前的日伪统治时期,通货膨胀就已经开始并日趋恶化。更重要的是,通货膨胀不仅仅是一个货币政策的问题和经济低迷的表现;如贝恩德·韦迪格(Bernd Widdig)在《魏玛共和国的文化与通货膨胀》(Culture and Inflation in Weimar Germany)一书中所描述的,通货膨胀代表了"一个宏大的隐喻,呈现了巨大的文化危机和心理混乱,也改变了人们的生活态度"。[2] 本章聚焦于底层妇女在通货膨胀和战时物资短缺双重压力之下的个人经历,试图探究郭杨氏和李郑氏这样的女性,她们是如何应对衣食无着的困苦生活,又是如何理解日常生活中的各种磨难的。经济压力给她们的生活带来很多不安全感、不确定因素,以及各种焦虑反应,这些感觉与因素共同构成了妇女日常生活的社会与文化背景,也为她们的生存手段提供了合理解释。同时,妇女的生存手段也塑造了男女两性对一系列问题的理解方式,比如:妇女如何获得生计来源? 当生活陷于困境之时,她们将何去何从? 夫妇双方如何确立家庭经济结构? 司法审判记录中保留了妇女窘迫生活的若干片段,虽然这些粗略的记录并不一定能帮助我们对通货膨胀和贫困进行量化研究,但这些记录确实有助于我们了解经济危机如何影响并塑造妇女的日常生活。

刑事案件档案显示,战时北平持续的经济危机威胁到许多家庭的福祉,剥夺了妇女经济独立的机会。同时,经济危机也塑造贫穷妇女对家庭经济结

---

[1] 有关抗日战争和国民党统治最后几年通货膨胀的政治后果,参见 Arthur Young, *China's Wartime Finance and Inflation, 1937 – 1945*; Shun-hsin Chou(周舜莘), *The Chinese Inflation, 1937 – 1949*, New York: Columbia University Press, 1963; Lloyd Eastman(易劳逸), *Seeds of Destruction: Nationalist China in War and Revolution, 1937-1949*(《毁灭的种子:战争与革命中的国民党中国(1937—1949)》), Stanford: Stanford University Press, 1984。

[2] Bernd Widdig, *Culture and Inflation in Weimar Germany*, Berkeley: University of California Press, 2001.

第二章　供养问题

构和家庭权力模式的理解。对她们来说,婚姻是一种基于供养义务的结合,而供养主要是丈夫的责任。换句话说,妇女将男性视为经济提供者,期望丈夫为家庭提供经济保障,并接受他在家庭事务上的权威,以换取经济保证。

清末以来的家庭改革运动着力批判了这种家庭供养概念上的等级制度。[1] 对社会改革家和立法者来说,妇女依靠男人养家糊口的观念不仅是中国家庭制度错谬的经济根源,也延续了妇女的屈从地位。自20世纪20年代以来,改革运动所带来的举措和新的立法等旨在促进妇女独立,并将家庭重新定义为两个平等的人在相互扶持的基础上的结合;但这一官方理想并不能反映下层社会的现实。正如我们在刑事案件档案中所看到的,战时经济危机保留了家庭等级制度与妇女的屈从地位,妇女的生存手段之一就是遵从家庭等级制度。因此,我们可以认为,北平的下层妇女选择弃夫潜逃,并不是意图挑战家庭权威与等级制度,而是抗议丈夫未能履行其经济义务。同时,我们也要看到,在战争和经济危机之下,这种等级制度也给丈夫带来了巨大的压力,为了建立自己的家庭权威,丈夫必须向依赖自己的配偶提供经济支持。因此,当外部环境削弱了他们的财务能力时,许多男性会发现他们的婚姻家庭关系处于危险之中。在这种情况之下,虽然传统的家庭等级制度强调了男性在家庭事务中的主导地位,但也使男性成为破裂的婚姻关系的受害者。

钱的问题

在20世纪早期,北平的经济沿着下行的轨迹发展。正如第一章所

1　参考 Olga Lang, *Chinese Family and Society*, New Haven: Yale University Press, 1946; Marion J. Levy Jr., *The Family Revolution in Modern China*, Cambridge, MA: Harvard University Press, 1949; Glosser L. Susan(葛思珊), *Chinese Visions of Family and State, 1915-1953*。

示,尽管市政府各个部门不断进行尝试,但这座城市从未发展出强劲的制造业经济,相反,商业和服务业却成为城市的经济支柱。正如董玥所言,地区间和国际贸易推动了当地商业和服务业的发展,但二者都不得不面对反复出现的政治动荡和由此带来的持续性经济危机。[1] 例如,1900年的义和团运动和1911年清王朝的崩溃使经济陷入停滞。1920年代的军阀混战也经常会扰乱市场活动。1928年,这座城市失去了首都的地位,在随后的几年里,经历了政府资金和支出的巨大减少,以及"构成北平人口中较富裕部分的官僚及其家人的大量离开"。[2] 经济困难造成了持续的贫困危机,塑造了城市的社会结构,也制造了城市社会问题。20世纪二三十年代的社会学家"将贫困列为北平最主要、最突出的问题,是滋生其他社会罪恶的主要温床,是降低公共道德和破坏公共福利的主要力量"。[3] 政府官员和社会学研究团体未找到解决北平贫困化问题的办法,日本侵华战争爆发,引发了进一步的市场动荡。接下来的战时经济危机只是这种长期衰退的一个插曲。这场危机几乎影响到这座城市的每一位居民,并渗透到家庭生活的方方面面。以下列举的刑事案件有助于我们了解贫困对底层妇女日常生活的巨大影响。

1932年,牛胡氏与牛光荣结婚,在北平居住。4年后,牛光荣外出当兵,驻防山东。在离开北平之前,他答应牛胡氏,会托人带回生活费供养牛胡氏和儿子。1937年7月,当日本入侵北平时,牛光荣驻扎在后方,远离交战前线。牛光荣"至[民国]二十七年上半年任分队长、连副等职,在此时期每月薪资除留个人花费外,如数寄交吾妻牛胡氏

---

[1] Madeleine Yue Dong(董玥),*Republican Beijing: The City and Its Histories*(《民国北京城:历史与怀旧》),p.106.
[2] 同上。
[3] 同上,p.214。

做生活之费用"。但是在1938年初,情况发生了变化。当时,华北的日军已经占领了北平等重要城市,并准备向南发起更大规模的进攻,与在华东作战的日军联合,夹击中国军队。在日军进攻的压力下,牛光荣所在的营奉命在山东牟平县(今烟台市牟平区)修筑防线。当日军进攻时,中国军队撤守防线,牛光荣由于"战况吃紧,陷区禁止汇兑,有钱不能寄家"。[1]

牛胡氏收到的最后一笔生活费是5元。用这些钱,她可以买34斤机制面粉,42斤本地面粉,相当于一个成年人月平均面粉食用量的63%到78%。[2] 此外,依据甘博的研究,北平工薪家庭消费的食物通常包括麦粉和其他一些更便宜的谷物,如玉米面、高粱以及小米面,[3] 牛胡氏也可以用这5块钱买更多的便宜谷物。无论选择哪种粮食,牛光荣给的钱都是一笔不小的数目,对牛胡氏的生活至关重要。

当丈夫供养不济,牛胡氏的生活开始崩溃。她先去找公公牛泉帮忙,但这位老人连照顾自己都有困难,自然无法对儿媳施以援手。牛胡氏只得回到自己的父亲那里,问他是否允许她再婚,未获允准。在寻求帮助的过程中,牛胡氏的生活水平急剧下降,以至"日受饥寒"。[4] 最后,她对牛光荣的回来不再抱任何希望,于是收拾家当离家出走。她先是找了个女人收养自己的儿子,然后嫁给了一个叫李国禄的男人。她的再婚和把孩子送养都是瞒着家人进行的,没有告诉公婆或父母。为了再

---

1 北平地方法院,J65-13-1907,牛胡氏,1946年。
2 有关1938年北平的面粉价格,参见北平市伪社会局,J2-7-696,"历年面粉价格表",1937—1945年。战前北平的一项社会调查发现,一个成年人平均每月消费54斤食物。陶孟和:《北平生活费之分析》,北平:中华教育文化基金会社会调查部,1928年,78页。
3 Sidney Gamble(甘博),*How Chinese Families Live in Peiping: A Study of the Income and Expenditure of 283 Chinese Families Receiving from $8 to $550 Silver per Month*, p. 82-83.
4 北平地方法院,J65-13-1907,牛胡氏,1946年。

婚,她甚至隐瞒了自己的真名实姓和婚姻状况。

如果说战乱的头两年已经造成了一些实际困难,那么像牛胡氏这样的当地居民很快就会知道,这只是一个开始。在未来的几年里,会有更多的混乱和灾难降临这座城市。1939年12月,伪政府开始收紧粮食供应,以应对迫在眉睫的粮食短缺问题他们实行了定量配给。由日伪扶植的"新民会"成员负责收集人口统计资料,例如指定地区的家庭数目和每个家庭内成员的年龄。根据这次人口普查,政府官员确定了每个地区的粮食配额,驻扎在每个社区的新民会小组向当地居民分发配给登记簿。人们被要求在所附的文件上清楚地写下住址所在门牌号、胡同名称和区属,并加盖个人图章。[1] 文件经新民会官员核实后,居民须带着这个登记簿和户口卡到粮店购买口粮。粮店店员在销售之前负责核对凭证,他们必须把记录提交给新成立的办公室——食粮配给所——进行审核。[2]

显然,新的抑制粮价措施效果有限。粮食价格从1939年到1940年翻了一番,这迫使伪政府实施了更加激进和严格的配给制。到1940年年中,用5元现金,在批发市场上只能买到一等面粉13斤,谷物20斤,比1938年少了七成左右(见表2.1)。与此同时,其他生活必需品的供应也时断时续。3月中旬,燃料价格突然上涨。8月,猪肉供应一度中断,多家猪肉店关门数日,甚至数周。[3] 1941年底太平洋战争爆发后,由于日伪政府的新粮食政策是把军事需要置于普通民众的日常消费之上,北平的大米和小麦粉供应经常中断。

---

[1] 北平市伪社会局,J2-7-471,"第二次配给主要食粮品实施要领",1943年。
[2] 北平市伪警察局外城各分局,J184-2-812,"配给所配给市民大米、面粮临时办法",1942年。
[3] 北京市社会科学研究所、《北京历史纪年》编写组编:《北京历史纪年》,北京:北京出版社,1984年,341—342页。

表 2.1　北平主要食品的批发价格（1940年6月,元/斤）

粮　食	价　格
绿永定门面粉	00.39
伏地面粉	00.32
张家口产小米	00.26
张家口产玉米面	00.22
保安产高粱	00.20

资料来源：交通银行北京分行,J32－1－133,"北平市批发特价表",1940年6月。

1943年,新一轮的物价上涨开始。根据官方统计,到3月份,粮食价格总体上比1936年上涨了34倍(见表2.2)。由于预料到粮食短缺的问题会日益严重,伪政府进一步减少了供应。在新政策下,年龄在8岁到60岁之间的人可以领取一个单位的口粮,其余的只能领取一半的口粮。[1] 此外,在粮食中混入杂物,使粮食的质量急剧恶化。1943年春节期间,监督粮食分配的委员会提交了一份报告,官员们写道："玉米面品质较低,夹杂物亦多,并有腐坏等。"[2] 由于供应持续减少,1943年7月24日,伪政府向公众推出了"混合面",这随即成为战争苦难的象征。

表 2.2　北平零售价格指数（1943年1月至3月）（基本周期：1936=100）

	一月	二月	三月
米面杂粮	2 195.11	2 839.26	3 456.49
其他食物及嗜好品	1 092.98	1 195.79	1 311.60

1　北平市伪社会局,J2－7－471,"第二次配给主要食粮品实施要领"。
2　北平市伪社会局,J2－7－471,"春节配给知情表",1943年。

续表

	一月	二月	三月
布匹及其原料	888.52	978.17	1 125.47
金属	2 071.04	2 354.09	2 662.76
燃料	839.34	868.11	948.50
建筑材料	681.28	793.30	830.14
杂项	590.50	608.04	616.81

资料来源：伪财政部冀察热区直接税局北平分局，J211-1-4，"北平批发物价指数调查表"，1943年。

20世纪伟大的中国城市作家、土生土长的北平人老舍（1899—1966）在其代表作《四世同堂》中生动地描述了战时的生存危机。小说背景设定在日本占领时期的北平，小说中的主人公与我们在法律文件中遇到的男女是同时代的。对于这种臭名昭著的混合面，老舍写道：

> 盆中是各种颜色合成的一种又像茶叶末子，又像受了潮湿的药面子的东西，不是米糠，因为它比糠粗糙的多；也不是麸子，因为它比麸子稍细一点。它一定不是面粉，因为它不棉棉软软的合在一处，而是你干你的，我干我的，一些谁也不肯合作的散沙。老人抓起一把，放在手心上细看，有的东西像玉米棒子，一块一块的，虽然经过了磨碾，而拒绝成为粉末。有的虽然也是碎块块，可是颜色深绿，老人想了半天，才猜到一定是肥田用的豆饼渣滓。有的挺黑挺亮，老人断定那是高粱壳儿。有的……老人不愿再细看。够了，有豆饼渣滓这一项就够了；人已变成了猪！他闻了闻，这黑绿的东西不单连谷糠的香味也没有，而且又酸又霉，又涩又臭，像由老鼠洞挖出来的！老人的手

第二章　供养问题

颤起来。把手心上的"面"放在盆中,他立起来,走进自己的屋里,一言未发。[1]

强力遏制危机的措施并没有奏效,经济困难继续把许多妇女推向生存的边缘,杨白氏就是其中之一。杨白氏原籍河北省永清县,丈夫郝启林于1943年初离家做工,把她留在家里"自养",并照顾不到3岁的儿子。大约一年之后,杨白氏"无以生活",为了能重新找到经济来源,她做了一系列重大决定。首先,她"私行离家","随即来京,打算谋事"。接着"及行至通县地方,因无钱吃饭,又将三岁男孩典卖,以后即行来京"。卖掉亲生儿子应该是一个艰难的决定,但也可能是唯一的办法:既能确保可以自己活下去,又能让儿子免于挨饿。第三,到京之后,杨白氏"谋事未成,即经人为媒代我做主,转给这杨喜敬为妻"。杨喜敬长于杨白氏近20岁,平日以卖芝麻烧饼为生。在杨白氏新婚不到两个月后,原夫郝启林将她找到,并向法院提起诉讼,指控她重婚罪。在初审中,杨白氏为自己辩护称:"我没有吃食,无法子才嫁的。"[2]

在食物耗尽时一些妇女只能选择潜逃。至于政府官员,当他们拿不出稳定经济的办法时,便开始进行宣传活动,至少可以营造出一种虚幻的满足感。1944年的春节是1月25日,比以往要早。为了庆祝春节,"华北政务委员会"总务厅情报局的官员们编写了一本书,用以展示这一年中快乐日子里美好的城市景象。这本名为《新春北京风景线》的书于1月31日出版发行。书中对如街道、公园、电影院、餐馆和庙会等场所进行了描绘,那里的节日气氛显而易见。书的开头描述了当地居民在庙会上聚集,享受廉价的娱乐,购买各种食品和玩具:

1　老舍:《四世同堂》,天津:百花文艺出版社,1979年,1027—1028页。
2　北平地方法院,J65-8-5602,杨白氏,1946年。

今年春节一到，满天飘舞着好看的风筝，耳边响彻着"哗啦啦！"的风车声，书春的红纸映得街头喜气洋洋的，京市和平门外的厂甸，又一年一度的热闹起来，风车、空竹、各样的风筝、大串的糖葫芦又都成儿童们的佳品，而豆汁、豌豆黄、切糕、蜜供等；这些纯粹北京风味的食品小贩，也都摆设浮摊，作起生意。[1]

出版发行新书是战时宣传运动的一部分，旨在增加民众对日本人的支持，鼓励人们通过捐钱、捐物和积极响应号召来为战争做贡献。这本书选择宣传日本占领下北平和平繁荣的景象，为的是试图证明日本统治的优势并非源于该政权所设想或实施过的任何激进变革，而是源于该政权有能力确保人民过正常生活。换句话说，人们可以继续如往常一样庆祝农历新年等重要节日，享用充足的季节性产品和节日美食，而不必担心持续的战争和日伪统治。宣传策略使用了"正常生活"的主题，具有讽刺意味的是，它揭示了伪政权正在努力应对旷日持久的战争和经济萧条等严峻的现实。伪政权以为，对于面临战争、通货膨胀、物资短缺和因生计的破坏而不得不勒紧腰带的当地居民来说，这种"正常生活"的感觉肯定会有更大的吸引力，并为其赢得一些支持。然而，随着宣传运动的加速，以及更多关于日本在太平洋战场战败的消息传回北平，通货膨胀势头加剧。官方报告显示，从1943年到1944年，商品批发价格跳涨了10倍，发行的纸币也迅速增加（见表2.3）。伴随着迫在眉睫的通货膨胀，1944年末又出现了新一轮的粮食短缺。大米和面粉几乎从市场上消失，小米和玉米也越来越少。仅在12月份，食品价格就飙升了3次以上（见表2.4）。

1　"华北政务委员会"总务厅情报局编：《新春北京风景线》，北平："华北政务委员会"总务厅情报局，1944年，3页。

表 2.3 北平物价指数与货币的增长（1939—1945 年）
（基期：1939 = 1.00）

年（底）	指　　　数	
	批发价格	货币发行量
1939	1.00	1.00
1940	1.41	1.56
1941	2.36	2.11
1942	4.73	3.45
1943	13.60	8.22
1944	142.00	34.60
1945	1 535.00	183.00

资料来源：Arthur Young, *China's Wartime Finance and Inflation, 1937 - 1945*. Cambridge, MA: Harvard University Press, 1965, 303 页。

表 2.4 北平食粮及必需品（1944 年 11—12 月，元/斤）

	11 月 30 日	12 月 15 日	12 月 29 日
大　米	16.00	22.00	40.00
小米面	6.00	10.00	24.00
玉米面	5.00	9.80	18.00
高粱米	4.00	9.00	16.00
酱　油	7.20	10.00	14.00

资料来源：津海关北平伪分关，J68 - 1 - 1213，"北平市食粮及必需品价格比较表"，1944 年。

1945 年初，日本的占领开始崩溃，但在它崩溃之前，人们还要忍受更多的痛苦。随着 3 月份钞票大幅贬值，日伪政府宣布从 4 月 1 日开始实行新政策，所有税收必须以实物支付。与此同时，为了应对粮食供应的下降,官方把口粮减少到每个成年人每月 10 斤杂粮粉。转折点出现在 7 月和 8 月,也就是日本人投降之前。政府发行的纸币数量增加,食品价格大幅上涨(见表 2.5)。8 月 15 日,日本投降,中国赢得了艰苦的抗战胜利。10 月,国民党军队进入北平,解除了日本军队的武装,光复国土,但是他们发现接管到手的北平已是一座饱受战争摧残的城市。救援不会马上到来,恶性通货膨胀也只是暂时停止,然后就失去了控制。[1]

表 2.5 伪政府银行发行的纸币价值(1937—1945 年)(万元)

末 期	价 格
1937 年 7 月	1 445
1938 年	2 305
1939 年	4 287
1940 年	7 867
1941 年	15 133
1942 年	34 346
1943 年	75 379
1944 年	189 461
1945 年 8 月	556 907
1945 年 12 月	1 031 932

资料来源:Arthur Young, *China's Wartime Finance and Inflation*, *1937 – 1945*. Cambridge, MA:Harvard University Press, 1965, 304 页。

---

[1] Shun‑hsin Chou(周舜莘)指出,纸币的稳定和随后在 1945 年末的价格下跌,主要是由于"当时全国过于乐观"和"以前日占区(新钞)的暂时短缺"。基于这种不现实的市场评估,国民政府实行 200∶1 的固定兑付率来兑付伪政权的钞票。因此,"法币货币估值过高导致货币购买力大幅增加",并且价格下降。见 Shun-hsin Chou, *The Chinese Inflation*, *1937 – 1949*。

第二章　供养问题

在这一时期的刑事调查和法庭讯问中，妻子对丈夫不履行供养职责的指控几乎成了老生常谈。更重要的是，这些叙述个人苦难的证词很容易被司法官员接受，并记录在官方文件中。这种对生存危机的共识表明，战时北平经济的急剧恶化是一个公认的事实。战时经济崩溃给郭杨氏、牛胡氏和杨白氏等底层妇女带来了巨大的危机，这些人的案件都被送到了北平地方法院。即使是那些社会经济地位较高的人，比如司法官员和他们的家人，也成了这场危机的受害者。作为要供养妻子和孩子的城市居民，这些官员对经济困境同样感同身受。

以负责审理牛胡氏案件的推事王心秀为例。1946年，他33岁，妻子比他小4岁，夫妇育有2个儿子和1个女儿。[1]

虽然我们对王心秀的家庭预算了解不多，但我们可以使用社会学成本消费单位法——以一名成年男子的需求为基本单位，进而衡量家庭成员的整体需求——重建他家庭的开支状况。王心秀的五口之家共有2.7到2.9个消费单位。[2] 据社会学家推测，一个成年男性每天需要1.3斤粮食，这意味着王心秀一家每天至少要消耗3.51到3.77斤粮食，每月总计约110斤粮食。通常对于一个中等收入的家庭来说，小米和玉米粉分别占家庭总谷物消费的40%，大米和小麦粉占剩下的20%。根据1943年初的市价，这些粮食每月至少需花费205.92元。[3] 王心秀一家的实际生活费用肯定比这个高，因为所谓市价只有批发价数据，他在购买粮食时，将面对更高的零售价格。此外，王心秀还得负担其他副食品，比

---

[1] 北平伪地方法院，J65-3-339，"北平地方法院司法司履历"，1943年。

[2] Sidney Gamble（甘博）把家庭中第一个成年男性（19岁及以上）作为一个消费单位；第一个成年女性（19岁及以上）作为0.9单位；第一个孩子根据年龄分为0.3—0.6个单位；并且每多生一个孩子为0.2—0.5个单位。见Sidney Gamble, *How Chinese Families Live in Peiping: A Study of the Income and Expenditure of 283 Chinese Families Receiving from $8 to $550 Silver per Month*, p.13。

[3] 李景汉：《北平最低限度的生活程度的讨论》，6页。

如肉类、蔬菜、调味品等开销。他从北平地方法院支取的月薪是200元，到了1943年底，伪地方法院还额外拨出70元给所有推事，以帮助他们应付不断增长的生活开销。[1] 单凭这份薪水，王心秀无法养家糊口，他的妻子也不得不在外面找一份挣钱的工作，否则全家将处于饥饿中。

战时北平伪地方法院推事的家庭平均人数为6.6人，这就意味着有些推事的经济负担比王心秀还重。[2] 比起许多出庭受审的离家出走的妇女，推事们的家庭条件要好一些，但也深受大环境的影响。例如，赵玉璋于1934年26岁时在天津伪地方法院开始其法官生涯。1943年1月11日，他出任北平伪地方法院民事法庭首席推事。赵玉璋有一个大家庭，包括他67岁的父亲、62岁的母亲、36岁的妻子和5个孩子。因为他位居首席推事，月薪比王心秀高，为350元。在1943年，这笔收入可能足够支付他的家庭开支，但一年后，他发现每个月至少要挣13 308元才能维持同样的生活水平。[3]

尽管自日军入侵华北以来，北平居民很少见到血腥的战斗，但战争和占领对他们的物质生活产生了极大的影响。战时物资短缺和通货膨胀使当地经济瘫痪，严重削弱了家庭的经济基础，对于许多在战前已经挣扎在贫困线上的家庭，这不啻为雪上加霜。妇女尤其容易受到伤害，由于缺乏独立可靠的收入来源，她们不得不依靠正式工作以外的各种机会而生。她们的收入可能来自慈善机构、政府的社会福利项目等，或者很可能得自自己的家庭——尤其是她的丈夫。但刑事档案表明，在20世纪初的北平，男性并不总是一个可靠的经济来源，因为他们的经济

---

1 北平伪地方法院，J65-3-177，"北平地方法院检察处职员工资表"，1942年。
2 北平伪地方法院，J65-3-339，"北平地方法院司法官履历"，1943年；北平伪地方法院，J65-3-161，"北平地方法院司法官履历"，1942年。
3 津海关北平伪分关，J68-1-1213，"北平夏季中国籍官员生计费调查表"，1944年12月。译者按：这也是通货膨胀、滥发纸币的结果。

状况和财务前景深受经济衰退的威胁。一些男性还在继续养家糊口,另一些可能会放弃他们对配偶的经济责任,置妻子的生活于不顾。无论是哪一种情况,妇女都可能发现自己不断受到胁迫,为生存而挣扎,并有陷入贫困的危险。在得不到及时救济的情况下,一些妇女认为离家出走是寻求生计的关键步骤,逃离和再婚都是一种生存手段。这些弃夫潜逃的妇女,给司法官员以及民事和刑事审判带来了新的考验。

惩治逃妻

在中国历史上,弃夫潜逃是社会下层根深蒂固的陋习。历史学家已经证明,涉及离家出走妻子的诉讼在清末官员的常规司法案件中占了相当大的比例。[1] 在清朝的法律中,弃夫潜逃是一种犯罪,因为"它挑战了家庭和国家权力的基础"。[2] 20世纪中国的立法者与社会改革家联合起来,攻击宗法和家庭等级制度的夫权观念。在以平等自由为原则的立法框架下,立法者和司法官员不再把弃夫潜逃视为一种刑事犯罪,而将其视为女方破坏婚姻契约的民事行为。20世纪初,将离家出走的妻子非罪化,是试图把妇女从男性统治和父权权威中解放出来。这也是当时立法改革的一个关键步骤。但当妇女离家出走,她也留下了一个摇摇欲坠的家庭与一段岌岌可危的婚姻。立法者和司法官员面临着一个新的挑战,即如何既保护家庭制度,又同时解决妇女的生活问题。下面的案例揭示了在改革后的《刑法》之下,法院的刑事审判庭如何审理离家出走

---

[1] 见 Paola Paderni(宝拉·帕德尼),"I Thought I Would Have Some Happy Days: Women Eloping in Eighteenth-Century China", in *Late Imperial China* 16, no.1 (June 1995), pp.1-32;王跃生:《清代中期婚姻冲突透析》,北京:社会科学文献出版社,2003年。

[2] Paola Paderni(宝拉·帕德尼),"I Thought I Would Have Some Happy Days: Women Eloping in Eighteenth-Century China", in *Late Imperial China* 16, no.1 (June 1995), p.2.

的妇女。

1945年3月5日,农民李凤来站在前门东站的候车大厅,四下张望寻找自己的登车口。跟在他后面的是一个女人,她腋下夹着一小件行李,神情非常紧张。这个女人是孙李氏,丈夫是朝内大街153号福顺号烧饼铺的伙计孙士春,不过此时此刻孙李氏要与李凤来一同乘车离开北平。他们通过了安全检查,登上火车。当他们在车厢内坐稳后,火车开动,车窗外的城市渐渐隐去。经过两天的火车和长途汽车颠簸,二人抵达李凤来的家乡——位于河北省南部的枣强县。而在北平城内,孙李氏的丈夫孙士春晚上收工回家,发现屋里空无一人。起初他并没有担心,因为孙李氏曾在早上"声言到其娘家瞧看"。可能孙士春还会想,妻子回娘家暂住一晚没有什么问题,毕竟对于女人来说,深夜独行不是件安全的事情。然而,转过天来孙士春开始焦躁不安。等到中午时分,他决定去接回妻子。当孙士春到达岳母家时,孙李氏的哥哥说,她前一天根本就没来过。随后,孙士春又赶到自己父母家,发现妻子也不在那里,于是孙士春报警。[1]

在警方初步调查过程中,孙士春的母亲透露了两件事。首先,自从孙李氏过门以来,婆媳一直不和,但她还是坚持与儿子、儿媳同院生活了大约3年。这段脆弱的关系在1945年3月3日彻底破裂,婆媳发生激烈争吵,随后孙李氏与丈夫被赶出家门,找房分居另过。其次,孙士春的母亲注意到孙李氏最近与邻居梁赵氏过从甚密。根据这一线索警方对梁赵氏进行了讯问,随后的调查揭示了孙李氏的家庭问题和离家出走的原因。

对于孙李氏而言,离家出走是双重因素造成的。婆媳关系紧张是个大问题,另一个突出问题就是经济上的困窘状况,这给她的婚姻生活带

---

[1] 北平伪地方法院,J65-10-554,梁赵氏,1945年。

第二章　供养问题

来了很大压力。她的丈夫孙士春在附近的一家烧饼铺做工，制作和售卖各种即买即吃的主食，包括馒头、窝头、油条、花卷和烙饼等。店员的活计比较多，包括采购原料（面粉、食用油、芝麻、燃料），用发酵的面粉和芝麻酱做成面团，加以烤制和油炸，为顾客服务，保持店铺清洁等。这类店家通常营业时间长，从清晨到深夜；但只是在吃饭时间忙碌，其余的时间比较悠闲。在那里工作不一定紧张，但繁重乏味，且报酬很低。社会学研究和市政社会调查发现，店铺伙计、普通车夫、街头小贩、煤工、仆役、无技粗工、乞丐和无家可归者等，充斥于城市贫民的行列。[1]

拮据的家庭收入状况可能迫使孙李氏选择与公婆合住，但她觉得"公公主不了事，我这婆婆也给我气受"。在婆媳闹翻、孙李氏与孙士春分家另过后不久，她觉得摆脱了婆婆干涉的日子确实自在，但担心丈夫收入微薄，自在日子不能长久。在这种情况下，孙李氏决计想法子"另行找主嫁人"。孙李氏跑到梁赵氏那里寻求帮助，梁赵氏先是安慰她，说"日本人时常招工，你可以做工去"。但是孙李氏说"简直没法活着，央告我给找主"，一劳永逸地解决生活问题。梁赵氏犹豫了一下，还是答应帮忙。她去找了另外两个邻居，赵安氏和杨张氏，这二人住在南小街11号，位于梁赵氏所住的朝内大街142号的拐角处。其中有一位碰巧认识附近一家切面铺的掌柜李金和。李金和曾经说过他有一个侄子李凤来，住在枣强农村，"年四十余岁，尚无妻室"。于是，这三位邻居谎称孙李氏是寡妇，意欲改嫁，说与李金河，李金河替侄子做主，应允了这桩婚事。于是，三个邻居制订了一个计划，帮助孙李氏离家出走。3月5日上午，孙李氏离开了家。按照事先安排，她先见了梁赵氏和赵安氏，然后两

---

[1] 李景汉：《北平最低限度的生活程度的讨论》，载《社会学界》1929年第3期，6页；Yamin Xu（徐亚民），"Wicked Citizens and the Social Origins of China's Modern Authoritarian State: Civil Strife and Political Control in Republican Beiping, 1928 – 1937", pp.85 – 87。

人将她送到梁赵氏家,在此待了一整个下午。傍晚时分李凤来到此处接孙李氏,二人一起赶到火车站,乘车离开北平。可惜,孙李氏的计划并未成功。她抵达李凤来老家后的第二天就被逮捕,并立即被带回北平。1945年3月15日,孙士春向北平伪地方法院起诉孙李氏。

如果孙李氏生活在清代,其弃夫潜逃的行为将会面临法律的严厉制裁。《大清律例》规定"若夫无愿离之情,妻辄背夫在逃者,杖一百,从夫嫁卖"。[1]《钦定大清会典事例》还进一步规定,司法官员可根据妇女出走的情由及出走后的行为,量刑惩处:"其妻因逃而辄自改嫁者,绞监候。其因夫弃逃亡,三年之内不告官司而逃去者,杖八十;擅自改嫁者,杖一百;妾各减二等"。[2] 换言之,妇女弃夫离家即犯罪,将领受刑责,至于离家的动机或离家后的选择,只会影响到惩罚的程度。

但是,1945年孙李氏出庭受审时,弃夫潜逃已经不再属于受刑法制裁的犯罪行为。刑事法庭没有因她弃夫潜逃、离家出走而起诉她。法庭调查的重点是收集证据,由此判定她是否犯有通奸罪或重婚罪,或者说此时的调查重点是在她弃夫之前的行为及出走之后的选择。法官首先怀疑,孙李氏与其新伴侣李凤来之间是否存在着性关系,是否是不当婚外关系导致了她弃夫潜逃。在询问了孙李氏的家庭背景和离家出走的动机后,法官又对孙李氏与李凤来的关系进行了严密的审查:

问:你跟李凤来在路上没有一块住过吗?
答:一块坐火车,没有一块住过,在他家也没有。
问:检察官说同李凤来从没有过呢?
答:没有住过。

---

[1] William Jones(钟威廉)译,*The Great Qing Code*(《大清律例》),Oxford:Clarendon Press,1994,p.134。

[2] 《钦定大清会典事例》,卷756,"刑部,户律婚姻",14770页。

问：你同李凤来发生关系了没有？
答：没有发生过关系。

当李凤来和梁赵氏出庭做证时，也被问及同样的问题。李凤来做证说，他以前并不认识孙李氏或她的家人，只知道她是寡妇再嫁。虽然他们在离开北平和被捕前在一起待了两天，但一路上身边还有其他乘客、家人和邻居等，二人没有任何机会单独相处，也就不可能发生性关系。法官认为这些证词可靠，因此撤销了通奸的指控。

法庭调查继续进行，重点是确定孙李氏出走之后，是否犯有重婚罪。许多妇女在离家出走后选择组建新的家庭，在她们看来，只有确立正式的婚姻关系，才可以保证在新丈夫的家庭和邻居中，获得作为妻子应有的社会地位与经济保障。然而，民国的法律要求人们要在再婚前必须先行离婚。如果不解除前一段婚姻而直接缔结新的婚姻关系，这就构成重婚，违反了《民法》中有关"一夫一妻"的婚姻原则。在孙李氏的案件中，调查并没有提供足够的证据，证明她犯有重婚罪。

问：你同李凤来就在 27 日结婚的吗？
答：我找他当天上火车，到他老家枣强去。
问：到枣强以后结婚的吗？
答：头天到的家，第二天就有人下来说是出事了。
问：在枣强办事了没有？
答：没有办事。
问：同居过没有？
答：没有同居。
问：为什么没有同居？
答：乡下的规矩，不办事不能同居。

1945年4月28日,孙李氏一案审结宣判,孙李氏和李凤来所面临的通奸和重婚罪指控不成立。至于媒人梁赵氏,法庭裁定她并无诱拐妇女,孙李氏出走系自主行为。至于同案其他共同被告,两位邻居和李凤来的叔叔,因原告孙士春早已撤回指控,所以他们也不再接受刑事调查。释放孙李氏的决定可能让孙士春感到震惊,因为这使他惩罚"不守规矩"妻子的计划破灭。审讯程序和法律框架揭示了民国时期的新法律旨在将妇女从男性权威手中解放出来,同时保护家庭完整。

相比之下,清代对妇女弃夫潜逃、离家出走的定罪和严厉惩罚,显示了这种行为在当时官员眼中的严重性。婚姻被认为是两个家庭之间缔结的共同联盟,可以提高双方的财富和名望。一旦结婚,妇女就从她出生的家庭离开,与夫家生活在一起,成为夫家的一员。贤妻良母的理想形象要求妇女抚养孩子、侍候公婆、保持贞洁,所有这些都有助于家庭的完整和家庭秩序的稳固,而稳固的家庭秩序正是有序的社会和政治制度的起点与根基。因此,清朝法律提倡模范行为,惩罚威胁家庭婚姻秩序的行为,从而保护家庭。在清朝法律中,政府官员创造出一个新的法律术语"光棍",用来描述当时那些危害家庭秩序的外来男性。苏成捷(Matthew H. Sommer)认为,在清政府眼中,那些没有体面职业、财产和固定住所的青年男性,是家庭秩序的最大威胁;这些没有家庭关系约束的男子"严重威胁了以家庭为基础的社会秩序,因为'光棍'在这个社会中完全没有位置"。[1]

官方对麻烦制造者的刻板印象揭示了清政府对当时的家长制和家庭等级制度的依赖和信任。这种等级关系设想并努力将所有社会成员封装到家庭矩阵中,并为每个人确定一个位置,用既定的规则和标准来

---

[1] Matthew H. Sommer(苏成捷):*Sex, Law, and Society in Late Imperial China*(《中华帝国晚期的性、法律与社会》),p.112.

规范男女的社会行为模式。清代的法律改革议程还设法通过妇女的积极参与,从内部巩固家庭。因此,离家出走的妻子,不论在离家出走前是否有婚外关系,或在离家出走后是否再婚,都要受到惩罚。弃夫潜逃的行为本身就挑战了父系权威,偏离了男性主导的性别系统,破坏了家庭和社会秩序。

民国的新法律要求重新定位妇女在家庭权力和性别模式中的地位。首先最重要的是,立法者宣布妇女将被视为能够自主行动的独立个体。[1] 他们期望妇女以丈夫平等伴侣的身份进入婚姻关系,鼓励妇女建立一段新的理想婚姻时,秉承社交自主、个人自由、婚姻独立、经济独立、性别平等、生活充实等新文化运动所倡导的理念与原则。妇女也被赋予了维持婚姻或选择离婚的自由,法律可以帮助妇女从压迫关系中解脱出来。此外,法律将婚姻关系视为一男一女之间、由国家批准的民事合同,家庭纠纷将由民事法院处理。

弃夫潜逃标志着婚姻危机。当这种情况发生时,法院可以通过让离家出走的妻子回到丈夫身边来帮助修复受损的婚姻。如果这段关系已经无法修复,法律也允许合法离婚。如果一个离家出走的妻子在刑事法庭上受审,那么受到严格审查的不是离家出走的行为本身,而是妇女这之前的行为和之后的选择。20世纪有关婚姻的立法,一方面提倡妇女作为独立的个体并且拥有自己做决定的权利;另一方面,它也要求妇女对通奸或重婚等犯罪行为负责,前者背叛了配偶,后者违背了一夫一妻原则。

民国的立法者们彻底删除了法典与律例中的"光棍"一词。一个明

---

[1] Philip C.C. Huang(黄宗智), *Code, Custom, and Legal Practice in China: The Qing and the Republic Compared*(《法典、习俗与司法实践:清代与民国的比较》), Stanford: Stanford University Press, 2000, p.166; Zhao Ma(马钊), "Wayward Daughters: Sex, Family, and Law in Early Twentieth-Century Beijing".

显的原因是,在刑事案件中,许多"外来男性"并不是身无分文或居无定所。他们大多数都有一定的收入来源,维持着比妇女试图逃离的家庭更好的生活,这是促使妇女和他们私奔的主要原因。民国的立法和刑事案件的判决程序中取消了清代的一些特定称谓,同时,在20世纪40年代的刑事案件档案中,出现了有经济能力的外来男性的情况,这都表明战时北平的家庭正在从内部解体。除去外来男性,其他因素如广泛存在的贫困现象、经济萧条、失控的通货膨胀等,在家庭解体中发挥了更大的作用。家庭越来越难以作为保障妇女生计的避难所,这也导致了妇女为生存而离家出走。在孙李氏一案中,她替自己离家出走的行为进行辩解,指责丈夫没有提供足够的经济支持:

问:孙士春不是有事情做吗?挣钱怎么会不管你呢?

答:他挣钱不给我饭吃,三天两头挨饿,不给饭吃。

问:你怎么跟梁赵氏说的呢?

答:我说梁大妈,你得救我一条小命。男人竟打我。要不救我,终究不叫他打死,也得饿死。你得救我出来,替我找主,是我救命的恩人。

问:不是说走出以后,在石驸马大街找房。搬到那里去的吗?

答:一天家老饿着,我让他给我想法子,要是养活不了我,也得打主意。他说随便随便,他要是给我豆腐渣,我也不嫁人呀。

孙李氏的媒人、邻居梁赵氏也给出了类似的证词。

问:孙李氏有丈夫,你知道?

第二章 供养问题

答：我知道，可是她丈夫时常打骂她，给个十斤八斤棒子面，不定得多少日子才再给。一找就没有好的，不是打就是骂，她跟我说不去投河，就得觅井。我说年轻轻的人干吗翻尸倒骨的。

考虑到北平低收入群体在抗战爆发、日伪统治之前就深陷贫困，为了应对大量因丈夫无力供养而引发的刑事案件与民事诉讼，法律设置了一系列的规定，尽量限制妇女因贫困"不养"提出诉讼。[1] 1914年的一项判决是这样解释的："因贫出外谋生，不谓逃亡。"同年的另一项判决特别说明："因贫不给衣饰，非离婚原因。"[2] 1930年和1931年颁布的《民法》更进一步宣布："因负担抚养义务而不能维持自己生活者，免除其义务。"[3] 鉴于当时的社会现实决定了丈夫是供养者，上述法律规定主要是为了解决一个问题，即如果丈夫无法供养，法律可以减轻其供养家庭的义务。一些案例也说明了法院在这个问题上的立场。1928年的一项判决做出如下解释："夫妻均需抚养，又均缺乏抚养能力，即不能以一方不给抚养他方遂持为遗弃之论据。"[4]

此外，《民法》也做出规定，确定何人享有被供养的权利。首先，"受抚养权力者，以不能维持生活而无谋生能力者为限，前项无谋生能力之限制，于直系血亲尊亲属，不适用之"。第二，将"受抚养权力者"认定为"不能维持生活而无谋生能力者"。[5] 妻子并非是无条件的被供养人，法律认为婚姻关系内配偶应该相互扶养。1940年的一项判决写道："《民

---

1 傅秉常、周定宇编：《中华民国六法理由判解汇编》，台北：新陆书店，1964年，1051页。
2 同上，1050页。
3 《六法全书》，上海：上海法学编译社，1932年，97页。
4 傅秉常、周定宇编：《中华民国六法理由判解汇编》，1135页。
5 《六法全书》，97页。

法》规定,家长和家庭成员之间有相互扶持的义务……是夫有支付家庭生活费用之能力时,妻即非不能维持生活,自无更受其家长抚养之权利。"[1] 妇女首先和首要的是在社会和经济上"自养",政府的责任是培养妇女的独立意识,避免将妇女置于依附和从属地位。相互扶持和个人责任是巩固家庭结构和拯救个人生计的关键。

在普通民众的日常生活中,家庭供养是一项艰巨的任务,对于司法官员来说,这也是一个复杂的法律问题。主要是因为20世纪早期的立法改革深刻地改变了一系列关于家庭生活和亲密关系的问题。到20世纪40年代初,自民国《刑法》(1935年)和《民法》(1930—1931年)的颁布以来,已经过去了十多年。正如许多早期研究人员所指出的那样,这两项立法正是基于男女平等和个人自由的新原则。[2] 这些抽象的平等原则,催生了一个理解家庭经济结构的新概念,在这个概念下,妇女被视为家庭经济福利的贡献者。换句话说,在新的法律下,婚姻成为一种基于夫妻共同承担家庭扶养和经济责任的结合,原则上要求妇女和男子都要为家庭经济生活做贡献。这些立法原则,在日本侵华期间的日本占领地区仍然有效,并继续影响着人们与法律体系的相互作用。

如上所述,民国《刑法》和《民法》都采取了新的措施来实现男女平等,帮助妇女维护其在社会、经济,以及两性关系中的自主独立性。[3] 尽管《刑法》没有公开鼓励妻子弃夫潜逃,但也不再对妇女离家出走行为本身进行惩罚。法律希望妇女和男子一起工作,一起克服经济困难,而

---

[1] 傅秉常、周定宇编:《中华民国六法理由判解汇编》,1135页。
[2] Kathryn Bernhardt(白凯),"Women and the Law: Divorce in the Republican Period", in *Civil Law in Qing and Republican China*, edited by Kathryn Bernhardt and Philip C. C. Huang(黄宗智), pp.187-214.
[3] Zhao Ma(马钊), "Wayward Daughters: Sex, Family, and Law in Early Twentieth-Century Beijing".

不是选择逃离婚姻关系或家庭责任。同样,《民法》在婚姻的法律地位和经济责任方面,将妇女视为平等的伴侣和责任方。通过限制妇女向配偶索取供养费,该法律试图坚持个人责任和经济独立的原则,使妇女不再依赖家庭,特别是不再依靠男子供养。在这里,我们看到自由立法原则重新构建了妇女被供养的要求,并最终改变了妇女在家庭经济结构中所扮演的角色。下一节将探讨底层妇女如何感受和表达对家庭经济结构和家庭权力模式的理解。

绝望的妻子和焦虑的丈夫

战时北平持续的经济危机打破了市场的供需平衡,迫使当地家庭想着法削减开支,也影响了家庭关系,由此引发的各种生存手段和社会混乱催生了一种"通货膨胀文化"。让我们回到上面提到的牛胡氏的例子,这位国民党士兵的妻子为了获得更好的生活而离家出走并再婚。她的证词为人们思考通货膨胀文化提供了一些线索:在底层社会,婚姻制度的意义何在?底层社会成员如何定位丈夫和妻子的角色?

1946年4月,在国民党军队服役十多年后,牛光荣和他所在的部队奉调暂驻长辛店,执行国民政府从日伪当局手中接管北平的命令。牛光荣本人还有一件私事要处理,到北平找回妻子牛胡氏。8年前,牛胡氏带着幼子离家出走。他先找到北平郊外十八里店137号岳父胡玉亭家,询问妻子下落。"经其岳父胡玉亭查悉,(牛胡氏)被李苏氏拐卖。伊找向李苏氏要人,据称我孙经其转给他人为子,伊子媳何往不知。"1946年4月26日,牛光荣以重婚罪起诉牛胡氏,并指控牵线人李苏氏拐卖自己的妻子。

由于牛胡氏坚称自己只是因为"并无养赡"而出走改嫁,庭审调查重点是她的日常生活经济来源,以及她收到的生活费等是否足够维持生活。牛胡氏的证词如下：

问：李国禄能供给你生活吗？
答：他能供给我生活。
问：你既嫁牛光荣怎么又嫁李国禄呢？
答：我等了几年，生活无着，牛光荣又让我嫁人，所以改嫁。
问：是你求李苏氏为你介绍，还是李苏氏要你改嫁？
答：那时候我小孩子病的要死，我无法，求李苏氏替我找主儿。
问：你父母不能养你吗？
答：很穷，不能养我。

当牛胡氏的媒人李苏氏出庭接受质询时，法官也问了她同样用的问题，她的证词如下：

问：牛胡氏与牛光荣结婚你知道不？
答：知道。
问：你既知道牛胡氏是牛光荣之妻，为什么又介绍给她嫁人？
答：牛光荣是走了三年，不养牛胡氏，给牛胡氏信，许她嫁人，牛胡氏求我，我先不答应，我婆母要我代办的。
问：牛胡氏不能自谋生活吗？
答：牛胡氏无饭吃，帮人佣工，人不要。

这些证词显示了女性日常生存的三种选择。一个是"自养"。但正

第二章 供养问题

如前面所示,在20世纪早期的北平,已婚妇女,尤其是那些来自社会底层的妇女,即便能找到有固定收入的工作,也是非常有限的。20世纪二三十年代的经济萧条,以及随后十年的战争和日伪统治,削弱了官员和改革者对实现帮助妇女经济独立的乐观希望。考虑到妇女所面临的严峻经济前景,20世纪40年代的司法官员几乎从未指望她们能养活自己。因此,在法庭讯问审理的过程中,司法官员们从未质疑妇女的证词,即她们无法通过有固定收入的工作或其他赚钱方式养活自己。

当妇女无法养活自己时,还有一个可能的经济来源就是娘家或者婆家的帮助。然而,这一时期的文化习俗并没有强求娘家养出嫁的女儿。当地的习俗是,当儿子的家庭出现危机时,婆家可能会介入,施以援手。牛光荣向法院递交的诉状就体现了这种思维方式:

> 由[民国]二十六年七七事变起,至二十七年上半年任分队长、连副等职,在此时期每月薪资除留个人花费外,如数寄交吾妻牛胡氏做生活之费用。有二十七年后半年战况吃紧,陷区禁止汇兑,有钱不能寄家。吾想妻儿受苦,遂给我妻去信,内云如无吃的无人管,孩子送养人堂,你自行改嫁。寄信原因主要恐怕她受挨饿之苦,该妇接信并无给我去回信,并将给他去的信该妇持向吾父,找人念诵给吾父,听准其改嫁。吾父当即嘱咐我儿近不能来钱,怕你挨饿,由今天起你每天抱孩子来家吃饭,现实咱家尚能维持吃饭。往后咱家不能维持生活或不管你饭吃,你在本庄宣布牛姓不管,吃饿不起,再由你自去改嫁不晚。

第三种也是最常见的扶养来源是其丈夫。牛光荣分别给妻子和岳父写了两封信,进一步证明丈夫是家庭的主要经济支柱。第一封信写给牛胡氏的父亲，信中这样写道：

接家信内云令媛因受环境压迫，于年前已携子逃往他处谋生活之路，究走往何处，是否平安，至今婿不得而知。回忆令媛秀英与贫婿结婚数载，指望白头到老，不料贫婿因命运不佳，将事由丢职，家贫如洗，每天连两顿粗饭稀粥凑吃不到嘴里。在家赋闲二年，身不能担担，手不能提篮，每天只有当卖，与令媛糊口；有添生小孩子，一点生活未有。小婿无可奈何，才出外谋生，将出来谋事也一时得不着好事。每月只可给那可怜的妻子捎去几元维持她生活。近二年来又赶上国家起了战争，虽有钱邮政不通不能往家寄钱，通信均好几十天，所以才将我那恩爱夫妻两分离，家内无吃的，哪能等饿死呢，此一定逃走之理也。所以前几天接家书云，秀英逃走消息，婿甚喜，喜的是她与孩子逃活命，不等贫婿给他饿死，喜后又忧愁，愁的是我们恩爱夫妻两分离，现时已经分离亦无关重要。

第二封写给牛胡氏本人，上面写着：

自从夫在山东牟平给你去信一封寄去五元，至今未见回信，现已有好几个月啦。夫给你去信数封，均未接到回信，又未给你寄钱。因为中日作战邮政不能汇洋，你的可贵的身体全仗夫给你寄钱才能生活，这许多日期未给你寄钱，你如何能生活，夫想起来就连饭都吃不下去，每天想起你跟夫受的罪，夫就哭得不得了。至到现下听人说如往北平寄钱也收不到，这不是要把我妻饿死吗？实在可怜！我妻可以速来一信，将你在家受的苦，孩子如何受的苦，都跟夫说说才好。如实不能跟夫忍这样

第二章 供养问题

苦,在家竟挨饿,也无衣服穿,你可就要自己打主意嫁人,别跟夫受罪,将孩子送到养人家去,这是为夫的良心话。……如妻在家竟饿着,无人管,可就自己随意嫁人。

从牛光荣的两封信中可以看出,他和妻子观念一致,认为妻子的生计来自丈夫,而不是任何家庭之外的工作。他对未能供养妻子深感自责,并许可她自寻出路。字里行间没有迹象表明牛光荣曾期望妻子去找工作独立谋生,他的理由可以归纳为:第一,供养妻子是他作为丈夫的责任;第二,如果他做不到这一点,妻子的生活肯定会陷入困境;第三,牛光荣扪心自责,在面临饥饿和自己归期不定的窘境下,牛胡氏企图离家出走是可以理解的。需要说明的是,在许多案件中,丈夫并不同意妻子离家出走,这也解释了20世纪40年代北平地方法院为何会有大量涉及妻子离家出走的诉讼。就像牛光荣一样,这些做丈夫的男子从未质疑过妻子需要他们来供养。丈夫们只是试图证明,自己仍有供养妻子的能力,所以妻子不应该离家出走。

从这些案件来看,底层民众对婚姻的理解建立在一个对等交换的模式之上,这个模式一方面承认妇女理应得到男性的供养,另一方面要求妇女陪伴在丈夫身边。这种建立在家庭经济与夫妻生活上的现实利益交换,偏离了传统的婚姻观念,即认为婚姻是两个家族的结合,夫妻关系是为了延续家族血脉。底层日常婚姻逻辑淡化了婚姻的象征意义和仪式性,也不推崇所谓自由选择、性别平等、伴侣关系、公民身份培养等新的改革派婚姻模式。对于许多来自底层家庭的妇女来说,结婚(或再婚)的意义,并非在追求终身伴侣,而是决定了她们婚后的幸福程度。妇女意识到社会对这种观念的认可,这就是为什么家庭成员、媒人和未来的丈夫很容易被说服,为生活贫困的已婚妇女提供一段新的婚姻。

从表面上看,婚姻的等级意识形态和父权规范重申了男性支配地位,使妇女沦为受压迫的对象,巩固了父权压迫,固化了妇女的屈从地位。[1] 然而,仔细观察战时北平流行的婚姻观念,我们会看到另一面现实,那些被认为有权有势的丈夫很可能发现自己同样是父权规范的受害者,妇女会毫不犹豫地利用这些规范为自己牟利。促成这一转变的是经济困难,在经济压力之下,养家糊口的男子很可能丧失向妻子提供稳定收入的能力,从而削弱了他们在家庭事务上的权威。

战乱之下北平底层社会中发生的弃夫潜逃不是一种革命行动;恰恰相反,它是妇女在现有的家庭制度内,根据其规范谋求个人最大利益的一种手段。这些妇女的选择与其他一些人群的所作所为有相似之处,比如爱德华·帕尔默·汤普森(E. P. Thompson)研究的18世纪的英格兰食物骚乱者,或是詹姆斯·斯科特(James Scott)研究的东南亚农村叛乱者,骚乱者和叛乱者主要是为了维持生计才参加抗议和叛乱活动,而不是试图推翻现有不平等的经济结构。[2] 离家出走的妇女也是一样,她们希望找到一个有经济能力的丈夫,但并未想过要反抗家庭等级制度本身。

可以说北平底层社会中通行的规范支持了家庭等级制度,赋予每个家庭成员合法的地位,丈夫拥有绝对的统治权力,妻子则享有生活保障。

---

1 有关这些所谓新旧二元对立逻辑,见 Kay Ann Johnson, *Women, the Family, and Peasant Revolution in China*, Chicago; Judith Stacey, *Patriarchy and Socialist Revolution in China*, Berkeley: University of California Press, 1983; Margery Wolf(卢蕙馨), *Revolution Postponed: Women in Contemporary China*, Stanford: Stanford University Press, 1985。针对新旧二元对立逻辑的有效性和局限性的讨论,Gail Hershatter(贺萧), *Women in China's Long Twentieth Century*, Berkeley: University of California Press, 2007。

2 E. P. Thompson, "The Moral Economy of the English Crowd in the Eighteenth Century", *Past and Present*, 50(1971), p.79; James C. Scott(詹姆斯·C.斯科特), *The Moral Economy of the Peasant: Rebellion and Subsistence in Southeast Asia*, New Haven: Yale University Press, 1976.

第二章 供养问题

在这种等级制度与道德标准下,当丈夫不能履行维护家庭幸福的责任,并且他的弃养行为造成无法忍受的痛苦时,妻子就会离家出走。许多离家出走的妻子认为,她们的选择在道德上是公正和合法的,在她们看来,她们的丈夫应该对把妻子的生存置于危险境地负责。战时的经济混乱是一把双刃剑,它剥夺了妇女获得有偿工作和经济独立的机会,也因此巩固了不平等的家庭权力结构,使得妇女屈从于夫权。经济危机同时孕育了一种生存伦理,使得丈夫的权威更多地取决于男人的经济实力。当许多离家出走的妻子以这样的道德标准为自己的行为找理由时,她们的丈夫则显得无能为力。

生存伦理一直是中国宗法家庭规范的一部分。在对18世纪中国家庭冲突的研究中,王跃生发现,妻子挑起家庭冲突的理由有很多,从家庭收支的争执,到抱怨丈夫的道德败坏(如赌博、偷窃、嫖娼),还有不满丈夫对妇女回娘家的限制等。在这些引起冲突的原因中,法官最常引用的是经济困窘。王跃生进一步认为:"生活窘迫,缺乏基本的生存保障,将直接影响到人们的心绪,焦躁不安充斥于夫妻生活中,矛盾随时可能激化。"[1] 王跃生的研究是基于18世纪刑科题本中的内容,这些案卷只记录了执行死刑的刑事案件,例如家庭冲突导致某个家庭成员的死亡。在地方官的日常判案中,因经济纠纷而产生的民事案件和诉讼可能数量更多。如果生存伦理观念普遍存在于中国社会,那么本书所涉及的抗战与内战时北平社会面对的经济混乱,则使得婚姻关系更加不稳定。更重要的是,生存伦理更加巩固了不平等的家庭结构。当妇女无法依靠丈夫活下去的时候,往往是设法改嫁和寻找新的丈夫,这强化并延续了这一不平等制度。

经过数轮庭审,北平地方法院判定牛胡氏"有配偶而重为婚姻",牛

---

[1] 王跃生:《清代中期婚姻冲突透析》,61—74页。

胡氏的媒人李苏氏"帮助有配偶之人重为婚姻"。根据民国《刑法》，重婚罪最高可判处五年监禁。[1] 但法官只判处牛胡氏有期徒刑一个月，并特别指出，法院已接受牛胡氏对自己因缺乏丈夫供养而离家出走的解释。宽大的判决可能使牛胡氏摆脱法律制裁，但司法官员还会遇到类似的案件，还会遇到妇女以"不养"为由离家出走。由于战时北平的经济状况不断恶化，甚至是以惊人的速度恶化，从而危及妇女的生计，弃夫潜逃仍然是一个切实可行的生存选择。

结　语

20世纪40年代北平地方法院的刑事案件档案表明，妇女获得正式和有报酬的工作的机会仍然有限。她们要么依靠当地雇主提供的低薪、不稳定的工作，要么找零工来增加家庭收入，但这些既没有给妇女带来稳定的生计，也没有帮助她们走上经济独立的道路。已婚妇女的家庭提供了最可靠的经济支持；配偶供养费在很大程度上决定了妇女的家庭幸福。当她们的丈夫不能维持基本生活水准时，妇女的生计就会受到威胁。在战时经济崩溃的压力下，妇女发现男性的支持和承诺变得不稳定。由于经济萧条和恶性通货膨胀，使得当地经济陷入瘫痪，当家庭作为集体经济单位遭到破坏时，妇女也处于危险之中。有些妇女通过选择逃避一段婚姻去摆脱极度贫困。为她们的弃夫潜逃辩护的是，人们仍然相信家庭角色的等级观念，即丈夫挣钱养家，妻子接受供养。这种等级制度的受害者有很多，有男有女。它把女性对男性经济偿付能力的服从捆绑在一起，通过把女性置于丈夫的权威和谋生能力之下，助长了家庭不平等。一旦丈夫无法养家糊口，他就很可能会丧失家庭权威和妻子的

---

[1]《中华民国刑法典》，237款，第十七章：违反婚姻和家庭制度的罪行，99页。

第二章 供养问题

陪伴。

当妻子离家出走,便留下了破裂的婚姻和家庭。与清末官员通过惩罚出走的妻子来保护父系家庭的完整不同,20世纪的法律宣称在不牺牲妇女的独立和自治的情况下保护家庭完整。遗弃行为的非刑事化表明,新的立法原则承认妇女是独立、平等的社会成员。为了挽救家庭制度,法律限制了男子供养妻子的责任,并将婚姻重新定义为两个平等的个体在相互支持的基础上的结合。在新的法律框架下,个人生计和家庭完整相互联系,家庭经济福祉取决于男女双方的贡献。然而,最终,战时的经济危机以及根深蒂固的传统社会习俗,使得妇女越来越难以在日常生活中实现改革者在新民法中所设想的目标。

第二部分

街头巷尾

第三章　大杂院小社会

1938年10月,婚后的马刘氏搬到外四区南横街自新路儒福里5号,与丈夫马永茂父母兄弟一大家子生活在一起。不久之后,马刘氏和婆婆常因家庭琐事争吵,且冲突越来越频繁。1939年11月,马刘氏和马永茂二人搬出,在外四区如意巷的一个大杂院内寻得一间租金合适的房子,另行"在外度日",远离婆婆那一大家子人。然而,马刘氏很快意识到,搬家另住的确使她能摆脱婆婆,过得自由一些,但是代价不菲。原来在大家庭中所有成员共同分担生活开销,现在她只能依靠丈夫的微薄收入度日,生活十分拮据。随着经济状况不断恶化,马刘氏"生活困难,欲行搬至一起",再次回到婆家合住。住回婆家以后,马刘氏和婆婆的关系并没有任何改善。虽然"各吃各的",但他们还是要忍受其他诸多不便,比如要和马永茂的家人(包括他守寡的母亲、长兄、长嫂以及未婚的小叔子)一起生活,同院居住的还有十来位邻居。1942年4月18日,马刘氏的生活又横生枝节。她以前的邻居韩高氏离家出走,来到马刘氏家中,希望她能帮忙找主改嫁。马刘氏让她和自家小叔子马永泉"同居姘度"。不料韩高氏的丈夫韩子清找到妻子,并控告马刘氏诱拐韩高氏。[1]

从1938年到1942年这5年多,马刘氏一直努力维持生计,并与丈夫的家人相处。她必须学会如何操持家务,以及如何在人口密集的城市居住环境中处理复杂的家庭关系。比如,她需要考虑,如果公婆的住处不是理想的选择,她和丈夫将住在哪里?她能花多少钱租房?以及如何

---

[1] 北平地方法院,J65-6-4959,马刘氏和马张氏,1942年。

在有限的预算下处理突发状况？她所做的决定直接影响了她的生存机会。更重要的是，在搬家、与新邻居打交道、处理家务和家庭矛盾等日常中，马刘氏与其他妇女一起，将她们居住的大杂院变成了妇女的社交世界，在一个男性主导的城市里营造了一个女性社会空间。

北平很多底层人群，包括本地人和来自农村及小城镇的外来者，被迫在一些恶名远扬的贫民区找到栖身之所。这些大杂院破败不堪的房屋连绵数里，居住着这座城市中最贫困的人群。居住在大杂院里的妇女，不得不面对快速涌入的外来人口挤进原有的住房，或者在空地私搭乱建。住在这儿往往意味着全家人都不得不挤在光线昏暗、空气滞闷的房间内，共同使用拥挤的厨房、厕所等公共空间，还要忍受垃圾常年不散的刺鼻气味。许多当时的文学作品都再现了大杂院的拥挤、喧闹、肮脏、犯罪猖獗的情形。社会学家和社会工作者则将大杂院描述为一个富有悲情意味的空间，使人们想起了劳苦大众经受的磨难。[1] 对于公共卫生专家而言，改善大杂院的卫生条件是城市卫生政策制定者需要优先考虑的任务。[2] 城市管理者也很担忧，他们担心贫困可能使大杂院变成犯罪和道德沦丧的温床，要治理大杂院中的犯罪问题，就需要通过不断的警察巡逻和各种治安措施，来恢复邻里监督。[3] 官员和研究者所留下的各种记录，反映了他们如何通过研究大杂院妇女的经历来制定有效的社会和行政管理政策。官方与改革话语显示了在努力重建城市空间秩序和改革妇女行为规范的过程中，研究者、城市管理者以及执法者群体是如何理解大杂院的。不过我们还要注意到，大杂院是社

1　董玥（Madeleine Yue Dong）：*Republican Beijing: The City and Its Histories*（《民国北京：城市及其历史》），第七章和第八章。
2　杨念群：《再造"病人"：中西医冲突下的空间政治（1832—1985）》。
3　Yamin Xu（徐亚民）："Wicked Citizens and the Social Origins of China's Modern Authoritarian State: Civil Strife and Political Control in Republican Beiping, 1928 - 1937"。

第三章 大杂院小社会

会底层妇女的生存空间,也为处于经济边缘的她们提供了某种社会资源,妇女对大杂院空间有自己的理解,官方和改革话语所发挥的作用十分有限。

刑事档案显示,大杂院的空间结构和社会环境促进了妇女之间的频繁互动。随着妇女建立起自己的社交世界,她们的社会联系也变得日益紧密。近几十年来,历史学家越来越在意晚清和现代中国的城市社会人际网络,通过对同乡会、商会、大学、政党、有组织犯罪以及工会的研究,揭示了建立在各种政治制度和职业关系基础之上的社会关系网络的存在与活力。[1] 这些关系网络将城市中各种各样的政治、族姓、文化群体联系在一起,并且发挥多重社会管理功能。通过这些联络和管理的作用,关系网络有可能变成一种政治力量,甚至比那个已经无法有效行使

---

[1] 有关晚清和民国的社交网络的主要研究包括 William Rowe(罗威廉), *Hankow: Conflict and Community in a Chinese City, 1796 – 1895*(《汉口:一个中国城市的冲突和社区(1796—1895)》);David Strand(史谦德),《北京的人力车夫:1920年代的市民与政治》;Di Wang(王笛), *Street Culture in Chengdu: Public Space, Urban Commoners, and Local Politics, 1870 – 1930*(《街头文化:成都公共空间、下层民众与地方政治,1870—1930》);Bryna Goodman(顾德曼), *Native Place, City, and Nation: Regional Networks and Identities in Shanghai, 1853 – 1937*; Richard Belsky(白思齐), *Localities at the Center: Native Place, Space, and Power in Late Imperial Beijing*(《地方在中央:晚期帝都内的同乡会馆、空间和权力》);Emily Honig(韩起澜), *Sisters and Strangers: Women in the Shanghai Cotton Mills, 1919 – 1949*(《姐妹们与陌生人:上海棉纱厂女工,1919—1949》),Elizabeth Perry(裴宜理), Shanghai on Strike: The Politics of Chinese Labor(《上海罢工:中国工人政治研究》), Shuk-Wah Poon(潘淑华), *Negotiating Religion in Modern China: State and Common People in Guangzhou, 1900 – 1937*; Frederic Wakeman(魏斐德), *Policing Shanghai, 1927 – 1947*(《上海警察》);Brian Martin(布赖恩·马丁), *The Shanghai Green Gang: Politics and Organized Crime, 1919 – 1937*;Hanchao Lu(卢汉超), *Street Criers: A Cultural History of Chinese Beggars*(《叫街者:中国乞丐文化史》);Nara Dillon(温奈良) and Jean C. Oi(戴慕珍) edited, *At the Crossroads of Empires: Middlemen, Social Networks, and State-Building in Republican Shanghai*。

职能的国家更加强大。[1] 这些关系网络成为发展群体意识与建构群体身份的重要场域。然而，20世纪初的北平，由于高失业率和妇女政治动员水平的低下，主要城市社会组织没有底层妇女的一席之地。本章将指出，底层妇女社会网络的扩展是发生在大杂院的背景之下，围绕着她们日常生活中的琐事进行的。

以妇女为中心的大杂院关系网络是自发形成的，它以自我为中心，并且服务于底层妇女本身。[2] 这个网络能够在实际环境中不断扩展，但它始终是一种个性化、个人化等简单关系的集合，而没有正式的领导、等级或组织结构。此外，这个邻里之间的社会关系网络与城市中其他关系网络还有不同，它并不致力于平衡个体成员所关注的个人问题与集体的整体利益。底层妇女出于个人动机加入关系网络，而不是关注集体利益的得失。因此，大杂院的关系网络在很大程度上是在个人境况和目的刺激下形成的，与任何长期的计划无关。某位妇女的关系网络在一定的时期内可能以一个特定社区为基础，当她从一个社区搬到另一个社区时，她能够创造、操纵、抛弃或者重新组建关系网络。这种关系网络的形式从未被特定地点所限制；在北平城内和城郊的所有区域中，大杂院在不断地扩展，在此过程中，关系网络遍及城市的各个角落。这种空间弥散和渗透的能力，使得这些关系网络能够适应妇女生存手段特有的流动性和临时性。

1　William Rowe（罗威廉），*Hankow: Conflict and Community in a Chinese City, 1796－1895*（《汉口：一个中国城市的冲突和社区（1796—1895）》）；*At the Crossroads of Empires: Middlemen, Social Networks, and State-Building in Republican Shanghai*, edited by Nara Dillon（温奈良）and Jean C. Oi（戴慕珍）.

2　在民国的北平，一个分散网格状中的男性人物，参见 Brett Sheehan（史瀚波），"Unorganized Crime: Forgers, Soldiers, and Shopkeepers in Beijing, 1927, 1928", in *New Narratives of Urban Space in Republican Chinese Cities: Emerging Social, Legal and Governance Orders*, pp.95－112。

大杂院的关系网络缺乏政治动机，也不会为任何有组织的行动提供基础。底层妇女并没有什么政治目的，其关系网的主要性质是在其本身所处社区中的一种实践。这种实践从根本上来说是社会性的，而非政治性的。对底层妇女来说，这种关系网为她们提供了与社区、地区、城市以及乡村的人建立联系的机遇和途径，而且这些参与网络的成员又不属于她们最亲近的家庭关系。在战时以及战后的北平，它为底层妇女提供了一种重要的资源，使她们能够从国家控制或经济混乱之中逃脱出来。

"墙中之墙"

无论是与婆家合住，还是搬出另住，马刘氏都是住在四合院形制的大杂院之中。四合院是一种很普遍的北方民居建筑形式，其基本格局是一个露天院子，四面建有平房。正房（即北房）坐北朝南，门窗面向院子。其两侧为东厢房和西厢房。南房可能是一组房间，或者只是院墙与院门（见图4）。有一些四合院中种有夏季遮阳用的树木，如果空间充足，四合院中还会加入诸如假山、池塘、竹丛以及月亮门之类的装饰性元素。四合院的规模以"进"为单位，标准的单进四合院占地大约200平方米。[1] 一座大的四合院院落可能包含一系列较小的四合院，它们之间由走廊和门连接。在某种意义上，北平最著名的四合院就是故宫。当然，故宫只是在建筑形制上呈现出典型的四合院院落特点，在规模上却非常特殊。对绝大多数的北平居民，特别是马刘氏这样的妇女来说，虽然她们的住房在风格上与故宫相似，但是她们绝不可能过上像帝王那样的生活。

1　邓云乡：《北京四合院》，北京：人民日报出版社，1990年，6页。

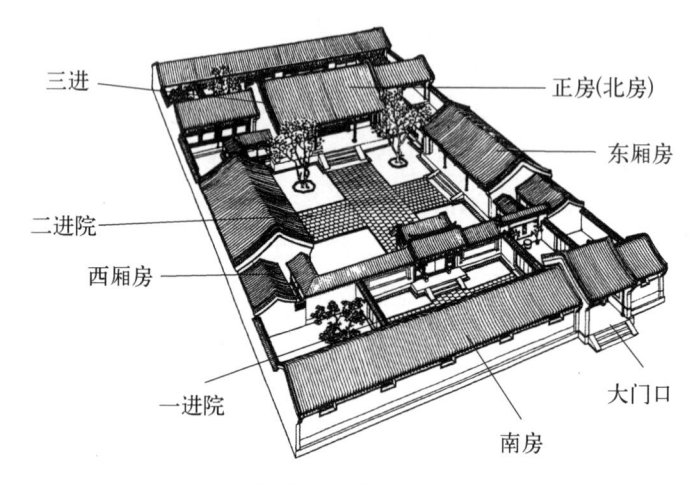

图 4 标准的三进四合院平面图

图片来源：刘敦桢：《中国古代建筑史》，北京：中国建筑工业出版社，1984年，319页。

民俗和地方历史学者认为，四合院落通常被用作大家庭的住所，以家庭为中心的空间布局使四合院成为一个舒适自在的地方，居民们可以享受便利且自给自足的生活。20世纪初，许多外国游客和北平本地的居民都认为四合院的魅力难以抗拒，因为它代表了明清帝都的文化特性，也承载着历久弥新的深厚传统。这种观点在当时的旅行文学中多有显现，例如美国人艾斯特·弗拉伊内·海耶斯（Esther Frayne Hayes）就在旅居北平的生活日记中，表达了对这种特殊乡土建筑的迷恋。她的父亲在中国大学担任教授，全家人一起住在北平西郊一座宽敞的四合院中，这个专门为外籍教员提供的院子距北平城有些距离。艾斯特非常享受乘坐人力车穿行于迷宫一样的胡同街巷，也很喜欢在城内的店铺购买北平特产。她在日记中写道："我们知道北平最大的魅力深藏于那些静谧的角落，在那些小小的古朴院落之中，在那些有格子窗棂，糊着纸的窗子之后。"[1] 在这些理想化的描述之中，四合院提供了一种传统家庭经验，它捕捉到一种儒家学说大为推崇的社会和谐的本质，同时也发挥着某种"世外桃源"的魅力，人们在此可以摆脱世俗烦扰，享受一种简单、宁静的私人生活。在这种浪漫的想象中，无论是国内的政治变革，还是西方的工业资本主义，都无法破坏北平四合院居民享受平和与富足的生活。

一些中国作家也同样迷恋于四合院，认为这是北平文化和精神的地标。以老舍的《四世同堂》为例，这部小说开头便描写了故事主角祁老爷子的房子：

> 北平城是不朽之城，他的房子也是永世不朽的房子。现在，天佑老夫妇带着小顺儿住南屋。五间北房呢，中间作客厅；客厅里东西各有一个小门，通到瑞宣与瑞丰的卧室；尽东头的和尽西头的一间，都另开屋门，东头是瑞全的，西头是祁老太爷的卧室。东屋作厨房，并堆存粮米，煤球，柴火；冬天，也收藏石榴树和夹竹桃什么的。当初，在他买过这所房子来的时候，他须把东屋和南屋都租出去，才能显着院内不太空虚；今天，他自己的儿孙都快住不下了。屋子都住满了自家的人，老者的心里也就充满了欢喜。他像一株老树，在院里生满了枝条，每一条枝上的花叶都是由他生出去的！[2]

祁老爷子的愉悦和自足包含着一种独有的骄傲、自足与权力，这些情感为帝都所赐，为本地居民、寄居者与旅行者所共享。

1　Esther Frayne Hayes, *At Home in China*, New York：Walter Neale, 1931, p.113.
2　老舍：《四世同堂》，12页。

然而，也有一些作家不满意用浪漫的笔法描述四合院的日常生活与文化意涵。他们开始关注四合院空间和文化环境中的其他因素，在写作中强调四合院建筑形式与四合院生活中的等级制度，认为四合院物化且固化了家庭生活中的父权结构与男权规范。[1] 具体说，由于北房冬暖夏凉，依照本地习俗，北房总是会留给长辈居住。厢房通常比北房略矮一些，样式更简洁，建筑材料也稍逊一筹，通常供晚辈与仆人居住。[2]

四合院的批判者们认为，被围墙环绕的四合院，除了会强化家庭等级秩序，也会营造一种"被囚禁"的不良感受，甚至可能让人产生"幽闭恐惧"。[3] 美国人康士丹（Samuel V. Constant）曾试图通过研究北平街头小贩的叫卖去解读四合院的文化含义。康士丹于20世纪30年代来到中国，担任美国驻北平领事馆的武官。退役之后，他充满热情地学习中文，研究北平当地的俚语和习俗。就像当时许多旅居北平的外国人，在中国度过的那些年对他来说是一次大开眼界的旅行。康士丹痴迷于中国古代所取得的文化成就，当他看到中国历史的辉煌已逝，并且在外国资本、技术、思想和枪炮的进攻之下，毫无还手之力，他也为中国深感失落和悲哀。和许多中国改革者一样，康士丹试图在物质和文化中寻找中国当时衰弱的根源。从女子的裹脚布到传统的民居建筑，改革者将这些日常事物都视为一种现代社会中不正常且落后的中国文化的标志。

在谈到中国的住房时，康士丹写道：

1　邓云乡：《北京四合院》，北京：人民日报出版社，1990年；王其明：《北京四合院》，北京：中国书店，1999年。加拿大建筑师Andre Casault在1987年记录了他对北京四合院的印象："在我看来，中国四合院的三个特点非常重要：内敛的形式、对称的结构和等级的结构。"以及Andre Casault, "The Beijing Courtyard House: Its Traditional Form and Present State", in *Open House International* 12, no.1 (1987), p.31。

2　Elisabeth Frances Wood, "Domestic Architecture in the Beijing Area, 1860–1930", Ph. D. diss., School of Oriental and African Studies, 1983, p.94.

3　Peter Lum, *My Own Pair of Wings*, San Francisco: Chinese Materials Center, Inc. 1981, p.23.

第三章　大杂院小社会

中国是一个墙中有墙的国度。这些墙长短不一,从绵延万里的著名的长城,到农民自建的矮小的泥墙……除了这两种最特殊的墙,还有其他各种各样的墙——城墙、宫墙、衙门的围墙、富家深宅大院的院墙、穷人低矮小屋的土墙。毫无疑问,这些墙深刻地影响了中国的历史和人民的心理。除此之外,我们也可以说,这些墙使中国的家庭建立起它们自己小小的封建城堡。家庭或宗族退入墙内,关起门来。中国千百年来的伟大和悲剧就在这许许多多的墙内发生。因此,在围墙内的小小院落之中,中国的普通家庭正是它们所代表的庞大国家的典型代表和实例。[1]

对于康士丹等人而言,这种四合院所承载的内向的生活方式,不仅反映在国家层面的政策制定之中,同时也影响着个人层面的性别规范。他写道:"毫无疑问,对于妇女来说,这些院落在很大程度上就是她们的世界。在她们的生活中,走出院落是一件很难得的大事。"[2] 在康士丹看来,四合院的围墙结构和以家庭为导向的布局将妇女置于诸如孝女、贤妻、慈母等一系列附属、服从性的角色之中,她们按照正统儒家规范所定义的方式来扮演这些角色。因此,四合院这种建筑证实了以父权为中心的家庭对妇女生活的束缚,同时也是一种隐喻,显示了妇女在由男性控制的广阔政治和社会空间中长期以来处于从属地位。这种对民居院落的看法,促使改革者们批判妇女被隔离的生活,也抨击她们在传统中国社会中屈从于男性的地位。经典四合院建筑在一部分人眼中充满魅力,但这种魅力在中国文化的批判者看来却是一种显而易见的反常标志,代

1　Samuel V. Constant（康士丹）: *Calls, Sounds and Merchandise of the Peking Street Peddlars*（《京都叫卖图》）, Peking: Camel Bell, pp. III-IV.
2　同上。

表着一个过时的传统。四合院建筑的那些关键特点，特别是那种明显以家庭为中心的生活布局和"内向的形式"，以及其基于父权主义社会等级制度而形成的建筑风格，再现了儒家家庭秩序；同时也在视觉上体现并时刻提醒着人们有关中国和中国文化的问题：与外界的隔绝、狭隘的乡土观念，以及父权中心主义。

对很多中外人士来说，四合院落"不仅仅是一种建筑形制"，同时也显示出"一种心态"，体现了家庭结构、权力模式、性别规则、道德立场等。[1] 在怀旧的叙述中，四合院被描绘成一种舒适的家庭空间，超脱了20世纪早期政治动荡与工业革命的入侵，成为一方世外桃源。然而批评者们却担心四合院会逐渐变成一个只关注内部、思想落后中国的象征，特别是在妇女的遭遇方面，这种负面倾向可能更加明显。然而，正如本书所言，在城市底层妇女的经历中，并不存在这种封闭的院子与性别隔离。19世纪晚期以来，人口的增长使得华北乡村和小城镇人口大量向城市迁徙。外来人口的涌入与城市中的艰难生活等因素汇集到一起，彻底改变了北平城市社区的空间架构和人口结构。有一些四合院保持了它们原有的结构，继续作为精英家庭的良好居所而存在。然而，与此同时，还有很多的四合院在很大程度上变成了贫民区般的所在。它们并不是一处与外界隔离、自给自足、只关注内部家庭生活的避难所；相反，这些四合院是一处拥挤的、嘈杂的、肮脏的空间，为众多挣扎在生存边缘的家庭提供了栖身之地。

迁移中的城市

根据1949年进行的一项官方调查，解放初期北平的居民住房中约

1　Graham Ward, *The Certeau Reader*, p.80.

20%到30%都是在14世纪明朝定都北京后及有清一代建造的。因为这些明清时期的四合院建筑定期得到维护,所以它们经受住了时间的考验,成为帝都建筑的典范,也展现了富人住所的精致与豪华。[1] 城市中有一半的住房建于19世纪初到20世纪30年代之间。这些建筑带有某些与明清住宅相同的特征,采用了类似的建造方法,但规模略小,通常使用更便宜的建筑材料。其余20%的住房中有一部分由八旗绿营的营房改造而来,还有的不过是存于当时已有居住区边缘的大杂院,这些院子通常靠近城墙。在房屋的所有权方面,调查发现,当时北平71%的住宅为私人所有,21.5%为政府财产,4.3%属于诸如商会、同乡会之类的社团机构,还有3%为外国人拥有。83%的家庭,即33万户,居住在租赁的房屋之中。[2] 如此高的房屋租住率以及在住房条件方面的显著差异,显示出城墙之内和四合院落中经历了巨大的人口与社会变迁。造成这种变迁的因素之一就是这一时期农村人口向城市的持续迁移。

到北平谋生,是生活在华北农村和城镇的底层男女普遍的出路,河北省顺义县的农民田华和他的妻子田马氏就是这样一个案例。田氏夫妇在原籍乡下种地为生,1940年前后,两人关系不睦。据田华说,夫妻关系恶化起因于"全家患病,田马氏不愿侍候,回娘家后又潜逃"。但田马氏却有不同说法,她言称"受田华祖母虐待,不给我饱饭,不给我做衣服,时常打骂",接着"于本年二月间在田地锄粪,被他用木锨打,我实不能忍受",先回娘家暂住,稍后被田华接回,但是夫妻矛盾没有化解,"遂由顺义逃来北平给人佣工"。雇主开印刷厂为生,通过雇主,田马氏认识

---

1 由于四合院主要是用木材和砖建造的,为保持建筑良好,必须定期进行维护。因为这种常规的修复,"房屋经历了渐进但几乎是持续的变化。重建和修复很少涉及全面改造,无论是砖、木材或是瓷砖,可回收的部分会得到存储和重复使用。"见Elisabeth Frances Wood, "Domestic Architecture in the Beijing Area, 1860–1930", p.8。

2 董光器编著:《古都北京五十年演变录》,南京:东南大学出版社,2006年,195页。

了印刷厂的工友巨尚贤。二人"互相爱慕",田马氏随即改嫁,并与巨尚贤"生有女孩一个"。1942年,正当田马氏随巨尚贤的姓氏改名巨马氏,并在北平安顿下来享受新生活的时候,她的原配丈夫田华也来到北平,或许他是想要在城里找到工作,也或许他是为了找到离家出走的妻子。1942年11月11日,田华终于找到了田马氏,二人见面即吵作一团,引起了警察的注意,并将他们二人逮捕。[1]

上述这一案例很典型,北平周边农村的农民离乡进城谋生,其中有些人是利用农闲进城做短工,还有些人则一年到头留在城里做工。田马氏的家乡河北省是来北平务工的外地人最多的省份——据估计,在1931年到1937年间,有300多万人从河北省迁出。[2] 根据官方统计,1937年11月,在日本军事占领北平之后,近33.7%的北平居民(506 066人)来自河北,占城市外来人口的60.7%。[3] 其他资料显示,河北人垄断了北平的某些行业,如理发店、浴室澡堂、古董行和古玩店等。北平40%左右的人力车夫是河北人。[4] 此外,在北平的妓女中,来自河北的妇女所占比例也很大,特别是在中下等妓院中(二等妓院占18.3%,三等妓院占27.5%,四等妓院占30%)。[5]

甘博在研究北平的移民模式时强调,这座城市因商业和工业的发展

1　北平伪地方法院,J65-6-5321,田马氏,1942年。
2　高树林等编著:《河北人口史》,石家庄:河北人民出版社,1986年,196页;引自王印焕:《1927—1937年河北流民问题成因探析》,载《北京师范大学学报(社会科学版)》1998年第1期,102页。
3　梅佳编:《卢沟桥事变前后北平社会状况变化比较表》,载《北京档案史料》1998年第5期,24—25页。
4　李景汉:《北京人力车夫现状的调查》,载《社会学杂志》1925年第4期,见李文海主编:《民国时期社会调查丛编:城市 劳工 生活》,福州:福建教育出版社,2005年,1162页。
5　麦倩曾:《北平娼妓调查》,见李文海主编:《民国时期社会调查丛编:底边社会》,495页。

第三章　大杂院小社会

而极具吸引力,尤其是对年轻的男性壮劳力而言。[1]　在他看来,在当时的北平,工业化推动了大规模的人口迁移,这或多或少与几十年前西方城市所经历的情况类似。[2]　人们从农村来到城市,加入不断扩大的城市劳工阶级,面对着在工厂做工的各种压力,也探索着都市多元文化的各种新奇景象。然而,工业和经济发展对移民的影响不应被高估。董玥指出,20世纪二三十年代的经济衰退和萧条对北平现代经济的发展轨迹产生了重大影响。[3]　刑事案件档案显示,大量人口的到来,无论男女,与其说是因为城市经济的拉动,不如说是农村危机造成的。农村危机打乱了村民的生计,迫使他们背井离乡。许多人涌入北平,却没有明确的计划,也不知道等待他们的是危险还是机会。战争、日本占领和经济危机都使新来的人难以谋生。尽管存在着这些困难,人们还是源源不断地来到北平,希望找到一种生存的方式。对他们而言,北平至少在表面上提供了安全和保障。

仅以河北省为例,环境压力、政治动荡和农村手工业的崩溃等因素破坏巨大,导致大量人口涌向城市或其他地区。从1873年到1933年,河北农村人口增长了40%,可耕地却减少了2%。[4]　这使得河北省成为

1　Sidney Gamble(甘博),*Peking: A Social Survey*(《北京的社会调查》),p.101.
2　Louis Chevalier,*Laboring Classes and Dangerous Classes in Paris during the First Half of the Nineteenth Century*,New York：Howard Fertig,1973；William Jr. Sewell,*Structure and Mobility: The Men and Women of Marseille, 1820－1870*,London：Cambridge University Press,1985；Christine Stansell,*City of Women: Sex and Class in New York, 1789－1860*,Urbana：University of Illinois Press,1987；Joanne J. Meyerowitz,*Women Adrift: Independent Wage Earners in Chicago, 1880－1930*,Chicago：The University of Chicago Press,1988.
3　Madeleine Yue Dong(董玥),*Republican Beijing: The City and Its Histories*(《民国北京城：历史与怀旧》),第四章。
4　王印焕:《1927—1937年河北流民问题成因探析》,载《北京师范大学学报(社会科学版)》1998年第1期,106页。

华北人均耕地最少的省份之一。一些"闯关东"的农民想在富饶的东北开始新生活,还有一些人则迁居到北平和其他大城市,争夺各种低薪工作,从事商业零售与服务行业。

与此同时,农村手工业也在苦苦挣扎。在20世纪30年代,手工业生产是大约30%的农村家庭的主要收入来源。特别是家庭织布,自清末以来,吸收了河北主要的农村剩余劳动力。但是,天津、石家庄等城市新兴的现代棉纺工业开始大量生产廉价的机织纱线,并将工业产品投放市场,对当地原有的针织布匹行业产生了重大影响。《香河县志》曾记载:

> 衣服向用土布家机,惟求坚实耐久,不尚美观,寻常农家大率,类比仕族乃有服丝品者,多购自京津。本境无蚕业也,自洋布输入,物美而价廉,争相购用,家机土布,遂不可见。[1]

消费者偏好的改变大大降低了农村手工产品的市场份额,并且逐渐摧毁了整个行业。例如,河北中部的高阳县周边地区是农村织布业的中心地带,从1927年到1933年,家庭纺车的数量减少了75%以上。[2] 农村手工业的消亡对许多家庭产生了毁灭性的影响,因为它严重降低了许多农村妇女在农闲时赚取补充收入的可能性。在某些情况下,这样的损失完全摧毁了家庭生计。

除了上述的环境与经济因素,政治斗争、军阀混战、土匪活动的恶性循环,也进一步加剧了河北农村的危机。20世纪初,华北爆发了几次军

---

[1] 马文华、王葆安:《香河县志》,台北:成文出版社,1968年,259页。
[2] 王印焕:《1927—1937年河北流民问题成因探析》,载《北京师范大学学报(社会科学版)》1998年第1期,104页。

第三章　大杂院小社会

事冲突,这包括1900年的义和团运动和随之而来的八国联军入侵、20世纪20年代初两次直奉战争、20世纪30年代初蒋介石的南京政权与反蒋联盟之间的战争,以及1937年日本全面侵华战争爆发前的多次军事挑衅与摩擦。对于卷入这些冲突的各个派系来说,河北省具有重要战略地位,因为它毗邻北平,而直到1928年,北平仍是国家的首都。京汉铁路通贯全省,将政治上地位显赫的北方和经济发达的中部省份连接起来。因此,控制河北意义重大,地方军阀能够在巩固自己地盘的基础上,进而争夺中央权力,逐鹿中原。但是,军阀混战造成了无政府状态,还引发掠夺和饥荒,给平民百姓的生活带来一连串的打击。那些短命但日益横暴的军阀政权,只会带来更多的混乱和苦难,平民饱受战争的折磨,还要面对巨大的环境经济压力,于是很多人选择逃往城市避难。

在某种程度上,北平城为其居民提供了保护。高大宽厚的城墙把抢劫者、土匪和不守军纪的士兵挡在城外,就是这些人在农村制造了冲突和暴力。甘博注意到,"1926年春张作霖攻占北平时,城内没有发生抢劫,但城外许多地区却并非如此"。[1] 史谦德(David Strand)的研究还显示,除了城墙之外,还有北平当地的商业领袖和社会名流,他们的领导"能够减轻居民的负担,并遏制了在城墙附近的军队冲突所带来的危险"。同样重要的是,史谦德指出,"这座城市的规模、其首都地位的价值(直到1928年)以及有能力以武力威胁、以关税利诱军阀们的各国使馆的存在,总体上保护了北京不受战争的直接影响"。[2]

对于许多像田马氏这样的农村女性来说,她们能力不足,难以利

---

[1] Sidney Gamble(甘博), *How Chinese Families Live in Peiping: A Study of the Income and Expenditure of 283 Chinese Families Receiving from $8 to $550 Silver per Month*, p.134.

[2] David Strand(史谦德),《北京的人力车夫:1920年代的市民与政治》,228页。

用北平的大多数工厂工作和教育机会,但她们仍迁徙到这座城市,因为这里提供了其他的机会:从经济困窘中解脱出来,减轻一些情绪压力,或者拥有一段可以为她们提供物质支持的稳定婚姻和家庭关系。当然,并非所有梦想都会实现,但农村危机迫使人们在渺茫的希望上孤注一掷。换言之,妇女来到北平安家落户,不一定是因为城市可以提供很多机会,而是农村的困境逼迫她们背井离乡,另谋出路。

形成中的大杂院

外来人口迁入是北京人口稳定快速增长的主要原因。政府的人口普查记录显示,清朝人口增长了71%。1647年,即清朝入关的第4年,全城人口不足66万;到1910年,清朝覆亡前,人口已过百万(见表3.1)。清朝灭亡后,城市人口继续增长。人口普查显示,在1912年至1928年混乱的民国初期,全市人口增长了20%,而在1928年至1937年国民党统治时期,全市人口又增长了11%。即使在1937年至1945年日本占领时期,北平的家庭数量和人口总数也略有上升(见表3.2)。政府调查和医疗报告表明,出生率并不是北平人口增长的主要因素。20世纪初北平的死亡率,特别是婴儿死亡率一直居高不下。[1] 移民才是人口增长的主要动力。

---

[1] 例如,在1926年7月至1927年6月间,据第一公共卫生行政部门报告,出生率为21.3‰,死亡率为20.0‰,婴儿死亡率为18.4%。中国的报告显示,中国同期的出生率只比英国高16%,但死亡率比英国高72%,婴儿死亡率比英国高163%。此外,该报告是根据从占城市人口5%的一个社区收集的数据编写的,该社区本身的收入水平和公共卫生设施发展较好。这意味着全市的实际死亡率可能会更高。余协中:《北平的公共卫生》,见李文海主编:《民国时期社会调查丛编:社会保障卷》,337—356页,福州:福建教育出版社,2005年。

表 3.1　清朝北京人口(1647—1910 年)

年　份	内　城	外　城	城　郊	总　数
1647	395 000	144 000	120 000	659 000
1657	411 700	150 460	121 900	684 000
1681	453 300	187 900	125 700	766 900
1711	566 600	200 100	152 100	924 800
1781	541 100	235 143	210 736	986 978
1882	479 400	296 711	309 344	1 085 155
1910	468 970	316 472	343 366	1 128 808

资料来源：韩光辉,《北京历史人口地理》,128 页。

表 3.2　民国时期北平人口(按年份统计)

年　份	户　数	总人口数
1928	270 110	1 356 370
1937	292 653	1 504 716
1938	308 513	1 604 011
1939	320 259	1 704 000
1940	324 422	1 745 234
1941	330 667	1 794 449
1942	336 812	1 792 865
1943	302 864	1 641 751
1944	303 729	1 639 098

续 表

年 份	户 数	总人口数
1945	310 839	1 650 695
1946	319 547	1 684 789

资料来源：北平市工务局，"北平市之概略"，1946年。引自白淑兰等编：《北京档案史料》1992年第2期，15页。

在北京人口总体增长的表面现象之下，城市中各区的人口增幅差异显著。在清朝统治的前60年里，内城的人口先是增长了43%，此后人口略有下降。造成这种变化的原因主要是清朝的民族政策。这一政策禁止汉人在内城永久居住，同时，清政府也有计划、有规律地将满族人口迁居到其他城区、郊区，甚至外地。[1] 在内城人口保持稳定的同时，外城中的汉人成倍增长，在多民族人口聚居的城郊地区，汉人甚至增长了2倍。但是，到了20世纪早期，人口增长模式与清代明显不同。城郊和京县这两个位于城墙之外的行政区域的人口分别增长了20%和10%；城区人口增长最为显著，从1917年的不到100万人，增加到1948年的150多万人，人口增长了86%（见表3.3）。

表3.3 民国时期北平人口（按行政单位统计）

	1917年	1935年	1948年	增长率
城 区	811 566	1 113 966	1 513 529	86%
城 郊	409 477	459 238	492 269	20%
京 县	1 700 914	1 911 810	1 879 694	10%

资料来源：韩光辉，《北京历史人口地理》，131页。

1　韩光辉：《北京历史人口地理》，125—128页。

第三章　大杂院小社会

日军发动侵华战争以及随后日伪统治的建立,造成了大规模的人口迁移。战争爆发的时候,中国的市政官员和公务人员抛弃了工作,与国民党军队一同南撤。大学和研究机构的教授、学生、工作人员等撤离至华中的安全地区,很多老百姓也纷纷逃离。然而,当新的政治秩序逐渐成形,和平恢复之后,新的移民很快就涌入了城市。有些人来到北平,是希望利用华北的新秩序来建立他们的政治事业,或者靠经商赚钱,但是大多数的新来者是为了逃离村镇中劫掠式的统治与随之引发的暴力,并试图纾解日益严重的经济困难。

记者莫青在他的日记中描述了北平的难民潮:

> 城门洞儿里显着异样儿一些,每一开放,大批的难民便拥进来。……最令人触目惊心的是难民越来越多。友邦军人在郊外筑工事,运给养,大量的拉我们同胞去充夫役。可是一般国民对於友邦军人太欠好感了,不愿替他们服务,於是不能不逃。友邦军人对於咱们的年青女同胞也到处搜索,以至逼索,於是妇女也不能不逃。……话又说回来,要逃又能逃到哪儿去? 还是中国的北平,只好逃到北平来了。[1]

应当注意到,在1938年初时,北平人口已经回升到了战前水平。日军占领时期的小幅人口增长反映的是长达一个世纪的人口迁移和扩张过程,在这一过程中,数十万人口在城市中定居下来。到20世纪20年代,北平已经成为中国的第4大城市(仅次于广州、上海和武汉)[2]。大

---

[1] 莫青等著、华之国编:《陷落后的平津》,上海:时代史料保存社,1937年,2—3页。
[2] Sidney Gamble(甘博), *Peking: A Social Survey*(《北京的社会调查》), p.94.

多数的新来者都在城区内找到了立足之地。在20世纪30年代早期，12个城区的人口总数达到了100万，而在1917年到1948年的30年间，这一数字几乎翻了一番。[1]

北平城内的居住区究竟是如何接纳这些不断涌入的外来人口呢？人口的迁移和流动性又是如何改变了这些居民区的外在形制？下面这个案例可以帮助我们去想象城市居住环境发生的巨大变化。案例的主角是住在内四区白塔寺胡同28号的王振惠、王香玉父女二人，1946年7月15日，人力车夫王振惠发觉自己15岁的女儿王香玉离家出走，正当他忙于寻找女儿下落的时候，小贩辛福生向他透露了王香玉的秘密。辛福生是王振惠的同院邻居，住在王家隔壁。1946年6月某晚，他"因登厕小便，经过窗前"，辛福生发现王家屋里没亮灯，却听见王香玉正在和一个年轻男人聊天。辛福生在窗前停了一会儿，想知道这个男人是谁，为什么在王振惠不在家的时候与王香玉同在一屋。就在同时，屋内的王香玉与那名男子发觉屋外有人，二人立即跑出房门。在昏暗的月光下，辛福生认出了这男人是26岁的王立德，靠拉车为生，家住附近的院子里。此刻辛福生方才知晓王香玉与王立德相好。王立德"追向辛福生，央求千万勿告知王振惠"，辛福生同意了，并把这件事瞒了一个月左右，但是看到王香玉离家出走，辛福生便将他所知前情和盘托出。听到邻居辛福生的陈述，王振惠报案，寻求警察帮助。警察最终找到了王香玉，王振惠则向北平地方法院提起诉讼，指控王立德及其堂兄王立有合伙诱拐王香玉，意欲一劳永逸地切断王香玉和她男友之间的关系。[2]

这个案件和其他类似的案件表明，父母会投入大量精力来监视女儿

1　韩光辉：《北京历史人口地理》，125—131页。
2　北平地方法院，J65-13-3762，王立德、王立有，1946年。

第三章 大杂院小社会

的行为。他们有一系列的办法，比如与亲友合作。当父母不在时，邻居们就发挥了很大的作用，他们警惕的眼睛总是能发现可疑的行为，邻里之间的街谈巷议则能够提供有关那些秘密关系的信息。如王香玉和男友两个家庭的邻居，就多达26家、100多人。19、20世纪之交，在人口迁入和经济困难的双重压力下，他们的居住环境变得愈加拥挤与狭窄。这一切压力最终造就了一个喧闹而拥塞的环境，即便足不出户，居民也能感受到这一点。

对于北平这座城市而言，如何容纳不断涌入的外来人口是一项艰巨的任务。城墙形成了一道令人生畏的实体界线，这道巨大的围墙阻碍了城市人口外向开拓新城区，也不利于城市近郊发展。在城墙环绕的市区中，虽然空间非常拥挤，但并非每一寸土地都被充分利用。内城中的宫殿和粮仓，以及外城中的祭坛和空置土地，都提供了相当面积的开放空间。史明正和董玥指出，市政府正是利用皇家宫殿园林，修建了公园等城市公共娱乐空间。[1] 外城中大面积的空地变成了垃圾堆积场，或者由同乡会作为"义地"而保留下来。新来的人挤进了已有的人口中心和居民区，使得这些区域的人口密度进一步增长。

尽管处在长期的预算危机之中，北平市政府还是努力在尚不发达、人口稀疏的区域建造新的住宅区。目标地点之一是居于外城中心地带的天桥地区，占地大约2.6平方公里。天桥北邻前门商业区，东邻天坛，西邻先农坛。1936年，市政官员和工程师开始讨论在天桥与天坛之间沿街建设"平民住宅"的方案。这一方案设定了主要目标：为穷人提供经济上可以承受且居住环境良好的公共住宅。政府投资3万元修建住宅，可供130家居住，建设工程于次年开工，不到5个月

---

[1] 这些公园包括社稷坛旧址上的中央公园，太庙旧址上的古物陈列所，颐和园，天坛，先农坛旧址上的城南公园，北海公园，地坛旧址上的京兆公园，景山公园，以及中南海公园。

就已完工。这个工程最终建造的住宅,包括 140 个单元、28 个公共厕所、若干人行道、数个大门和出于安全考虑建造的两段围墙。[1] 然而,1937 年 7 月 28 日,当最后一座脚手架被拆除的时候,北平城已经陷入了混乱。29 日晚,日本人占领北平,开始了长达 8 年的日伪统治。天桥工程因此成为北平市政预算所支持的第一个、也是最后一个公共住房建设工程。这一市政工程显然无法彻底地解决城市住房紧缺的问题,更多是政府对社会底层民众作出的一种家长式的关心姿态。天桥工程建造 140 个住宅单元,可供 400 至 600 人居住。[2] 根据 1934 年的人口调查,仅天桥所在的外五区,官方记录中的贫户就多达 8 000 人,这些人都是平民住宅工程的服务对象,但显然这一工程无法满足如此巨大的需求。[3]

人口迁移使北平成为一个拥挤的地方。甘博的调查显示,在 1910 年代末,内城与外城的平均人口密度为每平方公里 12 983 人。[4] 1946 年,每平方公里人口增长了 80%以上,达到 23 107 人。在接下来的两年里,人数继续增加,到 1948 年达到 26 196 人。[5] 各区人口增长情况并不均衡,在 20 世纪初,一些城区人口增长更加迅猛。以高度商业化的外二区为例,这里在 20 世纪之交就已经是北平人口最稠密的区域,而从 20 世纪 10 年代到 30 年代末,该地区人口密度的增长超过 50%,从每平方公里 32 000 人增

---

1 唐博:《民国时期的平民住宅及其制度创建:以北平为中心的研究》,载《近代史研究》2010 年第 4 期,133—143 页。
2 当时北平每间客房的平均人数在 3 到 4 人。见 Sidney Gamble(甘博), *How Chinese Families Live in Peiping: A Study of the Income and Expenditure of 283 Chinese Families Receiving from $8 to $550 Silver per Month*, p.132.
3 北京市档案馆藏资料:1949 年以前,12-2-275,"北平市政府公安局市政统计表",1935 年。
4 Sidney Gamble(甘博), *Peking: A Social Survey*(《北京的社会调查》), pp.94-95.
5 白淑兰等编:《北平市工务局:〈北平市之概略〉1946 年》,载《北京档案史料》1992 年第 2 期,16 页;韩光辉:《北京历史人口地理》,334 页。

第三章 大杂院小社会

加到46 332人,几乎是北平平均人口密度的两倍。[1] 王振惠和辛福生所在的区域,是1937年到1945年间北平人口密度第三高的区域,达到每平方公里约23 000人。[2]

该案庭审供词表明,王振惠和辛福生两家所居住的大杂院归附近一所寺庙所有,并由那里的和尚负责经营。这座院落由若干院子组成——王家和辛家居住在内院,而王香玉的男友王立德则居住在紧邻的东院。很多类似的大杂院最初是富人居住的独门独院,或是为官府机构、商业场所、宗教机构所用。由于人口和经济压力,这些院落中的一部分被分割出去。所有者和经营者将其中的一些院子或厢房出租给外来的家庭和个人。厢房是一组相对独立的建筑,通常由3间房间(即"两个屋架之间的空间")组成。[3] 随着越来越多的人不断住进来,厢房被进一步划分为两个或三个房间,每一个房间都面向院子单独开门。[4] 人力车夫王振惠全家人挤在北房中一个被分割出的房间里,小贩辛福生一家人也居住在北房,王立德则住在隔壁院南房的一个房间里。

一个被分割出的房间大约2.6—3.65米长,2.13—2.89米宽,2.13—2.89米高。[5] 房中有砖炕,约1.15米高,约1.8米宽。炕三面靠墙,一面朝向房间中央。炕上铺有芦席,炕下装有烟道,以便在冬季取暖。

---

[1] Sidney Gamble(甘博), *Peking: A Social Survey*(《北京的社会调查》),pp.94-95;韩光辉:《北京历史人口地理》,334页。

[2] 北京市档案馆藏资料:1949年以前,12-2-132,"北平市政府警察局户口统计",1937年。

[3] Sidney Gamble(甘博), *How Chinese Families Live in Peiping: A Study of the Income and Expenditure of 283 Chinese Families Receiving from $8 to $550 Silver per Month*, p.129.

[4] 陶孟和:《北平生活费之分析》,104页。

[5] 同上,105页。

炕是一种"可以使用多年且极少磨损,不需要复杂的建造过程"的"实惠的设施"。[1] 炕的主要缺陷是不能移动,且占用面积较大,在有些情况下甚至可能超过房间面积的三分之二,这种结构往往会阻碍空气流通。房间内窗户的设计也会影响通风,大窗户通常是"两扇板棂窗",窗棂背上"糊纸"。在这些被分割的房间中,这样的大窗户很常见,但是往往都在同一面墙上,房门则朝向院子。后墙上没有窗子或者只有很小的通风口,这种设计会导致房间内空气滞闷。[2]

有相当多的人住在大杂院的小屋里,如王振惠、王香玉两代人的四口之家就住在一个房间里。在当时的北平,这种拥挤的生活条件并不少见。甘博在1933年对北平家庭收支情况的研究中,收集了283个本地家庭的账单,包括"一个月或更长时间内,在食物、衣服、房租、暖气、照明,以及其他杂项上,家庭的收入和支出"。[3] 甘博采集的家庭收入从每月8元到550元不等,大部分家庭来自城市劳工阶层,因为这项研究是源于"对工人经济生活日益增长的兴趣"。[4] 在他的跨阶层样本中,有124个家庭(44%)住在一个房间里。[5] 随着家庭收入水平的下降,拥挤问题明显加剧,例如在牛鼐鄂的研究中,通过对1 200个贫困家庭的调查,他发现82%以上的家庭只租得起一间房。在更极端案例中,有8个家庭只能租半间房。[6] 拥挤的生活条件引起了城市管理人员和公共卫生人士的严重担忧,他们担心这些家庭更容易接触到传染病。"如果把

1　陶孟和:《北平生活费之分析》,105—106页。
2　同上。
3　Sidney Gamble(甘博), *How Chinese Families Live in Peiping: A Study of the Income and Expenditure of 283 Chinese Families Receiving from $8 to $550 Silver per Month*, p.2.
4　同上,p.1.
5　同上,p.129。
6　牛鼐鄂:《北平一千二百贫户研究》,载《社会学界》1933年第7期。见李文海主编:《民国时期社会调查丛编:底边社会》,福州:福建教育出版社,2005年,723页。

染病的家庭成员送回家,"英国医学传教士曾在日记中写道,"没有办法把病人与其他家人隔离开来——他们都睡在占房间绝大面积的大'炕'上,家里其他人不可避免地会受到感染。"[1]

20世纪早期北平的公共卫生设施很原始,数量不足且缺乏应有的维护,无法满足迅速增长的城市人口需要,而贫民区大杂院中的设施通常是最差的。1934年,全城仅有大约9 600户(约等于50 000人)能够用上自来水,3年之后,拥有自来水的家庭增加到了10 500户,但仍有超过95%的城市居民依靠水井或水夫来获得日常用水。[2] 对于大杂院居民来说,生活中最为艰难、最令人不快的方面或许就是卫生设施了。这里的污水管道系统修建于几个世纪以前,虽然仍然在发挥作用,但是很容易堵塞。唯一可行的解决办法就是每年清淤,才能使这套陈旧的系统继续工作。一般情况下,污水沟是暗沟,只有挖开这些污水沟才能彻底清淤。这项工作常常要花费数月时间。在这段时间里,"城市的空气中弥漫着未经处理的污水的难闻气味"。[3] 垃圾也很少能被集中处理,在很多情况下,甚至堆得"比附近院落地面还高"。[4]

除了原始的污水管道系统,大杂院里的厕所也是个大问题。王香玉一案显示,大杂院里的房屋并没有配备独立的卫生间,因此,这里的居民只能共用厕所。公共厕所可能位于院子的角落,或是附近的胡同中。白天粪夫带着粪勺、背着木桶,走街串巷清理粪便,然后用手推车将这些粪便运送到田地里去施肥。经过胡同与大杂院的时候,他们"将难闻的气

---

[1] Grace E. Woods, *Life in China*, Braunton Devon: Merlin Books Ltd., 1992, p.66.
[2] Yamin Xu(徐亚民),"Policing Civility on the Streets: Encounters with Litterbugs, 'Nightsoil Lords' and Street Corner Urinators in Republican Beijing", in *Twentieth-Century China* 30, no.2 (2005), pp.37 - 38.
[3] 同上。
[4] 同上。

味散播到走过的所有地方,而且粪便也会沿路泼洒出来"。[1] 未经处理的污水、堆积如山的垃圾,再加上这些粪便,使得居民区肮脏不堪,用一位英国外交官妻子的话说,它们使得北平变成了"世界上最肮脏、最难闻的城市"。这个城市"能让最久经锻炼而满不在乎的旅行者看上一眼就感到恶心"。[2]

最后,很多大杂院的建筑都年久失修。"上层家庭的房子通常用青砖建成,房顶上铺有瓦片",而"较廉价房子的墙壁,是由土坯砖辅以泥土和石灰垒砌而成"。[3] 虽然建筑材料各有不同,但是所有建筑都需要定期维修,来保持良好的状态。在日常维修过程中,"不论是砖块、木材还是瓦片,仍可利用的部件都会被储存起来并且重新利用"。[4] 尽管人们努力进行维修,但是在人口增长的巨大压力之下,20 世纪早期北平的很多大杂院的房屋都不堪重负。一旦不能及时维护和翻新,这些房屋建筑就会失修颓圮。

定位大杂院

20 世纪早期,外来人口遍布北平各处。1937 年,北平居民中有大约

---

[1] Yamin Xu(徐亚民),"Policing Civility on the Streets: Encounters with Litterbugs, 'Nightsoil Lords' and Street Corner Urinators in Republican Beijing", in *Twentieth-Century China* 30, no.2 (2005), pp.37-38.

[2] Susan Townley, *My Chinese Note Book*, New York: E. P. Dutton & Co., London: Methuen & Co., 1904, p.234.

[3] Sidney Gamble(甘博), *How Chinese Families Live in Peiping: A Study of the Income and Expenditure of 283 Chinese Families Receiving from $8 to $550 Silver per Month*, p.121.

[4] Elisabeth Frances Wood,"Domestic Architecture in the Beijing Area, 1860-1930", p.8.

第三章 大杂院小社会

一半人都来自邻近各省。[1] 居民的地域多样性的最显著标志,可能就是他们所使用的各种方言,以及迎合他们喜好的各式各样的地方菜肴。燕瑞博(Robert W. Swallow)在中国出生,20世纪二三十年代曾在中国数所高校担任教授,他为北平的这种多元化的"世界主义"特色深深着迷。他曾写道:

> 在这里,我们遇到了来自二十二省的人,听到了从客家语到蒙古语的各种方言和土语。事实上,对于中国的年轻人来说,为了相互理解而被迫用英语交谈是一件寻常之事,因为广东话和闽南话对这个城市的普通居民来说如同荷兰语一样。我们隔壁的邻居可能是出生在英属殖民地,马来语说得比普通话好,而我们晚宴上的客人可能会有一位四川的军阀和一位来自黑龙江的议员。[2]

新移民以多种不同的方式改变了这个城市的特点。燕瑞博注意到北平新建的公园里出现了一种新的消遣方式:

> 在娱乐场所和公园里,这种语言的混杂和类型的多样表现得非常明显,也是在这些地方,我经常能看到一群人坐在一起,试图猜测彼此的省籍。他们先研究彼此的特征和衣着风格,然后,如果可能的话,听听彼此的对话。这是一种无伤大雅而又十分有趣的娱乐活动,尽管有的时候人们难以相互

---

[1] 梅佳编:《卢沟桥事变前后北平社会状况变化比较表》,载《北京档案史料》1998年第5期,24—25页。

[2] Robert W. Swallow(燕瑞博), *Sidelights on Peking Life*(《北京生活侧影》), Peking: China Booksellers Limited, 1927, p.2.

理解,但是通过练习,他们还是能在一定程度上熟练地进行这种活动。[1]

除了塑造一种"世界主义"的地域多样性氛围外,外来人口在改变北平的空间特征方面也扮演了关键角色。如前所述,北平的城墙限制了这座城市向郊区扩展。由于政府的财政预算危机以及私人投资有限,北平很少开展大型房屋建设工程。外来人口除了挤进已经十分拥挤的住宅区以外,几乎别无选择。结果,"那里街道狭窄",甘博注意到,"房屋一个挨一个,院落小到不能再小,每处房屋都住着很多人"。[2] 布局狭窄的胡同、日益缩小的院子、破败的房屋以及拥挤的居民区出现在北平的地平线上。

在某些方面,北平居民区的迅速扩张与美国和欧洲城市中的"贫民区化"过程相类似,这种"贫民区化"在19世纪初改变了美国和欧洲的城市面貌。在纽约、波士顿、伦敦(仅以这几个已经得到深入研究的城市为例),国内的人口流动以及国际移民重新划定了这些城市的空间边界和区域地图。新移民首先在已有的居民区落脚,然后逐步扩展到城市边缘地区。在工业区的边缘,逐渐出现劳工阶层居住区和移民社区。19、20世纪之交,社会上层人士会尽量远离诸如波士顿北端或纽约下东区等贫民区。贫困、外来者身份以及暴力活动等,都是贫民区有别于其他更加富裕社区的特征。[3] 不过,北平中下层市民居住的大杂院不同于美国和欧洲的贫民区。大杂院并不局限于特定的城区或地段,而是分散在

---

[1] Robert W. Swallow(燕瑞博), *Sidelights on Peking Life*(《北京生活侧影》), Peking: China Booksellers Limited, 1927, p.2.
[2] Sidney Gamble(甘博), *Peking: A Social Survey*(《北京的社会调查》), pp.94-95.
[3] Sarah Deutsch, *Women and the City: Gender, Space, and Power in Boston, 1870-1940*, New York: Oxford University Press, 2000, p.6.

第三章 大杂院小社会

城中各个区域。在北平的居民区里,阔绰奢侈的建筑与破败的房屋混杂而立。在社会构成方面,北平大杂院内的居民,社会阶层复杂,经济生活水平也多有不同。有些家庭能够依靠有限的资源勉强度日,有些则生活艰难,甚至一贫如洗。职业、收入、生活方式、服装以及食物这些明确或隐晦的标记,清楚地显示了社会差异和经济分化的存在。上文引用的美国社会工作者威克斯夫人(见第一章)的描述使我们得以窥见北平大杂院这种建筑和社会组成的混杂状态。

威克斯夫人于1920年在北平为美国教会工作,她的住所位于紫禁城东灯市口地区的教堂院内。1902年,结合教会使团的资金和庚子赔款,这座教堂得以重建。甘博说它是"哥特式建筑的美丽典范"。[1] 离大街不远处有一所美国教会学校、一座小教堂和基督女青年会;再往里去,穿过一座大门,是传教团的综合楼、教堂、教会活动场所、女子学校、女子工作楼和六座外国人公寓。甘博曾经对这里的住户进行过抽样调查,他说这个建筑群是"北平城的一个景观"。他写道:"对于一个来自外邦的人来说,这里尤其赏心悦目,因为这里有北平城难得一见的绿地。"[2] 该地区其他醒目的建筑物有:蒙古王爷的府邸、警察局和宪兵队、北平大学女子分部,以及一位中国退休官僚的私人洋房。[3]

一份官方的土地评估指南将北平的土地划分为20个等级。根据这份指南,美国公理会大楼属于第二等级,即从地价来说处于第二高的水平。这座大楼的三面由三条胡同包围,而在同一街区还有其他六条胡同。在这九条临近的胡同里,有一条属于第四等级,其他八条则属于第六等级。这个教堂街区所在的内一区包含了不同价格等级的土地,这些

1　Sidney Gamble(甘博), *Peking: A Social Survey*(《北京的社会调查》), p.142.
2　同上。
3　Fannie S. Wickes, *My Nearest Neighbors in Peking*, 见 Sidney Gamble(甘博), *Peking: A Social Survey*(《北京的社会调查》), pp.324–326.

土地的价格从第一级到第十三级不等。换言之,这个区域里混杂了各种建筑,这些建筑有不同的地价、建筑风格、建筑材料、设施配备水平和维护程度。价值最高的建筑是一幢外国风格、有加固的水泥楼板的多层楼房。等级稍低者通常是用"表面涂着泥土和石灰的混合物的土坯砖"建成的石灰房,最差的则是泥土建成的土房。[1]

威克斯夫人的住所位于"一条窄小的死胡同的尽头,一堵高墙后面"。她写道:"这是一条胡同的支线,长不到50码,两边的墙上各开有三个院门。"[2] 然而,在每扇门后面,都有一处阴暗的院落,住着几户中国家庭。每座建筑可能有自己的特征以及有序或混乱的生活节奏,但他们共享共同的社区空间。大杂院并不局限于城市周边地区,而是与富裕地区相距不远。

从美国公理会使团建筑到附近的中国市民居住的大杂院仅几步之遥,却反映了社会阶层的变化(见图5)。威克斯夫人的劳工阶层邻居包括鞋匠、人力车车夫、理发师和妓女。除此之外,还有一位"小资产者"——"拥有50辆人力车的车主,他在白天将车租出去";还有一个军官家庭,颇有资财,他们家经常有"穿绸缎或毛皮大衣的朋友"来拜访。[3] 当一些家庭在赤贫中挣扎并受到健康困扰时,而这个军官家庭却有能力雇佣一个女仆来照顾家务。大杂院的孩子不一定都被剥夺受教育的机会,也可能拥有更好未来的机会,但不同的家庭会做出不同的选择。例如,鞋匠的儿子夜以继日地帮助父亲制作"边缘镶有皮毛"的鞋子,但是人力车车主的家庭则支持孩子们的教育,女孩和兄弟们一起上学。[4]

1　北平市民政局,J3-1-70,"北平市标准地价及建筑改良物价表",1947年7月。
2　Fannie S. Wickes, *My Nearest Neighbors in Peking*,见 Sidney Gamble(甘博), *Peking: A Social Survey*(《北京的社会调查》), pp.331-332.
3　同上,p.369。
4　同上。

图 5A 美国公理会教堂,威克斯夫人的住所就在此处

图片来源:《甘博照片集》(290A_1660)。

图 5B 威克斯夫人的中国邻居所居住的大杂院,临近教堂

图片来源:《甘博照片集》(263A_1501)。

这一时期社会学家的研究以及小说中的描写都印证了威克斯夫人的观察，这些研究和叙述也让我们能够了解更多的细节。贫苦不堪的家庭更可能居住在拥挤的大杂院里。大多数是已经不再壮年的人力车夫，或是收入微薄的小贩和佣工。在无法获得新鲜蔬菜的情况下，他们的日常食物通常是玉米面、红薯、小米和咸菜。即使节衣缩食，全家人挤在一个破败不堪、屋顶漏雨的房间里，这些家庭还是无法按时支付租金。[1] 老舍的小说《骆驼祥子》就捕捉到了这种贫民区生活的悲惨景象，特别是在此苦苦挣扎的妇女。书中写道：

> 顶苦的是那些老人与妇女。老人们无衣无食，躺在冰凉的炕上，干等着年轻的挣来一点钱，好喝碗粥，年轻卖力气的也许挣得来钱，也许空手回来，回来还要发脾气，找着缝儿吵嘴。老人们空着肚子得拿眼泪当作水，咽到肚中去。那些妇人们，既得顾着老的，又得顾着小的，还得敷衍年轻挣钱的男人。她们怀着孕也得照常操作，只吃着窝窝头与白薯粥；不，不但要照常工作，还得去打粥，兜揽些活计——幸而老少都吃饱了躺下，她们得抱着个小煤油灯给人家洗，作，缝缝补补。屋子是那么小，墙是那么破，冷风从这面的墙缝钻进来，一直地从那面出去，把所有的一点暖气都带了走。她们的身上只挂着些破布，肚子盛着一碗或半碗粥，或者还有个六七个月的胎。她们得工作，得先尽着老的少的吃饱。她们浑身都是病，不到三十岁已脱了头发，可是一时一刻不能闲着，从病中走到死亡；死了，棺材得去向"善人"们募化。那些姑娘们，十六七岁了，没有裤子，只能围着块什么破东西在屋中——天然的监狱——帮着母亲做事，

1　李景汉：《北平最低限度的生活程度的讨论》，载《社会学界》1929 年第 3 期，3 页。

第三章　大杂院小社会

赶活。要到茅房去,她们得看准了院中无人才敢贼也似的往外跑。[1]

　　还有一部分大杂院的住户,虽然贫困,但还不至于身无分文。他们通过极其繁重的劳动获得微薄的收入,而衰老、体力衰退、意外疾病或是暂时的失业都可能使他们陷入赤贫。在甘博关于283个家庭收支情况的研究中,有116个家庭属于这个群体,其中的113个家庭都只有一个房间,每个房间中挤着三到四个人。甘博总结道:"一个额外房间的租金是一项很大的支出,除非这些低收入家庭的收入有相当的增长,否则他们无法保证这项支出。"而且即使这些家庭的收入确有增长,这笔收入也"得花在食物"而非"额外空间的租金"上。[2]

　　这些大杂院为一个多样化的居民群体提供了住所,这些居民的籍贯、职业、收入水平及总体经济状况都很不同。即便是在同一座院子中,也可能住着经济地位悬殊的几个家庭。对于低收入家庭来说,他们在经济的不确定性中苦苦挣扎,常常在很长一段时间内没有任何稳定收入。他们住在大杂院中,只是因为除此之外没有其他选择。而威克斯夫人的记录也表明,有相对稳定收入的居民能够住得起更大的房间或更好的居民区,但是他们更愿意牺牲宽敞的居住空间,从而节省开销,以保证其他基本生活需求。"较富裕的"居民住在大杂院里,体现了他们在经济上缺乏安全感,也表明他们生活境况的不稳定性。政权交替、内战、外国军队入侵、通货膨胀等因素,影响了他们在经济方面的信心。

---

[1]　老舍:《骆驼祥子》,北京:人民文学出版社,1962年,147—148页。
[2]　Sidney Gamble(甘博), *How Chinese Families Live in Peiping: A Study of the Income and Expenditure of 283 Chinese Families Receiving from $8 to $550 Silver per Month*, pp.129-132.

负面印象中的大杂院

在很长一段时间内,欧洲和美国城市中的贫民区在警察报告和社会调查里都被描述成暴力和混乱的中心。在这里,各种麻烦层出不穷,需要通过城市警察的惩戒性权力和社会改革运动的道德指引加以规训。在这个方面,北平与西方城市并没有什么差别。刑事案卷档案与当时的社会调查都强调了大杂院中众多令人担忧的因素。一个家庭的悲惨遭遇总是暴露在邻居警觉的目光之下,并成为闲话主题;贫困破坏了家庭关系。犯罪团伙不断寻找机会,试图利用那些处于绝境之人以非法获利。

警惕的目光

在邻居的警惕目光之下,大杂院一定程度缺乏隐私,这是其环境的一个特点。正如威克斯夫人的田野调查报告所言,家庭责任和家庭活动(如婚礼和葬礼)是在公开背景之下进行,并由邻居担当见证人。例如,在第四家,人力车车夫的妻子是个"不爱整洁"的女人,"从来没有见过她嘴里不叼香烟"。[1] 附近军人的家人也染上了烟瘾。那家有两个女人,一位是老母亲,一位是年轻的媳妇,"轮流吸水烟袋,如果不喜欢吸纸烟的话"。[2] 威克斯夫人还在附近遇到了一位无家可归的妇女。她看上去"很脏,头发凌乱","她那毫无生气的眼神和呆板的表情,表明她的智商很低"。[3] 她在这一带只待了一会儿,就成了人们议论的对象;她的

---

1 Fannie S. Wickes, *My nearest neighbors in Peking*, 见 Sidney Gamble(甘博), *Peking: A Social Survey*(《北京的社会调查》), p.332.
2 同上, p.370。
3 同上, p.334。

故事众人皆知,这给她带来了同情和批评。邻居说这名妇女是被丈夫遗弃的受害者;而她本可以为自己的不幸处境分担部分责任,因为她从来就不是一个善于"理财"的人——"她把这些钱全部都用来购买街上小摊贩们那些花里胡哨不实用的东西,因而她最后连洗漱的水钱都剩不下"。[1]

看到邻居受苦,一些人介入并提供了一系列的帮助——从一顿饭到几件衣服,到借钱施以援手;另一些人则准备把邻居的困境变成一个快速发财的机会。1943年4月16日,23岁的张张氏离家出走。她19岁时嫁给了一个名叫张永义的理发铺伙计,婚后她与丈夫、婆婆以及3个小叔子一起住在内五区西绦胡同83号的大杂院里。当丈夫外出干活时,张张氏常去本胡同对门82号邻居高德氏家串门。其中一次,高德氏注意到张张氏面色苍白,"衣衫不整",便谈起日子过得如何。张张氏自言丈夫挣得很少,这些年来"生计困窘"。高德氏趁机说"不如另行找主改嫁,且能丰衣足食",她可以"代为找一山东人",名叫姜三,靠"卖刮骨肉"为生,"家中有房地,衣食不缺"。张张氏犹豫了一下,最后答应下来。高德氏找来妯娌高郑氏帮忙。按照她们的计划,张张氏会在丈夫外出干活后,与姜三在火车站碰面,然后"一同上车回山东"。[2]

据后来张永义的口供,4月16日上午,张张氏"把孩子放下,对我母亲说找我哥哥要钱去",离家出走。她到前门东站,姜三正在那里等她。二人登上火车之前,日本警察在站口拦住他们"检查居住证",张张氏因"证件不符被撕",无法上火车,姜三自行登车离去。张张氏起先不敢回家,一个人在街上游荡,天黑之后,她不想露宿街头,只好转回家中。当家人问起白天的去向,张张氏和盘托出她背夫潜逃的经过。张永义恼羞

---

1 Fannie S. Wickes, *My nearest neighbors in Peking*,见 Sidney Gamble(甘博),*Peking: A Social Survey*(《北京的社会调查》),p.334.

2 北平伪地方法院,J65-7-3389,高德氏、高郑氏,1943年。

成怒,立即报警。警察很快逮捕了高德氏和高郑氏二人。

在日常家庭生活中,邻居交往带来了很多复杂的后果,极大地模糊了公共空间和私人空间的界限。对于生活在大杂院的妇女而言,这两个空间并非泾渭分明的不同地带,而是密不可分、相互依存,持续不断地相互影响。

道德暧昧性

社会改革家和市政官员不仅关心这些大杂院居民悲惨的居住环境和经济困难,还要关心他们因物质生活上的困苦挣扎而导致的道德沦丧。本书第一部分论证了社区存在各种形式的性交易,如季节性性交易和贩卖妇女;但并非所有邻里间发生的性接触都是商业性质的。一些人从简单的借贷基本生活必需品开始;这些交换在某种程度上可能会导致对性的期望。在一个案例中,30岁的北支厂工人王清亮和妻子王李氏住在外五区集贤里3号,夫妇手头不宽裕,但关系还算融洽。根据后来王清亮在法庭上的口供,"民国二十八年我到山西有事不在家里","及至民国二十九年阴历五月初四日,我由山西回至家里,忽见王李氏身怀有孕,当即向伊查问。据伊言说怀中之子为我所有,我即深为诧异"。正当王清亮要查出个究竟,他的妹妹黄王氏提供了一个有用的线索。她说同院居住有个邻居名叫赵玉,是个画匠,在王清亮去山西做工时,她"撞见王李氏与赵玉时常在一出玩耍说笑,举止轻佻,颇有闲话"。就在王清亮打算与妻子对质时,王李氏跑掉了,"不知去向",赵玉也不见踪迹。这二人的失踪似乎证实了黄王氏指证的谣言。警察花了两年时间才找到离家出走的王李氏和赵玉。在北平地方法院的问讯中,王李氏证实说,赵玉曾经"借钱周济",之后两人相好,并在王李氏家中"和奸,两相愿意",直到王清亮回家后,对她的怀孕起了疑心,王李氏觉得这件事瞒不住了,于是决定与赵玉出走。离家出走两年间,王李氏为赵玉生了一

第三章　大杂院小社会

儿一女。[1]

　　邻里之间的情感纠葛也可能始于双方在附近的偶遇和一些休闲活动。这些异性社会关系和婚外性行为经常引发诉讼。正如刑事案件档案所显示的那样，大杂院成为妇女与小家庭圈子之外的人进行互动的主要社会空间。下面的案例揭示了妇女如何通过闲暇活动与男性邻居建立起亲密而有争议的关系。案件涉及一名叫关维义的22岁男子。1944年8月29日，北平伪地方法院以"意图奸淫和诱未满二十岁之女子脱离家庭"及"共同盗窃"罪对其提起审讯。[2] 案件审结，关维义被判6个月有期徒刑。据称受害者是关维义的邻居，17岁的王银子。根据王银子的祖母王刘氏的起诉书称，"缘被告王银子自伊养母王云仙死亡之后，即与王云仙之母王刘氏同居一处，受其教养监督"，后与被告关维义"彼此勾引成奸，嗣复续奸多次"，"迨至旧历四月十一日，王刘氏返京，被告关维义因感通奸不便，乃诱使被告王银子窃取家中财物，与伊同至伊家姘度"。所盗财物有棉被2床、棉褥1床、棉夹单衣50件及钞洋290元等。诉状中所称通奸与诱拐等情事，发生在王刘氏外出看望住在天津的女儿之时。待她回到北平后，王银子离家出走。情急之下，王刘氏只得向邻居求助。有位邻居平日靠磨剪子为生，因为他整天走街串巷，似乎知道发生了什么。他告诉王刘氏，他看见王银子形迹可疑，"一天竟打扮"，还时常在关维义家里逗留很长时间。王刘氏听闻此言，急忙跑到关维义家，将王银子寻获。在法庭调查中，王银子讲述了她是如何与关维义"发生奸情"的：

　　问：你二人通奸时是双方乐意的吗？

1　北平伪地方法院，J65-7-2903，赵玉、王李氏，1943年。
2　北平伪地方法院，J65-8-5380，王银子，1944年。

答：是双方乐意的。

问：你二人怎么通的奸呢？

答：我们是街坊，我屋内有无线电，他常去听去，发生的爱情。

问：关维义听无线电去，你们二人怎么有的奸呢？

答：我乐意，那天我屋无人，他去听无线电去，我叫他别走，后来就同他睡了。

在当地方言中，收听广播也被称为"听话匣子"。北平第一家官办的广播电台于1927年9月1日开播，同年年底，北平第一家商业电台也开始运营。[1] 根据1928年6月的一项调查，在北平有45家商店可以买到收音机，全市有1 950户家庭有收音机。由于首都南迁造成的经济萧条，个人订阅电台广播的人数在1936年减少了一半，仅1 000户出头。日军占领北平后，伪政府向当地百姓推荐了官方改装的收音机，可以接收由他们控制的频道。1937年到1945年，在北平售出了4万台这种改装过的收音机。[2]

从抗战胜利结束到1949年初共产党在北平取得胜利，除了政府开播的电台外，还有7家商业电台、2家国民党军事电台和1家由美国海军开办的电台。全市收音机的数量增加到5万台以上。[3] 曲艺节目在

---

[1] 中国第一家广播电台是由美国商人于1923年1月23日在上海创办的。每天晚上播放大约一小时节目，上海全市有500余台无线电收音机接收播音。这家外国电台只播出了几个月就被当地政府关闭了。《当代中国的广播电视》编辑部选编：《中国广播电视大事记》，北京：北京广播学院出版社，1987年，441页。

[2] 究竟有多少市民家庭拥有收音机，具体数字不得而知。根据1943年的人口普查，在粮食配给制度统计中，北平11个区共有220 545户家庭登记。根据这一统计数据，大约18%的北平家庭能买得起一台收音机。赵育民：《北京广播事业发展概述》，见《文史资料选编》，第14辑（1982年）：202—207页；北平市伪社会局，J2-7-471，"第二次配给主要食粮品实施要领：户口统计"，1943年。

[3] 赵育民：《北京广播事业发展概述》，208页。

20世纪40年代主宰了电台广播。广播从早上半个小时的商业报道开始,接着是本地的单弦节目。9点,传统的评书节目一直播放到中午。下午的节目有各种类型,包括单弦、京剧、相声、快板和评书。[1] 各种各样的广播节目使人们可以在家里自娱自乐。对那些没有额外娱乐开支的人来说,广播是他们的一个娱乐方式。在他们的社区里,人们可以找到帮助、情感上的满足、廉价的娱乐,甚至是性服务。这些接触带来的结果好坏参半。邻居参与家庭事务模糊了公共和私人的界限,但邻居也可以在社会和经济形式上提供急需的帮助。

犯罪因素

犯罪的元素

到20世纪初,大多数市政管理者和社会改革者认为北平的大杂院是个在道德上模棱两可的地方,是民间冲突的温床,也是社会弊病的制造者。[2] 举例来说,周叔昭在对20世纪30年代北平拐卖犯罪的研究中,就大杂院的犯罪倾向发表了评论:

> 北平特产的大杂院,它是何等的一个罪恶收容所,在人们接近、混杂、多重的接触中,有两个现象发生:(一)耳濡目染的交际使人们得以互相传授恶行,(二)特殊的接近使各人们更能相认识。在这种情形下,诱拐人一方地召集犯罪团体的机

---

[1] 常人春:《老北京的风俗》,北京:北京燕山出版社,1990年,121页。

[2] Yamin Xu(徐亚民), "Wicked Citizens and the Social Origins of China's Modern Authoritarian State: Civil Strife and Political Control in Republican Beiping, 1928 – 1937"; Wenjun Xing(邢文军), "Social Gospel, Social Economics, and the YMCA: Sidney D. Gamble and Princeton-in-Peking", Ph. D. diss., University of Massachusetts, 1999.

会，一方面，因为对于被诱人地位及问题的了解，时刻得到下手的暗示，更能利用此种知识，来网罗妇女。[1]

周叔昭在研究中发现，约25%的诱拐犯是受害者的邻居，邻里关系是这些犯罪活动的关键组成部分（见表3.4）；在26%的案件中，诱拐犯与受害者住在同一座四合院里（见表3.5）。

表3.4 诱拐者与受害者之间的关系（按关系类型划分）

与诱拐者关系	案件数量	百分比
邻人	50	25.51
亲属	40	20.41
奸夫	29	14.80
熟人	28	14.29
不识	13	6.63
朋友	12	6.12
初识	6	3.06
干父母姊妹兄弟	6	3.06
雇者与受雇	4	2.04
嫖客	4	2.04
同事	2	1.02
其他	2	1.02

资料来源：周叔昭：《北平诱拐的研究》，硕士论文，燕京大学社会学系，1933年，122—124页。

---

1 周叔昭：《北平诱拐的研究》，122—124页。

表 3.5　诱拐者与受害者之间的关系（按住处划分）

与住处相关	案年数量	百分比
一室以内	20	13.7
一院以内	38	26.03
同街或同村	28	19.18
一区以内的	20	13.7
不同区的	40	27.39
总　计	146	100

资料来源：周叔昭：《北平诱拐的研究》，硕士论文，燕京大学社会学系，1933 年，122—124 页。

这些令人担忧的数据证明了执法部门在 20 世纪三四十年代的安全行动之正当性。[1] 这些强硬措施不仅旨在恢复社区秩序，还试图利用邻居的警惕之眼来重振相互监视的保甲制度。

在帝国时期，将邻里关系纳入控制体系的想法曾得到广泛的讨论。[2] "邻"一词经常出现在诏书、会典和法律法规中。善邻不仅会在邻居遇到麻烦时提供帮助，还能保持着警惕，并向当地权力机关举报任何可疑的活动。这种邻里监督的概念，导致了"保甲"组织作为一种行政政策诞生。保甲最早出现于 11 世纪中期的北宋，将相邻的家庭组成一个监督单元，然后逐级监管。当地百姓负责举报犯罪活动，协助官员进行抓捕；不这样做将会招致惩罚或惩处。

1　周叔昭：《北平诱拐的研究》，122—124 页。
2　Kung-chuan Hsiao（萧公权）在其经典的帝国晚期控制研究中，认为保甲在《周礼》和《管子》中被描述为一种以社区为基础的相互监督的措施，被认为是维护社会秩序的最佳手段。见 Kung-chuan Hsiao, *Rural China: Imperial Control in the Nineteenth Century*（《中国乡村：19 世纪的帝国控制》）, Seattle: University of Washington Press, 1960。

北京的保甲之制始建于 14 世纪,是明朝开国皇帝朱元璋在王朝更迭后雄心勃勃地恢复社会秩序所采取措施的重要组成部分。[1] 在随后的两个世纪里,开展了几次巩固和振兴保甲的行动,但大都失败了,甚至在王朝灭亡前,这个制度就已经崩溃了。1644 年清朝建立后,满洲摄政王多尔衮立即颁布法令恢复保甲制度。[2] 清朝保甲制度保留了和明朝相同的功能结构。尽管保甲是帝国统治结构的重要组成部分,并且履行了多种职能,但它在 18 世纪和 19 世纪还是逐渐衰落了。张小琳在对清代北京房屋买卖契约的研究中发现,在清代早期签订的契约中,有 94% 清楚地列出了买卖双方的保甲关系,在很多情况下,为了公正交易,还会提到交易负责人的名字。但到了 19 世纪初,这一比例下降到了 59%;到了清末,只有不到 31% 的契约提到了双方的保甲关系。[3]

1935 年,国民党上海市政府恢复了保甲制度。尽管历经后来日本占领和解放战争,该制度仍然在整个 30 年代末和 40 年代作为城市控制系统的一个组成部分运行着。20 世纪的保甲制度保留了与清朝典制描述相同的组织结构。保甲编组包括所有本地居民,以及居住在商店、寺庙、教堂、学校和旅馆房间的寄居者。[4] 政府期望保甲组织能承担大量的任务,如保存人口普查记录,维护地方社会秩序,招募人们参加地方公共工程,改善生活条件,以及促进地方自治的理想。[5] 监视是最重要的功能。当地居民要自觉做好防范,及时报告保甲各组发生的可疑活动。

---

1 尹钧科等著:《古代北京城市管理》,北京:同心出版社,2002 年,159—165 页。有关朱元璋在改朝换代后进行的恢复社会秩序的运动,参见 Timothy Brook(卜正民),*The Confusions of Pleasure: Commerce and Culture in Ming China*(《纵乐的困惑:明代商业与文化》), Berkeley: University of California Press, 1998, pp.19 - 29。
2 华立:《清代保甲制度简论》,中国人民大学清史研究所编:《清史研究集》,第 6 辑,北京:光明日报出版社,1988 年,87 页。
3 同上。
4 北平市政府,J1-1-148,"北平市四郊保甲办法答问",1935 年 5 月。
5 同上。

第三章 大杂院小社会

甲长必须密切关注辖区内任何户籍变更、疫情发生的迹象,以及任何形迹可疑的活动。一旦发现有犯罪行为,或者接到居民或下属的举报,必须立即向上级机关报告。[1] 任何企图延迟报告或掩盖犯罪活动的人将会被罚款或面临刑事指控。

在20世纪三四十年代,在国民党统治和日军占领的时期,官员们还是齐心协力巩固了保甲制度。举例来说,在国民党的统治下,为了帮助当地居民了解保甲管制的意义和实施程序,官员们创作了歌曲(保甲歌)、在街上张贴标语、印制小册子、指导保甲人员如何回答常见问题。在20世纪40年代日本占领时期,保甲仍是地方行政体系中一个积极的组成部分,用来打击共产党游击队和维护地方秩序。最后一次全市范围的保甲重新编组是在1946年初,也就是国民党政府光复北平之后。政府动员了252名中小学教师和102名大学生参加此次活动。1946年8月,全市170万居民组成332保和5 518甲。[2] 近一年后,扩大到343保、5 825甲,覆盖了北平7个内城区、5个外城区和8个城郊区的339 263户家庭。[3]

政治和社会领导者将大杂院和妇女作为他们运动的中心,以建设一个文明、整洁、道德和有序的城市。官方的辞令和改革派的著作将大杂院视为一个令人不安和危险的地方,他们认为大杂院中的妇女是经济困境、社会混乱和道德沦丧这种恶性循环的囚徒。威克斯夫人这样的社会工作者在看到底层的中国劳动者时受到了极大的震撼,并担心他们的进步愿景与残酷现实之间存在着无法跨越的鸿沟。威克斯夫人称:

1　北平市政府,J1-1-148,"北平市四郊保甲办法答问",1935年5月。
2　北平市政府,J1-7-417,"光复一年北平市政底稿",1946年。
3　北平市警察局,J181-1-402,"北平市警察局各分局管区保甲户口统计表",1947年。

每当我看到这些人的时候,我多么渴望能有美国的设施和条件来帮助他们。如果在美国一个现代化的城市里,在上述不到50码长的地方发生那些事情,那么该城市的日程表上肯定要安排社会各种机构或团体去那里进行社会改良工作。中国何时才能开始系统地解决这些问题呢?中国人何时才能被教育到有社会责任感,并且建立一个基于基督教的道德基础呢?中国年轻一代中有些人已经达到了这一程度,虽然人数在逐年增加,但在目前仍是少数。[1]

尽管对此令人忧虑景象的描述以及改革者的相关言论不胜枚举,我们还是不清楚大杂院里的妇女对于她们的世界、与这个世界相关的活动,以及居住于其中的人是如何理解的。很多人可能觉得这些大杂院所起的作用更多的是支持而不是破坏。邻居警觉的目光、与他人在空间上的紧密联系、大杂院中生活的不便、邻居们对彼此生活的参与或干涉,这些因素往往促成了一个庞大而灵活的支持系统,使得妇女可以更好地应对贫困和家庭生活的悲剧。

妇女们的关系网

在研究19世纪纽约的劳工阶层社区时,克里斯汀·斯坦塞尔(Christine Stansell)指出,虽然这里的妇女居住在"阴湿的地下室"和"小巷中的棚屋里",但是她们的"家庭生活扩展到了租住房屋之外的过道、毗邻的公寓以及楼下的街道中"。[2] "劳工阶层的妻子与母亲正是在城

---

[1] Fannie S. Wickes, *My Nearest Neighbors in Peking*, 见 Sidney Gamble(甘博), *Peking: A Social Survey*(《北京的社会调查》), p.334.

[2] Christine Stansell, *City of Women: Sex and Class in New York, 1789–1860*, p.41.

第三章　大杂院小社会

市居民区而非家中,找到了其身份的基础"。[1] 与此相类似,虽然北平的大杂院到处都是贫穷和困苦,但也为底层妇女提供了各种渠道,使她们可以建立新的友谊,寻找和提供情感支持,以及制订她们自己的生存计划。从准备日常饮食到一同做针线活,从说长道短到保媒拉纤,从建立新的(有时甚至是不合法的)男女关系到制订弃夫潜逃的出走计划,这一系列范围极广的、以妇女为中心的活动标志着大杂院生态的独特节奏,大杂院的这种特点对于帮助妇女权衡其生存手段,树立其社会和性别角色都起到了必不可少的作用。

保媒拉纤

　　1943年,46岁的武城氏与丈夫和已成年的儿子住在北平。同年12月,她注意到以前的邻居孟玉贞"在家无法生活"。孟玉贞的丈夫段兰田以在屠宰场拉猪皮为业,收入微薄,一家人仅能勉强度日。10月间,段兰田从朋友那儿得知,在北平西北约190公里的张家口,可以在"飞机场接电线头"挣钱。段兰田寻思一番之后,决定离开北平去做工。孟玉贞同意丈夫的决定,独自留在北平家中,拉扯两个年幼的孩子。段兰田离家一个多月,孟玉贞既没有丈夫的音信,也没有收到寄回的生活费。根据孟玉贞的母亲孟马氏的口供:"我女孟玉贞带两个小孩在家无以为生,屋内什物均行当卖,无法生活,她自行托我们老世交武城氏等给找吃饭的地方。"在孟玉贞泪流满面的请求下,武城氏联系了一个叫王振东的男子和一位闪姓的邻居,请他们帮忙为孟玉贞寻找合适的下家。在法庭质询时,武城氏供称最终给孟玉贞"找妥给与涿鹿县辉耀堡石长仲为妻"。石长仲应允了这桩婚事,并且允诺给武城氏等1 000元,给孟玉贞300元,另付150元路费以便孟玉贞到涿鹿完婚。1943年12月28

---

[1] Christine Stansell, *City of Women: Sex and Class in New York, 1789–1860*, p.41.

日,孟玉贞离家出走,远赴涿鹿。3个月后,段兰田回到北平,向法院提起诉讼,控告武城氏,法院以"共同意图盈利和诱有配偶之人脱离家庭"提起诉讼。[1]

在上述案件中,有多人参与协助孟玉贞离家出走,其中孟玉贞的母亲孟马氏和王振东(与武城氏一起充当媒人的两位邻居之一)护送孟玉贞到涿鹿县,与她的新丈夫会合。因此孟马氏后来成为本案被告之一,面临"共同意图营利和诱拐有配偶之人脱离家庭"的指控。孟玉贞的邻居武城氏,曾亲自到涿鹿县操持孟玉贞的婚事,也是本案关键人物之一。法院文件没有详细交代孟马氏和武城氏之间的关系,但口供显示二人有着一段相当长期且深厚的交情,孟马氏在证词中声称,她与武城氏属于"世交"。孟玉贞的再婚丈夫石长仲与孟玉贞及其家庭任何成员都不相识,但与武城氏的两个邻居,即王振东和闪姓男子是同乡,他们都来自涿鹿县(见图6)。

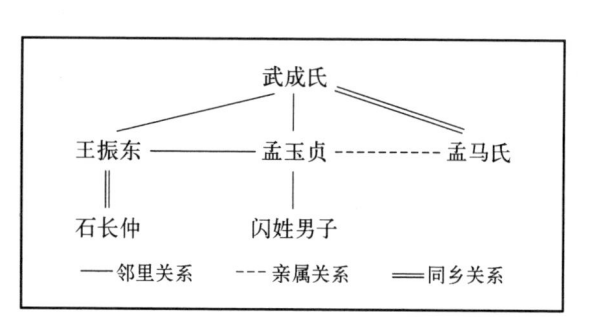

```
                    武成氏
                   ╱  │  ╲
                  ╱   │   ╲
        王振东 ──── 孟玉贞 ------ 孟马氏
          ‖           │
        石长仲      闪姓男子

        ── 邻里关系   --- 亲属关系   ══ 同乡关系
```

图6 孟玉贞的个人关系网络

正如孟玉贞一案所反映的,邻里之间的关系网包含了来自各行各业的人,通过不同形式的关系聚到了一起。他们之中的大多数人都已经做

---

1 北平伪地方法院,J65-8-2439,武城氏和孟马氏,1944年。

了一段时间的邻居,或者曾经是邻居。他们也可能生活在同一个大杂院,或是住在邻近的院落,步行即可串门走访。除了邻里之间的联系,这一关系网还建立在亲属及同乡关系的基础上,并依靠这些关系不断扩展。这一关系网中的妇女可能通过交换邻里间的小道消息,或观察彼此的进出活动,而建立起强有力的社会关系。她们也可能仅仅是暂时性的邻里关系,或是非正式的合作关系,这种联系始终是简单的、浅层的。社会人类学家 A. L. 爱泼斯坦(A.L. Epstein)曾经指出,关系网有两种类型:"直接关系网"(immediate network)与"扩大关系网"(extended network)。前一种关系网"由相当紧密联系在一起的人群组成",其中成员互动频繁,后一种关系网则是建立在多样化的人群和社会关系的基础之上,这些社会关系的互动性在"程度和类别上"都非常不同。[1]

一方面,这种关系网中包括那些主要是在"偶然且短暂地相遇"中的点头之交,另一方面则包括一部分成员与某一特定成员"规律性地交往,并保持相对密切关系"。[2] 20 世纪早期北平底层贫民区中的关系网具备很多"扩大关系网"的基本特征。武城氏作为关系网的主要策划者,计划了孟玉贞弃夫潜逃一事。此案的其他相关人都各自与她保持着联系,但不一定与这一关系网中的其他成员有联系。这种关系网形成于一组不同的关系之上,这些关系并不稳定持久,却十分灵活且讲求实效。人们与关键人物及其最初涉及的任务之间有各种各样的联系,这些联系不断形成、消解,又再度形成,关系网的目的以及其中的成员都可能随着时间发生改变。如果武城氏的目的不是为孟玉贞寻找一个新丈夫,那么她可能会选择其他人来组成自己的关系网,她也可能作为一个成员参与

1　A. L. Epstein, "The Network and Urban Social Organization", in *Social Networks in Urban Situations: Analyses of Personal Relationships in Central African Towns*, edited by J. Clyde Mitchell, Manchester: Manchester University Press, 1969, p.94.

2　同上,pp.110 - 111。

到别人的关系网之中,而非自己作为关系网的中心发挥作用。

在刑事案件中,大多数妇女的关系网是在某个特定时机自发形成的。举例来说,她们相互合作,与家人、朋友、邻居联手,帮助一个走投无路的妇女建立起新的婚姻关系。通过为别人寻找配偶及推动交易的完成,这些妇女可以很轻易地赚到一些钱。其他重婚案件则显示,从本地邻里开始的关系网最终可能发展成复杂的、有组织化的渠道,这些渠道把妇女与远离她们家庭环境的人和地点联系在一起。一小部分人能够利用邻里联系设计更大且更复杂的计划,买卖妇女,满足市场对女性生产劳动、性以及生育的需求。

在又一起重婚案中,1942年4月19日下午,家住外三区下下四条的康瑞外出拉车,稍后他的妻子康刘氏也外出,去离家不远的蟠桃宫逛庙会。当康刘氏在庙会的小吃摊和杂耍场中游逛时,一个男人突然一把抓住了她的胳膊。康刘氏与这名男子撕扯起来,直到巡警赶到,并将二人带回警察局。那晚收工回家的康瑞从邻居那儿得知妻子被捕。当他赶到警察局时,被告知妻子的另一个身份是郭邢氏,在庙会上与她撕扯的人,其实是她的第一任丈夫郭庆瑞。案件很快就移送到北平伪地方法院,康刘氏(即郭邢氏)被控重婚罪。[1]

在法庭上,郭邢氏讲述了她改嫁车夫康瑞之前发生的故事。"在民国二十六年,彼时我十六岁,经我继母邢李氏将我许配郭庆瑞为妻。过门后数日,郭庆瑞即赴天津英租界小白楼朱家胡同做西服谋生,未回家内"。郭邢氏生活艰难,后被继母接回娘家暂住,又曾去"天津住了几日,仍回蓝靛厂家"。"因家内寒苦,我婆母叫我偷青庄稼去。我不去,即将我殴打,从此将我虐待"。1940年10月,郭邢氏"遂由家内逃出,无处可归。即赴草场七条一号刘家佣工介绍处,往找张姓姨母,她在

---

1 北平伪地方法院,J65-6-1909,郭邢氏,1942年。

该处住"。随后,郭邢氏在佣工介绍处结识了73岁的开店人刘刘氏,并通过她找到程姓、王姓妇人,经她们"介绍给康瑞为妻",并开始自称"康刘氏"。

这一案件的关键人物是刘刘氏,她为弃夫潜逃的郭邢氏提供了保护,并帮助她组建新的婚姻关系。刘刘氏经营的特殊机构对于她在此事中扮演的角色发挥了重要的作用,这种机构被称为"老妈作坊"或"老妈店"。在20世纪早期的北平,人们知道,妇女可以通过这样的机构找到在私人家庭中佣工的机会。北京话将这样的机构称作"荐店""荐头店"或"职业介绍所"。而这些机构在社会局中注册的正式名称则是"佣工介绍所"。[1] 这些机构通常以其经营者的名字命名。[2] 开设一家这样的介绍所几乎不需要什么投资,最重要的设施不过是几间房,其中一间用来接待雇主,其余的则用于找工作妇女的临时住所。

大多数找工作的妇女都面对着相当紧迫的问题,有一些人刚刚来到北平,缺少能够帮助自己提供短期住所和寻工建议的人际关系,其他人则在不久前才逃离了难以承受的贫困或备受虐待的婚姻关系。因此,在很大程度上,她们只能受人摆布。老妈作坊及其经营者为这些妇女在充满挑战的城市环境中提供了一块生存的垫脚石。留在这里的妇女可以按天支付食宿费用,如果她们没有足够的现钱,也可以先通过赊账暂住,开始工作以后再按期还清欠款。[3]

这些找工作的妇女与老妈作坊的经营者之间的关系不一定是平等的,但是绝对是互惠互利的。在郭邢氏一案中,她称刘刘氏为"奶奶",她这样做很可能是希望使自己与刘刘氏的关系更加紧密,从而让自己更

---

[1] 陆德阳、王乃宁:《社会的又一层面:中国近代女佣》,38—39页。
[2] 李滨声:《老妈店》,见《旧京人物与风情》,468页。
[3] 赵纯孝:《京城旧事杂谈》,29页;李滨声:《老妈店》,见《旧京人物与风情》,468页。

容易找到工作。刘刘氏也同样从这种关系中受益,她成功地靠着那些来找工作的妇女提高了自己生意的名气,扩展自己的社交关系网络,而这些社交关系也会在未来让更多的人通过她寻找佣工的机会。[1] 她的资历可能是她最重要的资本,年龄与她在这一行的经验保证了她拥有一个相当广泛的关系网,而这一关系网非常利于她为妇女找到工作。地方史研究表明,大多数老妈作坊的经营者也曾是女佣。她们以前的工作经历使她们对家庭佣工的模式了如指掌,并使她们能够更好地满足雇主的需求和偏好。

在利用自己的社会关系帮助求职者的过程中,刘刘氏这样的妇女并不仅限于替求职者找到家政服务的工作。在刘刘氏的老妈作坊暂住数天之后,郭邢氏开始恳求刘刘氏替她另寻新夫。刘刘氏随后向熟人和邻居求助,一同给郭邢氏与康瑞搭桥牵线。康瑞或许对郭邢氏的背景经历心存疑虑:她单身一人来到北平,也没有家人出席婚礼。不过康瑞自己的生活也有不少困难。康瑞时年30岁,比当时北平男性初婚的平均年龄超出了至少7岁。此外,拉人力车是一项十分消耗体力却收入微薄的工作,到了一定年龄就会体力不济,康瑞早晚要改行另谋出路。因此,在婚姻市场上,他并不是一个非常具有吸引力的候选人,必须迅速采取行动。对于他来说,康刘氏可能并不完美,却是他这样的男人可以接受的选择。这对夫妇结婚并共同生活了大约两年的时间。为了这桩婚事,康瑞付给刘刘氏70元现金。刘刘氏分给康刘氏2元,给她的两位帮忙说媒介绍的朋友各5元。在法庭上,刘刘氏声称自己只留了6元,其余的钱都花在了婚礼上。

那些背景有问题的妇女,特别是那些弃夫潜逃的妇女,将老妈作坊看作临时避难所,那是她们到达北平后的第一个落脚点,以及获得其他

---

1 李滨声:《老妈店》,见《旧京人物与风情》,468页。

机会的跳板。当弃夫潜逃的妇女来到这些作坊时,作坊的经营者选择对她们的可疑行为睁一只眼闭一只眼。这样,这些经营者就可以利用自己在邻里之间的关系,从这些妇女不幸的境况中获利。[1]

移动的关系网

对西方城市居民社区的研究显示,许多更为强大的政治或社会力量会削弱地方邻里之间的联系,比如大卫·加里奥(David Garrioch)和马克·皮尔(Mark Peel)指出,这些强大的力量可能包括"城市面积的增加、欧洲现代早期专制主义兴起、现代民族国家政治的复杂性、工业化或新科技、福利国家,全球化等"。[2] 正如前文所指出的那样,20世纪早期的北平也具有程度相对较高的流动性和多变性。刑事案件档案显示,底层民众在不同居民区之间的迁移非常普遍。如下面这个案件所显示的,女性关系网的便利性和灵活性的程度之高,可能出乎研究者意料。本书认为,流动性并没有阻止妇女建立或加入邻里之间的关系网,也没有妨碍她们最终利用这些关系网为自己服务。大杂院在北平的扩张,以及社交过程内在的灵活性和实用主义,共同提高了关系网便利性和灵活性。

在一起通奸案件中,原告张文元在外二区真源饭馆做跑堂,因做工的需要,他平时住在饭馆里,只能偶尔回家照看。张文远的妻子张许氏没有工作,一个人留在家中过活,"与苑起祥同院居住,习见不避",有时还一起打麻将。随着两人交往不断,张许氏开始向苑起祥吐露心事,"谈及年月之不好过,其夫又无事可做",她"常羡慕被告起祥买衣诂衣获利不小,表示好感"。据张许氏口供,1945年2月某晚,她二人"在本院街

---

[1] David Garrioch, Mark Peel, "Introduction: The Social History of Urban Neighborhoods", in *Journal of Urban History* 32, no.5 (July 2006), pp.664–665.

[2] 同上。

坊杨姓屋中打了八圈牌。次日，苑起祥乘我夫外出做事，他到我屋中说让我与他交浮面朋友，我即应允。是日，我二人在我屋即发生肉体关系，以后每隔三五天，发生肉体关系一次"。这种关系持续了将近4个月，直到端午节张文元回家探望。他刚走进院子，"见本院街坊苑起祥由我屋跑出，进了女厕所。我即问我妻怎么回事，我妻说往后决定与苑起祥脱离关系，让我容她一次。我就没往下追问，我心里就存着搬家之意。因经济及找房困难，故迟延至今"。[1]

1945年8月19日晚，张文元"带我妻赴果子巷中福楼肉铺串门，后又赴前门大街遛弯。回归行至粉房琉璃街，我在头里走，我一回头，我妻无踪，我即在各处寻找。找行至胭脂胡同南口地方，见我妻与本院街坊苑起祥一块行走"。张文元上前质问，不料"苑起祥给我面部一拳"，二人随即争执起来，直到被巡警制止。3天后，也就是8月22日，张许氏离家出走，苑起祥将她藏匿于唐洗伯街16号。此时张文元已经向警方报案，稍后警察找到并逮捕了张许氏和苑起祥，张文元向北平地方法院提起诉讼，控告苑起祥"意图奸淫而和诱有配偶之人脱离家庭"。在庭审中，张许氏与张文元都供认，二人于1940年在通县邢各庄原籍结婚，"结婚后数日，即来京住在梁家园后身1号，后迁至果子巷23号，由果子巷又迁至现住所（潘家河沿19号）"。

对于像张许氏这样的妇女来说，来北平与其说是一个精心策划的计划，不如说是对缺钱的临时反应。当她们离开村庄或小城镇的家后，会意识到城市不一定是个欢迎她们的地方，尤其是初到城里，既没钱，也没有值得信赖的亲友帮衬。她们必须面对众多挑战，其中之一是找到一个安全且负担得起的住处。她们中的许多人在进一步探索城市这个花花世界之前，选择寄宿在雇主家或旅馆小店里。但随着她们决定不再是匆

---

[1] 北平地方法院，J65-13-831，苑起祥，1945年。

匆过客,而要长久居住,这些外来人口会觉得住在旅馆小店很不方便,甚至还有危险。房费必须日付,严格的治安措施如警察巡逻和查户口等,都可能干扰日常生活。旅馆还可能招待短期住宿和匿名入住的旅客,这些人可能是骗子、扒手、强盗或绑匪,他们与体面和正经的客人仅一墙之隔,令许多人的财产和生命都处于危险之中。因此,对于许多长期旅居的人来说,租房是一种更方便的选择。在一个陌生的城市里,房子给人以更强烈的"家"的感觉。

20世纪早期,北平就已经形成了一个有相当规模的房屋租赁市场,当时还有指导外来人口寻找合适地点居住的指南。其中一份指南告诉读者,有多种因素可能影响租金水平。房屋面积是最重要的因素,一处有14个房间的四进四合院的价格比一处有10个房间的四进四合院,或者一处有8到9个房间的三进四合院高出30%,是一处有6到7个房间的双合院价格的两倍。租屋的地段也很重要,住在高档的街区当然需要支付更高的租金。这本指南建议人们选择胡同深处,远离主要街道或交通设施,从而减少所需支付的租金。初来乍到的人也必须考虑安全等其他因素,举例来说,一个独立建造的四合院通常被认为不太安全,因为它四周空旷,缺乏周边建筑的保护。在卫生方面,有宽敞院子的房子更方便保持卫生,但所需租金也更高。[1] 20世纪二三十年代的社会学调查与政府报告显示,租房者的数量相对于购房者来说高得反常。比如在甘博

---

[1] 要租住一个地方,按当地的习俗要求承租人在签署租约时支付三笔费用:一个月的租金、打扫费和茶钱。最后一笔钱通常相当于一个月的租金,作为押金。理论上,租约一到期就应该归还给承租人,但实际上,房东把它作为最后一个月的租金。打扫费是"给房东雇人的小费,他们为新住户准备房子"。见 Sidney Gamble(甘博), *How Chinese Families Live in Peiking: A Study of the Income and Expenditure of 283 Chinese Families Receiving from $8 to $550 Silver per Month*, p.128。如果租客是通过中间人租到的房子,他(她)还要支付佣金。见单树珩:《京师居家法》,上海:开明书局,1918年,14—16页。

研究的283个家庭中,有68%"全年都租房居住"。[1] 如果再包括那些由雇主支付房屋租金的家庭,比例还会更高。1933年进行的一项针对北平"极贫"家庭的调查显示,在参与调查的1 200个家庭中,有超过93%的家庭都租房居住。[2]

在北平的本地居民中,搬家也是普遍现象。刑事案件档案显示,男性搬家主要是由于财务或婚姻等方面发生变故。而妇女经常搬家的重要原因之一,是她们希望逃离不幸的婚姻,或是离开没有经济能力的丈夫,重新开始一段婚姻关系,以保证自己可以更稳定地生活。北平方言里把这些频繁搬家、靠租房过日子的人称作"串房檐的"。[3] 在甘博的研究中,有50人在一年之中搬了一次家,有7人搬家一次以上,还有一家在一年之内搬了4次家。他们搬家的理由各不相同,包括无法支付房租、与父母不和、更换工作,或是为了出国留学。[4] 这种多样性使甘博印象深刻。"美国人以不安分著称,"他说,"但是他们搬家显然没有这些北平家庭那么频繁。"[5] 从刑事案件上来看,很多农村妇女探索城市生活的重要经历常常与租房、房东、租约以及搬家有关。由于售卖、购买、出租、租赁房产会导致人口的流动,这使房屋市场一直保持着活跃。

与那些拥有充足的财产,有能力过上舒适甚至奢侈生活的特权阶级

---

[1] Sidney Gamble(甘博), *How Chinese Families Live in Peiping: A Study of the Income and Expenditure of 283 Chinese Families Receiving from $8 to $550 Silver per Month*, p.126.

[2] 牛萧鄂:《北平一千二百贫户研究》,载《社会学界》1933年第7期。见李文海主编:《民国时期社会调查丛编:底边社会》,722—723页。

[3] 伯骅:《"串房檐的"及其他》,见《旧京人物与风情》,北京:北京燕山出版社,1996年,309—312页。

[4] Sidney Gamble(甘博), *How Chinese Families Live in Peiping: A Study of the Income and Expenditure of 283 Chinese Families Receiving from $8 to $550 Silver per Month*, p.127.

[5] 同上。

不同，像张文元夫妇这样教育水平较低、劳工阶层的外来人口，他们的住房需求促进了低档次地段的普通租房市场的增长。他们可以租住的房屋包括路边的小旅店和一些短期出租的廉价房屋。张文元和张许氏在北平租住过三个地方，他们刚刚到达北平时所住的房子属于房产价值等级中的第六等，其他两处则属于第八等。在现实中，这就意味着不论这对夫妻搬去哪里，他们都处在相似的贫民区大杂院环境中，都要面对拥挤的居住条件、局促的开放空间，以及各种老化的公共设施。他们的邻居可能都在为收入微薄的工作相互竞争，努力满足每日所需用度，因此，这对夫妻搬家之后面对的仍是相似的邻里交往模式，这种模式建立在偶然而短暂相遇的基础之上。

居住在同一大杂院的妇女间的联系在本质上是薄弱的。此外，人口的流动性和居住的短暂性使这些妇女更难建立和维持长期稳定的社交关系。然而，正如裴宜理（Elizabeth Perry）所指出的，"临时性的、不涉及强烈情感的、关系疏离的，以及缺乏互惠性的"联系，实际上有助于形成一种动态的、灵活的关系网。建立在社会学家格兰诺维特（Mark Granovetter）有关"弱关系的力量"的假设基础之上，裴宜理认为，人与人之间的暂时的、自发的联系所形成的网络"也许能比强连接更好地发挥信息和影响的渠道功能"，并且"能够作为一道桥梁，连接那些原本可能非常分散的人群，通过这种方式促使一致的社群行动的产生"。[1] 刑事

---

[1] 参见 Elizabeth Perry（裴宜理），"Popular Protest in Shanghai, 1919 – 1927: Social Networks, Collective Identities, and Political Parties", in *At the Crossroads of Empires: Middlemen, Social Networks, and State-Building in Republican Shanghai*, edited by Nara Dillon（温奈良）and Jean C. Oi（戴慕珍），Stanford: Stanford University Press, 2008, p.107; Mark S. Granovetter, "The Strength of Weak Ties", in *The American Journal of Sociology* 78, no.6（May 1973）: pp.1360 – 1380。也参见 Brett Sheehan（史瀚波），"Unorganized Crime: Forgers, Soldiers, and Shopkeepers in Beijing, 1927, 1928", in *New Narratives of Urban Space in Republican Chinese Cities: Emerging Social, Legal and Governance Orders*, pp.95 – 112。

档案显示,北平妇女之间的"弱关系"(weak ties)并没有阻碍她们建立关系网;恰恰相反,弱关系使这些关系网更加便利,并且适应性更强。当妇女搬家或游走于不同社区的时候,她们尽可能优化邻里之间社交关系网络,并使这些联系不断再生。

助人的联系与自私的联系

邻里之间的联系能够产生切实的好处。人们可以从邻居那里得到各种形式的帮助,例如粮食接济或者小额借款。对于那些在北平为了生计而苦苦挣扎的人来说,向邻居求助是一种重要的生存手段。然而,这并不意味着大杂院里总是非常和谐,也不意味着这里的居民总是会互相帮助。实际上,邻里之间有着各种各样的明争暗斗,这些负面的关系同样是大杂院生活的一部分,也是连接邻里建立更广的关系网络所不可缺少的组成部分。

当婚姻纠纷的庭审涉及妇女所扮演的角色时,她们常用的对策就是声称自己非常关心邻居,之所以卷入案件,主要是为了向身处困境的邻居施以援手。她们甚至会转而指责那些弃夫潜逃妇女的家人,特别是她们的丈夫,认为丈夫才是真正"麻烦制造者"。正是由于这些不负责任的男人无法养家,或是虐待妻子,才把女人逼上了弃夫潜逃的道路。这些邻居会把自己看作解决问题的人,认为自己帮那些不幸的妇女脱离了经济和情感的困境。然而刑事案件档案则透露出,金钱也是这些邻居为别人提供帮助的一个重要动因。她们利用这些妇女不幸的境况,去谋求一些金钱或物质上的好处。最常见的一种利益形式就是弃夫潜逃妇女的新丈夫所支付的彩礼现金。媒人们通过做媒及安排那些妇女建立新的婚姻关系来获得报酬。

在一起诱拐案件中,范许氏和婆婆范关氏住在北平,她的丈夫,38岁的瓦匠范恩溥"因案件在法院拘役",无法照顾家人。1943年9月初,由于物价上涨,范关氏生活困难,于是打算"给儿媳找一吃饭地方,她使点钱作本,换洋火去"。范许氏也同意,可能她觉得只有这样做才能摆脱眼前的困境。范关氏向51岁的唐张氏求助,二人是同住一院多年的邻居。就在唐张氏思量给邻居的儿媳找主改嫁之时,她的女婿陈义德来家中闲坐。陈义德在通县一所师范学院当园丁,唐张氏让他代为查找学校中是否有合适的男子,陈义德应承了下来。唐张氏希望陈义德能尽快搞妥此事,但过了许久也没有得到回音,于是她又找到陈义德的母亲,49岁的陈靳氏,让她去追问一下陈义德。不久,陈靳氏带来了好消息,陈义德在学校找到了一位郭姓厨子,愿意娶范许氏为妻。9月16日,唐张氏、陈靳氏送范许氏到通县成婚。时隔一年,1944年4月,范恩溥被释放,"回家街坊告诉我说我女人被陈靳氏、唐张氏于去年旧历九月十八日拐卖",他随即报警,指控陈靳氏等人诱拐范许氏。[1]

在出庭受审时,陈靳氏为自己辩护。

> 问:范许氏是有夫之妇,你们就随便给她找主?
> 答:我们就这点错,没想到这个,只顾救人,给她儿媳妇找吃饭地方了。

另一位媒人唐张氏也作了同样的供词:"陈靳氏的小叔子陈义德上我家内,范关氏就上我屋内,托他给她儿媳、孙子找主吃饭,免得饿死。"尽管这两位邻居声称自己只是在无私地提供帮助,但庭审记录显示,她们实际上都获得了现金报酬。在范许氏婚后不久,她的新丈夫就付给唐张氏和陈靳氏每人5元。按照当时的市价,这笔钱足以购买一日所需的

---

[1] 北平伪地方法院,J65-8-3298,唐张氏和陈靳氏,1944年。

2斤粮食。[1] 尽管这些媒人获得的报酬并不多，但是至少能买到一些粮食和生活必需品，所以对她们而言还是笔很宝贵的收入。考虑到这些妇女都没有固定的收入，做媒所得的彩礼至少可以在一定程度上为她们提供一些经济支持。这虽不是许多女性愿意参与邻居弃夫潜逃计划的唯一原因，至少也是一个重要原因。

刑事案件档案还显示，邻居可能在帮助他人的同时也在为自己考虑，有时乐于助人，也有时则显得冷酷无情。大杂院里充满了复杂的关系和内部矛盾。在对20世纪早期北平居民区内社会冲突的研究中，徐亚民认为，"人们的隐私受到了极大限制，家庭内部和家庭之间的矛盾轻易爆发，这些现象屡见不鲜"。[2] 结果，"这些居民越来越难以形成紧密的社群"。[3] 徐亚民还指出，家庭暴力和社会冲突常常无法通过公共调解机制解决，因此在邻里生活和私人生活中，作为最终强制性力量的"国家的干涉"常常是无法避免的。[4] 与上述结论不同，本章认为尽管城市居民区不一定联系紧密，但邻居们相互依靠的程度显然比徐亚民所认为的更高。大杂院内的冲突反映了邻里之间持续的互动关系，这里的居民通过各种各样的社会关系相互联结。有一些关系是无私的，比如一些案件中提到的邻里相互借用日常生活必需品等；另一些关系可能是出于一己之利，或者是为了满足其他个人利益。虽然妇女很清楚这些关系可能含有自私的目的，妇女们还是会向邻居寻求帮助。她们一定清楚自己所寻求和获得的帮助并不一定是出于提供帮助者的无私动机，但是由于这

---

1 伪财政部冀察热区直接税局北平分局，J211-1-4，"北平物价批发表"，1943年。
2 Yamin Xu（徐亚民），"Wicked Citizens and the Social Origins of China's Modern Authoritarian State: Civil Strife and Political Control in Republican Beiping, 1928-1937", p.175.
3 同上，p.176。
4 同上，p.177。

第三章　大杂院小社会

样的帮助唾手可得,所以还是会向邻居提出请求。

结　语

20世纪早期的北平见证了持续不断的外来人口迁入,即使是在战争时期也没有间断。在外来人口与贫困的双重压力下,一些居民不得不在贫民区中度日谋生。北平的南城与朝外(即朝阳门外)都是贫民集中的地段,特别是龙须沟(一个声名狼藉的贫民区),这些地方容纳了这座城市不断扩张的贫困人口。不过,总体来说,北平没有形成任何在规模上能与上海等主要移民城市相提并论的移民居住区或劳工阶层居住区。

外来人口挤进了现有的居住区,最终融入了本地人口。他们的到来不仅改变了北平居民区的空间结构,也改变了这里的社会构成。大多数居民区在20世纪早期变成了一种混合的空间,高门大户与贫民区并存。这两个世界虽然在空间上被围墙和大门分隔开来,但是在文化上却存在着紧密的联系,难以分割。那些豪华的府邸让人们回忆起北平帝都的辉煌,而贫民区则展示出这座城市的迅速衰落。在贫民区里,日渐缩小的开放空间和极其简陋的设施,造成严重的公共卫生问题。男女之间混乱的交往,以及他们不稳定的关系,也引发了安全和道德方面的忧虑。这些破败的居民区和其中艰难维生的居民,很快成为20世纪早期北平的标志性景观与人物,昭示着城市的衰败与社会经济的衰退。为了应对这种现象,城市的官员和社会改革者展开各种行动,对贫民区及其居民进行卫生改造、治安管理与道德说教。

本章将关注点从政策制定者与执法官员转向贫民区居民本身,特别是那些大部分时间都在家中、胡同或者附近居住区活动的底层妇女。在家庭生活节奏和贫民区的社会特征方面,妇女成为关键性的决定力量。因为租来的房间非常狭小,家中发生的冲突和私人的日常生活,常常超出了这四面墙划定的空间范围,而融入公共环境之中。贫民区除了作为妇女处理家庭琐事的场所之外,也成为将妇女的劳动与更广阔的市场运作相联系的工作场所。邻里生活空间如此接近,以至于这些妇女与邻居的交往和她们与家人的交往没有分别。这些交往促进了新关系的形成,包括友谊、交往、发生性关系,甚至是嫖娼。这些关系中的很大一部分并不符合对国家对社会行为和性别关系的规范,但是它们使得妇女能够形成、扩展,并维持一个灵活的关系网络,即妇女的社会关系网络。最终,邻里关系网满足了底层妇女的需求,并且为她们处理经济和个人生活上的困难提供帮助。

第四章　重婚的考量

　　1944年2月9日,37岁的人力车夫王廷茂收工回家,还没跨进家门,邻居就拦住了他,告诉他下午警察到家搜查并拘捕了他的妻子——28岁的郭刘氏。王廷茂闻听此讯,赶忙跑到附近的警察局打探消息,他被告知妻子因通奸和重婚接受质询,郭刘氏一段复杂而曲折的婚姻历程随之浮出水面。[1] 1930年,郭刘氏"凭媒说与郭殿甫",同年二人完婚,不久"生有一个女孩"。表面上夫妻二人相处还算融洽,但看似平静的生活之下,郭刘氏心生抱怨,"因我夫家境贫寒,每饭不得一饱,常迫我外出做工,并时常借故将我打骂"。1942年,郭刘氏"被迫无法","由家出来谋事"。虽然遭到郭殿甫反对,但她还是一走了之。从1942年末到1943年年中,郭刘氏先在一处人家帮佣了半年有余,继而转回家中暂住。当她决定再次离家做工时,郭殿甫大为光火,试图再次阻止,但没有成功。根据郭刘氏口供,这次"有佣工介绍所我一吴姓干姐介绍",她结识了一个月前刚刚丧妻的人力车夫王廷茂。郭刘氏自称寡妇,二人开始交往。随着关系越走越近,二人便开始同居。1944年1月,王廷茂"请媒人"为他与郭刘氏操办婚事。婚礼当天,他"摆酒席""请宾客",并与郭刘氏"拜天地"。[2] 从法庭证词看来,王廷茂在警方审讯前对新婚妻子的曲折过往一无所知。

---

[1] 北平伪地方法院,J65-8-1751,郭刘氏,1944年。
[2] Vermier Y. Chiu(赵冰), *Marriage Laws and Customs of China*, Hong Kong: Institute of Advanced Chinese Studies and Research, New Asia College at The Chinese University of Hong Kong, 1966, p.9.

从本书的前几章中我们看到,经济危机会加剧家庭矛盾,妇女则会利用邻里社会网络离家出走。郭刘氏一案展示了弃夫潜逃的妇女是如何再嫁他人,并在新的婚姻关系内重新获得法定意义上妻子的地位。她的经历让我们了解到,当事人是通过举行哪些婚礼仪式,建立起具有法律约束力的婚姻关系;当事人是如何通过邻里环境中传统婚俗来履行结婚、离婚、再婚的程序;官员和法律又如何判断传统婚礼的合法性。考虑到20世纪中国的社会和制度改革"迫使家庭把以前的私人活动置于国家监督之下"[1]的事实,本章将探究妇女是如何规避政府的管控而结婚与再婚的。

郭刘氏的重婚案和其他类似案件说明,在20世纪初期的北平,市民结婚通常会遵循一系列传统婚礼仪式,如请媒人、下聘礼、雇轿子、摆酒席、拜天地等。通过这些仪式,妇女将获得妻子的地位,即所谓明媒正娶。然而,这种传统的婚礼受到了社会改革家和政府官员的广泛批评。有些人认为,这些仪式坚持了祖先家族崇拜,突出了父母的权威,延续了夫妻以及妻妾之间的等级制度,所有这些都使婚姻成为一种落后的家庭压迫制度的象征。还有人对传统婚俗冷嘲热讽,称它们是"繁文缛节",在无谓地耗费着贫瘠社会中的大量资源。[2] 20世纪40年代的战争和日伪统治并没有减弱这种批判观点的影响。例如,日伪政权在"治安强化运动"中重申了批评者的言论。通过敦促当地居民简化婚礼仪式,减少在红白喜事上的花费,政府官员们希望节约经济资源,应对战时严重的物资短缺和通货膨胀。[3] 在某种程度上,郭刘氏的婚礼证实了改革派的一些担忧。1943年初,人力车夫王廷茂与郭刘氏结婚时,在聘礼、宴请与其他开销

---

[1] Glosser L. Susan(葛思珊), *Chinese Visions of Family and State*, 1915–1953, p.92.

[2] Buwei Yang Chao(杨步伟), *Autobiography of a Chinese Woman*(《一个女人的自传》), Westport, CT: Greenwood Press, 1970, pp.192–193.

[3] 北京市档案馆编:《日伪在北京地区的五次强化治安运动》,北京:北京燕山出版社,1987年,527—537页。

第四章 重婚的考量

上总计花费了400元。按照当时的市价，这笔钱可以买300斤面粉，足够他们吃上115天。如此不成比例的成本似乎再次印证了官员和批评人士的担忧，即高昂的婚礼费用几乎耗尽当地家庭的积蓄。

改革派的言论无法解释，为什么拮据的个人和贫困家庭愿意牺牲家庭的生活资料来准备一天的庆祝活动，在经历如此巨大的花费之后，家庭与个人要历经数月甚至数年才能恢复。刑事案件档案则将妇女的选择和行为从官方管控与改革的视角下解脱出来，置于个体的意识框架中，揭示了婚俗在妇女婚姻行为中的社会功能。传统仪式给离家出走的妇女及其再嫁的丈夫等提供了一套有偿嫁娶服务。对于结婚的双方，特别对于那些无人帮衬、迫于经济与社会压力而离家出走的妇女而言，她们只能依赖这些有偿服务来计划和协调婚礼。此外，结婚的过程提供了一个公开的场合，新婚夫妇可以在邻居、朋友、同事和熟人面前，宣告缔结一桩婚姻，宾客的参与和见证使这一新的婚姻关系获得法律和社会意义上的认可。

妇女的婚姻生活可能经历很多阶段，比如结婚与离婚、单身与守寡、离家出走等，也可能在正式婚姻与临时关系（姘度）之间徘徊，各个阶段不断转换，共同构成一个流动、混乱且连续的过程。妇女会根据个人、情感和经济需求的变化，游走于不同阶段。20世纪初，政府试图对婚姻和家庭制度进行严密的审查。20世纪40年代北平地方法院的审判过程揭示了婚姻立法与司法的几个关键变化。例如，重婚罪是一种新的犯罪类别。在中国历史上，民法典第一次规定了具有法律约束力的婚姻构成条件。此外，市政府还推出了一种正式的结婚证书。葛思珊（Glosser L. Susan）和罗梅君（Mechthild Leutner）等历史学家认为，这些改革措施改变了国家、家庭和妇女个体之间的平衡关系。[1] 它们"化解了家庭和国家之

---

[1] Mechthild Leutner（罗梅君），《北平的生育、婚姻和丧葬：19世纪至当代的民间文化和上层文化》，北京：中华书局，2001年。

间的障碍,把以前由家族掌握的权力归还给了国家,把家庭拉进了国家的管辖范围,由国家机构进行监督"。[1] 然而,郭刘氏一案表明,她的婚礼既不是由家族长辈安排的私人庆典,也不是重申个人与政府权威关系的政治仪式。从妻子离家出走的案例中可以看出,婚姻安排的流动性,更确切地说是无序性,挑战了国家界定与监督私人生活和家庭关系的能力。

婚礼现场

1940年,燕京大学社会学系学生周恩慈做了一项有关北平婚礼习俗的调查,她发现,当地婚礼的标准形式至少包括7个步骤:

1. 交换门户帖:两家都把帖子放在灶王爷的祭坛下。如果在接下来的三天内没有发生争吵、损坏家具或突发疾病等事件,那么求婚继续进行。

2. 交换小帖:这份帖子也叫"八字",里面写着新娘、新郎的生辰八字。

3. 下小定:双方家庭将即将举行的婚礼通知亲友。

4. 过小礼:新郎家送几件珠宝给新娘家来确认婚约。

5. 过大礼:在正式结婚的前20天,新郎的家人把新娘在婚礼上要穿的衣服和珠宝送过去。婚礼前一天,新娘家会送给新郎家一份嫁妆。

6. 举办婚礼:用灯笼和彩色的窗帘来装饰房间。新娘将坐上轿子从娘家被抬到新郎家,然后夫妻拜天地、喝交杯酒、明确辈分和敬拜祖先。

7. 回门:新娘回娘家半天。在婚礼后的第9天和第18天,娘家成员会拜访新娘。[2]

如果这对夫妇和他们的大家庭选择遵循整个仪式顺序,将会花费相当多的时间和金钱。事实上,只有当地的富裕阶层才有能力这么做。大

---

[1] Glosser L. Susan(葛思珊), *Chinese Visions of Family and State, 1915–1953*, p.83.
[2] 周恩慈:《北平婚姻礼俗》,毕业论文,燕京大学社会学系,1940年,28—41页。

第四章　重婚的考量

多数家庭合并甚至略过一些预备步骤,将有限的资源集中在庆祝活动的关键步骤,即婚礼仪式本身。[1] 正如周恩慈所描述的,婚礼更多是个一般性的指导方针,而不是一个严格的仪式制度。人们愿意对其做适当调整,以满足自己的需要。下面描述的重婚案揭示了20世纪40年代的北平婚俗是中西混杂、土洋结合的产物。

王淑华与丈夫姜松泉住在北平石驸马后宅37号,姜松泉曾任外三区普仁医院的事务主任,现赋闲在家。1942年初的一天,王淑华在"收拾毛衣"之时,"由衣兜内掉下居住证",证件上写着姜松泉的名字,而且贴着他的照片,但是家庭住址一栏却填的是大石桥19号。王淑华并不知晓这个地址,出于好奇,她按照地址找了过去。当她推开屋门,撞见姜松泉正在屋内。令她吃惊的是,姜松泉身背后还站有一名女子,二人以夫妻相称。王淑华一怒之下,到法院起诉。1942年1月30日,检察官以重婚罪起诉姜松泉。[2]

在法庭调查中,姜松泉供称,他与王淑华于1939年结婚,"用轿子娶的"王淑华,在自家举行了婚礼。根据周恩慈的研究,新郎家最多可以派三乘轿子迎娶新娘:一顶是红顶大轿供新娘乘坐;另外两顶绿色小轿是给代表娘家的"送亲太太"和夫家的"娶亲太太"准备的。[3] 当地习俗还要求新娘在上午11点之前到达婚礼现场。在父母和其他家庭成员的见证下,新娘穿上红衣,戴上丝质盖头,在娘家院子里坐上花轿(见图7),由一队敲锣打鼓的乐师把轿子引到新郎家。一群身穿绿衣、头戴黑帽的轿夫抬着"许多雕刻精美和镀金的木匣子",内装"糖果、首饰、鸡鹅成双,象征着地位和财富","上刻新郎新娘祖先名字的金字红色牌位"和

---

[1] 陈顾远:《中国婚姻史》,北京:商务印书馆,1937年,上海:上海书店,1992年再版,104—107页。

[2] 北平伪地方法院,J65-6-217,姜松泉,1942年。

[3] 周恩慈:《北平婚姻礼俗》,36页。

图 7　院子里抬轿子的婚礼队伍

图片来源:《赫达·莫里逊的中国摄影》(HM05.2076)。

"镂空镀金的大红灯笼,每个里有一个红蜡烛"。[1] 专业的轿夫抬着轿子走在队伍的最后。中等收入的家庭可以只准备一乘普通红顶轿子或减少轿夫和吹鼓手的数量以降低花费。

　　轿子和彩礼组成的娶亲队伍,营造了中式传统而流行的结婚场面,但一些家庭也会融合某些西式婚礼仪式。在一起重婚案件中,被告张庆五家住交道口南大街 99 号,在昌平县小汤山开济世堂药铺从医,

---

1　E. T. C. Werner(倭讷), *China of the Chinese*, New York: Charles Scribner's Sons, 1920, p.49.

第四章　重婚的考量

1942年11月22日,张庆五娶李淑贞为妻。根据李淑贞父亲李洪旭的证词,婚礼之前,张庆五给了李淑贞家"两个黄白戒指,还有100元妆奁"作为聘礼,"至娶前六七日,又给我儿子平顺20元做衣裳,下余90元是做酒的"。娶亲那天,张庆五雇了一支"军乐队",用"花车娶的",在汇贤堂宴请宾客,"有三十余人"。[1] 此处提及的"花车",据当时西人的记录与地方历史记述,大多数是传统轿子形状的玻璃车厢。[2]

按照当地习俗,如果男人要娶寡妇为妻,则要举办一种不同的婚礼,其具体仪式可以参考一起重婚案的供词。1941年农历三月初三,张李氏与丈夫贾永良不和,"由家走出","寄居其舅父崔昆家。同年四月间,崔昆为媒改嫁张殿元为妻"。张殿元以拉车为生,因张李氏自称是寡妇改嫁,所以迎娶方式有所不同。与头婚新娘在自家院内上轿子不同,张李氏"在大道边上"上轿,张殿元还雇了几个鼓手,但他们直到晚上才过门迎娶。[3] 周恩慈的婚俗研究也可以提供佐证,她在1940年对一位北平老太太的采访中,记录了在一些极端的情况下,再婚的寡妇可能会在午夜时分被迎娶到新家,这与张李氏一案所述相同。[4] 当然,迎亲队伍还可以进一步简化,用人力车或马车代替喜轿等。

迎亲之后便是婚宴。在姜松泉和张庆五两案中,他们都选择在饭庄招待客人——前者在福寿堂,后者在会贤堂。饭庄名号中的"堂"字表明商家能够提供高档服务,专门从事"与婚礼、生日和丧礼有关的隆重宴会"。[5] 大多数带有"堂"字的饭庄都位于商业区,方便

1　北平地方法院,J65-6-4788,张庆五,1942年。
2　E.T.C. Werner(倭讷), *China of the Chinese*, p.49.
3　北平伪地方法院, J65-6-565,张李氏和崔昆,1942年。
4　周恩慈:《北平婚姻礼俗》,125页。
5　Fei-shi(斐士) ed., *Guide to Peking and its Environs Near and Far*(《京师地志指南》), Tientsin and Peking: The Tientsin Press, 1924, pp.99-100;尹润生:《解放前北京的饭庄饭馆》,见《文史资料选编》,第14辑(1982年),212页。

顾客前往。厨房和收银台分别位于入口两侧，相对而设，方便"账房和跑堂"接待客人；厨师还可以利用"烹饪过程中不断散发的菜肴的香味招揽生意，这比言语奉承更有实质意义，更能打动潜在的顾客"。[1] 入口通向一处宽敞的庭院，四面都是独立的房间。每个房间都配有昂贵的硬木家具，墙上挂着名人字画。一些饭庄甚至还会应客人的要求，设置一座京剧表演的小戏台。[2] 至于宴席，饭庄有多种套餐，以满足不同的预算。常见的婚宴菜谱包括凉菜、八道主菜、汤、水果和糖果，每一套都有喜庆的意义。[3] 虽然我们不知道姜松泉和张庆五在各自婚礼上点了什么菜，但从另一家鲁菜馆的婚宴菜谱中可知大致情况（见表4.1）。

表 4.1　丰泽园婚宴菜谱

一品官燕	干蒸菜心	原汤冬菇
红烧鱼翅	叉烧肥鸭	清炸鸭肝
清汤银耳	西红柿虾仁	核桃茶
红烧鸽蛋	干烧冬笋	海米蒸菜墩
西法鸡	清炒芫豆	红烧海参
脆皮活鱼	清烩鸭腰	砂锅烧鱼唇
龙须扒鲍鱼		

资料来源：《北平指南》(*Guide to "Peking"*)，修订版。《北平时事日报》或《北平纪事报》社（The Peiping Chronicle），1935年，104页。

---

[1] Fei-shi（斐士）ed., *Guide to Peking and its Environs Near and Far*（《京师地志指南》），p.99。

[2] 尹润生：《解放前北京的饭庄饭馆》，见《文史资料选编》，第14辑（1982年），203页。

[3] 同上，55页。

第四章 重婚的考量

北平许多家庭为了省钱,选择在家里办婚事。人们会用大红灯笼和彩色的窗帘来装饰房子,营造出一种喜庆的气氛。新郎家会雇些人"在院子当中,用苇席或布临时搭建一个帐篷",并且租些桌椅板凳。为了给客人准备饭菜,新郎家要么请亲朋好友帮忙,要么临时雇几位厨师,这些厨师在当地俚语中被称为"口子"。酒席由一位经验丰富的厨师和帮手承办。领头师傅平时无事会待在茶馆,等待顾客前来问询,商谈婚宴费用,为宴席准备菜单等。[1] 师傅也会将根据顾客个人的口味和预算,提供多种不同价格的定制菜单。[2] 厨师们随后将在婚礼的前一天查看宴会地点,搭建临时厨房,以便第二天准备饭菜。[3]

在婚礼的最后阶段,新人会在宾客面前"拜天地"或进行其他新式礼仪。在张庆五一案中,他采用了新式婚礼,与李淑贞互相鞠躬。婚礼结束前,两人与张庆五邀请的在场30多位宾客一起合影留念。但是,婚礼后不到一个月,二人的婚姻关系即告破裂,这是当时到场祝贺的众多客人无法预料的事情。李淑贞和她的父亲李洪旭察觉,"惟结婚之后,始知伊年龄确为44岁,亦与原报之33岁不符,亦有居住证可为查证。且于订婚时议定应作之衣服首饰及其他物品,又未如数办办"。除了谎报年龄等情况,张庆五与李淑贞结婚之时,已经有了一妻两妾。最糟糕的是,据李淑贞的诉状所称,"民等始知被骗,并发觉其重婚情事,找向理论",但是张庆五"瞒不情理",并打算抛弃她,致"生活于不顾"。李淑贞的父亲遂以重婚罪状告张庆五,随后的法庭调查揭示了上述张庆五婚礼

---

[1] Robert W. Swallow(燕瑞博),*Sidelights on Peking Life*(《北京生活侧影》),p.56.

[2] Sidney Gamble(甘博), *How Chinese Families Live in Peiping: A Study of the Income and Expenditure of 283 Chinese Families Receiving from $8 to $550 Silver per Month*, p.206.

[3] 爱新觉罗·瀛生:《京城旧俗》,北京:北京燕山出版社,1988年,157页;常人春:《红白喜事:旧京婚丧礼俗》,北京:北京燕山出版社,1993年,124—130页。

的各种细节。

在许多婚礼中,遵循的基本仪式形式是《礼记》中记载的"六礼"。《礼记》把礼作为重要的家庭仪式之一,与诸如出生、表明男子成年的冠礼、葬礼、祭祖等其他人生大事同样重要。[1] 尽管帝国政治制度已经渐趋衰落,但旧的仪式仍然在许多社会群体中流行。从19世纪晚期开始,一些中国人开始寻找替代的仪式。他们从西方教堂婚礼中找到了灵感,并在去除宗教符号后将其引入中国。他们的努力形成了一种新的风尚,被称为"文明结婚"。这种仪式包括许多新的元素,如西洋乐队、汽车、婚礼马车和摄影等,通常在饭馆、公园和礼堂等公共场所举行(见图8和9)。[2] 正如上述姜松泉和张庆五的案例表明的那样,20世纪40年代的北平婚礼结合了新旧仪式,将中国习俗与外国元素融合在一起。[3]

---

[1] 麦惠庭:《中国家庭改造问题》,上海:商务印书馆,1935年,194—196页。上海:上海书店,1990年再版;常人春:《老北京的风俗》,143—164页。

[2] 中国人通过与外国社区日益频繁的接触,特别是在通商口岸,了解到了西方的婚礼仪式。据左玉河的研究,中国最早的教堂婚礼记载出现在晚清著名的改革家王韬(1828—1897)的日记中。大约是在1859年,日记描述了一对居住在上海的外国夫妇的婚礼。仪式在一位著名的美国传教士裨治文(1801—1861)的家中举行,王韬是宾客之一。"西人来者甚众。裨妇鼓琴讴歌,抑扬有节。小异亦在。其法:牧师衣冠北向立,其前设一几,几上置婚书、约约;新郎新妇南向立,牧师将约所载一一举问,傧相为之代答,然后望空而拜。继乃夫妇交楫。礼成即退,殊为简略。"左玉河:《从"文明结婚"到"集团结婚":从婚姻仪式看民国婚俗的变化》,见薛君度、刘志琴主编:《近代中国社会生活与观念变迁》,北京:中国社会科学出版社,2001年,198页。

[3] 有关文明婚礼的程序,参见 Vermier Y. Chiu(赵冰), *Marriage Laws and Customs of China*, pp.11‑13;左和玉:《从"文明结婚"到"集团结婚":从婚姻仪式看民国婚俗的变化》,载薛君度、刘志琴主编:《近代中国社会生活与观念变迁》,北京:中国社会科学出版社,2001年,196—238页;Antonia Finnane(安东篱),"Changing Spaces and Civilized Weddings in Republican China", in *New Narratives of Urban Space in Republican Chinese Cities: Emerging Social, Legal and Governance Orders*, pp.15‑44。

图 8　婚礼马车

图片来源:《甘博照片集》(485A_2797)。

图 9　婚礼乐队

图片来源:《甘博照片集》(485A_2796)。

"耗费家财"

从北平地方法院审理的重婚案件证词中，我们不仅可以了解婚姻的仪式过程，还可以了解婚姻对家庭财务状况的影响。婚礼对普通家庭来说是一笔很大的开支，以中医张庆五为例，他结婚花了210元，这笔花费足够一个三口之家维持一个月的生活。[1] 婚礼的巨额费用解释了为什么原告和被告经常把金钱问题带到法庭上，他们希望法庭能帮助他们弥补婚姻破裂所造成的损失，这包括失去配偶陪伴的情感损失和结婚时的巨大花费。

支付给媒人的谢礼、给新娘家的聘礼和举办婚宴，这三项是婚礼的主要花费。在双方议婚阶段，媒人做了大量的跑腿工作，故而要酬谢媒人。此外，按当地习俗，新郎家需给新娘家送两种聘礼：纳吉（过大定或小定），通常是几件珠宝，表明订婚；纳征（过大礼），大约在婚礼举行前20天把4个装有食品和衣服的木制大箱子送到新娘家。所涉及的费用根据礼物的数量和质量，以及家庭的社会经济地位而有所不同。根据周恩慈的研究："放小定的物品，最贫的人家也要用黄白戒指各一枚，白者为银制，价约五六角，黄者亦为银制而外包黄一层，价约八九角，此外有包黄耳环一对，价约一元，此外茶叶及点心等至少需要四五元，请星命家择吉日及买龙凤通书所费约三元；关于放大定的鹅、酒等，鹅一只约五元，酒十斤亦需五元左右；穿戴的东西，衣服四件价约四五十元，首饰十元左右，吃的盒子内所有的东西共计二十元左右；自轿子铺赁轿雇抬夫约三十元，鼓手二十名，锣九对，执事人夫二十名，以上共需六十元；娶亲人所用的马车约五元，喜棚一座十五元，厨役及茶房十五元，十桌酒席约

---

[1] 北平市伪社会局，J2-7-696，"历年面粉价格表"，1937—1945年。

百元,裱糊收拾新房二十元,以上总计约三百五十元左右。此外新郎之衣服被褥等共计四五十元,杂费至少十元,因此,男家至少须筹备四五百元左右,才能举行稍微体面一些的婚礼。"[1] 此外,单是婚宴就可能占到婚礼总花费的44%—82%。[2]

据甘博统计:"婚礼费用是平均月收入的1.5到9倍。"在他调查的家庭中,大约有一半的家庭花了相当于他们家庭4到4个半月的收入来筹办婚礼。家庭"负债以获得必要的资金"是很常见的,"用家庭盈余偿还债务可能是一个长期的过程"。[3] 虽然社会学家们并不认为婚礼费用是导致家庭经济困难的唯一原因,但是甘博和他的中国同仁确实认为婚礼是一个突出的因素,即过时的社会习俗会误导人们不明智地使用有限的资源,从而使他们陷入贫困。

在这一时期,中国的知识分子、改革家和政府官员强烈批评了奢侈的婚礼。社会学家将婚礼与其他庆典活动一道视为"耗费家财"。[4] 虽然他们的研究主要关注的是"家计",但结果也为分析这一社会问题提供了科学方法和实证调查,为协助政府解决"国计""民生"等重大问题提供了思路。社会改革者和政治领导人希望通过说服人们保持家庭预算盈余,特别是减少在婚丧嫁娶等活动上的支出,来保障家庭的物质财富和国家的经济前景。

20世纪30年代,国民党政权试图通过实施多项改革措施,来解决婚礼费用过高的问题。1933年1月,国民党中央民众训练部通过了一项决议,要求公务人员停止在婚礼、葬礼、生日等场合的浪费行为。政府鼓励

---

[1] 周恩慈:《北平婚姻礼俗》,88页。

[2] Sidney Gamble(甘博), *How Chinese Families Live in Peiping: A Study of the Income and Expenditure of 283 Chinese Families Receiving from $8 to $550 Silver per Month*, pp.203-207.

[3] 同上,pp.198-202。

[4] 同上,198页。

公务人员为宾客提供茶点水果,用普通茶话会取代铺张浪费的婚礼宴席。如果需要宴请宾客,费用不应该超过12元,如果婚礼是外交活动则不受此限。为了防止公务人员利用个人庆祝活动索取贿赂,这项决议还限制公务人员邀请家人以外的宾客参加婚宴。[1] 这一想法也影响了日伪统治时期的经济政策。到了20世纪40年代,婚姻法改革的计划被纳入了日伪政权的社会运动和政治宣传中,官员们希望能从这些社会和庆祝活动中省下资源用于支持战争。

"民生"一词仍然保留了其政治价值。20世纪40年代,官员们追随民族主义者的言论,宣传他们采取的极端战时经济政策和社会改革措施,声称这些都是"安定民生"和"以裕民生"的有效手段。例如,1941年末,日伪政府发起了一场运动,号召中国居民开展"勤俭运动"的生活方式。[2] 其中一个目标是简化葬礼仪式,废除婚礼场合不必要的社交聚会。1942年初,北平市伪政府发布了6条宣传标语,张贴在公共场所,其中一条是:"三节废除送礼之恶习,竭力避免无谓之应酬。"[3] 在10月份的另一项活动中,伪政府发布了旨在简化婚礼和葬礼仪式的十项指导方针。该指导方针告诫人们"取缔杠房,绝对不用鼓乐及执事,改用马车或汽车运灵柩;现在染料、布匹、绸缎均感缺乏,婚丧寿庆或商店开张,不要送幛子;现在纸张缺乏,不要烧冥器、纸钱、锡箔之类;讣闻及请帖之纸张应缩小;婚嫁废除过礼之恶习;废止出份子之恶习"。[4]

---

[1] 国民党中央民众训练部:《各处公务人员婚丧寿宴浪费暂行规程》,1933年1月。见中国第二历史档案馆编:《中华民国史档案资料汇编》,第五辑第一编,文化(一),南京:江苏古籍出版社,1986年,440页。

[2] 《北京特别市及四郊之第四次治安强化运动实施要领》,1942年。见北京市档案馆编:《日伪在北京地区的五次强化治安运动》,349页。

[3] 《市公署令发新民会市总会第五次治安强化运动实施计划》,1942年10月12日。见北京市档案馆编:《日伪北京新民会》,北京:光明日报出版社,1989年,251页。

[4] 同上。

第四章　重婚的考量

支持改革的知识分子和政府官员们发表了许多文章,将婚礼仪式和费用定义为公共福利和政治经济学问题,从而证明政府的指导是正确的。但这些改革运动并没有成功废除传统习俗。尽管似乎存在许多政治、社会和经济问题,但在北平的普通个人和家庭中,传统婚礼仍然很受欢迎,甚至是预期的行为。本章的下一部分将把这些"非理性的选择"作为妇女和男性生存手段的一部分,并研究人们如何从昂贵的婚礼安排中获益,尽管这些行为有悖于改革派的期许。

不稳定的婚姻

在对20世纪早期北平社区公共卫生改革的研究中,历史学家杨念群认为,人生大事如出生和死亡,不仅是自然事件,也是创伤事件,给每个家庭和社区带来了巨大的情感和心理压力:"因为孕妇的每一声苦痛的呼喊,新生儿的每一次呼吸,死者移灵的每一步骤",都有可能扰乱一个家庭的日常生活,破坏现有社区平静秩序。产婆和"阴阳生"的作用就在于通过某种仪式,把生死的自然过程整合进社区网络之中,使之转化为一种可以为大众接受的社会程序。[1] 借用杨念群的说法,婚姻是一个令人紧张的过程。在这个过程中,妇女在一个新的家庭中找到了自己的位置,而这对新婚夫妇也在社区里安顿了下来。对于刚从破裂的婚姻中逃离出来的妇女,或者在没有娘家支持或陪伴的情况下试图再婚的妇女,这个过程可能会使压力加大。正如下文重婚案所说明的那样,传统的婚姻不仅有助于恢复家庭和社区的环境平衡,也有助于妇女获得妻子的地位,并建立稳定的婚姻关系。最重要的是,这些婚俗仪式以公开的

---

[1] 杨念群:《民国初年北京的生死控制与空间转换》,载杨念群编:《空间、记忆、社会转型:"新社会史"研究论文精选集》,上海:上海人民出版社,2001年,133页。

方式肯定了妇女在社区中的地位。

1942年2月,北平伪地方法院审理一起重婚案件,被告是现年39岁的应王氏,她原籍四川,出庭受审之时,曾经守寡且有过三段婚姻。[1] 她的第一任丈夫叫夏德勤,当过营长。二人于1922年结婚,一起生活了大约10年,直到夏德勤因病去世。在接下来的8年里,应王氏一直守寡度日。随着时间的推移,寡居的应王氏"孤独无依",生活难以为继。1940年9月,应王氏决定再嫁,她找到干娘石冉氏求助。石冉氏在一个市场里开饭铺,来此吃饭的顾客中有一位是36岁的木匠李树才。稍后,石冉氏把应王氏说与李树才,二人于1940年9月15日结婚。结婚当天,李树才租了一乘轿子接应王氏到家,他还邀请了石冉氏和另外两位邻居做媒,摆酒席,拜天地,二人成婚。然而,结婚一年后,应王氏开始后悔,她意识到嫁给李树才在经济上根本不是一个明智的选择。战争时期不断升级的通货膨胀耗尽了他微薄的收入,夫妇二人只能勉强度日。1941年底,北平又一次面临粮荒,主要食品的价格在几周内上涨了30%有余。[2] 形势把应王氏逼到了崩溃的边缘,她不想重新陷入贫困,决定如两年前一样,找主改嫁。12月19日,在邻居和朋友们的帮助下,她从李树才身边逃走,3天后嫁给了21岁的铜碗匠王殿柱。

现存档案中没有说明王殿柱在娶应王氏之前,是否对她过往的婚姻有所怀疑。应该说,他有怀疑的理由。因为应王氏并没有告诉王殿柱自己从何处来,娘家又在何处,也没有告诉他自己过去是否结过婚,结过几次婚。在与王殿柱商议娶亲过程中,应王氏的娘家人一个也没有出现

---

1 北平伪地方法院,J65-6-599,应王氏,1942年。官方调查笔录发现,应王氏与李树才同居时曾是李宁氏,嫁给王殿柱(夫姓王,娘家姓宁)后成为王宁氏。但由于某种无法解释的原因,官方的起诉书和判决中仍然写着她的名字"应王氏"。

2 北平市伪社会局,J2-7-696,"历年面粉价格表",1937—1945年。

第四章 重婚的考量

过,这些都表明她的背景复杂。但应王氏坚称自己"没男人",媒人还向王殿柱保证其言为真。档案中没有说明王殿柱是否信任这些媒人的说辞,在这些媒人中,只有一位名叫田致源的人是王殿柱的朋友,时年57岁,靠捡废纸为生。另外两位媒人李田氏和刘志,只认识田致源,不认识王殿柱。

王殿柱可以选择无视应王氏的不明背景,但他需要想出一个合适的方法,把妻子介绍给他的亲戚、朋友和邻居,消除他们的疑虑,在公共场合以已婚夫妇的身份出现,并最终在邻里街坊中开始正常的家庭生活。他和当时其他许多娶了离家出走女人的男人一样,觉得传统的婚礼非常有用。因为媒人告诉王殿柱应王氏是个寡妇,王殿柱按照习俗,没有用轿子娶亲,而是雇了一辆人力车将她接到家中。婚宴在王殿柱家里举行,持续了两天,总共有30多人参加了他们的婚礼。一系列的礼仪使婚礼花费巨大,王殿柱声称"我为娶她花了彩礼100元,连办喜事共花了200余元",这笔钱相当于法庭上负责记录证词的书记员3个月的工资,可以在市场上买345斤一级面粉。[1]

如果王殿柱和应王氏希望利用传统婚礼来掩盖她的过去,并向朋友和邻居宣布他们的婚姻关系,二人显然成功了。当法院传讯相关人等,核实王殿柱和应王氏的关系,即确认二人是婚外关系、同居关系还是合法婚姻时,法官听到的回答是一致的,大家都认为二人缔结的婚姻具有法律约束力,因为他们都亲眼见证了婚礼活动并出席婚宴。由于这些花费巨大的婚礼仪式,应王氏得以作为王殿柱的妻子,在丈夫所居住的社区取得正式地位。如果她的第二任丈夫李树才没有找到她,也许她可以作为王殿柱的妻子继续平静生活下去。

---

[1] 北平伪地方法院,J65-3-177,"北平地方法院检察处职员工资表",1942年;北平伪社会局,J2-7696,"历年面粉价格表",1937—1945年。

然而,应王氏的愿望破灭了。1941年12月31日,也就是应王氏弃夫潜逃13天之后、新婚10天之时,李树才将其找获。更严重的是,一群警察跟随李树才,当场逮捕了应王氏。1942年3月9日,应王氏被判处有期徒刑3个月,缓刑3年。王殿柱听闻此言,得知他无法留住应王氏,立即向法庭提出请求:"她不跟我,须将钱给我退回来呀。"[1] 王殿柱的失落感显而易见,但他那昂贵的婚礼仪式并不像改革派所描述的那样,是一些毫无意义的虚礼,只会损害公共福利。这些婚姻仪式是一种习俗,通过这种习俗,妇女,尤其是离家出走的妇女,可以进入一段新的婚姻,并被接受为正常社区生活的参与者。

法律与习俗之间

几十年来,社会改革者一直在抨击传统的婚礼仪式,但他们无法就更好的选择达成共识。社会学家楼兆馗曾在1930年调查了北平183名大学生对婚姻和家庭的看法。他发现22.2%的人愿意采用新式婚礼,38.9%的人同意简化手续,10.1%的人希望"自创一式",12.1%的人赞成彻底废除婚礼。[2] 尽管楼兆馗的调查工作只覆盖了一部分大学生群体,但由此可见婚礼的形式主要是个人的选择,并没有官方的规定形式,每次政权更迭都会带来新的指导方针和具体办法。20世纪30年代,当国民党当局加入婚姻改革运动中,要求移风易俗之时,提出婚礼应该包括一些以国家为中心的仪式。例如,每一位出席婚礼的宾客都要鞠躬三次:向国民党党旗鞠躬,向国旗鞠躬,向总理孙中山的肖像鞠躬。[3] 在

---

[1] 北平伪地方法院,J65-6-599,应王氏,1942年。
[2] 楼兆馗:《婚姻调查》,载《国立中央大学半月刊》1930年第14期。见李文海主编:《民国时期社会调查丛编:婚姻家庭》,福州:福州教育出版社,2005年,79—80页。
[3] Glosser L. Susan(葛思珊):*Chinese Visions of Family and State*, 1915-1953, p.87.

第四章 重婚的考量

20世纪40年代日本占领下的北平，日伪政权官员废除了婚礼中这些代表和象征国民党政权的步骤，同时还淡化了对传统婚俗的攻击。经过多次反复的婚俗改革运动，人们最终根据自己的预算、文化偏好和意识形态来安排与选择自己的婚礼。事实上，在20世纪的上半叶，所谓传统婚俗已经发展出一个复杂的仪式顺序，结合了旧的习俗和新的礼仪。当婚姻纠纷出现并交由法院审理时，对立法者和法官来说，评估婚姻的合法性，界定建立具有法律约束力的婚姻条件，就成了一项具有挑战性的任务。

20世纪40年代北平地方法院实施的《刑法》和《民法》，是经过数十年立法改革而制定的。这一过程经常被政治改革和政权更迭所打断。激进主义与保守主义、中国传统与外来观念之间的意识形态斗争也使这一过程更加复杂。1904年以来，三个不同的政权分别起草了四份草案。在1930年至1931年之间，民国政府最终颁布了《民法》，并于1935年颁布了《刑法》。1937年至1945年的日本侵华战争动摇了中国的司法体系，但日本军事当局和日伪政权都没有兴趣重新立法。因此，民国政府的法律在中国大陆一直有效，直到1949年。不同政体下的立法者都试图通过这些立法努力，来重新配置国家权力与私人生活之间的关系。

首先，《大清律例》规定，"凡男女……写立婚书，依礼聘嫁"。[1] 这部律法简短而含糊，没有具体解释所依何礼。从律例、附例以及《大清会典事例》等来看，缔结婚姻和确立妇女"妻"的地位，需要满足几个关键因素：前两个标准是婚书和父母同意——正如律例所说，"凡男女定婚之初，务要两家明白通知，各从所愿，写立婚书，依礼聘嫁。若许嫁女已报婚书及有私约而辄悔者，笞五十"[2]；最后一个标准是聘礼，即所谓"虽

---

[1] William Jones（钟威廉）译, *The Great Qing Code*（《大清律例》）, 123页。
[2] 同上。

无婚书,但曾受聘财者,亦是。"[1] 欧中坦(Jonathan K. Ocko)注意到,刑部批文曾规定:"新娘拜祭新郎之家祖先,并且完成婚礼,即确定新娘妻子的正式地位。"他写道:"但根据习俗,通过订立婚约与过礼等,也可以确定婚姻的成立。"[2]《大清律例》考虑到了人们对婚礼仪式的多样选择,并没有要求在结婚之时完成所有的仪式。

20世纪早期的立法改革者开始重新定义建立具有法律约束力的婚姻条件。20世纪的第一部《大清民律草案》,将《大清律例》中相关民事法律条文汇编成集。此时的立法者开始遵循西方的标准,颁布独立的《刑法》,将继承、婚姻、债务、财产等条款纳入新的《民法》体系。[3] 但这只是一个临时的解决办法,用以服务于审判之需。一个长期的解决方案正在酝酿中,立法者们于1911年完成了《大清民律草案》。然而,仅数月之后,爆发了辛亥革命,推翻了清朝统治,清朝法律也随之废止。[4] 北洋军阀政府在1925年到1926年之间准备了另一份草案。与此同时,国民党在北伐胜利、建立统一政权之前,也开始了立法改革。新的立法措施不再依据具体的婚礼仪式来判定是否缔结婚姻关系,而是要求结婚人到民政机关登记婚姻,以此确立婚姻关系。例如,《大清民律草案》规定:"婚姻从呈报于户籍吏,而生效力。"[5] 在北洋军阀政府和国民政府分别起草的两份草案中,也要求在政府机关登记结婚。这些新草案强调,在

---

[1] William Jones(钟威廉)译, *The Great Qing Code*(《大清律例》),123页。
[2] Jonathan K. Ocko(欧中坦), "Hierarchy and Harmony: Family Conflict as Seen in Ch'ing Legal Cases", in *Orthodoxy in Late Imperial China*, edited by Kwang-ching Liu (刘广京), p.219.
[3] Philip C.C. Huang(黄宗智), *Code, Custom, and Legal Practice in China: The Qing and the Republic Compared*(《法典、习俗与司法实践:清代与民国的比较》), p.17.
[4] 杨立新编:《大清民律草案・民国民律草案》,长春:吉林人民出版社,2002年。
[5] 第四编亲属,第三章婚姻,第一节婚姻之要件,第1335条。《大清民律草案》,1911年,见杨立新编:《大清民律草案・民国民律草案》,171页。

第四章　重婚的考量

没有正式登记的情况下，即便完成一系列仪式（如"六礼"），也不足以构成具有法律约束力的婚姻。

如果新模式得以实施，那么政府将拥有更直接的手段管控婚姻，这将迥然有别于以前的婚姻制度，即由家庭管理与传统仪式来定义有效婚姻。然而，特别需要注意的是，20世纪40年代在北平地方法院审判过程中援引的《民法》，并没有婚姻登记的规定。只要男女双方完成公开的婚礼仪式，即缔结有法律效力的婚姻关系。具有讽刺意味的是，此时的民法实际上放弃了先前改革的努力，回归了清朝婚姻规定，只是在措辞上略有不同，即"六礼"的表述被改写为"结婚，应有公开之仪式，及二人以上之证人"。[1] "公开之仪式"的法律措辞并不关注人们在结婚当天必须进行哪些具体的仪式；相反，它更关心的是仪式是否足够公开，是否为公众所目睹。下面的案例说明了司法官员对公开仪式的定义是多么宽泛，并阐述了新法律在审判中是如何解释的。

1943年9月，时年16岁的李玉镶经20岁的学徒魏登存介绍，结识了魏的盟兄弟——36岁的丁玉玺。丁玉玺在前门外汾州营西河沿4号的一家象牙店做经理。1943年10月25日，丁玉玺娶李玉镶为妻。半年之后，1944年4月10日，李玉镶的父亲以一纸诉状，到法院控告丁玉玺"有配偶而重为婚姻"。在接受法庭调查之时，李玉镶抱怨受到丁玉玺虐待，"他与头前女人因抽大烟，尽打我"，"他们三时睡，六时便叫我起，就这样虐待"，"打我嘴巴三次，没伤"。除了"虐待"一项，李玉镶还指控丁玉玺"骗婚"，"这事我家受了蒙骗，原说是为妻的，以后发现他已有妻，遂将我做妾，以我这岁数，是万难承认与他为妾的"。在庭审中，丁玉

---

[1] Ching-lin Hsia（夏晋麟）、James Chow（周福庆）、Yukon Chang 译，*The Civil Code of the Republic of China*（《中华民国民法》），Shanghai：Kelly & Walsh, Limited（别发印书馆），1931.

玺承认自己是已婚,但他辩称,"我有妻丁张氏是不错的,以后娶李氏[李玉镶]乃是作妾,并非为妻"。李玉镶供称结婚时双方立有婚书,但是无法向法庭提供,致使案件变得更加复杂。在接下来一个月的庭审中,法官着重问讯二人婚礼当天所举行的仪式,以确定二人婚姻关系的性质。[1]

法庭调查的第一步是确定是否曾经举行过任何形式的仪式。李玉镶称,结婚当天她上轿的地方是"前外纸巷子东鸿泰旅馆,至西河沿天春店下轿,并举行结婚仪式"。对此,被告丁玉玺、媒人学徒魏登存均供认不讳。以上供词尚不足以证明所谓仪式的公开性,按照《民法》规定,公开仪式必须满足"应有公开之仪式及二人以上之证人"规定,也就是必须有其他参加仪式的人在场证明。为了澄清公开仪式的含义,一项法院裁决指出:"(1)男女二人,约证婚人二人,及亲友数人,在旅馆之一房间内,举行结婚仪式,其结婚既系在旅馆之房间内,自须有足使一般不特定之人,均可知悉之表征而得共见者,始得认为公开。(2)男女二人,约证婚人二人,及亲友数人,在旅馆之宴会厅,置酒一席,如其情状无从认为举行结婚仪式,虽其主观以为举行婚礼,仍不得谓有公开之仪式。"[2] 在丁玉玺一案中,原告与被告双方就是否有公开仪式争议不休,媒人魏登存坚称,"没拜天地,没动亲友","没立婚书"。而李玉镶则声称,"有婚书","拜了(天地)","请客有四五桌,我哥嫂均到过。其余客人皆是他亲友,我不认识"。

尽管已经证实举行了公开仪式,但收集到的证据不足以证明丁玉玺有罪,因为司法官员仍需证明所谓的公开仪式确实属于婚礼仪式。正如法院的一项裁决所强调的:

---

1 北平伪地方法院,J65-13-1202,丁玉玺,1944年。
2 傅秉常、周定宇编:《中华民国六法理由判解汇编》,1009页。

如果是在该情况下，任何有理智的人都不会认为那是一个正式的婚姻，即便是在饭馆的宴会上举行了公开仪式，除了受邀宾客能看到发生了什么，也不能说他们都认为这是为婚礼而举行宴会的场合。换句话说，表面上是为了使两个人结婚而公开举行的宴会，却没有举行实质上的婚礼仪式，并不构成有效的婚姻。[1]

在调查重婚案件时，法官将"公众"一词视为"婚姻双方以外的人"。法律程序中"公众"的定义开放而多变，因案件而异。为了确定婚礼是否公开举行，法官煞费苦心地检查了一系列证据，包括婚礼期间拍摄的照片、参加婚宴的宾客名单，以及举办婚宴餐厅的订餐凭证。可见，20世纪40年代北平实施的婚姻法重点关注的不是人们要举行什么仪式，而是婚礼是否有婚姻双方以外的人见证的公共活动。曾任广州国民政府高级顾问兼外交部法律顾问，并先后出任多地法院院长的赵冰指出，"公开仪式"是一个模棱两可的术语，这给"婚姻双方选择适合他们的形式或程序……留下了空间。例如，他们可以按照基督教（新教或天主教）的仪式、佛教的仪式、伊斯兰教的仪式、传统的六礼，或现代的非宗教和非仪式婚姻的方式结婚"。[2] 无论是西式还是中式，新旧婚礼仪式主要是个人选择的问题。如果仪式举行和仪式聚会足够公开，并被旁观者视为结婚典礼，具有法律约束力的婚姻就会生效。

20世纪的立法改革本身就是一股推动力量，也是当代文化辩论和政治革命的产物，使家庭改革成为中国现代化的基石。历史学家仔细

1　Vermier Y. Chiu（赵冰），*Marriage Laws and Customs of China*, p.129.
2　同上，p.125。

研究了这些立法努力是如何重新配置家庭关系的。社会改革家和政党官员重新将婚姻定义为两个独立个体之间的民事契约关系,从而削弱了父母和其他家庭长辈在决定婚姻和选择配偶方面的权威。但北平地方法院的法律程序显示,无论是20世纪30年代的国民党立法者,还是40年代的司法官员,都没有完全改变现行的家庭制度。一位国民党的高层官员曾经声称:"要改变一种不良的习俗可能需要几十年甚至几百年,不能简单地通过发布一个官方命令来实现。"[1]在起草立法时,立法者采取了渐进的方法,避免与现有的社会习俗发生直接对抗。他们并不想在短时间内彻底改变婚礼习俗。20世纪40年代北平实施的《民法》条款是不稳定的、含糊不清的,有可能需要解释的。正是在这种开放的法律框架下,妇女和男子依照传统习俗举行婚礼,并缔结法律承认的婚姻关系。

来自国家的审视

除了指导婚姻仪式和引入新的婚姻立法,政府还开发了一套婚姻登记和婚书注册的制度。国民党政权于1931年11月起,向北平当地居民颁发婚书,官方的婚姻登记程序也于1935年生效。20世纪的政府官员试图通过婚姻登记等管理手段,重新建构城市社会秩序,以便实现更好的治安和社会管理。借用詹姆斯·斯科特被广泛引用的观点,现代化国家与前现代化国家的最大区别在于,后者"在许多关键方面几乎近似于盲人"——"它对它的统治对象所知甚少:他们的财富,他们所有的土地

---

[1] 石瑛:"石瑛在国民党中央党部总理纪念周上谈改良风俗重要性的讲演词",1935年10月5日,见中国第二历史档案馆编:《中华民国史档案资料汇编》,第五辑,第一编,文化(一),南京:江苏古籍出版社,1986年,449页。

及产出,他们的居住地以及他们的身份"。[1] 相比之下,现代化国家不仅有意愿,而且更能聚积能力和掌握科学工具,来解决统治过程中的盲目性。现代化国家运用一系列行政管理手段,诸如人口普查、土地调查、地图绘制、度量衡标准化、税收与征兵、经济规划等,这使得管理者能够将他们管控的世界变得更加清晰可视,便于以量化计算,从而更加易于治理。

20世纪中国的城市管理者和社会领袖表现出改造社会和民众的强烈的意愿。对于人生大事以及家庭和社区重大变化等,他们实施了一系列行政手段进行跟踪记录。除了登记婚姻,当地居民还被要求报告其他个人信息,如出生、死亡、性别、年龄、籍贯、收入、家庭规模、居住地、职业、疾病和犯罪记录等。通过尽可能准确地计量与便捷地提取信息,包括数字、百分比、个人和家庭类型等,官员们希望能够更快地处理问题,并在一个复杂的城市社会里、一个危险的政治时期,更好地维护法律和秩序。将个人信息纳入政府行政监控,旨在赋予政府巨大的权力来监督、管理甚至操纵个人。但刑事案件显示,底层的平民百姓总是会设法逃离监控。更让政府官员担心的是,邻里社会的生活方式与约定俗成的日常,确保了非法、非正规或无序的行为免受惩罚。本章的最后一节将研究政府的行政管理制度如何影响离家出走的妇女的生活选择和婚姻,以及官员如何处理社会底层中那些不稳定的婚姻关系。

雷张氏在北平的一个窑子里混事。1937年,她结识了39岁的瓦匠广德禄,两人一来二去,相处得不错。随着关系越走越近,广德禄将雷张氏"从窑子里接出来",结婚过日子。雷张氏嫁给广德禄后,随夫姓改名广雷氏。两人一起生活了大约4年,到了1941年中,麻烦出现。按照广

---

[1] James C. Scott(詹姆斯·C.斯科特), *Seeing Like a State: How Certain Schemes to Improve the Human Condition Have Failed*(《国家的视角:那些试图改善人类状况的项目是如何失败的》), p.2.

德禄的说法,导致二人关系紧张的关键问题是广雷氏"抽白面"(即海洛因),"抽了一年多了","将家里的东西都弄没有了"。这让广德禄大为光火,不再供她吃穿,以免她将家中为数不多的值钱物件都挥霍在毒瘾上。1942年4月,广雷氏离家出走,在邻居艾张氏的帮助下,于5月17日嫁与施其俭。就在广雷氏开始她的新婚生活时,广德禄一直在忙于找寻她的行踪。最终他的努力没有白费,在广雷氏的新家将其找获,并把她拉到附近的警察局。两周后,广雷氏在北平伪地方法院因重婚罪出庭受审。[1]

与20世纪40年代审理的所有重婚案一样,法院的调查重点是确定广雷氏所涉婚姻关系的性质。为此,检察官调查了几个关键领域:她是否在当地民政机构登记结婚,是否订立婚书,婚礼仪式是否公开,是否有旁人参加了婚礼。广德禄和广雷氏的新婚丈夫施其俭都声称,他们结婚时曾经举行了一系列的婚礼仪式,并开列了参加婚礼的亲友和邻居的名单。此外,施其俭还在区公所办理了结婚登记,并在结婚当天领取了市制婚书。由于证据确凿,法院以广雷氏"有配偶而重为婚姻",判处其有期徒刑两个月;协助广雷氏潜逃并做媒帮其改嫁的邻居艾张氏,因"帮助有配偶之人重为婚姻",也被判处有期徒刑两个月。

根据当时婚姻登记的规定,办理结婚登记者须到社会局履行各种手续,包括填写"结婚申请书",报告自己的名字、性别、年龄、籍贯、住址、职业、宗教信仰、婚姻状况(单身或离婚)、血亲关系等,并提交一张4寸照片用于结婚证书。接下来,他们将共同提交一份"结婚愿书",确认双方对婚姻的共同协议。在这一点上,他们还将提供婚姻介绍人的名字。[2] 第三步要求他们提交一份保证书,确保提供的所有资料都是真实

---

1 北平伪地方法院,J65-6-3888,广雷氏,1942年。
2 北平市社会局,J2-7-1300,"结婚申请书:郝鉴知与戴若兰",1935年。

第四章 重婚的考量

的。审查完所需各项材料后,社会局的官员将批准申请,并颁发市制婚书。[1]

有三个政府机构直接参与签发市制婚书:北平市社会局监督印制过程,公安局把空白证书运到区公所,区公所负责把证书发放给符合条件的个人。1931年11月首次实施此登记程序,按照规定每份证书收取1元钱的费用,外加0.4元的印花税。社会局将收取费用的12%用于制证和管理;另外两个机构分别享有4%的份额,其余费用上交给财政局,以支持市政费用。[2] 1937年以后,日伪政权继续实行这一措施,并于1943年3月15日颁发了新规定,对原规定做了一项小的改动,即把费用提高到每张证书2元。[3] 目前还不清楚有多少当地居民遵循了登记程序并领取了市制婚书。上述案件中的施其俭就履行了该程序,他持有的市制婚书成为法庭判定广雷氏犯有重婚罪的重要证据。仔细研读这张市制婚书,我们可以发现一些关键设计特征(见图10),这有利于我们理解当时政府是如何理解婚姻的意义,又是如何通过行政措施来规范婚姻关系的。

市政府颁发的市制婚书明显区别于近代民间流行的婚书。首先,市制婚书强调名称与格式统一。私人契约最完整的形式是由婚姻双方起草的七份文件组成,包括请书或请婚书、允书或允婚书、庚帖或八字帖、草帖、定帖、出帖和回帖。每份文书都代表着整个婚礼仪式序列的一个步骤,并具有自己的法律价值。更复杂的是,这些私人契约名称复杂,例如定帖,因为其仪式重要性和设计特点,也称为大帖、鸳鸯帖、礼书、销金书或龙凤帖。[4] 与五花八门的私人契约不同,市制婚书

---

1 北平市社会局,J2-7-1300,"北平市社会局有关结婚实践程序",1935年。
2 北平市政府,J1-2-25,"北平市实施婚书发行章程",1931年11月。
3 北平市伪政府,J1-2-146,"修正北平特别市市制婚书发行章程",1942年12月。
4 郭松义、定宜庄:《清代民间婚书研究》,北京:人民出版社,2005年,37—60页。

统一了名称,而且只印在一张纸上。虽然在20世纪三四十年代的中国还没有全国统一的政府颁发的婚书,婚书的大小、设计和用词等因地而异,但在一个行政辖区内,政府颁发的婚书尺寸和设计是一致的。其次,市制婚书遵行标准设计格式,这与私人文书的繁杂设计截然不同。私人文书的格式取决于婚姻双方的社会背景、婚姻历史与婚后安排等。在对台湾美浓地区的婚姻的研究中,人类学家孔迈隆(Myron L. Cohen)得出结论,精英家庭之间的婚姻中,婚约"在内容、物质形式,甚至使用的纸张类型上都高度仪式化"。[1] 婚约采用红纸,封面设计以龙凤图案为主,并配以"龙凤呈祥""天作之合"等祝福语。但是,历史学家郭松义和定宜庄发现,对于社会经济地位较低的人来说,婚书用语简单明了,几乎不涉及礼仪宗教方面。这些婚书主要用于实际用途,目的是具体说明婚姻的条件以及双方各自的义务和权利。例如,在入赘的情况下,按照习俗,新郎必须搬到新娘的家中居住,并赡养岳父母。任何不履行这一义务的男子,须返还其妻的聘礼和嫁妆。同样,再嫁的寡妇或童养媳的婚约往往包括一系列协议,涉及嫁妆、继承与每年回娘家的次数等。[2] 清末市面上流行一些尺牍指南,专门教授如何正确起草各种文书契约。[3]

---

[1] Myron L. Cohen(孔迈隆), "Writs of Passage in Late Imperial China: The Documentation of Practical Understandings in Minon, Taiwan", in *Contract and Property in Early Modern China*, edited by Madeleine Zelin(曾小萍) et al., Stanford: Stanford University Press, 2004, p.59.

[2] 在孔迈隆的文中可以看到各种婚书样本的翻译,Myron L. Cohen(孔迈隆), "Writs of Passage in Late Imperial China: The Documentation of Practical Understandings in Minon, Taiwan", in *Contract and Property in Early Modern China*, edited by Madeleine Zelin(曾小萍), pp.59-68。郭松义、定宜庄:《清代民间婚书研究》,107—120页。

[3] Patricia Buckley Ebrey(伊沛霞)译, *Chu Hsi's Family Rituals: A Twelfth-Century Chinese Manual for the Performance of Cappings, Weddings, Funerals and Ancestral Rites* (《朱子家礼》), Princeton: Princeton University Press, 1991, p.51。

第四章 重婚的考量

20世纪官方推行的市制婚书,取消了传统用语祝词,代之以开列个人基本信息,并采用标准化的格式。婚书上记录了夫妻双方的姓名、年龄、出生日期、籍贯、证书颁发日期和编号。婚书的中间部分列出了夫妻二人的父母、祖父母和曾祖父母的名字。底部则是新郎、新娘、证婚人、介绍人、主婚人等姓名(见图10)。

最后,市制婚书支持夫妻双方全权决定婚姻事务,安排婚后家庭生活中双方的权利与义务。清末私人婚书大多记录男方的父母、祖父母和曾祖父母的基本信息与社会地位;[1] 有的甚至只列出男方父亲与媒人的名字,而没有列出新郎本人的名字。新娘的父母,而不是新娘本人,起草并订立回帖,以表达他们对婆家和婚约条款的意见。在求婚阶段之后,也是由父母和家里的长辈出面,订立正式的婚书。国民党司法官员赵冰对清末的这些做法评论道:"双方不经父母而自己订立婚约,婚姻视为无效,不为法律认可。"[2] 只有那些处于社会最底层的男女,才会自己出面,直接谈婚论嫁;甚至自己订立婚约,不征求父母和家庭长辈的认可。如郭松义和定宜庄所强调的那样,这种情况主要发生在寡妇再嫁、纳妾、入赘等特殊婚姻之中。市制婚书则采取了不同的做法,虽然市制婚书中也开列男女双方父母和祖父母的名字,主要是出于礼节上的尊重,而非支持父母在婚姻方面的权威。回到上述广雷氏一案中,施其俭申领的婚书上甚至没有填完全曾祖父母的名字,但忽略这些信息并不妨碍顺利申领市制婚书。换言之,男女双方不需要征得父母的同意,就可以自行建立具有法律约束力的婚姻。[3]

---

1 Vermier Y. Chiu(赵冰), *Marriage Laws and Customs of China*, p.76.
2 同上,p.77。
3 这一做法一直延续到现在。新中国成立后,民政部颁发的官方结婚证也没有要求父母提供信息。

结婚证书（编号：57696）

施其俭,54岁,生于9月26日,籍贯河南省襄城县
雷施氏,35岁,生于3月17日,籍贯河南省祥符县
于民国三十一年(1942年)结婚

男方曾祖父：杰山（音译）
祖父：宫九（音译）
父亲：新同（音译）
男方曾祖母：
祖母：
母亲：曾氏（音译）
女方曾祖父：李冰（音译）
祖父：真萧（音译）
父亲：李庆（音译）
女方曾祖母：
祖母：
母亲：陈氏（音译）

结婚人男方：施其俭
结婚人女方：施雷氏
证婚人：张刘氏
介绍人：张刘氏
男方主婚人：施其俭
女方主婚人：艾来孙（音译）

于民国31年[1942]5月17日
北平市政府、北平社会局印制发行

图10　施其俭与广雷氏市制结婚证书

根据档案文件记录制作,其中"雷施氏"为原婚书注录时的笔误,当为"广雷氏"。

新措施的实施,将婚丧嫁娶等日常活动纳入官方的管理之中。正如市制婚书本身设计所体现,官方的管理试图淡化婚礼的礼仪含义和家族意义,将其简化为一项常规的行政管理事项。官方登记的目的是留下书面记录,使政府机构能够追踪个人从"单身"或"鳏寡"到"结婚"的状态

第四章 重婚的考量

转变。统一的市制婚书,连同发明它的行政动力和支持它运作的官方管理资源,似乎正如詹姆斯·斯科特所说,标志着一个现代化国家的建立。刑事案件档案则使我们能够从被管理者的角度出发,研究国家与社会的关系。彼时政府面临很多未登记的婚姻关系,也有很多平民百姓没有依照程序改变自己的婚姻状态,当政府"努力使社会清晰可见"的举措遇到阻力时,行政管理者将如何行事呢?[1]

1935 年 8 月,北平大学工学院职员、24 岁的郝鉴知与 18 岁的戴若兰准备结婚,二人向社会局提出申请,还计划在 11 月 29 日下午 3 点在该局礼堂举行婚礼。11 月 24 日,日本策动成立"冀东防共自治委员会",试图脱离国民政府管辖,突发的政治危机使市政府处于高度戒备状态,并在市内实施宵禁。[2] 由于局势紧张,社会局停止对外办公,并通知郝鉴知、戴若兰二人改期举行婚礼。郝、戴二人接到通知后,决定"在他处举行结婚"。戒严令解除后,二人向社会局提交了一份请愿书,开列三项要求:"请撤销结婚登记,并发还登记费 4 元,暨相片二纸,愿书保证书各二件。"其理由是,未能在社会局礼堂举行婚礼。

社会局的官员们拒绝了二人的撤销申请,并在批文中说明:"凡市民所应备之登记费暨相片愿书保证书等件,均系为审核登记之用,其在本局礼堂举行结婚,仅系为谋人民便利之一种附带办法。"批文进一步指出,各项费用是用于支付行政开销,婚姻登记程序完成后,费用不会退还。有关郝、戴二人所谓"撤销婚姻登记",批文特别说明:只有申请离婚才能撤销现有婚姻登记。[3] 以上个案中市民的请愿和官方的回应,揭

---

[1] James C. Scott(詹姆斯·C.斯科特), *Seeing Like a State: How Certain Schemes to Improve the Human Condition Have Failed*(《国家的视角:那些试图改善人类状况的项目是如何失败的》), p.2.

[2] 北京市社会科学研究所《北京历史纪年》编写组编:《北京历史纪年》,320—322 页。

[3] 北平市社会局,J2-7-1300,"批文:郝鉴知和戴若兰",1935 年。

示了双方对市制婚书的含义和婚姻登记程序的不同理解。对官员来说,书面记录和程序具有确认婚姻关系的法律功能;但在郝、戴二人看来,官方证明和登记程序并非是建立具有法律约束力的婚姻关系的强制性要求。

不管出于何种原因,未履行登记手续的婚姻在20世纪初的北平相当普遍,许多当地居民从来没有费心去当地民政部门登记婚姻关系。通过考察政府的反应,我们可以看到行政官员们是如何在日常管理中尝试与适应这些做法的。从本质上说,有关婚姻登记官方条例的措辞是薄弱的。因此,在建立具有法律约束力的婚姻时,市制婚书被视为一种选择,而不是强制性要求。《市制婚书发行章程》称:"本市居民,无论初婚续婚,男女双方应于结婚前各领用市制婚书一份,遵照填写,以为凭证。"[1] 这句话中的"应"一词把这项责任授予行为履行人,但正如罗云(Claudia Ross)和莱斯特·罗斯(Lester Ross)所说,法律责任有两种类型:一种是用"should"和"ought to"这样的英语单词来表述,或汉语如"应""当""应当""应该"和"该"等,表示"道义责任"(deontic obligation)。这种责任是"根据一个人所属社会的显性或隐性规则,如法律、习俗、惯例等来确定的"。尽管如此,这些都是强制性较弱的要求,"不履行责任也不必承担直接后果"。[2] 相比之下,另一种表述,即用"must"和"shall"等英语单词,或汉语同义词语"必"和"必须"所表示的"技术义务"(technical obligation),通常意味着强制性要求,"如果不履行这些义务,就会产生特定的负面后果"。在上

---

1 北平市政府,J1-2-146,"修正北平特别市市制婚书发行章程"。

2 Claudia Ross(罗云), Lester Ross, "Language and Law: Sources of Systemic Vagueness and Ambiguous Authority in Chinese Statutory Language", in *The Limit of the Rule of Law in China*, edited by Karen G. Turner et al., Seattle: University of Washington Press, 2000, pp.224-226.在Deborah Cao(曹菡艾)最近的一项研究中,她指定了三类法律义务:(1)"强制要求做某事的命令式语言",例如,"应该";(2)"赋予一种权利、特权或权力的兼性语言",例如"也许";(3)"强制规定不做某一行为的义务的禁止性语言",例如"不应该"。见Deborah Cao, *Chinese Law: A Language Perspective*, Burlington, VT: Ashgate, 2004。

述行政管理规定中,北平市社会局的官员们没有使用"必"和"必须"这两个具有强制性的用词,实际上是弱化了要求市民领取市制婚书的迫切性。

《市制婚书发行章程》中还有其他条款,进一步降低了市制婚书的权威性。该章程从未声称市制婚书是证明有效婚姻关系的唯一合法凭证;换句话说,尽管该章程明确规定市政府是唯一可以发放市制婚书的机构,但它并没有禁止其他形式的私人婚姻契约,如章程中规定:"本市自发行市制婚书之日起,一律禁止私售,违者处以 10 元以上 20 元以下罚金。"[1] 实施这项罚款的意图在于,政府禁止商业组织和个人分享新措施所产生的经济收益。至于由商业机构印制并被本地居民广泛使用的各种形式的私人婚书契约,章程并未否认其合法性。鉴于章程中对私人契约没有清晰且明确的禁止,说明当时此类非官方文书广泛存在且具备合法性。立法者也对相关的婚姻登记制度采取了模棱两可的态度,如一位司法官员所言:"《大清民律草案》和《中华民国民法》均未明文规定婚姻登记或婚姻证书的颁发。"[2]

行政管理者也给那些未经官方登记而缔结的婚姻关系留有回旋余地,《市制婚书发行章程》第六条规定:"本市居民结婚时,如不领用市制婚书,一经查觉,除责令补领外,照婚书原价加二倍处罚。"[3] 此项规定暗示了一个假设性的概念,意味着只有当政府碰巧发现了违反规定的行为时,才会处理未经注册的婚姻关系。当时的官员并没有办法来有效追踪管辖范围内建立的所有婚姻关系,除非涉事个人在打官司时涉及未登记的婚姻,否则官员们没有办法查处未登记的婚姻关系。此外,未履行登记手续而结婚的个人只会面临罚金,其婚姻的合法性并未受质疑。人们

1　北平市政府,J1 - 2 - 146,"修正北平特别市市制婚书发行章程"。
2　Vermier Y. Chiu(赵冰), *Marriage Laws and Customs of China*.
3　北平市政府,J1 - 2 - 146,"修正北平特别市市制婚书发行章程"。

可以这样理解此项规定：一份私人契约足以证明婚姻关系，而婚姻登记程序仅仅使其更加"正式"。

按照西方的标准，法律条文的含糊不清可能导致许多严重的问题：它们"使官员在执行强制性措施时犹豫不决，限制了国家机关执行权力，并给契约谈判带来不确定因素"。[1] 但是在20世纪上半叶的北平，婚姻登记规定中出现的含糊其词，并非是行政官员或立法者能力有限，而是他们为了适应当时的民事习惯，有意弱化行政管理制度。值得注意的是，行政官员们在起草婚书管理条例时，故意选择了弱标记（weak markers）和模糊的语言；但当他们处理其他更紧迫的问题时，比如强化公共安全、实施食品配给制度等，官员会毫不犹豫地转向强标记（strong markers）。例如，本书第六章将讨论日伪政府推行的居住证制度，因为该制度对城市治安尤为关键，官员们使用了一系列强硬的措辞。其中一篇通告14次使用"必须"和"不得"等，强调了此措施的必要性与强制性。在类似的通告中，有些也使用了表示道义责任的弱标记，但在这之后会辅以强标记词语，或者是附带一项严格要求，从而消除歧义的空间。例如，1938年，当警察局在北平郊区推行"临时居住证明票"时，规定的第8条写道："发放证明票时应传知个该承领人随身佩戴。"而该条后半句则是"不得转借他人或遗失"。[2]

行政官员们可以否认任何未经登记婚姻的合法性，但如此彻底的拒绝是不现实的，会进一步增加政府的行政管理负担，令本就稀缺的行政资源更加紧张。在当时的情况下，很多人结婚时只订立了私人契约，或

---

[1] Claudia Ross（罗云），Lester Ross，"Language and Law：Sources of Systemic Vagueness and Ambiguous Authority in Chinese Statutory Language", in *The Limit of the Rule of Law in China*, edited by Karen G. Turner et al., p.223.

[2] 北平市伪警察局，J181-17-60，"北平市公署警察局发放四郊居住证明票办法"，1938年12月。

者根本没有取得任何书证,如果此时法律直接对抗社会现实,那么行政与司法机构将面对大量未登记的婚姻,这会给政府制造很大的麻烦;同时,如果执法不严,这种严格的立场会适得其反,削弱官方程序的权威性和新文件的可信度。由于无法在短时间内改变现行社会习俗,官员们必须想出适当的办法,在日常行政和审判中留有余地。

结　语

20世纪早期的民俗学者的研究与西方人撰写的游记,经常用一种猎奇的口吻描述传统的婚礼仪式。在他们的笔下,婚俗成为街头狂欢,或者是流行的胡同娱乐形式,是北平的一道文化景观。但当时的社会改革者与政治领导人却持有不同的观点,他们批评旧式婚礼象征着封建、愚蠢、落后和迷信传统。20世纪初,中国广泛的改革思潮激发了这种批评言论,推动了改革婚俗的努力。政治领导人、立法者和社会改革家联合起来,试图提高公众对家庭权力和妇女屈从的父权模式的认识。他们认为,挣扎中的中华民族国家迫切需要独立的妇女和有生产力的家庭,就宗族崇拜、家庭结构、婚姻的意义、择婚、纳妾、离婚等问题展开了激烈的讨论,迫切寻求改革的途径。通过将婚礼设想为一种新的"文明"场面,政治领导人试图借用新式的婚姻,以"小家庭"为中心,赋予男女平等的权利和机会。

当20世纪的立法者和管理者抨击父权权威,并将妇女从剥夺她们结婚和离婚平等权利的限制中解放出来时,他们还试图提出另一系列要求,以确保妇女通过合法途径进入或离开一段婚姻关系,从而保证婚姻的灵活性符合新的法律和行政管理框架。所有这些改革和以国家为中心的仪式、语言与社会结构的建立,可能会加强政府推动社会变革的力量,使之成为私人生活领域的终极权威。

北平地方法院重婚案件的审理提供了不同的视角，让我们重新审视国家与社会关系的巨大变化。许多居民无视结婚证书和官方登记程序，继续举行传统的婚礼。因此，官方文件与注册过程并没有成为合法缔结婚姻的关键环节。相反，传统的婚礼以及邻居和证人对婚姻的承认，赋予了妇女作为妻子的地位，并确保她们在社区中的合法地位。在20世纪三四十年代，司法和民事机构并没有否认这些传统婚姻礼俗与未登记的婚姻关系的合法性。政府的认可，为普通大众在个人生活问题上的抉择留下了许多自主空间。正是在这种情况下，一些妇女能够进入流动和短暂的婚姻关系，弃夫潜逃，结婚再嫁，从而增加她们在战时北平生存的机会。

第三部分

游走城乡

第五章　人口流动与生存手段

张少亭原籍黑龙江省,1937年,在她18岁时由父母做主,嫁与当地一位做买卖的人。结婚后二人不和,家庭经济状况的恶化更令夫妻关系雪上加霜。黑龙江自1931年底被日本占领,后被置于伪满管辖之下。1937年,随着抗日战争全面爆发,日本占领军与伪满政府逐步将黑龙江打造成扩大日本侵华战争的后方基地。政府施行粮食管制,也不断强化对其他消费品交易的管控。这些经济管控措施使普通人的日常生活愈发困难。此时的张少亭,虽困扰于情感与经济生活,但结识了一位姓袁的人力车夫。二人越走越近,后袁某提议带她回奉天(今辽宁省)老家,并承诺给她更好的生活,张少亭爽快地答应了。1937年底,她和袁某乘车南行600多公里,来到奉天。然而,她却发现袁某早已婚配,且他夫妻二人也不过是勉强度日。张少亭此时意识到,自己为了一段无望的爱情而放弃婚姻,陷入了另一个困境。1938年初,张少亭的生活再生变故。按照她在奉天的邻居的说法,"以后姓袁的女人来了,姓袁的和贺张氏(即张少亭)过不了啦"。张少亭经袁某介绍认识了一名男子贺庆丰,此人平素在日本人经营的火车站工作。"贺庆丰和姓袁的认识,他给姓袁的八十元,就把贺张氏接到他家过日子去了",张少亭也同意此种安排。于是张少亭与贺庆丰一起生活,并改称贺张氏。为了在一个新的地方开启顺遂的新生活,夫妇二人坐火车南行,来到了700公里外的北平。[1]

张少亭一案揭示了,妇女面对情感压力或经济压力选择离家出走,

---

[1] 北平伪地方法院,J65-4-1516,尹士明,1939年。

有人是为了躲避家庭的虐待,还有人是为了寻求更好的生活。妇女离家出走并非近代中国特有,清代的许多法律文献,包括刑科题本和县衙的判案记录等,都有描述妇女离家出走的案例。在这些案例中,妇女一路颠沛流离,直到被缉拿归案,最终面对司法系统的审判。[1] 与许多离家出走的妇女一样,张少亭也四处游荡,寻找一段稳定的婚姻关系,以满足她的情感和经济需求。相对于清代离家出走的妇女的经历,张少亭的离家出走,也是一段跌宕起伏的情感历程。本章将进一步指出,20世纪上半叶妇女在离家出走之时,可以利用现代化的交通方式,更便捷地出行。

当张少亭跨省旅行之时,3条铁路干线和8条现代化的公路已经把北平和周边地区连接起来。20世纪早期的铁路公路建设,促进了新的交通运输方式的发展。客运列车便于跨省与城际旅行,客运长途汽车则连接城乡。这些现代交通工具把原本迟缓、漫长、令人疲惫不堪且花费昂贵的长途旅行,变成一种更方便、更便宜且更舒适的旅行体验。

在不到3年的时间里,张少亭穿越了东北和华北4省,这4省都是被日本人占领的地区。战争改变了华北地区的政治秩序,也影响了北平与周边地区之间的交通、旅游和贸易。正如戴维·巴勒特(David Barrett)所总结的,日军占领重点在于"点"与"线",即主要控制人口聚居区与经济中心,同时控制铁路和公路等交通要道。[2] 华北庞大的铁路运输系统,使日本侵略者能够有效部署军队和运输战略物资。基于上述

---

[1] Jonathan D. Spence(史景迁), *Death of Woman Wang*(《王氏之死:大历史背后的小人物命运》), New York: Penguin, 1998; Paola Paderni(宝拉·帕德尼), "I Thought I Would Have Some Happy Days: Women Eloping in Eighteenth-Century China", in *Late Imperial China* 16, no.1 (June 1995), pp.1–32.

[2] David Barrett, "Introduction: Occupied China and the Limits of Accommodation", in *Chinese Collaboration with Japan, 1932—1945: The Limits of Accommodation*, edited by David Barrett and Larry Shyu, p.2.

第五章 人口流动与生存手段

政治与战略考虑,保障交通运输顺畅成为日伪政权统治的核心要务,也成为中国游击队等抗日武装的重点袭击目标。然而,张少亭一案使我们不再仅仅关注男性主导的世界,不再讨论诸如控制与剥削、反抗与牺牲等政治性的话题,而是转向关注妇女如何在日常生活中,在她们的生存挣扎中,理解和应对战争带来的变化。换言之,张少亭一案不仅记录了一名女子的旅行经历,也提醒我们去研究妇女是如何跨越行政区划游走于城乡的;在区域货物和人员流动中,妇女是如何发挥积极但充满争议的作用的。

妇女的选择和决定,以及在她们的经历中展现出的地域流动性,呈现出一个区域市场。这一市场虽然政治上隶属不同的政权管辖,但在经济和社会层面被整合进一个联系紧密的区域共同体。依托这个区域体系,建立起一个完整的妇女买卖市场,满足对妇女的生产能力、性能力和生育能力的强大需求。妇女总是受欢迎的,她们以不同的方式进入男性的日常生活,其身体和劳动都是重要的生产与生活资源。对许多妇女来说,婚姻是一个理想的选择,因为婚姻可以帮助她们(重新)获得稳定的生活,提供某种程度的情感满足,更重要的是,婚姻关系确保了经济上的安全。除正式的婚姻关系外,市场也存在巨大风险,妇女可能陷于奴役、重婚、非法关系、卖淫和其他各种违法犯罪的世界。正如苏成捷和任思梅(Johanna S. Ransmeier)的研究所表明,这种对妇女的市场需求,于明清时期与民国初年业已存在,为苦苦挣扎的家庭提供了一种有用却令人感到无奈的选择,通过典妻卖女维持生计。[1] 考虑到这些先

---

[1] Matthew H. Sommer(苏成捷), "Making Sex Work: Polyandry as a Survival Strategy in Qing Dynasty China", in *Gender in Motion: Divisions of Labor and Cultural Change in Late Imperial and Modern China*, edited by Bryna Goodman and Wendy Larson, Lanham, MD: Rowman & Littlefield Publishers, 2005, pp.29 – 54; Johanna S. Ransmeier(任思梅), "'No Other Choice': The Sale of People in Late Qing and Republican Beijing, 1870 – 1935", Ph.D. diss., Yale University, 2008.

例,在本章中,我将重点阐述交通技术的发展、战争与日伪统治等关键因素,是如何促进了长途旅行、刺激了商业交易、扩大了买卖妇女的市场,以及使妇女从市场中获益。

北平和周边省份之间人口和商品流通频繁,形成一个大范围的区域市场体系,买卖妇女只是其中一个部分。刑事档案显示,在日本占领和随后的内战期间,供应短缺和粮食配给制度导致黑市猖獗,人们对诸如粮食、日用品、药品与毒品、武器和军事情报等都有巨大需求。战争和游击队的袭扰等,偶尔也会破坏这种区域性的商业和社会的"统一"。随着战火持续,加之北平经济形势的日趋恶化,非法交易的市场继续运转,甚至稳步增长。就像买卖妇女的人贩子一样,走私犯也了解市场内的供需关系。无论是妇女或男子,他们都更新手段,无惧旅途中的艰难险阻,跨越了行政边界,从非法交易中牟利。这些犯罪活动是底层妇女在战争期间的经济事实,也因此使妇女成为一种明显而有争议的力量,重新绘制了华北地区的经济和社会版图。

流动的生活

回到本章开头的张少亭一案,她与贺庆丰来到北平,暂居西柳树井裕泰客店。贺庆丰到一家日本人经营的贸易公司工作,每日外出做工,她则独自留在店中。生活看似平淡无奇,但是两人的关系却愈发紧张。张少亭认为关系紧张的症结所在是钱的问题,她自己没有工作,而贺庆丰收入也不高。就在这时,贺庆丰的同事尹士明走进了她的生活。尹士明会说一些日语,所以负责在日本商行里处理中日两国商人之间的信函往来,收入也比贺庆丰要多。在接下来的日子里,贺庆丰外出做工之时,张少亭经常与尹士明相处,二人关系越来越亲密。1938年9月,张少亭企图与尹士明私奔,但很快被贺庆丰察觉。事件发生后,贺庆丰搬家,让

第五章 人口流动与生存手段

妻子远离尹士明。但不到一个月,张少亭离家而去。她先是在裕泰饭店躲了大约10天,与此同时,尹士明也辞去了日本商行内的工作,与张少亭一起"在东四牌楼四条55号佟赵氏南房居住"。在接下来的几个月里,贺庆丰一直没有放弃寻找离家出走妻子,1939年7月下旬,他在朝阳门附近的庙会上偶遇了张少亭,并把她带到了警察局,继而向法院提起刑事诉讼,指控尹士明诱拐他的妻子。

张少亭的漂泊生活揭示了妇女如何理解复杂的城市公共空间(如大杂院、火车站、旅馆小店等),她们如何从中获取物质援助。这些空间是人们结交朋友、躲避麻烦、寻找临时住所的地方。虽然公共空间对于妇女的城市体验至关重要,但许多地方直到清朝末期仍是妇女的禁区。这些限制部分来自保守的社会观念,试图将妇女限制在"家庭内帏"。第六章将考察明清时期这种作为理想和实践的性别规范是如何运作的,同时也将关注20世纪初的法律和社会改革运动是如何逐渐削弱对妇女的限制规定的。本章将着眼于一些更实际的问题,这些问题在明清时期增加了妇女出行的困难,比如恶劣的地形、缺乏可通航的水路、原始的交通工具、对道路安全的担忧、旅行疲劳和成本等,我们可以发现在20世纪旅行中的妇女是如何试图克服这些困难。

很明显,在明清时期,人口流动显著提高。男人旅行是为了发展事业,扩大生意,有时是为了从事非法交易。卜正民指出,14世纪明朝政府建立并资助了三种服务系统——驿传、寄递、递运——用以传送政治信息、转运粮食和各地驻防军队。[1] 当16、17世纪国家财政运营的交通运输网络步履维艰之时,私人运营的运输服务体系蓬勃发展起来,开始出现私营的车船工具、私家刻印的游记和地图,还有食宿服务等,价格也

---

1 Timothy Brook(卜正民), *The Confusions of Pleasure: Commerce and Culture in Ming China*(《纵乐的困惑:明代商业与文化》), p.34。译者注:在卜正民书中第25页用的是"急递"一词。

很合理。[1] 到了18、19世纪,蓬勃发展的全国市场体系(主要经营粮食与盐、茶等重要商品),以及不断扩大的农村贸易,使由客商和外来劳工组成的"移民城市"和"移民社区"得到持续发展。重要的城市机构,如会馆、行会和无处不在的秘密社会组织,代表了"高度的地域流动性"。[2] 商品和人口的流动改变了许多城市的社会和文化格局。由于位居国家政治和商业的中心地位,北京成为明清时期一个颇受欢迎的旅游和商业目的地。然而,在身体和后勤方面,长途旅行仍然是一项令人生畏的任务。下文引用的案件讲述了妇女长途旅行的一些经历,再结合其他旅行日记和游记,有助于我们了解旅行者所遇到的困难,并感受从明清到民国,旅行经历的重大变化。

1943年,41岁的杨兴和妻子杨胡氏住在北平缧子胡同5号。杨兴靠拉车为生,但他觉得到了他这年纪,每天在大街上拉洋车,身体实在吃不消,于是就去织袜厂织袜子。但是杨兴"做不下活,就辞了,又拉洋车"。在接下来的几个月里,他的健康状况每况愈下,收入也逐渐减少。杨胡氏不得不也试着做活,贴补家用。她每天步行到新街口一带,一边乞讨,一边替人缝补和浆洗衣服挣钱。"她沿街讨饭,每日由我(孟宋氏)门前过,因此认识"。按照孟宋氏的说法,"这杨胡氏说因丈夫故去,无法生活,托我给找主,我说不管。后来她将她父亲同到我家,说他女婿已死,实无法生活,找一能吃饭的地即可"。不过杨胡氏有不同的说法:"她截住我说去做买卖,她出本钱,当天去,第二天回来,就不用对你丈夫说。"无论杨胡氏与孟宋氏之间如何商量,1943年12月的一天,杨胡氏"即瞒了我丈夫,带同幼女小销(8岁),随同孟宋氏等一同前往;不料该

---

[1] Timothy Brook(卜正民), *The Confusions of Pleasure: Commerce and Culture in Ming China*(《纵乐的困惑:明代商业与文化》), pp.174-182.

[2] William T. Rowe(罗威廉), *Hankow: Commerce and Society in a Chinese City, 1796-1889*(《汉口:一个中国城市的商业和社会(1796—1889)》), p.213.

孟宋氏及其女婿杨保绪将我带至涿鹿县一王姓家,经该王姓从中介绍,将我转嫁与该县住户叶经春为妻。该孟宋氏并使彩礼洋465元,我不允,她即用言威吓。我无法,即被该叶经春强行叫我摁了手印,就与他过度"。在北平杨胡氏家中,她的丈夫杨兴则是:"我们房东赴工厂找我,说该领配给了,我说我妻在家,房东说我妻未在家。我急回家查看,配给票及我之名戳均被我妻携去,并将幼女小销带走。"杨兴旋即向警方报案。经过一个多月的侦查,警察最终找到了杨胡氏,并逮捕了孟宋氏。[1]

本案所提及的涿鹿县,地处河北省和察哈尔省的交界处,在北平以西130公里处。该县地处乡村地带,四分之一的农田种水稻,其余种的是小麦。尽管当地经济主要依靠农业,但涿鹿县毗邻一个区域与国际贸易的活跃地带。一条陆路商贸线蜿蜒穿过该县北部边境,经张家口将北平和蒙古两地连接起来。繁荣的商业贸易活动使这个内陆地区成为华北的主要贸易走廊。

尽管货物运输庞大,人员往来繁忙,但在20世纪之前,此地的商路交通对旅行者一点也不友好。华北地区因春季沙尘暴、夏季酷热和冬季严寒而臭名昭著。除了这些气候上的不适,道路也是一个巨大的挑战。在19、20世纪之交,北平城内外,一条足够宽阔、平整和承重力达标的道路都没有,以致汽车无法通行。当时的大部分道路都是用松散的黄土铺就,这引发了许多问题。在冬春季,干燥的风一阵阵吹过,卷起漫天黄土,"把一切都罩上了一层灰黑的尘土"。[2] 甘博写道:"这时人走在街上毫无乐趣可言,有时尘土弥漫的空气几乎让人出不了门。"[3] 少量的雨水会把道路变成"无法通行的一片汪洋,不时有骡马被它吞没"(参见图

---

[1] 北平地方法院,J65-8-5887,孟宋氏,1944年。
[2] Sidney Gamble(甘博), *Peking: A Social Survey*(《北京的社会调查》), p.52.
[3] 同上。

11 和 12）。[1] 因为"中国人造不出好路"，甘博借用当地人的说法，"于是就造出了颠不散的大车来"。[2] 骡车在路上留下深深的车辙，造成了进一步的破坏。这种尘土飞扬的道路，也许就是到华北游历的人们记忆最深刻的场景。道路起伏不平，布满水坑，这都司空见惯。如此糟糕的道路，要么是资金短缺的政府无力资助公共工程的结果，要么就是当地村民故意破坏所致（见图 11）。一位旅行者写道：

图 11　从北平到承德的路上，陷在泥里的卡车旁边站着乘客和日本士兵
图片来源：《赫达·莫里逊的中国摄影》（HM11.2234）。

---

[1] Sidney Gamble（甘博），*Peking: A Social Survey*（《北京的社会调查》），p.52.
[2] 同上，p.54。

真正的或公认的、传统的常见道路,只不过是在平原的土地上挖出的一条深沟或沟壑,总是一条曲折的、无底的泥坑,我们绕着它开,从来没有进去过,在北平的平原上蜿蜒前行。在每一片田野和谷地里,都有一个人藏在暗处,炫耀地向自己挖好的车辙或沟里扔一铲泥土,然后伸手要钱。在每年的雨季里,北平的平原上都有人都使出同样的招数:人们挖坑弄断驴腿,一有马车来,就把一把把泥土扔进去。[1]

除了道路设施,这个地区的交通工具也不发达。在民国初期,北平基本上还是一个步行城市,徒步即可到达工作场所或杂货店,居民习惯步行出行。人力车作为一种最受欢迎的交通工具出现,城市居民可以借此穿梭于北平迷宫般的胡同中。据李景汉估计,在20世纪20年代中期,北平有超过6万名人力车夫拉着4.42万辆车(见图12)。[2] 其他交通工具,如拉车、单轮车、自行车等,在街道上也很常见(图13)。

如果要到城外进行短途旅行,人们也可以选择"脚驴子"(参见图14)。脚驴子大多来自当地的村庄,农民在农闲时赶驴到城门附近接送客人。他们把驴子收拾得干干净净,在驴身上挂上一串小钢铃,辔头上拴着红缨,还为乘客准备了软鞍。脚驴子的费用则根据目的地的远近和路况而有所不同。[3]

---

[1] E. A. Scidmore, "China: The Long-Lived Empire, 1900", Chris Elder edited, *Old Peking: City of the Ruler of the World*, Hong Kong: Oxford University Press, 1997, 228 页。

[2] 李景汉:《北京人力车夫现状的调查》,1153 页。

[3] 赵纯孝:《京城旧事杂谈》,49 页。

图 12　美国公理会教区，盲人乞丐和人力车夫

图片来源:《甘博照片集》(图:290A_1658)。

图 13 有小贩手推车、人力车夫和自行车的街道

图片来源：《赫达·莫里逊的中国摄影》(HM19.6755)。

图 14 老人骑着驴子

图片来源：《甘博照片集》(图：103A_575)。

驼队是本地区主要的长途运输工具,直到 20 世纪 30 年代,驼队还是"外国旅游者们眼中最寻常的风景"。一位外国游客写道:

> 在义和团之前的旧时代,北平火车站还远离北平的城墙——外城远不及内城的光彩,而且相当简陋。你必须骑马或坐马车从马家堡出发,马家堡位于永定门外 3 英里,往前走 2 英里来到汉人居住的外城,然后到达形似巨大堡垒或要塞一般的前门脚下。这里是满人居住的内城的主要入口,穿城而过使你感到十分愉悦,即使身处令人窒息的灰尘中,也会让自己陶醉在无与伦比的景色中。如果是冬天,那里也会有很多骆驼可供骑乘,骑在骆驼上的蒙古族男女,穿着五颜六色的靴子驾驭着骆驼,以让人惊叹的技巧在拥挤的人群中穿行。有时,两个人骑在一只骆驼上,坐骑上的女人紧紧地抓着男人,对所有盯着她看的人一笑置之。还有在两头骡子之间挂着奇特的轿子,骑手们佩戴刀剑,满身尘土,漫步经过,他们从遥远的山西和陕西一路穿过关隘,有时甚至是来自遥远的穆斯林聚居的甘肃。[1]

从北平至张家口的商路,途经涿鹿,在引入现代交通方式之前,旅行者面临不小的挑战。这是一段漫长的旅程,从北平到张家口至少历时 4 天,"坐在马鞍上,在夜间寒冷的空气里",走完旅程,中间仅能在"肮脏而寒冷的旅店"里歇脚。[2] 有时,人们甚至有性命之虞。在北平以北约 60 公里的居庸关,旅行者们将告别平原,进入山区。一位英国的旅行者

---

[1] B.L. Putnam Weale(辛普森), *The Reshaping of the Far East*, 1905。见 Chris Elder ed., *Old Peking: City of the Ruler of the World*, pp.23 – 24.

[2] Nicholas M. Prerejevalsky, *Mongolia, the Tangut Country, and the Solitudes of Northern Tibet*, London: Sampson Low, Marston, Searle & Rivington, 1876, pp.35 – 36.

第五章　人口流动与生存手段

在1898年时这样写道:"尽管从西藏、蒙古、俄国到中原地区,有着畅通的交通干道,但很多地区的道路还是通行艰难,有些地段甚至会面临极端危险,拉车的牲畜一旦有个闪失,就可能造成致命的事故。"[1] 尽管危险重重,这条商道在清末民初之时还是吸引了许多雄心勃勃的商人和热情的探险家们前往,他们梦想着借由这条路成就大买卖,或是完成一些伟大的发现。显然,这样的旅程对于妇女而言几乎是不可能的,无论是生理上的挑战,还是旅途的巨大开销,都不利于她们长途跋涉。

时过境迁,到了1943年,当杨胡氏弃夫潜逃,她的邻居孟宋氏为她筹划找主改嫁之时,道路已不像从前那样是一种不可逾越的障碍。很遗憾,这两位妇女都没有留下任何有关她们旅行的细节记录。但是,大约在10年前,一位名叫何台孙的政府官员也曾在北平和张家口之间旅行,他还曾在涿鹿驻足。他的旅行日记给我们提供了一些线索,有助于了解现代化交通工具和道路设施如何改变人们的出行体验。何台孙当时参加了政府组织的土地问题调查组,任务是对影响华北农业经济状况的关键因素进行调研,具体包括了土地开垦、农民生活、地方作物、天气与土壤状况、年降雨量、农业技术、土地租赁和地方税收等。[2] 考察队预计将在多地停留,第一站就是张家口。

出发当天,何台孙早上6点左右起床,收拾行装,乘坐人力车来到前门东站,在候车室内与其他考察队成员会合,买票上车。火车准时发车,3小时后,火车驶入山区,中午左右进入平原和荒漠地区。下午3点,火车到达张家口。他们只用了不到8个小时就走完了旧时商队4天才能走完的路程。看来城际旅行一点也不劳累,走出张家口车站,何台孙就

---

[1] John Thomson(约翰·汤姆逊), *Through China with a Camera*, Westminster: A. Constable & Co., 1898, p.268.
[2] 何台孙:《张家口实习调查日记》,收录于《中国大陆土地问题资料(民国二十年代1932—1941)》,台北:成文出版社,1977年,94410页。

和考察队其他成员到省政府会见秘书长,并向当地官员汇报他们此行的调查任务。[1]

何台孙等调查队一行在张家口暂住数日,到附近的县里去调研。在日记中,何台孙记录了他前去涿鹿县的考察之行,这条线路也是1943年杨胡氏离家出走之路。何台孙于早上10点半左右到达宣化车站,11点半上火车,车行1小时,12点半到达下花园车站。下车之后"越铁道南行,即为涿鹿县境,是地距县城尚有三十里之遥,乃在一小市集中候汽车,此车为驻军之合作社所办,有汽车数辆,每车能容廿余人,每日自县城至下花园之间往返二次"。长途车于下午2点半左右进站,何台孙等一行再次上车出发。从何台孙的日记中,我们无法得知他乘坐的长途汽车的情况,但历史学家冯客(Frank Dikotte)的研究为我们提供了一些线索:

> 在第二次世界大战之前的几年里,许多载重汽车的底盘都是进口的,而车身则是再行设计加工,以供不同需求:尽管有些卡车专门安装了传统的公共汽车车身供乘客使用,但是卡车通常是客货两用的运输工具。车身包括低矮的车顶,座椅是直背的,并且简单安装完成。仅在北平,就有10家专门在进口底盘基础上组装卡车和公共汽车车身的工厂。车身大多数是用榆木做的,车厢上面安装着铁皮,整个车身都涂了好几层杜邦公司生产的清漆。内饰装饰用的是花松木,填充座椅……车厢里拥挤嘈杂,烟雾弥漫,非常闷热。[2]

---

1 何台孙:《张家口实习调查日记》,见《中国大陆土地问题资料(民国二十年代 1932—1941)》,94409—94410页。

2 Frank Dikotter(冯客), *Exotic Commodities: Modern Objects and Everyday Life in China*, New York: Columbia University Press, 2006, p.99.

何台孙在日记中写道:"是日天气由阴转晴,突变酷热,太阳呆呆,其光灼人",登上长途车,"车顶为铁蓬,灼热如居炉中,车厢人复挤拥,开行后稍觉舒适"。接下来,何台孙所乘坐的汽车全速行驶,穿越桑干河上的大桥,经过宣化煤矿区,一路风景令何台孙惊叹不已,"山路崎岖,仅容一车穿过,在石壁缝中,屈折而上下,履险途如平地。历时可十余分,逾山而达平原,车行阡陌间,村落颇多,田畴整然,河渠纵横,树木浓密,景色殊佳,实涿鹿全县精华所在也"。[1] 最终,长途车准时到达涿鹿县城,停在县政府辕门之内。

何台孙的日记,加上历史学家的研究,帮助我们拼凑出杨胡氏在旅途中可能经历的景象。如果一切按计划进行,她不到 24 小时就可以走完 130 公里的路程。她的旅程并非轻而易举,因为女性也必须通过安检,要抓紧时间以免错过转车,在火车和汽车上还要和陌生旅客(大部分是男性)坐在一起。尽管要遵守诸多旅行规则,也要面对常见的旅行麻烦,但是客运火车和长途汽车服务还是为妇女(与男性)提供了快速、相对可靠且不那么累人的长途旅行方式。

铁路客运

何台孙与杨胡氏旅行所经过的京张铁路于 1909 年竣工通车,这条铁路的建成被视为一项令人敬佩的工程壮举,让人生出民族自豪感。当时中国建造的大多数铁路都是以"铁路资产和营业收入作担保,靠外国贷款建造",但是京张铁路完全由清政府出资建造。[2] 在美国接受教育

---

[1] 何台孙:《张家口实习调查日记》,见《中国大陆土地问题资料(民国二十年代 1932—1941)》,94424—94425 页。

[2] Jui-te Chang(张瑞德), "Technology Transfer in Modern China: The Case of Railway Enterprises in Central China and Manchuria", in *Manchurian Railways and the Opening of China: An International History*, edited by Bruce A. Elleman and Stephen Kotkin, New York: M.E. Sharpe, 2009, p.107.

的铁路工程师詹天佑(1861—1919)率领中国施工人员,担负起了设计铁路和监督建设的任务。这条铁路全长200多公里,一路穿越几乎不可逾越的高山、峡谷、荒漠。整个铁路工程最为成功之处在八达岭关沟段,该段地势陡增,坡度加大,詹天佑设计一条人字形展线,使用了两台火车头(一台拉,另一台推)来帮助火车行进。最后,这条铁路提前两年完工,每公里的建设成本比同期外国工程公司监修的铁路节省约50%。京张铁路到达张家口后,继续向西延伸。然而,1911年清政府的崩溃和随之而来的民国初期的金融危机,推迟了工程进度。又过了10年,铁路才修到归绥(今呼和浩特),成为连接北平、蒙古和俄国的重要贸易通道。

到20世纪40年代,北平和张家口之间每天有3趟火车运行。其中早上7点和8点各有一趟从北平出发,最后一趟是晚上9点发车。从张家口到北平的列车分别于上午8点27分、下午4点39分和下午6点18分抵达北平。[1] 1944年5月1日,一位妇女乘车抵达北平,她收拾好随身行李,跟着其他乘客下车走进车站大厅。当她走出车站穿过人群时,突然发现一个男人紧随其后。她尚未看清是谁,那人就一把抓住她的胳膊,还对着她大喊大叫。争吵声引起了正在该地巡逻的几名警察的注意,他们一拥而上,将二人逮捕,押回警察局讯问。

警察局初步调查显示,该女子名叫吴岳氏,当时20岁;男子名叫吴德海,以拉洋车为生,自称是吴岳氏的丈夫。根据其后法庭的调查,二人确为夫妻关系,按照吴岳氏的说法,"情因在前年与这前夫吴德海,因他不养活我,我们在法院打官司"。在等待法院判决的过程中,吴岳氏"回到我娘家居住,经我舅舅将他找到,我家叫他养活,他仍不管。经我舅舅与他交涉好,说叫我自奔自路,并写了一个字"。不久,吴岳氏在北平南

---

[1] Fei-shi(斐士) ed., *Guide to Peking and its Environs Near and Far*(《京师地志指南》), "List of Advertisements", p. Ⅲ.

苑三等下处"混事"两个多月，改名"燕伶"，后遇到了一个名叫王瑞的男子，二人相好。最终王瑞以200元的"身价"给她赎身。吴岳氏随后嫁与王瑞，还改随他姓。1943年，吴岳氏与王瑞去了张家口。吴岳氏的本夫吴德海仍住在北平，尽管吴岳氏已经离家而去，但他仍视其为自己的妻子，并四处寻找她的下落。[1]

吴德海竟然能在北平市中心的大街上遇见离家出走的妻子，这也许是一个天大的巧合。不过，作为一个人力车夫，吴德海每天到火车站附近拉活，这也并非不可能之事。前门一带，在很大程度上因其便利的交通设施和旅行中介机构，成为北平最重要的商业活动与交通运输的枢纽。吴德海找到妻子的前门东站是主要客运站，也是2条重要铁路线的终点站：北平至东北的京奉铁路和北平向西的京绥铁路。此地还有前门西站，与东站相对，用于服务北平到汉口的京汉铁路。此外，2条电车路（1路、2路）和3条公共汽车路（1、3、5路）都从前门始发。[2] 这个道路交通运输系统改善了前门地区周边的交通状况，减轻了拥堵，为大量在这个火车站到达和出发的旅客提供了方便。

自19世纪60年代中国的洋务运动以来，修建铁路就在国家政治话语中占据了中心地位。倡议者强调，铁路是一项昂贵但至关重要的投资，通过运输原材料、商品和劳动力，可以开发中国丰富的自然资源，支持不断发展的工业经济，以及将地方市场整合进入更广大的国家经济体系之中。由于铁路所拥有的现代性特质，修路项目成为一个围绕着新技术、政府倡议和地方支持进行合作的焦点，目的是强国富民。铁路工程也引发了辩论、冲突和暴力。例如，反对修建铁路的人强调修路可能带来很多负面影响：新技术会导致传统运输工人失业，道路安全与保障也

---

[1] 北平伪地方法院，J65-8-3895，吴岳氏，1944年。
[2] 北京市档案馆、中国人民大学档案系文献纂学教研室编：《北京电车公司档案史料1921—1949》，北京：北京燕山出版社，1988年，337页。

需要慎重考虑,铁路的盈利能力同样受到质疑,还有人担心修建铁路会影响风水和人们的日常生活等。由于近代中国大部分铁路建设项目都是向外国财团借款,这引发了民族主义的呐喊和强烈的排外情绪,使得情况变得更加复杂。即使是那些对帝国主义持较少批判观点的历史学家也承认,现代中国的铁路建设是一个"不幸的故事",它"成为帝国主义在中国最明白无误的表现"。[1]

在某种程度上,前门东站与京奉铁路的确是近代中国铁路建设的缩影,这段历程充满暴力冲突,但最终不断发展壮大。这条铁路最初的一段是1881年英国开平煤矿自行修建的一条仅10公里长的铁路,用于煤矿的生产和运输。这条铁路于1881年延伸到天津,1893年向北直至华北和东北交界的山海关。5年后,一条连接天津和北京南郊的线路竣工。这条铁路在1900年的义和团运动中受损严重,拳民们拆除铁轨、捣毁机车、焚烧客车与货车、夷平车站建筑,杀害铁路员工。随后,八国联军击败了拳民,清廷离京出逃。战争和无政府状态给予外国军队在华北建立新的政治秩序的机会,也进一步扩大了外国列强的经济利益。英国作为多国占领军队的重要一员,决定修复损坏的铁路,并将其进一步延伸至北京城内。工程耗时10年,直至所有工程完工。当1911年8月,京奉铁路全线通车之时,线路总长150公里,全线建有2个隧道、844座桥梁,以及沿线70多个车站,成为第一条连接华北与东北的铁路。[2]

在修建铁路的同时,英国人还决定建造一座宏伟的车站来接待旅客,当然旅客大多是外国人。在过去的几十年中,他们一直试图用现

---

[1] Ralph William Huenemann, *The Dragon and the Iron Horse: The Economic of Railroads in China, 1876–1937*, Cambridge, MA: The Council on East Asian Studies, Harvard University, 1984, p.2.

[2] 京奉铁路管理局总务处编查课编:《京奉铁路旅行指南》,北京:京华印书局,1918年,1—2页。

代交通工具打开帝都的大门。1865年,英国商人R.J.杜兰特(R.J. Durante)在宣武门外购地,修建了一小段铁路,希望能通过这一展品,将铁路新技术推销给朝廷和当地的中国人。这一雄心勃勃的计划以彻底失败而告终,清政府命令他立即拆除铁轨。"这简直是太过令人震惊的创新,"历史学家董玥评论道,"它似乎不适合帝国的首都,那里只习惯于行人、马车和官员的轿子的景象和声音。"[1] 然而,在义和团运动之后,英国人彻底突破了中国官僚的阻挠,他们决心摧毁任何阻碍铁路建设的反对派,并让火车——用它们的噪声、烟雾、速度和运动——重新定义帝都建筑与精神的天际线。

图15 前门东站旧址(作者摄影)

---

[1] Madeleine Yue Dong(董玥), *Republican Beijing: The City and Its Histories*(《民国北京城:历史与怀旧》), p.35.

从开工到竣工,施工耗时 5 年,英国人建造了当时中国最大的客运站。京奉铁路北京东站是一个巨大的长方形建筑群,南北长约 52 米,东西长约 40 米。它由三个不同的部分组成:一个巨大的带有拱顶的候车大厅、两栋毗邻的办公大楼,以及一座 7 层的钟楼。在设计外观时,英国建筑师采用红色的屋顶、大理石窗框和灰色的正面(见图 15)突出了车站的外形。候车大厅里设有问讯处、售票处、行李房、电话亭、卫生间、电报室,以及一个分区等候室,头等车乘客和其他普通旅客可以分开候车。从候车大厅出发,乘客可以沿着一个坡道,到达 3 个火车出发站台。除了气势磅礴的外观和风格明晰的西式设计外,车站的位置距离紫禁城不到一公里,就在前门的东侧,进抵帝都的中轴线。尽管与令人印象深刻的古老城门和城墙相比,车站未免有些相形见绌,但这座车站确实带来了一种基于工业力量的新权威,从而使得附近的帝都建筑,几近沦为充满东方异国情调的旅游景点,甚至更加糟糕地被贬抑成为过时传统的象征。

在京奉铁路建设期间,中国铁路系统的总长从 19 世纪 80 年代的不到 160 公里增加到 1911 年的 9 600 公里。仅在华北地区,除了 3 条干线铁路外,还修建了几条支线铁路。到 1935 年,这个地区的铁路总里程已超过 2 680 公里。[1] 客运列车彻底改变了人们的旅行体验。火车大大缩短了旅行时间,使旅行经历更加愉快。此外,正如任思梅所说,由于"铁路到达和出发的技术考虑,要求列车遵守预定的时刻表",铁路提供了一种以"整体有序感"为特点的快速高效服务。[2] 此外,铁路部门还推出了"联票"。这一新的规则,允许乘客在选定的主要火车站(通常是市级车

---

[1] Kia-Ngau Chang(张嘉璈), *China's Struggle for Railroad Development*, New York: The John Day Company, 1943, pp.86 - 87.

[2] Johanna S. Ransmeier(任思梅), "'No Other Choice': The Sale of People in Late Qing and Republican Beijing, 1870 - 1935", pp.360 - 413.

站或重要的交通枢纽)转乘或换乘列车,只要旅客在票面规定的时间内旅行,且最终目的地不变,就不会收取额外费用。[1]

在过去,经济拮据的妇女可能不得不徒步、乘马车或骑马进行艰苦的旅行,现在可以乘火车旅行了。她们还经常利用各项旅客出行优惠政策来规划自己的行程,制订出符合个人需求的出行路线与安排,比如下面这个案例:1945年3月17日,旅客列车像往常一样在前门东站往来运行,一列开往奉天的北上客运列车刚刚完成了检票手续,铁路工作人员挥动发车信号,目送火车慢慢地驶出站台。突然,一个女人从开动的火车上跳了下来,稍后,一个男人也跟着跳下火车。他们二人还未来得及跑出车站,"经追下扭获",被警察带回审讯。经讯问,这位女子名叫赵张氏,今年26岁。1936年,她嫁给了铜行雇工赵宝良。到了1944年3月,赵宝良发觉赵张氏吸食白面,浪费家财,于是将她送回娘家暂住。赵张氏离开丈夫之后,因为要花钱买毒品,便去安化寺朝鲜人"白面房子"中操妓女营生,换取食物和毒资。在"白面房子"里,赵张氏遇到了一个名叫王书通的男子。二人闲谈之间,王书通提出把她介绍给他的亲戚,即32岁在门头沟第二贮炭厂的工人王文斌为妻。

根据王文斌的供述,他于1945年3月间"出洋一千数百元替赵张氏赎出衣服",3月17日于"从白面房中将她带出,至东小市150号我干妈张姓家同宿,我二人发生肉体关系,今日我打算将她带往冀县同居"。[2] 从北平到冀县有两种出行线路可选:一是先乘火车京汉线南行到石家庄,然后换乘长途汽车到冀县;二是乘坐京奉线到天津,然后换乘津浦线到德县站,在那里他们再乘坐短途汽车到达王文斌的老家。他们选择了第二条路线。这一选择使得他们要在中途转车,但可以尽量利用速度快

---

[1] 京奉铁路管理局总务处编查课编:《京奉铁路旅行指南》,73—74页。
[2] 北平伪地方法院,J65-9-861,王文斌和赵张氏,1945年。

的火车,节省时间。还有一点,他们购买了联票,方便转车,还不用额外付费。王文斌的计划开始进行得很顺利,赵张氏也跟着他上了火车。然而,当火车即将离开车站的时候,赵张氏突然改变了主意,"跳车欲行逃走,经追下扭获,我二人争执,被警将我们解送到案"。

刑事案件档案显示,火车很快成为长途旅行或长时间旅行的首选方式。根据美国战略情报处的调查,到20世纪40年代,3条铁路干线(京奉、京绥和京汉)把北平与华北7省256个市县连接起来。[1] 运输技术上的突破为妇女提供了新的、更迅速的"手段"来使用公共空间和探索区域地理。但当现代交通方式开始重塑人们旅行模式和当地经济节奏时,技术突破带来了意想不到的后果。一方面,铁路"减少了长距离导致的政治和文化隔阂,减轻了由于自然屏障和历史原因而形成的地区间的阻碍,让'国家一体'(国家共同体)的概念首次成为可能"。[2] 另一方面,在铁路经过的地区,并非每个村落、集镇和城市都能从人口、货物和资本的流动中获得对等的利益。商业和交通运输活动只集中在火车经停的地方,这样便形成了一种新的层级秩序,其实现的方式是"既鼓励也限制物资的分配,按照规划好的特定交易路线、集镇和制造加工中心,将物资有意识地分配到特定地区,而忽视其他地区"。[3] 对更多的旅行者而言,更为实际的问题是如何从更为偏僻的乡村地区到达铁路车站,享受列车服务。此外,人们还要考虑如何在战争状态下和经济条件捉襟见

---

[1] National Archives and Records Administration, YK–5674,"Political and Economic Report on North China", Office of State Service, China Theater, July 11, 1945.

[2] Bruce A. Ellema, Stephen Kotkin and Y. Tak Matsusaka(松阪庆久),"Introduction", in *Manchurian Railways and the Opening of China: An International History*, edited by Bruce A. Ellema and Stephen Kotkin, New York: M.E. Sharpe, 2009, p.7.

[3] Bruce A. Ellema, Stephen Kotkin and Y. Tak Matsusaka,"Introduction", In *Manchurian Railways and the Opening of China: An International History*, p.5;也参见 Elisabeth Köll(柯丽莎),"Chinese Railroads, Local Society, and Foreign Presence: The Tianjin-Pukou Line in Pre-1949 Shandong",同收入上书,pp.123–148。

肘的境况中出行。

公路客运

虽然铁路建设是20世纪早期的主要基础建设投资,但从清末开始,中国政府也投资建设供汽车行驶、符合现代标准的公路。在城市中,碎石铺就的马路成为道路修建中的一种特定类型;这种修公路的"现代项目",是20世纪初席卷中国的城市行政改革的重要标志。[1] 在北平,清政府设立了工巡局来监督道路工程。在新的市政管理之下,用碎石和水泥重新铺路,新路设步行道与行车道便于行人和机动车使用。筑路工人们还在路旁植树,在炎夏为行人提供阴凉;他们还竖起了路灯杆,在晚上照明。占道经营是被禁止的,警察们在路上来回巡视,监督人们执行各项规则。[2] 其他一些城市的市政府,如上海、苏州和成都等,也相继拆除了城墙,拓宽和重新铺设了道路,以便缓解城市的交通拥堵。[3] 城市的管理者构想着一种有序的、建设性的和进步的城市精神,并且将这种想象中的现代性理念变成一种实体存在形式,让城市居民亲眼所见、亲手触摸和亲身体验。

---

[1] Joseph W. Esherick(周锡瑞), "Modernity and Nation in the Chinese City", in *Remaking the Chinese City: Modernity and National Identity, 1900－1950*, edited by Joseph W. Esherick.

[2] 吕永和、张宗平译:《清末北京志资料》,北京:燕山出版社,1994年。原著为清国驻屯军司令部编:《北京志》,东京:德间书店, 1925年出版,21页。

[3] Madeleine Yue Dong(董玥), *Republican Beijing: The City and Its Histories*(《民国北京城:历史与怀旧》); Peter J. Carroll(柯必德), *Between Heaven and Modernity: Reconstructing Suzhou 1895－1937*(《天堂与现代性之间:建设苏州(1895—1937)》); Di Wang(王笛), *Street Culture in Chengdu: Public Space, Urban Commoners, and Local Politics, 1870－1930*(《街头文化:成都公共空间、下层民众与地方政治,1870—1930》)。

城外的道路工程最初主要是维修那些年久失修的道路,继而又开始修建新的道路。早期的民国政府提出了一项雄心勃勃的计划。他们设想的全国交通网络有四种不同等级的道路:1."国道"(17米宽)连接北平和省会城市;2."省道"(10米宽)连接省会城市、港口和军事要冲;3."县道"(8米宽)连接县城与矿山、商埠、车站、港口;4."里道"连接乡村社区。[1] 这份蓝图还要求所有地方政府为道路建设和维护提供资金。1912年至1928年,北平市政府修建了15条现代化公路,总长470公里。[2] 到1927年国民党政府接管北平之前,河北省的现代化道路总计超过2 000公里;到1937年抗战爆发之际,这个数字增长到6 586公里;在1945年解放战争开始前,这个数字变为7 592公里。[3]

道路状况的改善和改装车辆的可用性使长途汽车成为一项新兴且有利可图的业务。1919年,北平成立了第一家私人运营的长途公共汽车公司。同年,政府公布了其道路工程规划。这家私营公司拥有16辆长途汽车,运营一条往返于北平市与周边县之间的线路。乘客数量稳步增长,公司利润丰厚。随即又有5家长途汽车公司成立,长途客运市场的竞争日趋激烈。到1928年年底,政府统计报告显示,北平地区共有34家公司和超过60辆长途汽车在3条主要线路上运营。[4] 许多公司在20世纪30年代中期遭遇挫折,这在很大程度上是由于紧张的政治局势。日军经常与中国军队发生冲突,使得北平周边地区局势混乱。在日本人的支持下,中国土匪也向政府的权威发起了挑战,并威胁到法律和秩序。这些都导致客运服务经常中断。由于担心道路安全,人们取消了旅行计

---

1 《修治道路条例》,1919年11月14日;见河北省交通厅史志编纂委员会编:《河北公路史》,北京:人民日报出版社,1987年,116页。

2 齐鸿浩、袁树森:《老北京的出行》,北京:北京燕山出版社,1999年,98页。

3 其中包括民国时期的东边的察哈尔省、南边的热河省和河北省。见河北省交通厅史志编纂委员会编:《河北公路史》,118—159页。

4 齐鸿浩、袁树森:《老北京的出行》,182页。

划,长途客运服务的需求大幅下降。更糟糕的是,无论是中国军队还是日军,都不断地征用车辆运送军用物资,从而中断正常的客运服务。不过,当日伪统治建立,恢复暂时的和平,在这个饱受战争蹂躏的地区重建秩序,长途汽车业务也得以迅速恢复。到1937年底,长途汽车的数量增加到91辆,线路增加到13条。[1]

公路交通运输系统让人们出行更加方便,旅行者能够以合理的价格得到更便捷的交通服务,并且能够灵活选择火车或者汽车到达自己的目的地。下面案例中一个女孩子的经历可以说明这一情况。1944年,李大妮住在河北省南部威县的一个小村子里。虽然她只有11岁,却已经深刻体会了生活困顿和家庭不幸。根据她的法庭供述:"我生父李志槐于去年八月间因病故去,遗有我生母及我,连我胞弟李志恩三人,生活困难。"面对生活窘况,李大妮的母亲按照当时许多贫困家庭的做法,计划把女儿卖作童养媳。按照她的想法,女儿出嫁之后,可以节约家中的口粮养活儿子,而且所受的聘礼也可以贴补家用。不久,李大妮的母亲得知本村的一位张姓妇女家里来了一位客人——26岁的王树林。王树林也是威县人,家住北平齐化门内南豆芽菜胡同,无业。他在北平认识一位那张氏,而那张氏有"本院邻居崔姓妇托我与其子说媒,事成之后言有重谢,我即托人物色"。王树林此番回威县正是为了物色一位女子带回北平成亲,他见到李大妮的母亲之后,即商量将其带到北平。[2] 威县位于河北省南端,相对而言,它离河北的省会较远,更靠近东面的山东和南面的河南。从威县到北平,有大约400公里的路途,王树林和李大妮有3种出行路线可供选择:第一方案是向北先到南宫县,随后沿省道坐长途汽车一路北上到达北平;第二方案是往东北方

---

[1] 齐鸿浩、袁树森:《老北京的出行》,182页。
[2] 北平伪地方法院,J65-8-1035,王树林,1944年。

向走,跨越省界到山东德县,继而乘火车到北平;第三方案是先乘长途车向西到邢台,然后由京汉铁路乘列车北上,到达北平。王树林选择了第三条路线。1944年1月24日上午,他带着李大妮来到顺德车站,登上了开往邢台的长途汽车。

顺德车站由威县当地一家长途汽车公司经营,1932年由当地富商王鹤龄创办,公司拥有一辆价值8000银元的二手车,司机来自天津。1937年初,一条连接北平和大名(河北南部边界的一个重要商业中心)的现代公路建成,长途客运业务得以迅速发展。这条公路南北贯通,长490公里,有60座桥梁和300个涵洞,耗资约170万法币。[1] 类似于北平到大名这样的公路的通车,不仅发展了长途客运,也进一步连接了公路与铁路交通。连通性的增强意味着当人们进行长途旅行时,使用多种交通工具是相当普遍的做法。华北这样的交通网络使得人们可以在大约一天内,从北平到达周边地区的任何地方。交通运输的改善提高了妇女的流动性,为她们的日常生活带来了便利,同时也扩大了离家出走的妇女或贩卖妇女的人贩子的出行距离,增加了生活的选择与犯罪的机会。

普通男女因合法或非法目的乘坐火车和长途汽车旅行,军政官员则在评估道路在战时和日常控制方面的战略意义。战时,运输设施成为重要的战略资源。根据国民党战时内阁交通部部长张嘉璈的判断,在日本侵华战争的头5个月里,铁路为中国军队运送了大约450万名军人和120万吨军事物资。当中国军队被迫撤退时,他们炸毁了桥梁,将重型机车埋在隧道中用以阻断交通,并将火车车厢移到国民党控制地区以迟滞日军的推进。这些努力或许可以减缓日军入侵的步伐,但并

1　Kia-Ngau Chang(张嘉璈), *China's Struggle for Railroad Development*, New York: The John Day Company, 1943, p.323.

不能击败敌人。到 1938 年 9 月,当华中重镇武汉也落入日本人之手时,国民党失去了战前修建的五分之四以上的铁路。

主要战役一结束,日本占领军就开始着手修复被破坏的铁道,并修建新的铁路。[1] 而中国的游击队则集中力量破坏日军的交通设施,他们摧毁了铁路铁轨,炸毁公路和桥梁,并在交通运输线沿线伏击敌人。1937 年至 1939 年驻扎在北平的美国海军上尉约翰·西摩·莱彻(John Seymour Letcher)曾多次在日记中写到游击队和他们成功袭击该地区铁路的情形:"在北平周围到处都是中国游击队,他们在切断铁路方面做得很好。"他继续写道:"今天游击队出没于平津多处地带,今天只有一趟火车通行,而不是以前的六趟。"[2]

抗战时期的运输史集中记录了游击队破坏交通线路的英勇事迹,但是这种持续小规模的军事骚扰策略,从未完全阻断交通运输。在破袭战的英雄事迹背后,是持续而有效的道路重建工作。莱彻在抗战爆发之初日记中提到的那条贯穿平津两地的铁路,也引起了美国战争情报处的注意。在 1945 年的一份情况报告中,情报处认定这条铁路"忙于向东北运送物资"。[3] 直到战争的最后阶段,也就是 1945 年初,盟军才对华北的交通运输设施造成了广泛而严重的破坏。美国情报指出:

> 由于盟军的大规模轰炸,目前华北地区运行的火车机车总数已减少到 147 辆,所有的火车都只能在夜间运行……铁路时刻表于 1945 年 4 月 1 日修订,大大减少了火车班次并降低了

---

[1] John Seymour Letcher, *Good-bye to Old Peking: The Wartime Letters of U. S. Marine Captain John Seymour Letcher,1937 - 1939*, edited by Roger B. Jeans and Katie Letcher Lyle, Athens: Ohio University Press, 1998, p.105.

[2] 同上。

[3] National Archives and Records Administration, YK - 5674, "Political and Economic Report on North China", Office of State Service, China Theater, July 11, 1945.

运输吨位,使平民旅客更难以乘坐火车出行。[1]

日本军队和日伪政权都"增加了他们在铁路沿线两边的巡逻","每隔3到6公里就修建一些20尺深的壕沟,构筑有哨兵守卫的碉堡"。[2]在火车穿过的农田区域,当局"限制铁路和主要道路两边庄稼的高度,以降低游击队员埋伏在田地中对交通设施进行伏击的可能"。[3] 当地农民们应征"在铁路和公路沿线建立了8 000多个'爱路村',有总计大约2 000万人参与修路工作"。[4] 为了进一步确保运输和道路安全,当局将在当地实行农民联防联保措施,"只要村中的任何一个人私藏游击队员或参加对道路的破坏活动,那么全村人都面临残酷惩罚"。[5] 除了这些惩罚措施,日本人还试图通过改善中国人的工作条件和提高福利待遇来收买人心。结果,共产党"发现要潜入劳工队伍,并说服那些熟练工人以抗日的名义破坏他们自己的劳动成果并不容易"。[6]

除了军事措施外,日本人还设法接管了中国的私营汽车公司,这将进一步加强日伪政权当局执行旅行禁令、遏制黑市交易和防范游击队活动的能力。1937年10月14日,日军接管了威县王鹤龄的汽车公司。在

---

[1] National Archines and Records Administration, YK‑5674, "Political and Economic Report on North China", Office of State Service, China Theater, July 11, 1945.

[2] Kia-Ngau Chang(张嘉璈), *China's Struggle for Railroad Development*, p.326.

[3] Elisabeth Köll(柯丽莎), "Chinese Railroads, Local Society, and Foreign Presence: The Tianjin-Pukou Line in Pre-1949 Shandong", in *Manchurian Railways and the Opening of China: An International History*, edited by Bruce A. Ellema and Stephen Kotkin, p.139.

[4] National Archines and Records Administration, YK‑5674, "Political and Economic Report on North China", Office of State Service, China Theater, July 11, 1945.

[5] Kia-Ngau Chang(张嘉璈), *China's Struggle for Railroad Development*, p.326.

[6] Elisabeth Köll(柯丽莎), "Chinese Railroads, Local Society, and Foreign Presence: The Tianjin-Pukou Line in Pre-1949 Shandong", in *Manchurian Railways and the Opening of China: An International History*, edited by Bruce A. Ellema and Stephen Kotkin, p.139.

接下来的几个月里,王鹤龄发现自己被警察局长和日本人联手敲诈。最后他放弃了生意,逃离威县。他的公司被日本控制的顺德"自动车营业所"收购。新上任的公司总经理是日本人,4名办理汽车运营业务的负责人中有2人是日本人,3名庶务中有1名日本人,三分之一的汽车司机以及一半的修理工都是日本人。新成立的公司经营4条客运线路,有10辆车。在其鼎盛时期,公司保持着一支由70辆车组成的车队为乘客服务,同时也为日军陆军邮政与军事情报服务。[1] 若是在相邻的县之间进行短途运输,会让一辆客车与一辆货车编队行驶。长途运输时,则将5至20辆汽车编成一个车队,由警车带路护送,以确保乘客在路上的安全。[2]

犯罪"投资"

在日伪统治区内,有多少人搭乘铁路和公路交通运输工具旅行呢?有多少人能够支付得起客车或长途汽车车票?对于第一个问题,历史学家可能永远无法对战时的交通客运量给出确切回答。据美国战略情报处的估计,仅在1944年,华北的交通网就运送了930万名乘客和32万吨货物。[3] 至于第二个问题,一些历史学家给出了自己的估计。基于对20世纪40年代津浦铁路客运情况的研究,柯丽莎(Elisabeth Köll)发现一张从北平到上海火车的头等车车票大约相当于中国铁路员工的一个月的薪水,二等车车票相当于员工月薪的三分之一。对于"城市小资产

---

[1] 威县交通局编:《威县公路交通史》,13—14页。
[2] 邢台地区公路运输史编纂委员会编:《邢台地区公路运输史》,石家庄:河北科学技术出版社,1993年,39—40页。
[3] Elisabeth Köll(柯丽莎),"Chinese Railroads, Local Society, and Foreign Presence: The Tianjin-Pukou Line in Pre-1949 Shandong", in *Manchurian Railways and the Opening of China: An International History*, edited by Bruce A. Ellema and Stephen Kotkin, p.138.

阶级、店主、教师或公司职员,如果他们为了出行而攒钱的话",三等车更能负担得起。但是,柯丽莎总结道:"对于低收入人群来说,乘坐火车出行仍然是昂贵的。"[1]

刑事档案显示,经济上的考量并没有使人们放弃选择公路或铁路出行。人们出行是出于实际需求,往往是在紧迫的情况下,例如逃离家庭虐待或压抑的婚姻关系,也许是为了寻求更稳定一点的生活。也有些人出行是为了获利,从而抵消旅行的成本,甚至还略有盈余。对于这些人而言,出行花销成为一种具有回报可能的投资,真实也好,虚幻也罢,最终都有可能带来收益。刑事档案显示,一些男女辗转于各地,从事着各种非法活动,例如走私粮食、倒卖物资,甚至是拐卖人口。

1942年,一张从北平到古北口镇的单程三等车票价值4.5元。古北口镇坐落于北平城北长城脚下,是一个重要的交通枢纽和商业中转站。1942年10月31日,一个名叫任银子的15岁女孩买了一张三等车票,从前门东站登上了列车。她手中还紧紧地攥着一张纸条,上面写着一个人的地址和名字——"密云县属古北口镇义字大街路西门牌7号蔡连仓家"。这个男人和这个地址将成为任银子跌宕起伏人生中的下一站。对她而言,生活总是居无定所,颠沛流离。在她7岁时,任银子"随同我父亲孙大个来京,我父亲因无钱,将我卖与这任赵氏为养女,始行改名银子。我因年幼,身价洋多少我不知道"。现存档案中没有说明这次交易的具体细节,也未提及任赵氏买下任银子作养女的动机(她自己已经有了一个女儿,名为香儿)。最大的可能是,任赵氏想把任银子留在身边,等她长大成人后,再以更高的价格转卖。[2]

---

[1] Elisabeth Köll(柯丽莎), "Chinese Railroads, Local Society, and Foreign Presence: The Tianjin-Pukou Line in Pre-1949 Shandong", in *Manchurian Railways and the Opening of China: An International History*, edited by Bruce A. Ellema and Stephen Kotkin, p.138.
[2] 北平伪地方法院,J65-6-5571,安张氏,1942年。

1942年,任银子满14岁,任赵氏对她说生活困难,"打算让我在暗门子内挣钱",即做暗娼。而此时任赵氏"与表弟李新民在西单商场摆摊卖书为生。因为回家往返不便,我们又在内二分局界背阴胡同二十九号赁住房一间,每日晚间我与李新民就在该处住宿"。她的养女任银子与亲生女儿香儿,"每天吃晚饭后,即返回忠恕里家内住宿,习以为常"。任银子心里想着养母的计划,觉得如果自己继续留在任赵氏身边,那么迟早有一天她要去做妓女。她心有不愿,便向52岁的邻居安张氏求助。按照安张氏的口供,任银子"时常来我家串门,我们感情甚好,无话不说。任银子近日向我学说她养母因生活困难,打算让她在暗门子内挣钱的话"。安张氏还说,"令她躲躲任赵氏,过个一二年,我给她找的婆家"。任银子同意了,于是安张氏找到她儿子王安海,"向我说任赵氏之女任银子,因不愿跟她母亲度日,遇上我姐姐家躲着,让我将任银子送上火车站。"王安海回忆道。按照计划,10月30日晚,任银子离开自家,当晚藏身于安张氏家。第二天,王安海"遂带着任银子到了前门车站,我用洋四元零五分打了一张京古路三等车票。我交给任银子上了火车,我即行回家"。

任银子向安张氏借去买火车票的钱,按照当时的市价可以买10斤二等白面,这不是一笔小数目。[1] 所以任银子从养母那里逃出来时,携带"蓝布棉被一床、织贡呢棉被一床、红洋布棉被一床、印花布棉被一床、青布女小棉袄一件、紫色布女棉裤一条、青麻单裤一条、蕉青布夹裤一条、红麻女小夹袄一件、蓝布旧孩裀一件、白布被单一件、白布褥单一件、青布棉鞋一双"等,一并交给了安张氏。从案件档案来看,安张氏收下这些衣服被褥等,作为帮助任银子离家出走的报偿。安张氏当然可以把这些衣服被褥拿到当铺去换钱,但这点报酬实在不值一提,如果离家出走和结婚的计划能够按计划进行,安张氏很可能还能获得更多的收益。然

---

[1] 北平伪市社会局,J2-7-696,"历年面粉价格",1945年。

而,任银子离开北平后不久,该计划就落空了。任赵氏一直都在提防着任银子,并嘱咐自己的女儿注意任银子的日常活动,任赵氏也注意到了任银子和安张氏的密切关系。因此,当发现任银子失踪,她立即报警,随后直接带人到安张氏家里要人。最终警方以诱拐任银子的罪名逮捕了安张氏和她的儿子。

在又一起案例中,妇女离家出走中的经济因素变得更为清晰。1943年5月30日,三女一男因诱拐罪在北平地方法院出庭受审。被告之一是42岁的王常氏,家住观象台58号,"在日本佐野宅佣工"。她的女儿常福英,嫁给了一个做皮匠手艺的丈夫,名为常永。常福英经常回到娘家,向母亲抱怨自己的日子苦,"家内贫寒不得一饱"。考虑到女儿过得很苦,王常氏找到了51岁的朋友何王氏想办法。何王氏经常往返于北平和张家口"买玉米面"。在何王氏看来,常福英既没有什么特别的技能去做工,也没有本钱做生意。于是她"与顺治门外石虎胡同张老太太、又张家口一魏姓一同商妥,将常福英卖在张家口太平街三顺下处混事,使钱押账,系五百元,期限三年半"。1943年4月初,何王氏和她的两个朋友瞒着常福英的丈夫,帮助她离家出走。"该下处花费用五十元,常福英她手存一百五十元,来往盘费用五十元",余下的250元则由何王氏等人均分。[1]

上述两个案例表明,离家出走的妇女需要他人的帮助以便找主改嫁、建立新关系、寻找寄宿家庭,或在某些情况下卖身为妓。在所有这些情况下,妇女需要各种各样的帮助,比如确定旅行路线、了解火车时刻、寻找临时住所、购买火车票和汽车票等,从而得以游走于不同的婚姻关系、家庭或居住地。也总是有人愿意帮助妇女离家出走,借用任思梅的论点,许多人已经发展出了"充分的地理意识",能够准确地估计行程的

---

[1] 北平伪地方法院,J65-7-12467,何王氏和张张氏,1942年。

时间和距离,同时也更好地认识这些合法和非法交易过程中包含的收益和风险。[1] 他们往往很愿意支付这些逃跑妇女的旅费,因为他们将这种花费看作一种投资,期待更大的收益。

买卖妇女

从上述两起案件可以看出,战时北平刑事审判中涉及的妇女生计来源有三个方面:生产劳动能力、生育能力和性能力。这三种能力其实是家庭和婚姻制度中的传统要素。例如,在清晚期,妇女通过在家从事农业劳动,更重要更普遍的是参与家庭手工业生产,或者只是操持家务,通过一系列的生产劳动,为家庭收入做出贡献。妇女的生育能力也至关重要,它是增加劳动力资源的基础,为家庭传宗接代创造了必要的生理与经济条件。至于性能力,明清时期的社会习俗和两性法律将性定义为"一种发生在合法婚姻关系中的两性关系"。[2] 正当的两性关系是社会和道德秩序的基础,政府旌表贞节,奖励那些遵守两性道德规范的男女;政府还制定了严苛的法律,比如清中期的《光棍律》等,惩办强奸犯罪,惩处那些威胁妇女人身安全和家庭稳定的男子。[3]

自晚清以来的社会和法律改革声称要将家庭从其潜在的传统价值观中剥离出来,比如女性贞节、两性隔离和父母权威;同样,一些改革运动寻求削弱家庭对妇女生产能力、生育能力和性能力意义和价值的垄断。然而,一些历史学家认为,这些改革举措既没有改变中国前工业化

1　Johanna S. Ransmeier(任思梅),"'No Other Choice': The Sale of People in Late Qing and Republican Beijing, 1870 – 1935", p.189.

2　Matthew H. Sommer(苏成捷): Sex, Law, and Society in Late Imperial China(《中华帝国晚期的性、法律与社会》), p.34.

3　Vivien Ng, "Ideology and Sexuality: Rape Laws in Qing China", in Journal of Asian Studies 46, no.1 (February 1987), pp.57 – 70.

经济时代家庭作为基本生产单位的现实,也没有改变在一个被政治动荡和社会经济变化撕裂的社会中,家庭作为社会秩序支柱的观念。例如,葛思珊指出,"五四"时期的激进分子"不再相信建立在传统道德基础上的家庭能够维持社会的稳定,但仍然承认社会秩序是始于家庭的"。[1] "小家庭",或称"核心家庭",受到政治领袖、社会改革家和商业团体的由衷认可,将家庭视为"激变世界中的避风港"和"可为国家抗争的训练场"。[2] 总之,尽管他们对家庭的定义有所不同,但清朝和民国的政府官员以及社会领袖都尊崇和依赖家庭,把家庭作为维护社会秩序、促进男女平等与民国时期公民认同的最主要制度。

尽管在官方的道德话语中,家庭的重要性不言而喻,但刑事档案表明,总是有人试图在家庭框架之外定义妇女劳动能力的意义与价值。正如苏成捷在研究清朝底层社会"招夫养夫"的现象中所言,家庭,尤其是那些挣扎在社会经济边缘的家庭,将"妻子的身体"作为一种家庭资产,在必要时,可以用来换取粮食和其他生活必需品。[3] 两个主要因素导致明清时期"招夫养夫"现象——男女性别比例失衡和贫困(这剥夺了社会底层男性结婚的机会)——而这种状况在民国时期并没有得到改善。[4] 整个20世纪上半叶,北平所有城区的性别比例长期处于失衡状态(见表5.1和5.2)。男性人口数量普遍超出女性人口60%到70%。在一些商业和政府机构集中的地区,这一比例甚至可能高达200%。结婚的比例很低,处于适婚年龄的男性人口中有一半是单身。[5] 在这样的人口结构中,需要并包容了一系列的安排。有一些是合法的

---

[1] Glosser L. Susan(葛思珊), *Chinese Visions of Family and State, 1915–1953*, p.10.
[2] 同上,p.4。
[3] Matthew H. Sommer(苏成捷): *Sex, Law, and Society in Late Imperial China*(《中华帝国晚期的性、法律与社会》), p.33.
[4] 同上,p.32。
[5] 韩光辉:《北京历史人口地理》,283—285页。

关系:合法的婚姻承诺了经济上的保障,并为妇女提供了安定下来组建家庭的途径;经济状况不佳的男性可以娶寡妇,实现传宗接代的愿望。还有一些是游离于传统家庭之外的人:女艺人、妓女和受经济胁迫的妇女经常会成为妾室;弃夫潜逃的妇女们与她们的新伴侣同居,甚至可能结婚;经济困顿的家庭会把未成年女儿卖作童养媳,以换取食物或更好的生活条件;最后,卖淫是一种相当直接的交易,将妇女的身体商品化。

表 5.1 北平的性别比例(1912—1936)

年	男 性	女 性	每百名女性对应男性数量
1912	468 789	256 346	183
1913	414 728	253 675	163
1914	497 527	271 790	183
1915	507 156	281 967	180
1916	515 568	285 568	181
1917	515 535	296 021	174
1918	505 753	292 642	173
1919	523 561	302 970	173
1920	531 060	318 494	167
1921	541 063	322 146	168
1922	530 242	311 703	170
1923	544 944	302 163	180
1924	550 895	321 681	171
1925	775 116	491 032	158

续表

年	男　性	女　性	每百名女性对应男性数量
1926	738 095	486 319	152
1927	794 994	522 740	152
1928	823 543	535 087	154
1929	834 947	535 097	156
1930	847 418	536 455	158
1931	872 436	546 663	160
1932	924 146	576 035	160
1933	939 713	574 874	163
1934	937 987	585 053	160
1935	964 115	601 754	160
1936	943 429	589 654	160

资料来源：北京市档案馆藏资料，1949年以前，12-2-132，北平市伪政府警察局，"自民国元年来户口统计表"，1937年9月。

表 5.2　北平男女性别比例（1945年）

区	男　性	女　性	每百名女性对应男性数量
内一区	78 981	44 601	177
内二区	69 987	50 597	138
内三区	81 853	54 712	150
内四区	73 169	58 852	124
内五区	53 332	44 759	119

续　表

区	男　性	女　性	每百名女性对应男性数量
内六区	34 522	30 249	114
内七区	1 889	549	344
外一区	55 049	20 830	264
外二区	63 160	34 920	181
外三区	70 370	41 522	169
外四区	71 575	48 081	149
外五区	71 723	45 242	159

资料来源：北京市档案馆藏资料：1949 年以前，12－2－295，北平市政府统计室，"北平市统计总报告"，1945 年。

警方记录和刑事档案揭示了一个事实。

抗战爆发之前和日伪统治时期的北平，一直都存在一个巨大的市场，买卖妇女的生产能力、生育能力和性能力。这种持续的对妇女的需求，培植了人际关系的网络和服务，满足了买卖妇女的活动。这些需求和服务还催生出明显的亚文化，允许人们探索传统家庭环境之外的妇女劳动的价值。市场使再婚、纳妾、重婚、私奔、同居、卖淫等选择成为可能，这些都是日常生活艰难所带来的特殊选择。这些选择往往损害了家庭的体面；但身处困境的妇女可能会发现，这对她们以及市场和亚文化群体而言，是某种解脱而并非不堪。其中一个原因是，通过选择上述任何途径，妇女都有可能把自己从迫在眉睫的贫困危险或无法忍受的关系中拯救出来。此外，买卖妇女的市场和亚文化并不排斥家庭的本质意义，家庭依旧是最终的经济安全网和稳定感情关系的港湾。买卖妇女的市场和亚文化为妇女提供了一种暂时离开家庭生活的可能,但是妇女不至就此沦为绝对的社会弃儿。同时,买卖妇女的市场和亚文化还创建了一个由朋友、邻居和媒人共同参与的更大"代理"家庭,这些人可能会引导妇女进入一个新的家庭、婚姻或更稳定的关系。因此,买卖妇女的亚文化,作为"更广义层面文化下一种情况尚可且无大碍的组成部分",[1]对于占主导地位的家庭价值观并未进行彻底否定,而是对它们进行重新解读,以适应妇女在困难时期的生存需求。

任思梅的研究展现出民国初期买卖妇女市场的一些新变化。人口流动是多向的,有从农村流向城市,有从边缘流向中心;而另一些人则选择反向流动,以寻找更多的机会。许多犯罪组织利用新增的交通网络,尤其是铁路,突破了人口交易活动的地缘范围,这就产生了针对妇女的跨地区市场交易。[2] 在日伪统治时期,买卖妇女的活动也未曾中断。这一时期的刑事档案表明,战争既没有改变当地人口长久以来性别比例失衡的状况,也没有改变将妇女身体商品化的社会风气。此外,在沦陷的北平地区,蓬勃发展的性交易需要女性的性能力和生育能力,这进一步促进了买卖妇女的活动。

在这种持续不断市场需求的推动下,再加上各种现代交通工具的便利,犯罪组织在这一时期的活动十分猖獗。买卖妇女已成为一种有组织的、设计缜密和专业性很强的犯罪活动,而且活动范围已经超出了本地甚至区域范围。诱拐者运用各种手段来控制受害者,如欺骗、暴力、胁迫等,最简单有效的方法是将受害者带离家人和家乡。距离能够创造机

---

[1] Howard P. Chudacoff, *The Age of the Bachelor: Creating an American Subculture*, Princeton: Princeton University Press, 2000, p.12.

[2] Johanna S. Ransmeier(任思梅),"A Geography of Crime: Kidnapping between Rural and Urban Spaces in Early Twentieth-Century China", paper presented at the Annual Meeting of the Association of Asian Studies, Toronto, March 2012.

会,也降低了诱拐者面对的风险。[1] 一个典型的例子是,1943年3月,35岁的许高氏谋划把16岁的少女唐小龙带出北平,转卖给妓院。唐小龙供称"十岁丧父,后因母双目失明,经伊带领讨饭为生"。一次她在天桥附近行乞时,偶然结识了许高氏。后来许高氏告诉她,"跟伊到张家口贩运小米可以赚钱"。由于当时日伪政府刚刚实行全面粮食配给计划,使得零售市场上的主要粮食短缺,走私粮食可以谋取不小的利润。唐小龙动心,但"说回家告知我母亲,伊说恐怕别人知道也要去,伊无法带领,伊说由伊与我家送信"。唐小龙"信以为真,随跟许高氏同不识人蔚振起及少女吕姓偕往西直门火车站,更有一不识之赵姓老妇在彼守候,经蔚姓带买车票后自行走去"。一路之上,赵姓老妇让唐小龙称自己为姨妈。在他们到达张家口之前,赵姓老妇带着两个女孩在宣化县下车,住进旅馆。随后,唐小龙无意中听到赵姓老妇和别人谈话,得知要把她卖入妓院的打算。唐小龙害怕之余,"乘赵姓睡熟未起之际,我借赴厕小便,乘隙逃出该店至宣化车站,我因无钱购买车票,遂在该处哭泣,适有不识旅客二人向我询问",唐小龙如实讲述经过,"凑钱买的半价车票,搭乘火车返回北京报案"。[2]

　　唐小龙的遭遇和警察局的记录揭示了一些人贩子用来掩盖他们犯罪阴谋的基本伎俩。首先,人贩子会伪装成受害者的家人;其次,为了避免引起警察的注意,他们从不集体行动,还会在不同的车站上车;再次,长途旅行会被分成若干段,团伙成员先从北平最近的车站买单程票上车,如果一切顺利,就会再买票走完剩下的路程;然后,为了避开安全检查严格的北平车站,团伙成员乘人力车到某个中间站上车,完成接下来的路程;最后,团伙成员虽然乘同一趟火车旅行,但往往会

---

[1] Johanna S. Ransmeier(任思梅), "'No Other Choice': The Sale of People in Late Qing and Republican Beijing, 1870–1935", p.184.

[2] 北平伪地方法院,J65-7-11586,许高氏,1943年。

分坐不同车厢。[1]

在一起案件中,警察于1942年7月4日在前门东站截获一名年轻女子。她被带到当地派出所,经讯问她交代自己叫余四官,现年16岁,为"江苏吴县人,现住该县城内临顿路门牌四百六十号"。在案件记录中,"伊家开设茶馆为生,于六月二十二日经伊母倪氏之女友樊郭氏及素不识人马吉铃,将伊骗来京游逛"。经过两天的火车旅行,他们一行三人到达北平。余四官口供显示,三人下车后,"由马吉铃将伊送到宣外麻线胡同十八号钱元和家中寄居,共住五日之后,经马吉铃同樊郭氏二人送往远东饭店住宿一夜,于次日晨由马吉铃将伊接到大宝吉巷马家稍候多时,复经马吉铃将伊卖给储子营51号田家,身价洋一千元正,并给伊洋二十五元零用"。樊郭氏和马吉铃把钱交到余四官手中,然后径自离开,此时余四官才知道自己已经被卖为娼。而她暂住栖身的田家,"声称不久为娼,并有终身字据,监视不准外出"。余四官"在田家共住三日,于七月四日午后十五时余乘田姓女人午睡,田姓男人与人打牌之际,私自逃出。因伊手中尚有洋二十五元,拟到车站乘车回家。讵到前门车站被女警盘获,此时田姓男人前来车站追伊回去,见伊在女警身旁,该田姓男人害怕逃走"。[2]

在这两起案件中,受害者都是未婚少女,这也印证了周叔昭的发现。为了研究20世纪初北平臭名昭著且司空见惯的诱拐犯罪,周叔昭从当地主要报纸上"犯罪专栏"中登载的案件与监狱里的犯人名单入手,开始收集材料。在获得监狱管理部门的许可后,她开始采访女犯人,希望通过女犯人自己的供述,来揭露犯罪团伙的内幕。[3] 在周叔昭通过采访确认的325名受害者中,97.54%是妇女或少女,最易成为受害者的是那些单身、年龄在15到20岁之间、未受教育和无职业的妇女。周叔昭还

1　周叔昭:《北平一百名女犯的研究》,145页。
2　北平伪地方法院,J65‐6‐2309,樊郭氏和马吉铃,1942年。
3　周叔昭:《北平诱拐的研究》,5页。

发现,大多数受害者是在被诱拐出来后,被卖到妓院的。[1]

警察局一般会保留妓院的营业许可和妓女的个人注册信息,以便核查。这些卷宗表明了妓女的不同出身和阶层。余四官的例子,有助于我们探究妓女地域来源。她的家乡苏州,长久以来是人们公认的明清中国精致繁华之地。苏州一带,文人们吟诗作画,觥筹交错,奢靡的宴会和夜游为世人称道。苏州女子被认为是中国传统女性之美的代表,由此也使得苏州的歌妓闻名全国。这座城市留存了美的文化,在20世纪早期仍然是柔美气质的象征。贺萧曾提到在20世纪初的上海妓女中有着所谓"苏州头牌",上等妓女多来自苏州和其他江南城市,而苏州方言亦成为上等妓院中的"官话"[2]。北平的上等妓女,也几乎为南方的女子,特别是那些苏州女子所垄断。一位外国人观察道:

> 北平的女孩在这方面并不很在行,因为她们缺乏优秀舞女所需的身体条件,她们天生性子慢且害羞。因此,时髦舞厅的经理们会从上海、苏州等地聘请舞女。那里的舞女被认为是中国最漂亮的女孩。[3]

在低等的妓院中,三分之二的妓女来自北平周边地区。最大的外地妓女群体来自河北省。在1912年,有3000多名登记在册的妓女在有营业执照的妓院工作。[4] 在不到10年的时间里,妓女的数量增加了30%,

---

[1] 周叔昭:《北平诱拐的研究》,5页。

[2] Gail Hershatter(贺萧), *Dangerous Pleasures: Prostitution and Modernity in Twentieth-Century Shanghai*(《危险的愉悦:20世纪上海娼妓问题与现代性》), p.54.

[3] I. L. Miller, "The Chinese Girl, 1932", in Chris Elder ed., *Old Peking: City of the Ruler of rhe World*, p.123.

[4] 麦倩曾:《北平娼妓调查》,见李文海主编:《民国时期社会调查丛编:底边社会》,493页。

并一直保持稳定,直到1949年共产党接管这座城市。然而,妓女人口的构成在这一时期发生了变化。从1919年到1929年,上等妓女几乎减少了一半,这主要是由于国民党政府决定将首都南迁,城市的富裕政要和官僚大批离开。[1] 下等妓女填补了"精英"同行们留下的空间。

很多从事买卖妇女的人贩子都深谙拐卖之道,他们手段多、知识丰富、有良好的人际关系,能把被拐妇女牢牢控制在手中。这些人贩子积累了足够的经验,用成熟的策略避开警察的注意,这些经验令他们的犯罪生涯十分"成功"。而一些人贩子本身也从事卖淫业。在余四官的案件中,诱拐她的马吉铃为上海人,"因上海生活艰难,无法维持,将伊生长女、次女均送上海舞台充当舞女,三女现在石头胡同金美院充妓女。"马吉铃与妓院老鸨、管理者、姆妈、厨师、打手和仆人的关系,使得她对妓女的人选和身价颇为了解。因此,她可以与诱拐者和人贩子合作,锁定妓院老板合意的目标。她选择诱拐余四官,不仅因为这个女孩来自苏州,还因为她已经完成了小学教育,能说一口流利的普通话,这些无疑会抬高她的身价。

作为一个人口流动稳定的中心城市,北平不仅是这类犯罪团伙的终点站,还扮演着冼玉仪(Elizabeth Sinn)所说的"中转站"(in-between place)角色。"中转站"一般是交通便利和旅游服务集中的地方,在这里"旅游设施发达,出行自由且安全"。[2] 北平为人们提供了配套的旅行服务——从便利的客运交通到精心设计的住宿设施——这样,男女都可以很容易跨越地理和行政界限来开拓市场需求。随着时间的推移,人贩子

---

[1] 麦倩曾:《北平娼妓调查》,见李文海主编:《民国时期社会调查丛编:底边社会》,493页。

[2] Elizabeth Sinn(冼玉仪), "Moving Bones: Hong Kong's Role as an 'In-Between Place' in the Chinese Diaspora", in *Cities in Motion: Interior, Coast, and Diaspora in Transnational China*, edited by Sherman Cochran and David Strand, Berkeley: Institute of East Asian Studies, University of California, 2007, p.249.

们扩展了他们的犯罪网络,并且对地理区域和交通路线也更加熟悉。周叔昭提供的统计数字大致描述了诱拐犯罪的地域规模,有超过一半的女性受害者(54.23%)被卖到北平以外的地区,既包括河北一带,也远至辽宁、吉林、山东、察哈尔和绥远等地。[1] 发达的铁路与公路运输,使人贩子能够将妇女拐卖到华北各地妓院集中的地方。

走私商品

1943年农历五月初五这一天,60岁的寡妇刘魏氏到冰窖胡同9号探望侄女李学贞。二人在闲谈时,李学贞提到她的"两姨姐夫"毛宝和家中贫困,现有一事相托。毛宝和"原系拉三轮车"为生,因为"脚烂了",只好赋闲在家,"是以家中生活困难异常"。为了接济家用,毛宝和托李学贞给自己的媳妇毛傅氏"谋事"。李学贞之所以将此事告知刘魏氏,是因为她的这位亲戚"曾由京往张家口贩运布面等物",看似能施以援手。刘魏氏此时也有烦恼,她新近丧夫守寡,这样的家庭变故也影响了她的经济生活,要知道在20世纪早期的北平,守寡几乎就是贫穷的代名词。听完李学贞所说毛傅氏的遭遇,刘魏氏看到了一个赚钱的机会。她和李学贞决定把毛傅氏拐卖到张家口,但要做成此事,首先需要把毛傅氏从家中带出。于是二人告诉毛傅氏,可以在"东城当奶妈","说是每月三十元,并说试工二三日后,就可往家里拿七十元,可以买药治病"。按照北平当时的粮食批发价格,这笔钱可以买10斤米、12斤小麦粉或者24斤玉米粉。[2] 虽然承诺的薪水无法让毛傅氏彻底摆脱经济困境,但对她而言,这份工作仍具有吸引力,因为至少能马上在经济上有帮助。毛

---

[1] 周叔昭:《北平诱拐的研究》,59—62页。
[2] 财政部冀察热区直接税局北平分局,J211-1-4,"北平批发物价调查表",1943年。

傅氏接受了这份工作,毛宝和也应允了这个安排。[1]

1943年8月29日,毛傅氏离开家,但是没有去"东城当奶妈",她被带上了开往张家口的火车,下车之后被送到张家口上埠24号卖与一户张姓人家。留在北平家中的毛宝和盼着用妻子的薪水治病,却始终无法得到她的消息,"钱未寄回,人亦不见",于是他决定找到李学贞和刘魏氏问个究竟。"今日我至李学贞家询问,她言说由他姐家伯母这刘魏氏介绍,赴张家口谋事走去,现在我妻在张家口患病,不能回归等语。"毛宝和觉得其中蹊跷,即刻向警察报案。1943年11月30日,毛保和向北平伪地方法院提起刑事诉讼,以"以赢利为目的诱拐和贩卖人口"的罪名起诉刘魏氏、李学贞。在法庭调查中,刘魏氏承认她在张家口有很多当地的熟人,事实上,在她带毛傅氏前往张家口之前的4个月里,就已经往返过张家口6次。她还提到,自己往返两地"弄点粮食卖",从中牟利。

刘魏氏的商业手段和地域流动性根植于连接北平和周边省份的贸易网络,合法与非法流通的货物和人员在这个区域系统已经流动了几个世纪。例如,清代商人从蒙古和俄罗斯把牲畜、毛皮和鹿茸带到张家口,换取中国内地出产的茶叶、棉布、烟草、丝绸、药材和炊具。[2] 大约在19世纪中期,俄罗斯尼古拉·普尔热瓦尔斯基(Nicholas M. Prerejevalsky)上校在他的旅行日记中写道:

> 在夏天,所有的骆驼都被赶到大草原上吃草,在那里它们换毛,为新的工作恢复体力……贩运茶叶的驼队成为蒙古东部一个非常有特色的景致。初秋,也就是9月中旬,可以看到成

---

1 北平伪地方法院,J65-7-12301,刘魏氏、李学贞,1943年。
2 王玲:《北京与周围城市关系史》,北京:北京燕山出版社,1988年,175页。

群的骆驼从四面八方聚集到张家口,它们备好了鞍,准备驮着4箱茶叶(大约400磅)穿越沙漠。[1]

商品交换把张家口变成了一个具有相当人口规模的多民族共居贸易中心。[2] 京绥线通车后,货运列车很快取代了骆驼商队,并使铁路成为地区贸易的主要载体。[3] 但日本占领和战时经济政策破坏了既有的体制,也助长了非法贸易。

从字面上讲,"走私"是指"一种秘密的经济活动,是未经允许将一种被管制的物品带出和送入某区域"。[4] 走私是一个国家标定和守卫其行政边界,严格限制跨境交易活动后的结果。从这个意义上说,1937年日本的侵略把华北变成了战区,极大破坏了中国主权统一。一旦恢复了和平与秩序,该地区便会面对统治政权的加强管束。该地区是张家口与北平两地贸易交通的交会处,通过这片区域的通道西段由"蒙疆联合自治政府"控制,东段则处于"华北政务委员会"的管辖下。但是,伪政权只能控制城市地区和沿着守卫良好的交通线分布的贸易中心。在这些"点"和"线"之外的地区,政治局势往往更加复杂。

在战时的华北,走私不仅意味着未经授权的跨境交易,而且特指那些发生在沦陷区和由国民党或共产党控制的地区间贸易。当战争爆发时,随着日军的深入,国民党的地方政府被驱逐,在很大程度上由伪政权

---

[1] Nicholas M. Prerejevalsky, *Mongolia, the Tangut Country, and the Solitudes of Northern Tibet*, pp.35－36.

[2] 根据Nicholas M. Prerejevalsky的记载,帝国末期的张家口居住着7万各族居民,包括汉族、穆斯林少数民族,以及"两名新教传教士和几名从事茶叶贸易的俄罗斯商人"。见上书,35页。

[3] 京绥铁路管理局编译课编:《京绥铁路旅行指南》,北京:京绥铁路管理局编译课,1922年。

[4] Peter Andreas, *Smuggler Nation: How Illicit Trade Made America*, p.X.

取代。但是,国民党的残余部队和一批由国民党支持的游击队仍然坚守在一些偏远地区。他们仍保持着军事力量,经常维护社会秩序。而共产党则是第三股力量,尽管他们尽量隐藏了自己的力量,但仍是沦陷区内的一股政治势力。从1938年开始,共产党武装力量成功地渗透进入敌后,并建立了两种形式的势力范围:在"革命根据地",共产党能够维持自身的军事力量,并稳定社会秩序;在"游击区",正规军和游击队不断袭击敌人阵地,这使得共产党成为一股极具威力的反抗力量。割裂的政治地域形势引发了大量的流血冲突,因为各方势力相互倾轧以谋求利益。由于各方都在出台禁运条例,盘查边界,不断增加管制物品名录,凡此种种,破坏了日常的跨境贸易。

另外,跨区域的毒品贸易催生了更频繁、更持久的犯罪动机和走私机会。烟毒,即鸦片、吗啡、海洛因等化学合成毒品,自19世纪初就已经进入中国政治经济学的讨论范畴。政治和社会领导人多次发起"针对烟毒的战争"。然而,烟毒交易不仅一直存活了下来,而且规模已扩大到成为中国经济活动中利润最丰厚的行业之一,成为资金紧张的中央和地方政府看重的可靠收入来源。同时,吸毒还成为一种流行的休闲活动和城市消费文化的一部分。

对于当时中国吸毒成瘾的程度和毒品交易中的货物数量进行量化并非易事,但估计的数字却很多。一个在较大程度上得到认可的统计数据表明,在19世纪最后10年中,大约有1 500万鸦片吸食者,约占中国总人口的3%。[1] 历史学家郑扬文援引了一个统计数据,1935年,在日本侵华前夕,在总数478 084 651人的人口中,有3 730 399人吸食鸦片或其

---

[1] Jonathan D. Spence(史景迁), *The Search for Modern China*, 2nd Edition, New York: W.W. Norton & Company, 1999, p.154。Zhou Yongming(周永明), *Anti-Drug Crusades in Twentieth-Century China*(《20世纪中国的禁毒史》), Lanham: Rowman & Littlefield Publishers, 1999, p.20.

他现代毒品。[1] 在同一年,根据历史学家肖红松和韩玲援引的另一份统计数据,当时河北省(包括北平和天津市)有20万到30万吸毒者。[2] 谈及鸦片生产,中国国民拒毒会在1924年至1925年的日内瓦国际禁毒会议上报告称,中国"年鸦片生产量至少增加了15 000吨,这占到了全球鸦片生产产量的88%"。[3] 北平与3个罂粟广泛种植的省份相邻——北部是热河省,西部是察哈尔和绥远省。抗日战争前的那些年,从察哈尔、绥远到北平、天津等大城市的年运输量达7亿多两。[4]

20世纪早期的统治者,无论是地方军阀、国民党、傀儡政府还是地方当局,都把毒品视作获取税收的权宜之计,也就顾不上考虑其对公共健康的危害了。官员们以"寓禁于征"的名义,对毒品的种植、运输和消费等制定了一系列的税收和罚款。据爱德华·斯莱克(Edward Slack)的研究,1934年至1936年,国民党中央政府的总收入分别为8.96亿法币、10.31亿法币和11.82亿法币;而在这三年中,鸦片税收"各占总收入的11.2%、10%和9.5%,在非借款收入中排名第三,仅次于海关税和盐税"。[5] 在地方一级,毒品税收可以补贴一系列行政开销和社会项目,包括警察、教育、修建堤坝、遣散地方武装、仓储和公共福利;"而这

---

1 Zheng Yangwen(郑扬文), *The Social Life of Opium in China*, New York: Cambridge University Press, 2005, p.186.

2 肖红松和韩玲还引用了美国财政部官员的另一项估计。据美国统计,河北省有鸦片吸食者30万人,海洛因吸食者150万人,吗啡吸食者80万人,其他毒品吸食者20万人。肖红松、韩玲:《民国时期河北省的烟毒吸食问题》,载《河北学刊》2007年第3期,117页。

3 Edward Slack, Jr. *Opium, State, and Society: China's Narco-Economy and the Guomindang, 1924–1937*, Honolulu: University of Hawaii Press, 2001, p.6.

4 肖红松、李真:《抗战时期日本毒化河北实态研究》,载《日本问题研究》,第23卷,2009年第2期,6页。

5 Edward Slack, Jr. *Opium, State, and Society: China's Narco-Economy and the Guomindang, 1924–1937*, Honolulu: University of Hawaii Press, 2001, p.148.

一税收中的最大份额又被用来填补各省军事开支的黑洞"。[1]

蒋介石的南京政权深知鸦片贸易对各省财政的重要性,有意集中实行包税制,希望"剥夺地方军阀割据的根源"。[2] 1935年4月1日,国民党政府宣布了一项有关毒品的重大政策改革措施,即用"绝对禁止"取代了"寓禁于征"。新的禁毒运动誓言要在2年内消除所有危险毒品,特别是吗啡和海洛因,并在6年内消除所有鸦片的生产和消费。[3] 在很大程度上,这是一场彻底失败的运动:"鸦片还是像以前一样可批发和零售,在1936至1938年期间,经营鸦片等的商家没有减少,而是增加了。"[4] 由于毒品交易规模过于庞大,根本不可能在短时间内根除;许多政府官员和烟土贩子都是既得利益者,所以肯定会阻挠禁烟运动。

日本占领华北地区之初,伪政府就放弃国民党"绝对禁止"的禁毒政策,重新实行"寓禁于征"。为了让政府在毒品交易方面拥有近乎垄断的地位,伪政府成立了两个新的机构:"华北禁烟总局",监督鸦片种植、运输和销售;"华北土药业公会",负责制生鸦片,制造鸦片烟具,把鸦片卖给吸食者等。[5] 这些机构的唯一目标是根除未经授权的交易和未经许可的生产和消费,从而确保政府从毒品中获得最大的利润。

鉴于毒品贸易对伪政府财政的重要性,官员们不仅试图垄断毒品贸易,还采取极端措施扩大鸦片种植和改良。例如,绥远省官员向农民免

---

[1] Edward Slack, Jr. *Opium, State, and Society: China's Narco-Economy and the Guomindang, 1924–1937*, p.121.

[2] 同上,p.148。

[3] 有关这场运动的更多信息,参见 Edward Slack, Jr. *Opium, State, and Society: China's Narco-Economy and the Guomindang 1924–1937* 和 Zhou Yongming(周永明), *Anti-Drug Crusades in Twentieth-Century China*(《20世纪中国的禁毒史》)。

[4] Zhou Yongming(周永明), *Anti-Drug Crusades in Twentieth-Century China*(《20世纪中国的禁毒史》), p.83。

[5] 李真:《日本毒化河北实态研究》,硕士论文,河北大学历史学系,2010年,13—17页。

第五章 人口流动与生存手段

费发放罂粟种子,并免除了农民的兵役和劳役。日军甚至一度动用飞机喷洒杀虫剂来保护罂粟田。在张家口,伪政府雇用了170多名全职工人,建成了一座鸦片精炼厂,日炼制能力达115 200两。[1] 在日本占领时期,热河、察哈尔和绥远3个省发展成为主要的毒品生产地,而该地区的2个主要城市——北平和天津——都为毒品提供了巨大的消费市场,并成为毒品运往小城镇的分销中心。

伪政府不仅设立了两个正式机构,还对毒品交易的每个环节颁发许可证,这反映了伪政府决心管控毒品流通秩序。然而,这种垄断并没有如官员们热切期盼的那样成为现实。在热河省的统计数据中,伪政府未能实现绝对控制,例如,1943年热河省的鸦片总产量达到了1 400万两。其中,伪政府收购500万两,另外300万两在省内消费,剩下的600万两"全部走私到外地"。[2] 在蓬勃发展的毒品市场中,走私所带来的巨额利润简直令人无法抗拒。例如,1943年,当官员从普通农民手中购买鸦片时,1两鸦片价值30元左右;当鸦片被贩卖出省时,价格增加到大约60—70元,在北平进一步上涨到150元,最终在哈尔滨可卖到180元。[3]

甚至日本军队也积极参与这种走私贸易。他们经常绕过中国边境检查,为伪满和华北之间的鸦片贸易开后门。利润直接进了日本军队的腰包,伪政府的金库里什么也没留下。[4] 普通百姓,无论男女都通过种植罂粟和走私毒品等来满足市场需求。与粮食等其他官方控制的物资相比,毒品的利润高、更轻、更易隐蔽和存放,是女性走私者的最佳选择。那些人口贩子经常对受害者允诺,为他们提供机会走私鸦片赚钱,这也

---

1 李真:《日本毒化河北实态研究》,29—31页。
2 Zhou Yongming(周永明), *Anti-Drug Crusades in Twentieth-Century China*(《20世纪中国的禁毒史》), p.8.
3 肖红松、李真:《抗战时期日本毒化河北实态研究》,4页。
4 肖红松、李真:《日本毒化河北实态研究》,9页。

是引诱受害者的常用手段。[1]

除了毒品,在战时的北平最受欢迎的走私商品就是粮食。许多因素,如不断恶化的食品短缺,伪政府掠夺性的粮食管控政策,优先考虑军队供应而不是民用消费,还有出于生存本能在黑市倒卖粮食等,都进一步促进了粮食走私。在日伪统治的最初几年里,北平的食品供应和食品价格基本保持了稳定。然而,在表面稳定之下,问题丛生。战争是其中一个原因。军事行动破坏了乡村地区的农业生产。此外,日本人和伪政府扩大鸦片生产的政策,进一步影响了农业生产。[2] 但战时的粮食危机不仅是生产的问题,也是分销的问题。

历史上,北平地区一直依赖从外地调入粮食来满足消费。李明珠(Lillian M. Li)和崔艾力(Alison Dray-Novey)在对清代北京的粮食政策和粮食供应系统的研究中指出,清代的北京面临"华北自然状况不稳定、易受旱灾和洪灾影响的农业环境"。[3] 官员们采取了各种方法,来养活这座城市的所有居民,从皇室贵胄到官僚阶层,再到在清政府统治下上百万的普通居民。通过漕运,每年从南方和其他地区调运粮食入京,保证了粮食总量和品种的多样性。政府管理的仓储体系贮存了大量粮食,如遇天灾人祸,政府可以将这些粮食出售,平抑粮价。官员们通过限制"粮店的规模、位置和库存,来监管粮食市场",同时惩罚囤积和哄抬物

---

[1] 周叔昭:《北平诱拐的研究》,133 页。

[2] 浅田乔二(Asada, Takatsugu):《1937—1945 日本在中国沦陷区的经济掠夺》,袁愈佺译,上海:复旦大学出版社,1997 年。

[3] Lillian M. Li(李明珠), Alison Dray-Novey, "Guarding Beijing's Food Security in the Qing Dynasty: State, Market and Police", in *Journal of Asian Studies* 58, no.4 (1999), p.996. 若要深入研究清代北京和华北地区的食品供应,参见 Li Lillian(李明珠), *Fighting Famine in North China: State, Market, and Environmental Decline, 1690s–1990s*(《华北的饥荒:国家、市场与环境退化,1690—1949》), Stanford: Stanford University Press, 2007。

第五章 人口流动与生存手段

价等行为。最后,主要由私人慈善机构经营的粥厂也在帮助穷人方面发挥了作用。所有的措施都是为了确保"帝都的居民找不出政府在保障民生方面的错误"。于是,居民对于粮食安全的期待"被极大地满足",李明珠和崔艾力看到,"即使在社会问题丛生、民生凋敝的19世纪,粮食问题也并未成为北京地区政治管理的焦点"。[1]

在经过了清朝成功的粮食管理相关实践之后,北平居民一定已经习惯了政府对于粮食供给的严苛手段。然而,在战时,当他们指望政府来保护他们最基本的粮食需求时,却发现战时官员和他们的日本人上级有其优先考虑的对象。战时的粮食政策优先满足军事作战,而不是致力于"满足平民日常生活需要"[2]。日本的战线漫长,粮食需求极大,显然无暇顾及北平居民的日常粮食供给。战时粮食管控由三个机构负责:一是粮食管理所,负责制订粮食供应计划,向地方政府发放粮食采购配额。其次是采运社,负责管理粮食批发商群体。在沦陷区,主要的批发商都是日本私人公司,他们负责从当地零售商那里采购粮食,并沿着铁路把它们运送到粮仓。[3] 最低一级的食品管理机构是合作社交易所,负责建立交易市场,由县长监管。它的唯一任务是组织粮食零售商从农民那里收集粮食,然后把它们运送给批发商。[4]

当日本进一步加强其在华南和太平洋战区的攻势之后,华北伪政府

---

[1] Lillian M. Li(李明珠), Alison Dray-Novey, "Guarding Beijing's Food Security in the Qing Dynasty: State, Market and Police", in *Journal of Asian Studies* 58, no.4 (1999), p.993.

[2] 笔者借用 Pierre-Etienne Will(魏丕信)、R. Bin Wong(王国斌)和 James Lee(李中清)著作中的话。参见 *Nourish the People: The State Civilian Granary System in China, 1650-1850*, edited by Pierre-Etienne Will et al, Ann Arbor: University of Michigan, Center for Chinese Studies, 1991。

[3] 浅田乔二(Asada, Takatsugu):《1937—1945日本在中国沦陷区的经济掠夺》,14—15页。

[4] 同上,16页。

不仅收紧了粮食控制,其他资源,如布匹、燃料、药品、金属制品等也都被认为是军用物资,禁止在市场上自由流通。由于伪政府试图定量配给日常必需品,并限制战时重要物资的流通,导致了黑市大规模扩张。在一个饱受饥饿蹂躏的世界里,粮食成为一种宝贵的资源;因此,黑市为人们提供了一种绕过政府管控获得生存所必需粮食的途径。其他物品的非法贸易在数量和种类上也有所增长。1942年3月边区调查组官员们发布的一组统计数据显示,在北平周边的检查站,查获的物品种类繁多,包括"盐、落花生、铜锡、木料、落花生油、芝麻油、棉花、棉丝、小米、豆类、稻草、小麦、煤球、猪肉、注射液化学药品、染料"等。[1]

日本占领军与傀儡政权认为这种非法贸易是一股威胁战时经济政策和城市安全的破坏力量。当走私者被抓捕之后,会被羁押数日,没收走私的货物。随着黑市的扩大和经济状况的恶化,伪政府为镇压非法贸易而采取的措施越来越严厉。被捕的走私犯可能会面临牢狱之苦,在羁押期间,还可能会受到日本宪兵和中国看守的折磨。在一起事件中,中国警方公开斩首了3名走私犯,并暴尸3日,以警告当地居民从事走私的后果。[2] 但这些严厉的措施并没有阻止人们继续投入非法交易当中,只是迫使人们在计划时更加隐秘和周全,采取更有创造性的策略,以避免在途中引起执法者的注意。

各种政治派别的机构和个人都积极参与了黑市交易。例如,共产党提高了收购价,吸引沦陷区的农民前来出售他们的产品。[3] 国民党通过在城镇、商业组织和交通设施中设立相关机构,来建立发展一个相当广

---

[1] "华北治强总部第三次治运成果",载于北京市档案馆:《日伪在北京地区的五次强化治安运动》,305—306页。

[2] 关清贤、李善文:《密输犯:反抗日本侵略者的经济封锁》,见《文史资料选编》,第38辑(1990年),162—164页。

[3] 浅田乔二(Asada, Takatsugu):《1937—1945 日本在中国沦陷区的经济掠夺》,72页。

第五章 人口流动与生存手段

阔的交易网,以此获取所需的物资。个体的走私者包括各色人等,如商人、商店店员、酒店经理、汽车司机、运输工人和流动商贩等。[1] 还有铁路职工,他们帮助走私者避开警察搜查,从中获取利润。[2] 妇女在非法生意中扮演了积极的角色,根据一项对北平至承德铁路沿线走私活动的调查,一些妇女会一次穿上十多条裤子,从而换取更多的粮食。

老舍的《四世同堂》描述了日伪统治之下的市民生活,其中也提到了妇女参与走私活动并从中获利:

> 原来,自从日本人统制食粮,便有许多人,多半是女的,冒险到张家口,石家庄等处去做生意。这生意是把一些布匹或旧衣裳带去,在那些地方卖出去,而后带回一些粮食来。那些地方没有穿的,北平没有吃的,所以冒险者能两头儿赚钱。这是冒险的事,他们或她们必须设法逃过日本人的检查,必须买通铁路上的职工与巡警。有时候,他们须藏在货车里,有时候须趴伏在车顶上。得到一点粮,他们或她们须把它放在袖口或裤裆里,带进北平城。[3]

那些参与黑市交易的男女,并不认为自己是出于政治目的而进行抗日活动,也不觉得自己是在从事罪犯活动,他们只是想在政治危机和经济动荡的特殊时期保住性命。黑市是活跃于官方渠道之外的一种"平行经济"模式,而走私仅仅是另一种求生之道。妇女沿用了战前的市场体

---

[1] 刘昊:《从档案史料看北京沦陷区人民为根据地购运物资活动》,载《北京档案史料》1987年第4期,50—56页。
[2] 关清贤、李善文:《密输犯:反抗日本侵略者的经济封锁》,见《文史资料选编》,第38辑(1990年),228—231页。
[3] 老舍:《四世同堂》,1088页。

系来确定供给和需求,以此度过不断加深的经济危机。

结　语

历史学家艾米·里克特(Amy Richter)曾指出,"铁路不仅使旅行更加便捷,还创造了新的旅行需求"。[1] 19世纪美国铁路的扩张极大地提高了人员与货物的流动性,并"创造出一个新的国家空间","促进了城市、乡村和原野的融合"。[2] 玛格丽特·沃尔什(Margaret Walsh)对20世纪美国长途汽车的研究中也有类似的发现。她认为妇女使用这些新式长途旅行服务,不仅是为了"探亲和购物",也是为了"休闲活动"。[3] 交通运输技术和服务的创新也改变了中国人的经济和文化生活。例如,汪利平阐明,20世纪20年代铁路的开通,使杭州成为邻近上海新兴中产阶级的热门旅游目的地。[4] 如果说铁路和现代公路促进了战前上海的旅游和城市休闲文化的发展,那么它们在日伪统治时期的北平则扮演了另一种角色,即帮助扩大了本地区的黑市交易网络。

战争和日伪统治使华北的政治版图四分五裂。该地区曾被三个伪政权分割统治,但实际情况还要复杂得多。日本人、伪政权、国民党和共产党这四股主要政治力量,都在此地维持了一定程度的军事存在,并建立了行政管理机构。尽管在政治上相互敌对,但是运输体系一定程度上

---

[1] Amy Richter, *Home on the Rails: Women, the Railroad, and the Rise of Public Domesticity*, Chapel Hill: University of North Carolina Press, 2005, p.18.
[2] 同上,p.18。
[3] Margaret Walsh, *Making Connections: The Long-Distance Bus Industry in the USA*, Aldershot, Ashgate, 2000, p.181.
[4] Wang Liping(汪利平), "Tourism and Spatial Change in Hangzhou, 1911 – 1927", in *Remaking the Chinese City: Modernity and National Identity, 1900 – 1950*, edited by Joseph W. Esherick(周锡瑞), pp.107 – 120.

将地区物资流动整合起来,黑市交易蓬勃发展。妇女的性能力和生殖能力也是交易的一部分,具有相当大的市场需求。为了满足需求,拐卖妇女的团伙开辟了一条跨地区的渠道,将妇女从外地带到北平,进入巨大且活跃的城市性产业之中。此外,城市中还有很多交易主要粮食和日常必需品的黑市。货物和人员的流动展现了技术进步、战争和占领等因素,是如何把地方和人民编织于同一张合法或非法的区域经济交易的网络之中。

道路成为速度、效率、生产力和进步的代名词,情报官员视其为战争中宝贵的战略资源。美国军事情报部门密切关注日本军队与日本企业操控的大规模交通运输体系,情报指出,华北交通株式会社"控制了华北所有的铁路、公路和水路运输",[1] 其中,铁路部门经营着 11 条铁路。交通基础设施为日本的战争机器起到润滑剂的作用。特别是铁路,它将煤炭、钢铁和粮食等物资运送到军事要冲,帮助日本军队继续作战。学者的研究既关注铁路公路建设时的复杂过程,也着眼于由交通设施而引发的政治危机与军事行动。他们认为,交通设施是推动中国实现经济工业化国家愿景的重要支柱,也是中国民族主义与外国占领和国际资本主义剥削进行斗争之所在。

正如本章所展示,交通设施在当时的犯罪活动中也起到了重要的作用。铁路与公路确保妇女能穿行于婚姻、家庭和社区之间。妇女离家出走,模糊了合法行为与非法行为之间的界限。当妇女跨过自然和行政边界时,有时出于合法的动机,也有可能是参与犯罪计划。使用铁路与公路出行,对许多妇女的生存至关重要,但是对政府官员来说,日常生活中的跨地区旅行是其行政管理的噩梦,也时刻威胁着城市治安。

---

[1] National Archives and Records Administration, YK – 5674, "Political and Economic Report on North China", Office of State Service, China Theater, July 11, 1945.

第六章　流动的秩序

1944年,郑陈金荣年满18岁,家住北平内一区东观音寺前椅子胡同10号,在一家成衣行做工。她的丈夫郑振有年长她4岁,是前门外南孝顺胡同振大西服庄的裁缝。夫妇二人关系融洽,但是因为与婆家同住一院,难免有些婆媳矛盾,郑陈金荣尤其与大姑子关系不睦。在后来的证词中,她说大姑子"今年26岁,已经出聘了,每天家去竟跟我婆婆说坏话,说我不好,所以我们家里都不和睦"。更加令郑陈金荣失望的是,郑振有不敢得罪自家人,遇事总是袒护母亲与姐姐,郑陈金荣觉得"他们一家子,还有出门子的姐姐尽给我气受;没打过我,时常骂我"。日复一日,婆媳矛盾与姑嫂矛盾不断升级。1944年11月17日,郑陈金荣再次与婆婆大吵一架,"婆母以面茶碗砍其儿媳",幸亏旁人及时劝阻,将二人拉开。当日全家无话,次日郑陈金荣离家出走。[1]

在此之前,郑陈金荣常常去附近"一油盐店购物",于是结识了佣工维英敏,两人有说有笑,关系越来越近。那天郑陈金荣与婆婆吵架之后,随即找维英敏商量办法。根据后来维英敏的证词所言,郑陈金荣"于下午七时余至家找英敏,谓其丈夫请英敏看电影。英敏之母谓其子不在家刚出去,且因该日时值'汪故主席'逝世,停止娱乐之时,颇生疑惑,然亦未深究"。维英敏当日"六时下班回家,饭后七时被同事牛至楼约去,拜看郑凤林,并替家中沽酒,去时将酒瓶放在永顺公",确实不在家中。当晚十一时左右,维英敏回到家中,遇到了在门口等待

---

[1] 北平伪地方法院,J65-9-1747,维英敏与郑陈金荣,1944年。

的郑陈金荣。二人都没有回家,"两人出前门,又回来在天安门马路上蹲了一夜"。当夜,郑陈金荣对维英敏说她不愿回家,要他帮忙离开北平。按照郑陈金荣的计划,她准备起身前往天津找她的姑妈,但是当二人乘车来到天津之后,郑陈金荣找寻姑妈未果。在接下来的几天里,郑陈金荣和维英敏再次搭乘火车,出入于车站、旅店,在大街上到处闲逛。二人最后在距北平80公里的落堡站下车,来到附近的青云镇,入住一家客栈。不料当夜正值保安队巡查,警察发现二人可疑,遂将他们拘留。

郑陈金荣的经历表明,一旦妇女决定离家出走,她们的冒险经常跌宕起伏。离家出走也经常导致妇女建立新的婚姻关系,以及穿行于不同的社区、地区、城镇或乡村,以期逃离原来的生活空间。有若干因素有助于妇女将离家出走的想法付诸实践:想要逃离令人不快的家庭处境或极度贫困的生活的意愿;不断扩大的交通运输系统和改进的旅店设施等有助于安排出行;此外,社会环境发生了改变,允许妇女在公共空间抛头露面。郑陈金荣一案中,警察调查和法庭讯问为我们提供一个窗口,来分析从清代法律观念到新的民国法典如何重新考察妇女在公众面前扮演的角色和遵从的规则。清代的性别规范认为,妇女一旦离开家庭内闱与陌生男性接触,就会被引诱做出不检点甚至淫荡的行为,破坏了基于"内外有别"的性别道德秩序。[1] 20世纪早期的改革运动否定了这种性别空间的划分原则,改革言论赞扬妇女在家庭领域之外的潜力,并敦促她们为家庭和国家经济做出积极的贡献,鼓励妇女进入公共领域追求教育和职业的机会。除了重塑性别规范的社会改革运动,长达十年的法律改革还承认了女性的自主权和主动性,并放松了公共场所内两性社会交

---

[1] Weikun Cheng(程为坤), *City of Working Women: Life, Space, and Social Control in Early Twentieth-Century Beijing*(《劳作的女人:20世纪初北京的城市空间和底层女性的日常生活》).

往的限制。

虽然20世纪早期的妇女解放运动大大打破了清代禁止妇女进入公共生活的观念障碍,并且承认妇女可以正当进入和使用各种城市空间,但依然担忧妇女的不当行为,以及这些行为对城市社会和道德秩序构成的威胁。在郑陈金荣一案中,离家出走、婚外关系和性接触都是其冒险(或不幸)经历的重要节点。城市管理者、社会改革者、立法者和研究者担心,这些成问题的和混乱不堪的行为将危及社会道德和家庭的完整性。战争和北平的经济危机使情况更加复杂,妇女从事的犯罪活动破坏了城市的安全秩序。为了应对这些挑战,市政府努力建立起一个复杂的控制系统,来打击犯罪和监控人民的迁移和活动。这一系统中标志性的项目包括第三章讨论的以社区为基础的保甲制度,以及本章讨论的中心——户口和身份证。这种新的多层控制系统使有关部门能够捕获嫌疑人、发现诱拐策略、确定贩运路线、找到罪犯的藏身之处,并及时实施抓捕。正是通过庞大的安全机构和措施,以及在饱受战争蹂躏的城市中维护法律和秩序的野心,战时的国家得以在居民面前展现它的全部力量。

史谦德认为,在北平,"警察队伍就是大街小巷和大杂院的政府"。[1] 在很大程度上,由于警察在当地社区有着深厚根基,且他们在管理一个复杂城市社会方面拥有丰富经验,是城市治理宝贵和不可缺少的财富。但警察于当地居民的形象并非一成不变。20世纪早期是警察机构的形成时期,警察在居民眼中保持着一种家长式的形象。他们建立自己的声誉"并非由于他们有能力把形迹可疑和寻衅滋事者关入日益扩大的监狱系统"。[2] 相反,他们利用自己的权威提出:警察是通过"令

---

[1] David Strand(史谦德),《北京的人力车夫:1920年代的市民与政治》,76页。
[2] 同上,88页。

人信服地行使其代表社会秩序和公民平安的权威",赢得了当地居民的尊重。[1] 虽然警察有足够的机会和理由去干涉居民的私人生活,"北平的警察并不是被设计用来监督家务事的",[2] 史谦德认为,警察的角色是社会调解人而不是仲裁者。

在战时的北平,警察通过记录生老病死等重大事件、打击犯罪和维护社会秩序来继续履行他们的管理职责。此外,在城市环境中,当宗族权威缺失,社团(如工会和妇女组织)衰落时,警察常常作为官方的声音,帮助居民解决家庭纠纷,其功能与邻居一样重要。除了履行管理职责以外,警察还承担着一系列不受普通市民欢迎的任务,如粮食配给、查户口、抓壮丁等。通过执行这些任务,警察队伍也体现了国家令人生畏的力量,从而使自己成为社会不满情绪的一个来源,以及之后共产主义革命的一个主要目标。尽管形象受到了损害,但战时北平的警务工作留下了影响深远的遗产,那就是日益扩大的警察官僚机构和侵入性的行政政策,最终在这些政策的基础上,国家的权力得以建立并扩张。

让我们把目光再次转回妇女离家出走的话题,她们的经历和其他形式的城市犯罪,在现代监控国家的形成过程中,发挥了至关重要但并不明显的作用。妇女的流动性和迁移,挑战了道德传统的行为。她们通过合法和非法交易赚钱的方式,或者仅仅是她们搬家或定居的生活选择等,都促使国家制定出与之相应的管理策略。国家的这种反应深刻地改变了普通城市居民理解国家监管体制,也改变了他们与国家之间互动的方式。

旅行的性别意义

"旅行也仅仅是男人的事情。"卜正民在明代商旅研究中指

---

[1] David Strand(史谦德),《北京的人力车夫:1920 年代的市民与政治》,88 页。
[2] 同上,100 页。

出。[1] 男性统治着道路，除了朝圣、节庆、省亲、庙会等少数场合外，妇女是"没有外出游历的自由的"。明清时期对性别的规范将"外"与"内"严格区分。"外"被认为是外面的公共世界，"内"是家庭内部空间。前者被视为男性的领域，男性可以外出参加科举考试，建功立业，契阔谈宴，以及通过合法或非法的手段获取商业利润等。相比之下，"内"则被强加了一种空间界限，也被赋予了一种文化意义，期望妇女过着一种私人的、安静的、贞洁的和高尚的生活，扮演她们在家庭中的角色和履行家庭责任。因此，如果妇女出现在公众场合，"在男性眼中就变得很成问题和令人恼火"。[2] 男性精英警告称，妇女一旦离开家庭环境，接触到陌生男性，就会很容易受到诱惑，做出错误和不检点的行为，这样的行为会破坏妇德，危及家族荣誉，并在更大的范围内扰乱道德秩序。近年来的研究指出，空间上的隔离更多反映的是"一种修辞上的区别"，而不是"实际的做法"；而"内"与"外"的二元对立在日常生活中并没有牢固确立，而是灵活的、可渗透的和相对的。[3] 尽管存在这样的灵活性，但"内外有别"仍然是一种理想和文化规范，对女性在公共空间的出现制造了敌意。历史学家程为坤认为，北平是"儒家正统学说的堡垒"，也是"政府严控妇女在城市公共空间角色的典范"。[4]

1　Timothy Brook（卜正民）, *The Confusions of Pleasure: Commerce and Culture in Ming China*（《纵乐的困惑：明代商业与文化》）, p.182.

2　Weikun Cheng（程为坤）, "In Search of Leisure: Women's Festivities in Late Imperial Beijing", in *The Chinese Historical Review*, 14, no.1 (2007), p.2;也参见 Susan Naquin（韩书瑞）, *Peking: Temples and City Life, 1400－1900*（《北京：公共空间和城市生活(1400—1900)》）, Berkeley: University of California Press, 2000.

3　Bryna Goodman（顾德曼）, "The Vocational Woman and the Elusiveness of 'Personhood' in Early Republican China", in *Gender in Motion: Divisions of Labor and Cultural Change in Late Imperial and Modern China*, edited by Bryna Goodman and Wendy Larson, p.5.

4　Weikun Cheng（程为坤）, "In Search of Leisure: Women's Festivities in Late Imperial Beijing", in *The Chinese Historical Review*, 14, no.1 (2007), p.24.

第六章 流动的秩序

尽管如此,在郑陈金荣离家出走的时候,自清末以来的改革运动已经极大改变了妇女生活与城市两性交往的秩序。更大的社会改革激发了自由主义理想,使妇女融入公共生活,并帮助她们克服在家庭和社会中的从属地位。因此,诸如学校、娱乐设施和社会团体等公共场所向妇女开放,并鼓励妇女参与政治和文化活动。政治和商业领袖们也试图利用妇女生产劳动这一看似巨大的资源,敦促妇女在家庭以外的领域工作和消费,借此希望妇女能够为振兴萧条的城市经济做出积极贡献。

当然,自由主义运动并没有完全消除保守的社会观点。妇女对于公共空间的意义和功能的要求,以及她们提出要求的方式,仍然会遭到批评和抵制。当地报纸和期刊发表社论和评论,表达对"妇女行为不端"的关切,这些关切有些是基于妇女在公共场所的言行举止,有些只是猜测臆断。[1] 典型的"不端"行为包括妇女观看放荡的表演,在娱乐场所与男性打情骂俏,以及在街头吵嘴打架等。尽管在文化上存在着争论,但女性的公共可见性在不断地提高,用保罗·贝利的话说,构成了"那个时期最显著的社会和文化变化之一"。[2]

与清代不同,民国初期的城市管理者接受了妇女在公共场合的存在,但态度依然谨慎且有所保留,并且从未放弃对男女交往设定一些限制。民国的官员们仍然遵从了一些传统观念,认为政府应该扮演家长式的角色,保护女性免于遭受身体上的危险、男性欲望和不道德影响。为此,他们打算在公共领域内创造出一个家庭式环境,或者换句话说,使公共空间家庭化。例如,不再禁止妇女出入戏园影院,但入场是有条件的,要求男女分坐在不同的区域观看演出,警察则坐在剧场前排靠近舞台的

---

[1] Paul Bailey, "'Women Behaving Badly': Crime, Transgressive Behavior and Gender in Early Twentieth Century China", in *Nan Nü*, 8, no.1(2006), pp.156–197.
[2] 同上,p.194。

指定座位,以起到弹压的作用。[1] 这样一个家庭化的公共领域是一个有秩序、安全、隔离的区域,妇女可以参与公共活动,同时免于与男性有身体的接触。政府重新配置的公共空间不再是一个专属于男性的世界,而是明确划定了一个女性区域。在这个区域内,以前在家庭环境中定义的女性行为准则仍然有效。

无论是明清时期有关男女有别的文化建构,还是民国早期的公共空间内男女社交隔离的管理实践,都是以妇女的脆弱性和被动性为前提的。换言之,女性被认为没有能力进行"自觉、自主的行动",因此没有能力主动建立发展两性关系,如果妇女道德沦丧,那也是男性的恶习和引诱所致。[2] 因此,限制两性之间的身体接触是保护妇女的关键方法,法律和规范就是以此为基础。然而,20世纪30年代在国民政府主导下的法律改革,特别是1935年新刑法颁布,从根本上质疑了妇女在两性关系中处于被动地位的假设,引入了新的概念,也促成了管理公共秩序的新规定。接下来的这起诱拐案件为这种变化提供了一个很好的例子。

1945年7月,北平笼罩在一片不安的气氛中,历时8年的日伪统治即将崩溃,物价飞涨,食粮短缺,普通市民的生活又面临着新一轮的威胁。不过,对于44岁的家庭妇女杨王氏而言,这些麻烦倒在其次。她的丈夫杨兰秀是一名律师,生活还能维持,真正让她头疼的是她18岁的女儿杨占英及其相好——22岁的张克贤。杨王氏不同意女儿交这个男友,为了断绝两人的来往,杨王氏干脆将女儿送到亲戚家居住。不料女儿竟然离家出走,

---

[1] Weikun Cheng(程为坤),"The Challenge of the Actresses: Female Performers and Cultural Alternatives in Early Twentieth Century Beijing and Tianjin", in *Modern China* 22, no. 2(April 1996), pp.219; Zhiwei Xiao(萧知纬),"Movie House Etiquette Reform in Early-Twentieth-Century China", *Modern China* 32, no.4(October 2006), p.516.

[2] Weikun Cheng(程为坤),"In Search of Leisure: Women's Festivities in Late Imperial Beijing", in *The Chinese Historical Review*, 14, no.1(2007), p.24.

第六章　流动的秩序

多日不见音信。7月7日这天,杨王氏接到亲戚打来的电话,说发现了杨占英的行踪,她正在张克贤姐夫宋立本家中。杨王氏闻讯赶到宋家,闯进大门,一头撞见神色慌张的张克贤和满脸惊恐的杨占英。杨王氏在争吵中得知女儿已经在此潜藏多日,想到这期间可能发生的一切,愤怒和羞愧让她"心如刀刺",她情急之下喊来警察,将张克贤等一并拘捕。十天之后,杨王氏向法院提交诉状,控告张克贤诱拐其女。[1]

在她的证词中,杨王氏指控张克贤"对于邻女时常用引诱手段,被其欺骗者颇不乏人"。他的"淫荡成性"和"土匪之行为"威胁了她的家庭稳定,"对社会有害"。杨王氏在谴责张克贤放荡虚伪的同时,称赞自己女儿的纯洁、道德和孝顺。她声称,她的家庭"向重礼教二字,对于子女平日管教甚严,凡属邻居无不闻知"。在这样一个传统的家庭里长大,杨王氏说她的女儿是一个听话孝顺的女孩。为了进一步证明女儿的品行端正,杨王氏举了一个例子:"张克贤骑车向我女调戏,我女不依,由郭姓姑娘说合了结。"在提到与张克贤发生性关系时,杨王氏强调,她的女儿"一时糊涂",屈服于张克贤的欺骗和威胁。用她自己的话说,"况民家教甚严,决不敢轻易允从……足证系受被告之欺骗胁迫,而始受其诱拐也"。杨王氏请求法官严惩张克贤,"以挽颓风"。和杨王氏一样,20世纪40年代在北平地方法院,许多人会在证词中援引孝道和贞节等传统道德规范,来捍卫妇女的清白;他们还重申了许多传统说法,将女性道德沦丧归咎于男性的欲望。

相比之下,包括杨占英在内的大量离家出走的妇女,公开挑战"妇女是受害者"的传统观念,将她们的活动描述为追求社会和性自主的自愿选择。她们的叛逆证词和法院的回应等,揭示了通过改变立法和行政手

---

[1] Paula Paderni, "I Thought I Would Have Some Happy Days: Women Eloping in Eighteenth-Century China", in *Late Imperial China* 16, no.1 (June 1995), p.6.

段来应对关于妇女主动性的新认识。在杨占英一案中,警察抓捕张克贤时,将杨占英一并带到当地派出所进行讯问。当警方问及二人关系时,杨占英说:

> 我时常去邻居郭淑贞家中串门,因张克贤在郭淑贞院内居住,我与张克贤因之认识。后来我二人因说话感情很好;我愿嫁他为妻。我向姑母胡姓说知(嫁张克贤),令姑母向我父母提说,我父母不允。后来我二人即在东方饭店奸宿,以后又到他处续奸,现已怀有二月身孕。本年旧历五月初一日,我到崇文门内大街我表伯父陈姓家内居住,至七月二日我又到张克贤之姐夫宋立本家内居住。昨天我父亲之友人王姓将我找回,我住于王姓家内。今天王姓将送回我家,我听我父亲说他找人非打张克贤不可,是我惧怕,又走出到宋立本说知前情,求他想主意,适我父母又到宋立本家内向我及张克贤殴打,到案。

284　　杨占英的证词提供了一个完全不同的版本,讲述她与男友的关系,几乎推翻了杨王氏所有的指控。她说自己爱上了张克贤,并自愿与他发生性关系。她没有被诱拐或引诱,离家出走是因为父母反对她与男友的关系。像杨占英一样,许多离家出走的妇女在司法官员面前,使用很直白的语言描述有关求爱、性和私奔的行为,这恐怕令她们的家人羞愧难当。但是,20世纪40年代,离家出走的妇女在法庭上讲述私人性爱的方式,既不同于传统法律文献中女性的刻板印象,也挑战了父母关于女性受害和男性欲望的主张。

如何裁决妇女的性行为,揭示了从清代到民国刑事调查中法律对妇女的不同处理。如果杨占英生活在清朝,她将面临严厉的起诉。妇女如何回应男性的追求,受到法律的严格审查。《大清律例》规定,如果一名妇女是"被卖者",那么会"不坐",并"给亲完聚"。[1] 但如果该妇女出于自愿,即所谓"和诱",将会被追究刑事责任,减等处罚。为了解释在清代法律框架下妇女所面临的法律保护和刑事责任,黄宗智(Philip Huang)引入了清代视妇女为"消极的抉择实体"(passive agency)的立法解释。男性被认为是"积极的自主体"(the active agent),而妇女则通过同意或抵制男性的追求来维持她的主动权。换句话说,就如黄宗智所言,"法律认为,他是主导者,她是追随者。当然,她也有一定的选择余地,但仅限于我们所说的'被动代理':她可以抗拒,也可以屈服"。[2] 这些对诱拐定义的法定限制使妇女处于一种进退两难的境地。如果一名妇女接受诱拐者而放弃其受害者的身份,她将不得不面对被判为共犯的可怕后果,并将受到刑事惩罚。"法律保护了她们说不的'权利',"黄宗智解释说,"但若她们没有说不,就要承担刑事责任。"[3]

新刑法声称否定了清代的法律,它支持妇女作为能够自觉自主行动的独立行为人的新观念,从而重新定义了妇女能否主动参与两性关系。杨占英案的起诉书反映了新的立法原则。起诉书写道:"有杨兰秀之女杨占英者(未满二十岁),时去其院邻郭淑贞处玩耍。因与被告相识,日久感情渐密,相约为终身伴侣。于本年三月间,在东方饭店成奸,杨占英从而怀孕,商其父母不允与被告结婚。至七月间,二人同至宋立本家中隐匿,以冀各遂所愿。"由此可见,法院并不认为杨占英是一个被动的受害者;相反,正如最后一句话中着重强调的,在二人的关系中,杨占英是积极的参与者。立法者和法律以对女性自主性的认识取代了清代女性

---

[1] Jones William(钟威廉)译, *The Great Qing Code*(《大清律例》), p.258.

[2] Philip C.C. Huang(黄宗智), *Code, Custom, and Legal Practice in China: The Qing and the Republic Compared*(《法典、习俗与司法实践:清代与民国的比较》), p.166.

[3] 同上,p.175。

"被动代理"的观念。这种权利不仅仅是女人对男人的追求说"是"或"不是"的权利(毕竟,清朝的法律也赋予了女人这种权利);根据新的刑法,她有充分的能力积极行使她的意愿。在杨占英的案例中,这种对妇女自主性的新概念转化成了司法官员的观点,即杨占英是有意识地决定与一个男人建立关系。

在对妇女自主性的新认识下,性别隔离变得不再有必要了,因为妇女可以做出自己的选择。从20世纪20年代末到30年代初,政府相继取消公共场所不允许男女杂处的禁令。例如,剧院允许男女在观看演出时坐在一起。正如前文所言,茶馆和餐馆不仅接纳了女性顾客,还雇用女招待为男性顾客服务。从那时起,政府管理不再试图把妇女限制在家庭住所或家庭式公共空间之内。现在,法律和法规使妇女在北平的公共场合存在合法化。

四海为家

公共场所内日见增多的妇女身影,是席卷现代中国城市渐进但深刻的社会改革运动的结果。改革家们认为,妇女在公共场所抛头露面有助于搭建桥梁,使妇女从顺从走向自主、从遵守孝道走向注重个人、从经济从属地位走向独立自主。为了解释这种转变,历史学家习惯于把精英视为推动社会改革向前发展的主要力量,这些精英包括倾向改革的官员、自由主义知识分子、革命积极分子、女权主义活动家、企业家、文化名人(比如那些践行新文化理念的电影明星),等等。精英们被视为这一重大改革背后的幕后策划者,而以精英为中心的叙事认为,正是通过精英们设计和推动的各种机构,如政党、学校、百货商店和电影院,底层妇女才敢于进入公共领域。在精英们孜孜不倦的引导下,底层妇女学会理解某种女性身份——不再局限于家庭环境,而与

第六章 流动的秩序

公共生活密切相关。[1]

然而,刑事档案把底层妇女置于社会变革运动的中心,她们不再被动接受精英传递的自由主义理念,而是主动在生活实践中尝试女性新身份,改变城市公共空间。在很多情况下,底层社会的妇女走出家门,游走于不同的空间,她们的所作所为打破了体面与粗野的界限。这些行为赋予公共空间新的含义,并深深震撼了那些试图把公共空间开放给女性的精英分子。在下面的例子中,底层妇女以一种充满争议的方式,将特定形式的城市公共空间当作庇护所。这种公共空间就是旅馆,大多数是建在很普通街区的廉价旅馆和路边旅店。当富有进取精神的妇女和男性一同离家出走时,这些住宿地点就成了他们路途中一个临时的家,一处可以提供饮食和休息之处的过渡性场所。然而,就警察而言,这些地方也是容纳犯罪分子,滋生不道德行为的温床。

1946年6月的一天,几名警察来到内二区辟才胡同集贤饭店,将饭店经理李瑞芝带回分局问话,警察怀疑他涉嫌参与一起诱拐案。此案的受害者是一名27岁的女子,名叫王惠贞,向警方报案的男子是她的丈夫,30岁的梁济民。两人长期在集贤饭店包房居住。梁济民告诉警方,最近王惠贞不辞而别,他怀疑是李瑞芝从中相助,帮她找到藏身之所。在审讯过程中,李瑞芝坚决否认诱拐指控,并向警方讲述了他所知道的这对夫妇所谓的复杂关系。据李瑞芝供称,梁济民靠变魔术糊口,白天

---

[1] 有关20世纪早期改革运动中精英女性的声音,参见Christina Kelley Gilmartin(柯临清), *Engendering the Chinese Revolution: Radical Women, Communist Politics, and Mass Movements in the 1920s*; Zheng Wang(王政), "Gender and Maoist Urban Reorganization", in *Gender in Motion: Divisions of Labor and Cultural Change in Late Imperial and Modern China*; Joan Judge(季家珍), *The Precious Raft of History: The Past, the West, and the Women Question in China*(《历史宝筏:过去、西方与中国妇女问题》); David Strand(史谦德), *An Unfinished Republic: Leading by Word and Deed in Modern China*, Berkeley: University of California Press, 2011。

经常外出表演,留下王惠贞独自一人待在饭店。这对夫妇相处得并不好,经常吵架。在集贤饭店逗留期间,王惠贞曾经出走一次,一连三天未归。还有一次,王惠贞试图吞服鸦片烟泡自杀,后被救下,送往附近医院,"灌救脱险"。听了李瑞芝的供词,警方将注意力转向夫妻二人的关系,接下来的审问揭示了一系列家庭矛盾。[1]

按照梁济民的口供描述,他与王惠贞最初在青岛相识。当时梁济民住在连升客栈27号房,10月间王惠贞也来到该店居住。大约11月中的一天,梁济民"叫茶役找来野妓在我屋住了一宵走去,彼时王惠贞看见由屋中走出一女的"。但是召妓这件事并没有让王惠贞远离梁济民;相反,她有意接近,几次三番与梁济民闲谈,有时劝他找个女人结婚,有时说要和梁济民学变魔术的手艺。一来二去之间,两人关系愈发亲近。王惠贞却有不同的说法:"缘我于去年十月间与我干姐胡惠英由上海跑青岛做买卖,住在青岛连升栈十一号房时,梁济民亦住该栈。彼时我干姐姐胡惠英与梁济民交上朋友,于去年十一月二十二日梁济民与胡惠英要到济南结婚,叫我送他们去。彼时与我友人青岛警察局特高股股长高雷商量,是否送他们去,他说别受他们欺骗,我说我不是孩子,不能受他们欺骗,即与梁济民、胡惠英赴济南。"无论是在何种情形之下,二人来到济南之后,于1945年2月订婚,并于1945年5月27日,在济南举行集体婚礼。王惠贞又供:"结婚后一个月,感情破裂,他又有外遇。经我调查,他与同行人周玉山之女儿周秀兰(即现在同居之周秀兰)发生关系。彼时,我一时气愤,意图上吊身死。经梁济民之父发觉,将我救下。"但是事情还没有结束,"隔约一礼拜,梁济民预备带周秀兰,瞒着她父母要到济宁。彼时梁济民与车夫互相揪打,曾到法院,所以未到济宁,预备要到北京"。

---

[1] 北平地方法院,J65-13-3651,梁济民,1946年。

第六章 流动的秩序

1946年3月,梁济民、王惠贞等一行数人到达北平,先后入住几个旅店,不过此间二人关系并未改善,矛盾时有发生。其中一次,"梁济民给周秀兰买一件单衣服,我说为何给她买不给我买,因此梁济民叫我将衣服脱下,用绳子蘸水,将我殴打甚重"。稍后,梁济民带王惠贞等在中南海公园划船,船到湖心之时,可怕的事情发生了。梁济民后来声称是王惠贞企图投水自杀,但王惠贞却坚称是梁济民故意把她推入湖中。事发之后,王惠贞被再度救下,但是二人还在纠缠不休。王惠贞又供称,在辟才胡同集贤饭店内,"时因为我将无线电弄坏,他将我毒打。我想实难忍受,买了二十元烟泡吞服。经小姑娘发觉,告诉梁济民,将我送往医院,灌救脱险"。稍后,二人之间冲突再起,"于上礼拜梁济民叫我跟他跑张家口,我说太冷,不料他又欲将我殴打辱骂",这一次王惠贞离开梁济民出走,投住另一家旅馆。她先是想离婚,但是又觉得自己"实堪可怜,迫于无路,遂又将衣裳变卖,买了大烟六十元",写了遗书,准备寻短见。不料梁济民已经报警,警察也在例行巡查之时将她拘捕。

从此案来看,在大约两年的时间里,王惠贞和梁济民旅行经过3个省份的数个城市,住过多家旅店客栈,包括青岛连升客栈,济南的中华旅馆与长发旅馆,北平的天泰栈、万德店、天达店、集贤饭店、中佑饭店等。很明显,交通运输系统,尤其是旅店行业,既满足了梁济民的旅行表演之需,也方便他携妻子出行住宿。北平曾为帝都和曾经的民国首都,也是华北地区商业和文化活动的中心,这里已经开发出繁复的商旅住宿设施,可以为旅行者提供不同管理风格、设施、服务和价格的住宿条件,满足他们各种预算和需求。20世纪初的一本旅行指南把北平的旅店业分为4个等级。[1] 顶级饭店多是外国人经营的豪华饭店,这些饭店主要为

---

[1] 马芷庠:《老北京旅行指南》,1935年,长春:吉林出版集团有限责任公司,2007年再版,229—230页。

外国游客和中国的政商要员服务。[1] 次一等是中国人经营的上等旅馆，为客人提供宽敞的房间和免费的膳食。再次是中档客栈，提供的服务与那些价格昂贵的中国同行差不多，但房间通常都小一些，价格也会低一些。[2] 第四等是下等客栈，客人们会自带被褥，合住房间。有些地方在冬天甚至允许客人通过打扫、挑水、生火等来折抵房费。[3] 小旅店提供了一种比市内其他价格昂贵的旅馆更经济实惠的选择。

除了这4个等级的旅店外，还有一种独特的住宿设施，被称为"小店"，这里是城市中日渐增多的底层人口的栖身之地，如果没有小店，他们或将无家可归。当地历史记载显示，以住户的背景和经济条件而论，有很多住宿设施属于"小店"一类。其中最高级的是"火屋"，或称"火房子"。其客人大多是城市贫民，依靠微薄的收入过活，包括街头小贩、苦力、人力车夫和四处流动的剃头匠。小店的经营者为他们提供房间，住户们凑钱购买基本的厨房用具，准备每日饮食。次一等的是"花子店"，当地人也称它为"鸡毛店"，因为店里的床铺上都"铺着鸡毛"以供人取暖。这里肮脏的环境常使观察者感到震惊。一位去过鸡毛店的外国人这样写道：

> 这个特别的建筑仅由一个大堂构成，大堂中的地板上铺满了厚厚的一层鸡毛。那些无处可去的乞丐、流浪汉就在这个巨大的宿舍里过夜。男人、女人、小孩，老年人和年轻人，毫无例外地都可以住进鸡毛店，好像一个共产主义大家庭。在这一大

---

[1] 蔡万坤：《由会馆、驿站发展起来的旅馆业》，见杨洪运、赵筠秋编：《北京经济史话》，北京：北京出版社，1984年，116页。

[2] 吕永和、张宗平译：《清末北京志资料》，417—418页。

[3] 赵润田：《旅店业拾零》，见北京市政协文史资料研究委员会和北京市崇文区政协文史资料委员会编：《花市一条街》，北京：北京出版社，1990年，135—138页。

片鸡毛上过夜的时候,每个人都安顿好自己,尽可能地把他的"窝"铺得舒服一些。黎明来临的时候,大家必须离开,有一个鸡毛店的管理人会站在门口收租金,每人每晚的费用是一个铜板。毫无疑问,根据平等的原则,半价是不可能的,孩子也必须支付和成人一样的费用。[1]

这里住客的背景各不相同,包括季节性短工、乞丐,以及那些来自农村,不久前由于战争或自然灾害而失去了生活来源的难民。在这个多样化的群体中,有时人们靠打零工赚钱,但更多的时候,他们靠翻捡垃圾,上街乞讨,或是去当地慈善机构开设的施粥场维生。

20世纪初,大多数中国人经营的旅店都不接待女性顾客。[2] 当他们最终允许女性入住时,治安部门要求店方密切关注涉及女性的卖淫和其他非法行为,警察也经常对旅店进行突击检查。这些监控措施导致旅店,特别是低等旅店,在大众心目中与犯罪和不道德活动永久地联系在一起,例如,警方总是强调旅店的房间经常被用作性交易的地点。在上述王惠贞一案中,她在梁济民入住的连升客栈内偶然撞见其留宿暗娼,但并未报警或通知店方。按照梁济民的口供,"隔约三四天的晚上,我没事在茶役屋中待着。有一茶役问我变手绢是怎么个意思,我告诉茶役毛病在哪里,给他们变了瞧了瞧。正在变的期间,王惠贞亦到茶役屋内,正看见变手绢",于是二人开始闲聊。来言去语之间,说到了梁济民的魔术手艺和收入,"又问我一天能挣多少钱,我说一天挣百十元钱"。王惠贞

1　Evariste Regis Huc(古伯察), *The Chinese Empire*, London: Longman, Brown, Green & Longmans, 1855。源自 Chris Elder ed., *Old Peking: City of the Ruler of the World*, pp.152 - 153.
2　Richard D. Belsky(白思齐), *Localities at the Center: Native Place, Space, and Power in Late Imperial Beijing*(《地方在中央:晚期帝都内的同乡会馆、空间和权力》), Cambridge, MA: Harvard University Asia Center, 2005, p.237.

颇为羡慕梁济民的本事和收入，表示愿意跟着学变魔术，然后离去。几天之后，王惠贞又来到梁济民屋中闲坐，看见他正在修理几件首饰。王惠贞一边摆弄首饰，一边说道："前几天来的那女，混事住宿，招一身病不是更难了吗？"经过一段时间后，王惠贞劝说梁济民结婚，并暗示愿意和他在一起。在此案中，梁济民在其他住客和旅店伙计眼皮子底下召妓，但似乎没人觉得这种行为是违法的、不道德的或不寻常的，这似乎印证了警察的观点——旅店在道德上是个模棱两可的空间。

贺萧对20世纪早期上海卖淫的研究中提到了一种被称为"开房间"的日益流行的做法，即顾客把妓女带到旅店进行性交易。[1] 显然北平也存在这种状况，旅馆、餐厅和妓院聚集在一起，构成城市的娱乐区。前门地区就是一个很好的例子。15条街上有250多家妓院，还有40家会馆和几十家旅店。[2] 旅店离妓院很近，客人可以非常容易地获得性服务。周叔昭在研究诱拐犯罪时曾经采访过一名妓女，她说通常她每天接待10到20位顾客，但如果生意不多，她会按照顾客的要求，到旅店房间里提供服务。[3] 旅店也同样为其他形式的性接触提供了便利。刑事档案显示，妇女为了不受家人和邻居的监视，会前往旅店与情人幽会。此外，骗子、扒手、抢劫犯、绑架者和其他犯罪分子也利用旅店的隐匿性，来掩盖一系列的非法活动。在某些情况下，旅店老板和经理本身就可能是犯罪团伙的成员。周叔昭发现，人贩子住在专门的旅店里，这些旅店装有暗门和楼梯，在警方突击搜查时，人贩子可以把受害者送走或藏匿起来。旅店的伙计有时也充当中间人或介绍人，帮助人贩子找到潜在买

---

[1] Gail Hershatter（贺萧）, *Dangerous Pleasures: Prostitution and Modernity in Twentieth-Century Shanghai*（《危险的愉悦：20世纪上海娼妓问题与现代性》）, p.115.

[2] 张金起：《八大胡同里的尘缘旧事》，郑州：郑州大学出版社，2005年，16—18页和233页。

[3] 麦倩曾：《北平娼妓调查》，见李文海主编：《民国时期社会调查丛编：底边社会》，506页。

家,并用一些虚假承诺诱骗受害者。[1]

为了解决这些问题,警方规定禁止妓女在旅店拉客。住店客人不能把妓女带回房间,也不可留宿妓女。警察还禁止旅店接待独自旅行的妇女入住。[2] 此外,旅店应该及时报告"客人违反治安规定,旅馆更换雇员,私带枪支,有拐骗妇女儿童的可疑分子或与人私奔的妇女,外国人以及传染病患者投宿,等等"[3]。违反警察规定者,轻则处以罚款,情形严重者会被暂停营业或吊销执照。但目前我们尚不清楚这些规定的执行到底有多么严格。甘博指出:"尽管有警察局的规定,但我们仍会听说,许多旅馆仍然有暗娼甚至有在旅馆正式登记的妓女进出。"[4] 王惠贞与梁济民一案表明,旅店客人经常无视规定,管理者也不认真执行各项管理措施,只要没有引起警方的注意,他们会对各种违规情况视而不见。在短短两年多的时间里,王惠贞和梁济民多次打斗,王惠贞也曾多次试图自杀。这些事件都发生在旅店管理者的"监视"之下,但店方从来没有向警察局报告过。

登记制度

据警方称,"一般盗匪作奸犯科,恒利用警察不便检查女子身体","联络不肖女子,代其运枪贩毒"。[5] 当人们意识到犯罪活动频繁涉及妇女时,立即出现了组建女警支队的建议。1929 年,上海市公安局率先设

---

1 周叔昭:《北平诱拐的研究》,62 页。
2 北平市警察局,J181-16-52,"北京市政府公安局取缔旅店规则",1934 年。
3 Sidney Gamble(甘博), Peking: A Social Survey(《北京的社会调查》), pp.233-234.
4 同上,p.234。
5 北平市警察局,J181-10-236,"北平市警察局有关组建女子警察队的报告和报刊回复",1946 年。

置女检察员,部署在华界毗邻法租界和公共租界等处。在上海进行的这次试验取得了良好的效果,内政部于1932年宣布在全国范围内推广。女警招聘标准包括:"高小毕业或同等程度,年在18岁以上25岁以下尚未婚嫁,体力及视听力均健全,身高在四尺五寸以上,未受一年以上徒刑之宣告而身家清白"。[1] 1933年3月,北平市公开招考女警,第一批总计18名,经培训之后派驻市公安局工作。[2] 到1937年10月,女警的人数几乎增加了两倍,1942年扩大为一个独立的女警队,共有93名警官。在中国人从日本人手里收复这座城市后,新的市政府重新组建女警队,并将其划归特务大队管辖。配给她们队长1人、队副1人、小队长2人、班长8人、警士20人,共82人。女警设立之初,人员主要留在市总局和各区办公室处理文书工作。后来女警逐渐加入巡逻,负责检查户口登记、管理妓院和妓女、救助妇幼、维持风化等重要职责。从1937年10月开始,她们被派往火车站和城门地区,负责对女性乘客进行搜查。建立一个全部是女性的警察单位,并在以窝藏犯罪活动而闻名的治安差地区,如火车站、城门和旅馆部署警力,这只是官方应对妇女参与犯罪活动的步骤之一。警察部队还发起了治安强化运动,力求建立一个全面有效的治安系统,确保监控人们的活动,发现并制止其他公共场所的犯罪行为。

明清两代的统治者已经认识到人口流动、暂住人口等给社会和政治秩序带来的威胁,为此采取了一系列的措施,建立起一个基于户籍管辖的系统。明初朱元璋的改革可能是针对跨地区人口流动,政府所采取的最雄心勃勃且最激进的控制措施。朱元璋推行的里甲制度,旨在建立一种"完整的人口登记制度,用于衡量每个家庭的劳役与其他徭役",这可

---

[1] 韩延龙、苏亦工:《中国近代警察史》下册,北京:社会科学文献出版社,2000年,680—682页。
[2] 同上。

能是明清时期政府设计和实施过的最极端的管控制度。[1] 用卜正民的话说,有了这种制度,皇帝试图"使王国静止"——"耕者被束缚在自己的村庄,工匠必须为国家服务,商人只负责运送缺乏的必需品,士兵则被派往边塞"。[2] 但朱元璋雄心勃勃的计划在他去世前就失败了,卜正民的结论是,这一规划"所需的空间重组过于繁杂,涉及的移民数量过于庞大,而且(帝国政府)没有通讯手段去追踪这些人的迁移"。[3] 但朱元璋的尝试激发了后来的统治者发展出一种类似的制度用于管理社会,即保甲制度。当然,保甲制度随着时间的推移也逐渐退化。根据萧公权的观点,北平的保甲制度到清朝末期就"停止运作了"。[4] 保甲制度衰落后,政府失去了进行人口普查和预防犯罪的可行手段。据政府官员茅复山回忆,到20世纪初,大多数北平本地居民"从未听说过报户口的事情"。[5] 茅复山写道:

> 我国自从辛亥革命推翻封建清王朝以来,因各派系新旧军阀的争权夺利,连年内战,搞得人民流离失所,民不聊生。一般贫苦无依的劳动人民,大都过着流亡生活,到处流浪,居处无定,户口也从无任何限制,愿去哪里就去哪里,报不报户口都无关紧要,只要当地派出所的警察知道有这户人家就行了。我从一九一七年随同双亲来到北京,直到一九二七年第一次离开北京,从未听说过报户口的事情。所以那个时代的

---

1 Timothy Brook(卜正民), *The Confusions of Pleasure: Commerce and Culture in Ming China*(《纵乐的困惑:明代商业与文化》), pp.19–23.

2 同上。

3 同上,p.30。

4 Kung-chuan Hsiao(萧公权), *Rural China: Imperial Control in the Nineteenth Century*(《中国乡村:19世纪的帝国控制》), pp.66–67.

5 茅复山:《旧中国北平市户政》,见《文史资料选编》,第22辑(1984年),154页。

户口情况,只是警察机关的一种点缀形式。各省市和全国从未有过一个精确的户口统计数字,多少年来总是"四万万"这个概数。[1]

在民国初期的大部分时间里,北京警方没有建立起一个有效的系统来协助他们追踪人口流动的情况。直到1927年4月,市政府才开始改革户籍制度。按照这一制度的设计意图,所有的居民和长期寄居者都被划定成以家庭为单位进行登记。家庭佣工且与雇主共同居住者,则登记在雇主家庭名下。除了以自然家庭单位为基础的户口外,该制度还设立了单独的"公共户口",其中包括生活在政府办公机构、商业设施、会馆、旅店、学校、医院、宗教机构、工厂和妓院里的人。[2] 户籍登记记录了一些重要信息,如户主和家庭成员的姓名,以及个人信息,包括性别、出生日期、出生地、受教育程度、就业、婚姻状况、残疾和地址变化。为了存档,每一张登记卡都有一个政府管理编号,并由办理登记卡的官员填写。[3] 除了常规的登记程序外,警察当局出于安全或政治目的,偶尔会选择某些群体,在他们的登记卡上做出特殊标记。例如,1934年施行的《户籍特别登记办法》规定,对"曾受刑事处分者"加注红色圆圈符号,"形迹可疑者"加注红色方块符号,"素行不正者"加注红色三角符号,"反动分子及汉奸暨制造贩卖吸食暴烈毒物者"加注蓝色方块符号。[4]

为实施户口登记制度,京师警察厅内专门设立户籍室,任命1名总

---

[1] 茅复山:《旧中国北平市户政》,见《文史资料选编》,第22辑(1984年),154页。
[2] 北京市警察局,J181-17-43,"京师警察厅呈报户籍规则",1927年4月21日。
[3] 姚秀兰:《户籍、身份与社会变迁:中国户籍法律史研究》,北京:法律出版社,2004年,129—131页。
[4] 北平市警察局,J181-17-41,"北平市公安局户籍特别登记办法",1934年9月18日。

第六章 流动的秩序

主任、5名分主任、10名稽查员和13名户籍生。各区警察局也有一个户口登记办事处，其工作人员包括1名分主任、1名总稽查员和1组稽查员（其人数将根据该区内的派出所数目而定）。每个派出所有4名户籍生和2名户籍警。[1] 户籍室负责处理登记文件，并与其他政府机构协调在社区进行例行的查户口。登记制度为政府提供了关键的人口信息。根据"呈报户籍规则"，有关迁移、出生、死亡、婚嫁、承继、往来、更换户主、住户增减丁口等，须在三日内报告。如遇更换户主，居民须申报"新户主姓名及更换原因"。公共场所的人口统计尤为重要，该规定明确要求"会馆之住馆人，旅馆、行栈、公寓、小店、妓馆之住客，其增减以循环簿填报。其会馆之掌馆董事或其委任之事务员及长班眷属仆伙，旅馆行栈公寓小店之经理人及其眷属仆伙，妓馆之掌班及妓女仆伙等"均在呈报范围之内，违规者将面临罚款或拘留等一系列惩处。[2] 在战争期间，这些人口统计数据使城市管理者能够制订计划和实施粮食配给制度。

户籍制度还专门设计了一些办法，便于追踪流动人口。人们需要办理"迁移证"，并在搬家前三日以及迁入新地址后三日之内向所在地的派出所报告。如果居民打算离开北平旅行超过三天，或者在北平留宿超过三天的游客，也必须通知警方。此时政府有了一种量化人口变化的工具，并以一种相当准确的方式衡量流动的程度。相关数据显示，1928年，在北平市政府推出户籍制度的一年后，政府官员已经在北平的内城7个区、外城5个区和4个郊区登记了130多万居民。其中大约69 000人迁入北平，或者在城里更换了住处，都在当地派出所进行了户口登记。20世纪30年代中期以后，日本侵略的威胁迫在眉睫，这加速了人口流

---

[1] 北京市警察局，J181-17-43，"京师警察厅户籍室编制办法"，1927年4月21日。
[2] 北京市警察局，J181-17-43，"京师警察厅呈报户籍规则"。

动。例如,1935年,警方向112 644户家庭发放了迁移证,并为100 598户家庭办理了迁入登记。在日本占领期间,人口流动大大放缓。然而,在1937年,每三户中就有一户是在其所在居住区新办理户口登记手续(见表6.1)。

表6.1 北平的人口迁移

年份	总户数	总人口数	迁入 户数	迁入 人口	迁出 户数	迁出 人口
1928	262 173	1 329 602	14 256	69 013	11 378	51 019
1935	303 769	1 564 869	100 598	350 180	112 644	420 333
1937	295 061	1 533 083	98 008	369 881	102 099	416 302
1939	320 259	1 704 000	86 198	340 574	74 401	302 584

资料来源:张文武、孙刚等编:《1928年北平特别市户口调查》,载《北京历史档案》1988年第3期,16页;北京市档案馆藏资料:1949年以前,12-2-132,"北平市政府警察局户口统计",1937年;梅佳编:《卢沟桥事变前后北平社会状况变化比较表》,载《北京档案史料》1998年第5期,28页;北京市档案馆藏资料:1949年以前,12-2-297,"本市各区市民户口统计表",1939年;北京市档案馆藏资料:1949年以前,12-2-297,"市民迁徙统计表",1939年。

户籍制度之所以能够顺利执行,部分原因在于北平市拥有一个相当稳定的行政区划。北平市由3类行政单位组成:市区、郊区和京县。随着中央政府重新划定北平和河北的边界,后两个行政单位的规模历经几次重大变化。但是,在整个20世纪早期,北平这座城市有一个固定的行政边界,这个边界是由其城墙划定的。军阀统治下的市政府将城市划分为2个中心区、8个内城城区和10个外城城区。国民党执政后,新的市政府通过简单地重组现有城区,将城市行政区的数量从20个减少到12个。

北平普通居民当然知道户籍制度的重要性。他们知道,如果没有

第六章　流动的秩序

申领或携带必需的户口登记证明，将会面临严厉的惩罚。下面这个诱拐案例，可以提供一些参照。1943年1月30日，19岁的邵淑英和她49岁的母亲邵张氏、16岁的妹妹邵淑琴因诱拐罪在北平伪地方法院受审。本案受害者是15岁的童养媳李刘氏，她在口供中称，"情因我偷了街坊家的钱，我婆母要打我，我就逃出门来"。李刘氏的婆婆也供称，"情因我这儿媳李刘氏常偷钱买零食，并且偷窃街坊家的钱财，于本月二日我要管束她，因此她畏罪潜逃，我亦在本管段呈报走失人口表"。离家出走之后，李刘氏遇见邵淑琴姐妹二人，随后三人一同来到邵家。此时邵淑琴姐妹的母亲邵张氏正在为大女儿邵淑英的婚事烦恼。原来邵张氏将邵淑英许配北平东郊通县的一户人家，但邵淑英坚持不嫁，于是邵张氏思量着让离家出走的李刘氏顶替自家女儿，去完成婚事。[1]

当然，邵张氏还面临一个更加棘手的问题，她将李刘氏留在家中住了四天四夜，时刻"怕警察查户口"。由于李刘氏没有向警察登记住在邵家，如果遇到例行的夜间检查，必然遭警察盘查逮捕。于是第五天一早，她让自己的两个小女儿陪伴，将李刘氏带到大女儿邵淑英租住的旅馆暂避。邵淑英在天顺楼当女招待，"每逢刮风天，回家上柜不方便，我就在附近开旅馆房间居住"。随即将李刘氏安置在"前门外大耳胡同店内，又住了四夜"。就在邵淑英等准备将李刘氏带往通县之时，她们又碰到另外一个问题，李刘氏离家走得匆忙，没有携带居住证，也就无法购买火车票。无奈之下，1月6日上午，邵氏两姐妹连同李刘氏一起离开旅馆房间，在前门东站前闲逛，"经邵淑琴由一老太太大衣兜内偷了八元钱"，但是老太太的儿子及时赶到制止。火车站是警察重点巡查的区域，因此邵氏姐妹与李刘氏等引来一众警察的注意，日本警察率先赶

---

[1] 北平伪地方法院，J65-7-2124，李刘氏，1943年。

到现场，逮捕了3名女孩。由于这是一起小的盗窃案，日本警察将李刘氏等交由中国警察来处理。经过简短的审讯，李刘氏对所犯之事供认不讳。

此案中提到的查户口，指户籍管理规定所要求的户籍官员定期到居民区核实户籍记录。日伪统治时期的查户口，一般由3名稽查员组成一个检查队，他们的职责按以下方式划分：第一人彻底搜查房屋和住户；第二人把他们召集到院子里，按以下顺序排列：户主、妇女、儿童，以及（如果有的话）仆人和客人；第三人检查每个人的户口登记文件。[1] 在20世纪40年代，伪政权沿用国民政府的检查程序，其"户口大搜查方案"中明确指示警察须密切监督下列人员与事项："形迹可疑之人、私藏枪械及违禁物品、反动图画书类、新迁入之户、新迁入及临时寄居之人"，同时规定搜查处所包括"普通住铺户、旅店、娼寮、会馆、杂居、锅伙、庙宇等"。人员配备以中国警察为主，"各分局职员除值班承审及临时特别勤务外，应全体出动。以职员一员带巡官一员、警长二名、户籍警一名、武装警士四名、侦缉探警二名为一组。搜查重要处所，员警得酌予增加"。"搜查方案"中还特别注明，如遇"外国籍户口（如朝鲜人杂项营业），须商日宪兵队会同实施检查"。[2] 1945年日本投降后，国民党接管了这座城市，继续进行户籍检查以打击犯罪，更重要的目的是镇压日益增长的共产主义活动。检查过程通常涉及几个部门，包括"市警局所属各分局、派出所的户籍员警、警备司令部的士兵、宪兵团的宪兵、国民党北平市党部及所属各级党部派出的党员、三青团派出的团员，以及各区

---

[1] 有关组织一个夜间检查队，参见"北京宪兵队特高课长对实施户口调查的指示"，1941年4月6日。见北京市档案馆编：《日伪在北京地区的五次强化治安运动》，45页。

[2] 北平市伪警察局，J181-14-170，"北平特别市警察局训令：户口大搜查方案"，1940年5月。

的保甲人员"。[1]

除了例行的核查程序外,警察偶尔也会在全市范围内进行大规模的检查,以应对严重的犯罪事件,或作为预防措施来确保节日等特殊活动的安全。例如,在1940年初,北平发生了一系列枪击事件,使得全城处于高度戒备状态。由于日本军事人员和傀儡政府高层每次都是刺杀的目标,警察部门顶着巨大的压力,需要迅速抓捕凶手。警方怀疑一些狙击手可能是从城外来的游击队,躲藏在城内的居民区中。因此,从5月16日到6月15日,警方展开了一系列全市范围的户口大搜查,搜查了居民区内一切与犯罪相关的人员和可疑分子。[2]

1937年之前的国民政府和日伪政权都面临着一个比以往更加复杂、多样化、不稳定,且流动很强的城市人口。两者都认识到,试图禁止人口在空间和社会中流动是不可行的,迁移已成为许多人的日常活动和生存手段。因此,管理者只能建立一个监管系统,使人们的行动更加透明和易于追踪。户籍制度的核心是户口,它给管理者提供了最新的人口信息,以及相对准确的居民区社会和经济概况。后来共产党政权下的户籍制度建立了严格的城乡分界,有效地阻止了城市和农村地区之间人口和社会的流动,与此不同,国民党和日伪政府户籍制度的主要目标,是量化分析人口流动。最终,户籍制度演变为政府实施其他关键政策的制度基础,如税收、粮食配给、卫生管理和预防犯罪等。执法人员努力保障实时更新这一系统,并积极追查那些敢于"钻户籍制度空子"的漏网之鱼。[3]

---

[1] 茅复山:《旧中国北平市户政》,见《文史资料选编》,第22辑(1984年):164页。
[2] 北平市伪警察局,J181-14-170,"北平特别市警察局训令:户口大搜查方案"。
[3] Timothy Brook(卜正民), *The Confusions of Pleasure: Commerce and Culture in Ming China*(《纵乐的困惑:明代商业与文化》), p.29.

即时管理，追踪查验

户籍制度实施后，政府并未停止继续探索控制人口流动的有效措施。市政官员们逐渐认识到户口管理是以居住地为基础的人口管辖方式，这就产生一个问题，总有一些人，比如前述案件中涉及的走私犯、人贩子和江湖艺人，他们不会在一个地方长期停留。事实上，这些人正是通过在不同的居民区和城区间辗转迁移，来逃避政府的监控。其实在很大程度上，整个北平都在处于不断移动之中。这里的居民由于结婚、分居、工作，以及寻找负担得起房租的住房等原因而不断迁移。当人们为了方便或出于需要而频繁迁移，当迁移最终成为一种生活方式，政府被迫寻找一种可以随时随地识别、控制和监控市民的新管理制度。日伪统治加速了改革进程，因为当局试图打击危险的流动形式，如猖獗的非法贸易和日益增多的抗日游击队的活动。在户口的基础上，行政管理者开发了第二种制度，即居住证（还包括旅行证、身份证等）。这两种制度相辅相成，户口将居民变成官僚管理体制中相对静态的统计对象，用于制定人口普查、税收、配给和社会保障等政策；居住证则帮助执法人员辨认出那些相对动态的行为，监控那些经常穿行于家庭、辖区和行政区的个人。

1945年5月7日，北平伪地方法院开庭审理了一起诱拐案件。案发于4月30日，当晚"有分局警长孟有忠会同调查户口，查到厢白旗营三十一号住户唐文贤家中"，命令该户内所有人员到院中集合等待查验户籍。检查进行得很顺利，直到最后一男一女引起了孟有忠的注意。二人并非唐文贤户内居住人员，所以孟有忠要求二人出示身份证件。二人递上居住证，这是一张90×60厘米的小纸片，上面记录了持有者的姓名、年龄、性别、职业和住址。卡片的顶部贴着一张照片，底部有持证者的两枚指印。该男子的居住证显示他名为李云藻，28岁；该女子的居住证上记录为李果淑敏，24岁，自称是李云藻的妻子。就在查验结束，交还证件之时，孟有忠突然觉得"形迹可疑"，证件上李果淑敏的"李"字有挖改的痕迹。经过简短的讯问，该女子承认那个涂改模糊的字应该是"金"，而她本人实为有夫之妇，从夫姓名为"金果淑敏"，现离家出走。随后在警察分局内，金果淑敏供认其夫金文瀛，在蓟县县立医院当院长，二人结婚8年，因夫妻关系不和，所以她自行走出，"与李云藻姘度"。[1]

根据警察局的调查和法庭讯问，金果淑敏与丈夫不和始于1944年。她家住南宽街九号，丈夫金文瀛因要处理医院的各项事务，住在医院的宿舍，不常回家，家中只有她带两个孩子度日。金果淑敏住在院子里的三间南房，另一间南房为李云藻所住。由于丈夫不常回家，金果淑敏时常找李云藻帮忙，做一些搬重物或维修的杂活。李云藻在十八半截胡同甲三十一号一家电料行内做工，未婚，也乐得去金果淑敏家中帮忙，二人关系逐渐亲密。1944年的中秋节，本是阖家团圆之日，金文瀛没有回家，于是金果淑敏就去了李云藻家。二人与一些朋友和邻居打麻将，喝酒；众人纷纷离去后，"我们两个人在他屋里喝酒以后通奸的"。又过了一段时间，二人的亲密关系引起了邻居们的闲言碎语，很快金文瀛得知了此事。1945年4月7日，金文瀛通过房东带给金果淑敏一封信，"言辞很烈"，说要和李云藻当面对质。金果淑敏立刻把这封信给李云藻看。李云藻心中害怕，决定去老家张家口暂避风头。稍后，金果淑敏也离开北平，"找着李云藻在客栈住宿，于本月29日由张家口回归至清华园下火车，即投宿住唐文贤家内，不料警察到案"。

如果案件发生在四年前，那么涉案之人将难以安排长途旅行。当时

---

[1] 北平伪地方法院，J65-13-3737，金果淑敏、李云藻，1945年。

日伪政权颁布了一项规定,要求所有旅行者必须申领旅行许可,并随身携带"临时旅行许可证",在华北、蒙疆地带旅行时使用。[1] "凡在本管区有户籍者,申请旅行证时,可持户口表,赴本管派出所请求证明",申请人须填写"旅行地点"和"旅行事由"等。[2] 获得旅行证之后,才能购买车票乘坐客运火车、长途汽车或客轮。持有异地户口来北平的居民还须提交其他证明文件,如当地政府出具的身份证明文件等,"凡外埠旅京者未带身份证者,可用铺保或保证人到警察局请领"。[3] 但当局很快发现,上述程序在执行过程中相当不切实际。有些人可以通过不乘坐现代交通工具来逃避这种管理。此外,证明文件有很多不同的样式,而且是由不同的地方当局签发,警察根本无法及时进行核查。为此,北平市伪政府开始推出居住证,这是一种面向北平及周边郊区所有12岁至60岁居民便于携带的官方身份证明,用来解决这些问题,并应对不断流动的人口。1938年底,伪政府在郊区开始了新证件的试点计划,并于1941年年中扩大到北平所有城区的居民。

改革的努力始于一场宣传运动,数以千计的布告张贴在城市的主要街道上。警察局户籍科的负责人在电台上发言,详细解释了该项证件的重要作用以及发放计划。经过密集的宣传准备,1941年5月,伪政府开始发放居住证,"凡在本市管辖区域内居住之人民,年满十二岁至六十岁,均须发给居住证;凡无华北地区各省市县之居住证,及无华北地区外之旅行证者,概不许可居住境内,并严加盘查监视"。居住在商业场所、寺庙、教堂、学校、会馆、医院、工厂、娱乐设施、旅馆和大杂院等"公共户

---

1 北平市伪警察局外城各分局,J183-2-24148,"华北交通公司通报",1941年2月11日。
2 北平市伪警察局外城各分局,J183-2-24148,"拟定各区分局临时旅行许可证手续办法",1941年2月20日。
3 北平市伪警察局外城各分局,J183-2-24148,"北平特别市公署警察局训令:发放居住证未经完毕以前,原颁临时旅行证明书颁发仍照旧办理",1941年7月1日。

口"的人们都必须向警区办公室申领这张卡。[1] 要获得这张卡,申请人必须提交一份申请表、三张免冠照片、左右手食指的指纹和一份保证书。[2] 有关发放过程,"各派出所户籍警士二人,每人每日轮流执行发放,即第一日到各户发放,第二日在本段各户呈送填就书证,整理登记,按名核对,当日下午汇送本管分局",规定还要求"每日每一户警须发放一百五十人,次日午前即照收一百五十枚,不得遗漏、少发少收"。[3] 到1941年8月中旬,也就是新控制系统首次使用的3个月后,已经发行100多万张卡,覆盖了全市约60%的人口。[4] 到9月,人们被要求随时携带居住证以便接受检查,未能出示居住证、伪造或更改居住证者,可能面临从罚款到拘留、监禁等一系列处罚。[5] 官员们承诺,持有居住证的人可在日伪政权辖界内自由旅行。换而言之,北平居民可以使用居住证随时购买车票登上任何客运火车和长途汽车,在4个省份(河北、山东、山西、河南)、3个直辖市(北平、天津、青岛)和2个特别行政区(威海和江苏北部)之间旅行,这些地方均属同一政权管辖。[6]

当地居民对于居住证的用途和重要性十分清楚。在上文提到的金

---

[1] 北平市伪警察局外城各分局,J183-2-24148,"北平特别市公署警察局训令",1941年6月24日。

[2] 有些人不需要指纹。这群人包括现任和退休的官员、日本主办的新人协会各部门主任、国立大学和学院的校长和院长、商会主席、国有企业的董事会成员和高管。但一个人的豁免身份必须首先得到日本宪兵队的核实和批准。北平市警察局外城各分局,J181-14-174,"北平特别市警察局训令:颁发居住证书特属身份地位指认及其家属免印指纹训令",1941年6月23日。

[3] 北平市伪警察局,J181-14-173,"北平特别市警察局颁发居住证程序",1941年5月12日。

[4] 北平市伪警察局,J181-14-174,"颁发居住证数目统计表",1941年6月25日至1941年8月15日。

[5] 北平市伪警察局,J181-14-260,"警察居住证要领",1941年8月12日。

[6] 参见李铁虎:《北平伪临时政府辖境政区沿革述略》,载《北京档案史料》1987年第3期,62页。

果淑敏和李云藻一案中，他们二人都明白自己出行需要这份证件，但如果遭遇警方检查，他们现有的证件将破坏二人的旅行计划。金果淑敏的居住证显示她家住北平、已婚，如果她和一个与她无关的男子一起长途旅行，自然会引起警方的怀疑。面对这些限制条件，涂改居住证可能是唯一的选择。其实现有制度也存在漏洞可资利用。居住证上记录了区属、街道（或胡同）名称、门牌号等持证人的家庭地址，但它没有标明房号，也没有标明持证人是否住在一个多户合住的大杂院里。换句话说，金果淑敏和李云藻同住南宽街九号，居住证上住址相同，他们已经"住在一起"了，可以混作已婚夫妇。二人在旅行前唯一需要做的事情，就是在把金果淑敏的居住证上的姓氏从"金"更换成"李"，而二人也的确如此行事。

1945年4月7日，李云藻离开北平前往张家口，次日金果淑敏带着女儿佯装成回娘家，离家出走。到张家口后，她就和李云藻在一家客栈住了二十多天。随后女儿不幸生病亡故，悲伤之下，金果淑敏告诉李云藻她想回北平，李云藻同意了。5月29日晚上，二人乘火车到达北平。李云藻没让金果淑敏直接回家，而是把她带到郊区的亲戚家里，最终被执行户籍检查的警察抓获。警方后将案件移交到法院，李云藻以"意图奸淫和诱有配偶之人脱离家庭"和"伪造身份证件"的罪名受审。在审判过程中，金果淑敏声称是李云藻涂改了居住证，但李云藻矢口否认。法院下令核对李云藻笔迹，认定"其笔势间架均无不同"。1945年6月16日，李云藻被判有期徒刑6个月。

大约在审判之后的两个月，日本战败投降，伪政权垮台，国民政府接管了北平。新一届市政府开始重建工作，并对市政工作人员进行全面整顿。曾为伪政权工作的官员中，只有大约40%留任。[1] 在治安系统方

---

[1] 北平市政府，J1-7-417，"光复一年北平市政府底稿"，1946年。

面,国民党并没有引入一套新的控制机制;但政府努力更新战前建立的户籍登记,并继续将其视为保障城市安全的有效手段。国民党官员对于居住证制度也非常熟悉,事实上,国民政府在其战时首都重庆实施过居民身份证制度,与居住证系统相类似,只不过名称有所不同。[1] 重庆聚集了大量持不同政见者、共产党地下工作者、日军特工、难民和帮会分子等,居民身份证制度可以帮助官员们保持警惕,打击混乱、破坏和危险的活动。

直到此时,身份证明制度仍然是地方运行的管理措施。各地行政机关向管辖范围内的居民发放身份证件,但来自不同司法管辖区证件的尺寸和设计各不相同。1947年,国民政府推出了一项计划,在全国范围内统一身份证明材料的样式,即国民身份证。[2] 这一计划反映了官员们对不断增长的人口流动以及跨地方和地区人口迁移的担忧。引入一种便于携带、样式统一的身份证明材料有助于在全国范围内建立起监控网络,密切监控人口的迁移情况。然而,这一全国性计划并未得以实现;在这一计划提出之时,国民政府就已在日益严重的通货膨胀和内战中濒于崩溃了。

国民身份证是由国民党引进的,更早的是由日伪政权施行。如果继续向前追溯,明清时期的统治者曾尝试采用类似的安全措施来控制人口流动。明朝的里甲制度可能是最大胆的尝试,它将人口流动纳入帝国范围内的登记和税收网络之中。明清政府也曾尝试便携式身份证件文件。比如为了约束僧道这类不属于任何正常家庭且名声不佳的流动人群,政府曾颁发度牒,以证明身份。但是,国民党和日伪政府重新启动户籍登记制度以及引入统一的身份证明的做法,确实具有十分重要的意义。雄

---

[1] 茅复山:《旧中国北平市户政》,见《文史资料选编》,第22辑(1984年),155—157页。
[2] 北平市政府,J1-7-1355,"北平市政府令:修正北平市政府办理执法国民身份证实施程序",1947年7月26日。

心勃勃的明朝洪武皇帝所设想和尝试的里甲制度是帝国晚期一项特殊但短暂的计划,国民党与伪政府则将这一计划转变成一种例行的行政管理程序,帮助当局管理一个不断流动的社会。

行动中的国家

正是通过重要的监控措施和其他日常行政管理,这个战时状态的国家将其权力扩展到广大的城市居民区和普通人的日常生活之中。警察局与派出所等负责"收集街坊邻里间的基本信息,特别是户籍资料,同时管理日常值班站岗和巡逻工作",构成城市管理的节点。[1] 在街上,巡警代表着官僚行政权力,而保甲长代表着嵌入居民区的非正式国家权力。一些居民确实认为政府机构,尤其是警察,是帮助恢复家庭和谐的后盾。他们向警察求助,惩罚离家出走的妻子,训诫虐待妻子的丈夫,管教不良的子女。其他人在与警察和保甲长的关系上则更为模糊,这主要是因为战时他们所代表的令人畏惧的国家权力,以及他们协助实施的掠夺性战时政策。本节将研究北平妇女是如何利用多种多样且矛盾的方式去理解警察并与之互动的。

家长式干预

在北平地方法院1942年审理的一起重婚案件中,被告杨文氏在5年内经历了3段婚姻。起诉书中指称,"杨文氏原系段建石之妻,因段建石体弱多病",家中一贫如洗,于是杨文氏"诡称段建石业已亡故……以赴津谋事为名出走"。1937年10月,杨文氏"托平姓、安姓为媒,嫁何涟瀛为妻"。然而,新的婚姻并没有让杨文氏摆脱贫困,她再次感到绝

---

[1] David Strand(史谦德),《北京的人力车夫:1920年代的市民与政治》,94页。

望。1941年6月的一天,杨文氏又一次离家出走,经友人毛自起等为媒,嫁给了第三任,也是最后一任丈夫——农民杨福春。但是不知出于什么原因,杨文氏"心悬两地",稍后又逃回何涟瀛家,"诡称事已完毕,来自天津"等。[1]

弃夫潜逃表明了一种家庭危机,是女性对婚姻完整性和丈夫权威性的公开挑战。尽管晚清出现了鼓励男女从传统家庭关系中解放出来的改革派言论,但在20世纪40年代的北平,人们仍将妻子离家出走的决定视为丈夫无能的标志。此外,如果弃夫潜逃是出于性的原因,则会对妇女的名誉和家庭的社会地位造成重大损害。最重要的一点是,考虑到前面章节中讨论过男子结婚成本过高的问题,妻子弃夫潜逃意味着丈夫会蒙受重大的经济损失。由于妻子出走对于男性而言风险是如此之高,丈夫和家人常常会请朋友和邻居帮助监视妻子。当家庭内部和邻里的监视失效时,丈夫及其家人会向警察和法院寻求帮助。

在杨文氏一案中,报案的是杨福春的弟媳杨李氏,警察局接到报案后,旋即展开调查。警察追查离家出走的妇女,并非是质疑民国法典中所承认的妇女的自主权;警察所考虑的是协助妇女离家出走的中间人,以及此类案件中涉及的婚外性行为等,这些都可能威胁到婚姻制度本身。已婚妇女的行为不再只是个人的选择和自主的表达,它们影响了家庭和社会秩序的构建。因此,控制合法婚姻之外的性关系和保护夫妻关系的完整性仍然是20世纪立法运动和警察活动的基本任务。为了捍卫婚姻制度,该法引入了两种新的犯罪类型:"妨害自由罪"和"妨害婚姻和家庭罪"。《刑法》明确表达了其保护个人的自由意志和保护家庭完整性的双重目标。在实践中,这意味着当私奔的案件被提交到法院时,

---

[1] 北平伪地方法院,J65-6-225,杨文氏,1942年。

弃夫潜逃的妻子本人和其他相关人员可能会受到起诉和惩罚——不是因为侵犯了妇女行使自由意志的权利,而是因为他们破坏了妇女的婚姻关系。换句话说,法律保留了丈夫阻止妻子离家出走或进入他不赞成的关系的权力。

刑事档案表明,与明清时期的审案官员相比,20世纪的立法者和司法官员面临一套完全不同的政治理念与文化信仰,但是他们却肩负着相同的任务——定义妇女在两性关系方面的行为准则,同时捍卫家庭的完整性,以应对激烈和颠覆性的社会变化。正如苏成捷所言,清中期的立法者坚持不懈,试图让卑微的农民家庭成为"清代统治秩序的基石"。[1] 他们强调妇女的道德意识和贞洁观念以捍卫父权家庭秩序。当物质和社会流动削弱了家庭和公共秩序时,这种在意识形态和立法上对家庭的强化使清政府的社会和道德秩序得以稳定,同时也让它能够对抗底层光棍带来的严重且日益增长的威胁,这些光棍是在商品化经济中被取代,被迫脱离规范家庭关系之外的男性。尽管对明清时期的立法原则进行了严厉批评,但晚清以来的社会和法律改革仍然继承了一项保护家庭完整的家长式使命,民国初期北平的警察把这一任务转变成行动。正如史谦德所言,他们"照看城市,调处街头纷争,四处排忧解难"。[2] 他们使自己成为确保社会秩序和城市安定的关键力量。

爪牙

再转回到上文杨文氏一案,一旦警方开始搜查,找到她并非难事。警察局接到报案后,派警"前往朝阳门外小营房,会同东郊第六段警长

---

[1] Matthew H. Sommer(苏成捷):*Sex, Law, and Society in Late Imperial China*(《中华帝国晚期的性、法律与社会》), p.310.

[2] David Strand(史谦德),《北京的人力车夫:1920年代的市民与政治》,84页。

沈荣顺,偕同至管界北营房东街路北门牌37号"。1942年1月17日上午,警察等到达现场,发现此处"并无院墙,共计北土房四单间。经杨李氏指称,杨文氏曾就在西首第二间屋内"。警长沈荣顺"将该户唤出开门查视,并无杨文氏,仅有户主纪龄之妻田氏一人在屋,遂查看户口证,共计男女老幼七名口。当询已逃杨文氏是否在你这里住着,据纪田氏声称,曾于夏历六月间由我娘家姑母金田氏(即已逃杨文氏之母)同杨文氏至我家看望",后来不知去向。警察继续讯问纪田氏,随后根据她的口供,来到杨文氏第二任丈夫何涟瀛家中,将其逮捕。

借助庞大的户口系统,以及依靠不懈努力以确保信息及时更新,警察能够抓捕嫌犯,调查居民区内的各种犯罪因素。户口记录不仅是一项有效打击犯罪的措施,也使政府能够计划和执行从粮食配给到政治控制等一系列行政任务。由于对城市有了更深入的了解,并拥有一支经验丰富的警察队伍,战时的城市治理极大地扩大了国家的影响力。但是,警察负责执行的各种不受市民欢迎的政策,以及他们越来越令人生畏的管理手段,玷污了警察队伍在其运作中所保持的家长式形象。小说《四世同堂》就通过白巡长这一人物形象,展示了这个时代的衰落。白巡长在日伪时期的行政生涯,既体现了警官自豪感不可逆转的丧失,也体现了北平家长式警察制度的终结。这部小说把白巡长描写成一个自信、友善的人,他对自己辖区内的居民有着十分广泛的了解,也对于自己解释官方政策、解决各种纠纷的能力感到自豪:

> 白巡长已有四十多岁,脸上剃得光光的,看起来还很精神。他很会说话,遇到住户们打架拌嘴,他能一面挖苦,一面恫吓,而把大事化小,小事化无。……他深知自己的责任是怎样的重大——没有巡警就没有治安可言。虽然他只是小羊圈这一带

的巡长,可是他总觉得整个的北平也多少是他的。[1]

在日伪统治时期,白巡长继续为伪政府工作,这并非出于政治立场,只是为了谋生糊口。然而,战时的工作使他丧失了正义感,使他与管辖区内居民的关系变得越发紧张。他接到了一个又一个令人不快的任务,例如,他不得不敦促各家各户毁掉外文书籍或含有抗日内容的出版物,安装定制的收音机来收听官方广播,在灯火管制时要求居民用黑纸蒙住窗户,收集废旧金属,并协助日本士兵和中国警察逮捕那些违反规则的人。有些时候,白巡长确实能够说服居民遵守这些不受欢迎的战时安全措施。但通常因为战时的警察任务显然与他习惯的邻里调解人和保护者的角色相冲突,他经常会感到沮丧、尴尬,甚至是羞辱。有一次,白巡长不得不带领日本宪兵队去搜查一位受人尊敬的学者的住宅。在搜捕现场:

> 身后还有四个铁棒子似的兽兵,他只好把怒气压抑住。自从城一陷落,他就预想到,他须给敌人作爪牙,去欺侮自己的人。除非他马上脱去制服,他便没法躲避这种最难堪的差事。他没法脱去制服,自己的本领、资格,与全家大小的衣食,都替他决定下他须作那些没有人味的事!……他在人前挺不起腰杆,简直是个苟且偷生的可怜虫。[2]

如果说白巡长为自己参与逮捕同胞而感到羞愧的话,那么当他目睹自己的帮手保长被日本兵打死时,他深负罪责。他无法逼着自己下定决

---

[1] 老舍:《四世同堂》,39—40页。
[2] 同上,172页。

第六章 流动的秩序

心做这种卑鄙的事,只能把愤怒发泄在其他汉奸身上。

> 他的长脸煞白,一脑门汗珠;背挺得笔直,眼睛直勾勾朝前看,可什么也看不见。他已经不是白巡长,而是阴风惨惨,五六尺高的一个追命鬼!他已经无所谓过去,也无所谓将来,无所谓滑头,也无所谓老实。他万念俱灰,只想拿一把菜刀深深地斫进仇人的肉里,然后自己一抹脖子了事。走到三号的影壁跟前,他颓然站住,仿佛猛地苏醒过来。他安分守己过了一辈子,如今,难道真得要去杀人么?迷迷糊糊的,他站在那儿发愣。[1]

如果没有中国警方的配合和勤奋工作,日本对北平的占领就不会如此严密、彻底和有效。无论执法还是维持秩序,警察非常有用、不可或缺,但是这种为虎作伥的行为,使得警察与中国居民日渐疏远。白巡长在小说里的世界和职业生涯结束后,受到玷污的警察形象再也没有得到修复,并且引起了当地更广泛社会的共鸣。在中国收复北平前夕,警察部门发现自己不再享有城市仁慈保护者的地位,反而被当地居民斥责为"日寇爪牙"。[2]

日伪统治结束后,警察局为了挽救其信誉和合法性,不得不尽可能厘清其与日本占领当局的关系。例如,1946年2月7日,英文报纸《北平纪事报》发表一篇文章,指责女警"给妇女进出城门造成很大的不便"。[3]该报更进一步认为女警是一个"卑鄙组织","是敌伪的遗产",因此是广

---

[1] 老舍:《四世同堂》,215页。
[2] 北平市警察局,J181-10-236,"北平市警察局有关组建女子警察队的报告和报刊回复",1946年。
[3] 同上。

大市民的"公敌"。[1]

警察部门投书报章加以辩解,声称建立女警队的想法最早是1923年提出的,这是民国政府早期大规模警察改革计划的一部分,旨在修补清朝遗留下来的濒临崩溃的执法系统。然而,军阀混战和频繁的政权更迭延缓了这一进程,直到1933年,北平才首次设立女警察。无论是女警队还是更大的警务行动,都是服务于公共利益,旨在杜绝有伤风化、无法无天的行为,维护正常社会秩序。[2] 警察部门对报纸批评的回应,反映了国民政府力图谴责日伪时期的制度经验,以期恢复警察的信誉和合法性,使其成为维持"国内和平与秩序"的有效与可靠的力量,这对中国在苦苦战胜日本后的"国家重建"至关重要。[3]

这篇文章发表3年后,北平警方被共产党政权接管。共产党干部,尤其是地下工作者,对于国民党及其政府建立的控制系统并不陌生。按照他们观念,警察队伍和保甲制度,以及整个民政系统、军事力量和司法体系,都是国民党国家体系的支柱。旧的城市治理必须被摧毁,在这片废墟上建立起人民政府。[4] 1949年1月31日,解放军入城。共产党干部被立即派去接管市政府各个部门,包括警察局。在接管城市管理部门的同时,共产党也积极争取群众的支持。在区、街两级组织开"诉苦会",每户至少派一人参加。妇女被要求参加并表达她们对伪政府和国民党政权下的警察和保甲长的愤怒。从会议纪要可以看出,许多女性对保甲长的态度有些微妙。在一次诉苦会中,干部听到妇女说"保甲长也

---

1 北平市警察局,J181-10-236,"北平市警察局有关组建女子警察队的报告和报刊回复",1946年。
2 同上。
3 同上。
4 "中国北平市委关于如何进行接管北平工作的通告",1949年12月21日。见北京市档案馆、中共北京市委党史研究室编:《北京市重要文献选编(1948.12—1949)》,北京:中国档案出版社,2001年,18页。

第六章 流动的秩序

没什么,知道我们穷,也不跟我们要钱,人还不坏。他们抓兵也是不得已,上面叫他抓的"。[1] 与此形成鲜明对比的是,妇女对警察的印象不佳,"我们有事,去找警察,他们不管","有一家受流氓的气,去告诉警官,警官非但不理,还打了她","警察真厉害"等。

尽管这些妇女对警察和保甲看法不同,但共产党还是把二者归为一类,斥责他们是"国民党指派的统治与压迫人民的工具和帮凶",全行废除。"着令保甲人员全体到场,站立一旁,去掉他们昔日的威风"。[2] 详细重申党的革命政策,对于保甲长"将他们所具的联名切结当场公布,使群众完全了解我们的意图,并号召群众监督他们。如发现他们继续欺压人民,或有其他不法行为,准予随时公开,或密函向军管会、警备司令部、市和区的民主政府控告举发,查明属实定予严惩"。[3]

警察同旧政权的其他公务员一样,要接受审查,在此过程中,他们的政治观点和职业经历都要受到共产党干部的详细调查。审查的结果将决定警察在新政权中的未来。据报道,到1949年5月1日,大约三分之二的国民党公务人员通过了政治审查。他们在共产党领导下的新政府中,接受了严格的思想改造,继而承担新的任务。[4] 然而,公务人员的历史记录,特别是他们与敌对政权的联系,都使得他们成为在政治上被怀疑的对象,也因此在未来的岁月中被逐渐淘汰。

---

[1] "第二工作组妇女工作总结:对保甲长、警察的印象",来自中共北京市第五区委,40-1-36,"第六区十一月份妇女工作总结"。
[2] 见北京市档案馆、中共北京市委党史研究室编:《北京市重要文献选编(1948.12—1949)》,61—62页。
[3] 同上。
[4] "中共北京市委关于旧人员处理原则向中央、华北局的情事报告",同上,222—223页。

结　语

到了 20 世纪 40 年代，北平的文化环境日渐开放，逐步接受甚至鼓励妇女进入公共场所。道路条件的改善和新的旅行服务进一步提高了妇女的流动性。在战争和占领时期摧毁的家庭经济，也迫使人们通过流动获取生存资料，从而勉强维持生计。在这一过程中，妇女参与市场交易，并采取创新的、有时是非法的手段，提供或出售性能力与生育能力，从中获利。妇女这些越轨的经历深刻地转变了现代中国公路与铁路的历史意义，使之从一种突出技术创新、商业运作以及战时运输的男性世界，变成了一个合法旅行与非法交易相交织的混乱空间，妇女可以混迹于其他乘客（主要是男性）之中的异性社交空间，公路与铁路成为一个可以使妇女摆脱家人与邻居监视的匿名空间。

在战时的北平，非法交易和犯罪活动推动了治安体制的发展，催生并建立了一系列日臻完备的控制系统。两项标志性措施，即户籍制度和居住证制度，代表着政府管理一个日益流动的社会的两种不同方式。第一个制度遵循的是明清时期的控制原则，将人口以家庭为单位进行组织，这不仅包括基于血缘和亲属关系的自然家庭，也包括共同居住条件下的公共处所，然后将这些控制单位置于官方管理之下。与户籍制度的集体原则不同，居住证是以个人为中心。通过向个人发放便于携带的身份证明，执法人员可以随时随地有效地检查持证人的身份。

新的治安控制措施极大地扩展了警察的权力和政权的边界。庞大的治安系统让城市管理者能够更彻底、更有效地进行人口普查、登记出生和死亡等一系列日常事务。这一系统还可以帮助政府进行粮食配给、向市民征用战略资源、打击可疑人员和活动，从而为战争提供支持。尽管共产党革命胜利后，严厉谴责民国与日伪时期的警察制度，但这些政策还是为中华人民共和国最终建立起来的基层管理体系提供了模型和先例。到1949年中期,共产党的新基层管理开始成形,将原有的结构和新的工作人员相结合。保甲制度的整体结构保留了下来,但改用了新的名称。原来的"保"的单位转换为"街政府","甲"的单位则被改为"闾"或"居民小组"。原来保甲人员被共产党干部以及街道中的积极分子取代。

共产党批评国民党的城市治理脱离群众,以致市政官员染上官僚主义和形式主义的习气,在政府和它所要治理的社会之间造成了严重的对立。[1] 共产党则强调深入群众、发动群众,试图在持续的群众运动中发展积极分子,让他们负责一些行政管理工作。因此,新的基层管理体制由两部分构成,街政府的负责人是由区政府任命的干部,工作人员包括"正副街长各1人,各部门业务设委员3人至5人及文书1人,共9人(其中副街长兼民政委员,故实际为8人)分任之"。但是,街道以下的一切行政和动员工作都落在了积极分子的肩上。人民政府强调"在建立街乡政权时,必须发动群众教育群众来进行,并启发群众觉悟,热心建立自己的政权。切忌使用简单行政命令和单纯从组织形式上解决问题。必须把人民民主政权建立在广大人民的基础上,特别是工人阶级和劳动人民、革命知识分子的基础上"。[2] 在废除旧的控制系统和建立新政权的过程,妇女负责除旧建新的工作。她们的参与、支持,以及最重要的是,她们的主动性和领导工作,都使她们在新中国新的街道管理结构中获得了永久的地位。

---

1 "北平市治安委员会善于治安运动的指示",1949年3月24日。见北京市档案馆、中共北京市委党史研究室编:《北京市重要文献选编(1948.12—1949)》,308页。
2 "北平市人民政府关于废除保甲制度建立街乡政府初步草案",1949年5月。见北京市档案馆、中共北京市委党史研究室编:《北京市重要文献选编(1948.12—1949)》,326—329页。

结　论

本书以离家出走的妇女为研究中心,力图阐明底层妇女的生活经历,特别是她们在战时北平的挣扎和生存手段。书中立足刑事档案等,展现妇女一旦离开丈夫和家庭后所做的一系列选择,她们可能试图寻求建立新的且稳定的婚姻关系(尽管她们并没有与前夫离婚),或者选择同居、卖淫等各种临时安排。一旦这些妇女被警察逮捕或接受讯问,她们通常会在官方的案件记录中讲述无望的挣扎和无尽的痛苦。她们常常用夸张的、动情的证词把自己描绘成陷入困境的受害者,丈夫"不养",或饱受家庭虐待。在很大程度上,她们也认为城市经济的结构性问题是导致她们在家庭中承受痛苦和做出绝望选择的关键原因。在20世纪三四十年代北平经济长期衰退的背景之下,家庭内部手工生产衰退,工资收入不稳定。妇女依靠配偶和家庭供养的习俗越来越难以为继,同时也不具备独立生活的能力。她们还抱怨战争、军事占领和战时的恶性通货膨胀等,致使她们无法拥有稳定的工作和婚姻关系,甚至不得不做有伤风化的事,这些都违背了当时政府官员与社会领袖所推崇的新理念。

然而,如果对妇女的经历做进一步的审视,我们不能简单地理解底层妇女,视她们为男性剥削和家庭压迫的受害者,或者是政治动荡和经济危机等毁灭性力量的受害者。从妇女策划弃夫潜逃到离家出走等一系列行动中可以看出,她们往往以创造性的方式应对挑战。通过利用她们的性能力和生育能力,通过将个人利益与区域市场捆绑在一起,通过将男性主导的社会规范为己所用,通过利用城市控制系统的漏洞,女性成功地在男性、婚姻、家庭和社区之间辗转生活。

妇女在离家出走过程中，所依靠的最重要的资源是大杂院群体以及它所建立的邻里关系。在大多数案件中，涉案离家出走的妻子都没有稳定的正式工作，因此，她们与女工、女学生、职业女性、女战士等女性群体非常不同。这些有固定职业或有组织的女性群体成员，可以通过集体行动来谈判和提高自己的利益；而离家出走的妇女，以及生活在战时北平大杂院内的无业妇女，只能依靠自己。因此，她们找到了能够为自己提供切实有效帮助的来源，通过各种各样的日常生活活动，从随意串门到一同做针线活、交换小道消息等，妇女与邻居建立起了联系。于是，一个有效的社交网络形成了，它满足了多种需求，其中既包括休闲娱乐，也可能有更复杂的关系或纠葛，还可能导致弃夫潜逃以及建立新的婚姻关系。

此外，大杂院的日常生活是围绕已有的行为规范和社会观念来进行的，这些规范和社会观念在妇女离家出走的过程中起到了重要的推动作用，并赋予其意义。将养家糊口看作丈夫应该承担的责任，以此为理由，妇女因贫困而离家出走的行为能够被社会所接受。传统的婚姻允许妇女绕过官方程序，建立一种得到社会承认的婚姻。同样重要的是，非正规经济和性交易使妇女能够在家庭和家庭生产领域之外利用其生产能力、生育能力和性能力获得直接的报酬。妇女的生活经历中，包括了合法行为、非法交易和各种关系。这些经历使妇女能够寻找到机会摆脱困境，让以男性为主导的城市经济和社会结构为己所用，与此同时，不需要屈从那些力图定义和规范大众观念与行为的改革派言辞和革命话语。

在对五四时期自由妇女活动家的口述史研究中，王政认为在有关妇女解放的女性主义话语中，弃夫潜逃可以是一种激进的行为，象征着妇女解放的女权主义话语向前迈出了令人振奋的一大步。她的一位受访者朱苏娥律师的经历，就为我们提供了这样一个例子。用朱苏娥自己的话来说：

> 有知识的人是不同的；他们不受父母控制。如果你为我安排婚姻，我会离家出走……我离家到上海上学后，父母不敢干涉我的生活。他们包办了我姐妹的婚姻，却没有包办我的……他们知道如果为我牵线搭桥，我就永远不会回家了。他们知道我的性格，所以他们甚至都没去试一下。[1]

很多女权主义者都赞同朱律师的观点，把妇女离家出走的行为视为一种反抗的举动，表明妇女掌握了自己的命运，从传统的束缚中解放出来，通过追求教育、就业和政治参与的机会，让自己成为平等的社会成员。在20世纪初的中国妇女运动中，这种有关解放的话语提供了一种强有力的隐喻，得到了来自各个政治派别女性改革者和革命者的热烈支持。海伦·杨(Helen Young)对几十位参加过长征的红军女战士做的研究，为我们提供了更多的例子。对于许多红军女战士来说，为了不做童养媳，或逃离她们"不愿接受的包办婚姻"，是她们在光荣的革命道路上迈出的第一步。[2]

然而，本书所描述的弃夫潜逃妻子的经历，并不符合改革派或革命派所推崇的离家出走的女性形象。本书中的大多数妇女是迫于经济压力逃离家庭，对她们来说，最好的结局是找一位有经济能力的丈夫，然后重新回到家庭生活依附者的角色。许多妇女在用尽自己有限的资源后，欣然再次逃离家庭或是回到原来的家庭。离家出走的妻子们的生活经

1　Wang Zheng(王政), *Women in the Chinese Enlightenment: Oral and Textual Histories*, pp.193-194.

2　Helen Praeger Young, *Choosing Revolution: Chinese Women Soldiers on the Long March*, Chicago: University of Illinois Press, 2001, p.4.

历表明,改革运动倡导者关于妇女解放的华丽辞藻,在很大程度上与20世纪40年代居住在北平大杂院里人们的日常挣扎无关。底层妇女围绕着一种不同的行为准则来组织和解释她们的生活,这种观念因袭传统,她们使用性能力和生育能力的方式可能并不符合任何革命话语。"地方性知识"的概念被克利福德·格尔茨(Clifford Geertz)描述为一种"自我认识、自我感知和自我理解"的模式,对于解释弃夫潜逃妻子的选择,"以及这些选择成为可能,并为人们所接受的社会规范和文化倾向,是非常有用的"。[1] 在大多数情况下,弃夫潜逃是一个人面临机遇和威胁时所做的自发的反应。虽然"地方性知识"推动并界定了妇女的行为,但它并不代表另一种能与改革派的观点相抗衡的意识形态,也不能颠覆改革派努力消除现有的社会和文化规范。它仅仅为女性提供了一种工具,使她们在一个由男性设计和管理的世界里,按照自己的方式去定义婚姻和家庭,定义邻里和城市。"地方性知识"引起了战时北平官员对道德和安全的担忧,而且,正如妇女们意识到的那样,在1949年以后的新社会主义秩序中,这些问题仍然存在并面临惩罚。

构建日常苦难

在国民党接管北平3年零4个月后,这座城市再一次陷入了包围。1948年12月中旬,中国共产党领导的解放军兵临城下,深陷重围的不仅有国民党守军,还有160万市民。有些人害怕战争中可能出现的杀戮,也有些人则秘密地准备迎接共产党接管政权。无论市民心境如何,这座城市已经陷入瘫痪,人民再次面临苦难,大多数市民只能在恶性通货膨

---

[1] Clifford Geertz(克利福德·格尔茨), *Local Knowledge: Further Essays in Interpretive Anthropology*(《地方知识:阐释人类学论文集》), New York: Basic Books, Inc., 1985, p.232.

胀、饥饿和死亡中苦苦挣扎。1949年1月22日,国民党军队华北"剿总"总司令傅作义接受改编,北平和平解放。随着国民党军队放下武器并移交城防,北平迎来了一个新的历史阶段。

北平本地居民对中共领导的军队知之甚少,因此谣言迅速传播开来,"如八路军不许穿好衣服、吃好饭,配给妇女,小孩子都收归国有"等。[1] 在公众的焦虑和好奇中,解放军于1949年1月31日进入了北平。当时,美国学者德克·博迪(Derk Bodde)以富布赖特学者的身份留在北平,他目睹了这一历史时刻,并记录了共产党接管城市,以及市民迎接新政权的第一印象:

> 游行队伍中最引人注目的是来自全市各学校和组织的数千名学生和工作人员。……一些著名的大学教授也参加了游行。一些团体跟着锣鼓节奏的"秧歌"跳舞——一种简单的传统农民舞蹈,由一大群人齐声表演,由于共产党对民间艺术的普遍重视,民间艺术在这里已经非常流行。我更熟悉的是一群踩高跷的、穿着五颜六色服装的人在人群的头顶上欢快地蹦蹦跳跳。其他队伍由宣传队指引着,当他们行进时高喊着毛泽东著名的人民解放军《约法八章》。[2]

与德克·博迪和他的中国仆人一样,大多数本地居民与解放军战士最初接触后印象深刻,觉得这些战士纪律严明、士气高涨、心地纯朴。在接下来的几个月里,北平市民逐渐发现了他们的解放者的雄心、决心和

---

[1] "几个运动:三八妇女节",来自中共北京市第五区委,40-2-55,"第七区妇女工作半年总结",1949年。

[2] Derk Bodde(德克·博迪), *Peking Diary: A Year of Revolution*(《北京日记:革命的一年》), New York: Henry Schuman, 1950, p.103.

敏捷的行动力量。

1949年2月至11月,共产党领导下的新一届人民政府雷厉风行,实施了一系列新措施:接管并解散原有市政机关和法院系统,登记遣散军人和国民党特务人员,废除保甲制度,改革户籍制度,停止国民党货币的流通。到了11月,前几任政权花了几十年时间建立和完善的大部分治安措施和管理制度,在新政权的领导下,或被废除,或被修改。尽管这些制度不再执行,但它们留在了本地居民的记忆中,困扰着他们,并成为政治动员的素材。

有这样一个例子,主人公是45岁的苏大妈。她"从小家里很苦,父亲死得很早,母亲给人家当老妈子"。1923年,19岁时她嫁给了一个饭铺的学徒。结婚后丈夫一直当厨子,一家人的生活过得很艰苦。为了贴补家用,苏大妈"给人家缝过皮子,锁过扣眼,纳过底子,还在协和医院洗过衣服"。对于旧社会的回忆不仅包括生计困难,苏大妈还生动地讲述了另外两件可怕的事情。一件事是她给儿子娶亲办酒席,"苏大妈娶儿媳妇,高兴得在家里预备了一桌酒菜招待亲友,日本兵从门口过,踢开门闯进来,气汹汹地把一桌酒菜全弄翻了,还打苏大妈,说:'为什么你们请客不请皇军?'一屋子人全吓呆了,喜变成悲。苏大妈把仇恨紧紧地记在心里"。第二件事情是发生在北平解放前夕,"走了虎又来狼,国民党来了,还是把老百姓踩在脚底下,征兵纳税压迫穷人,解放军围城的时候,国民党疯狂抓兵。苏大妈白天夜里提心吊胆,把门关得紧紧的,心里念佛,盼望儿子渡过这一关。一个刮大风的夜里,狗叫个不停,抓兵的来了,苏大妈赶快叫儿子上了房,总算逃过了危险"。[1] 按照苏大妈自己的总结,旧社会给了她"两个纪念品":"一个是日本人踢坏了的大门,一个

---

[1] "苏大妈事事能带头",源自北京市妇女联合会,84-2-6,"北京市第一次妇女代表大会会刊",1949年11月29日。

是这只狗,它救了我儿子的命。"当苏大妈回忆起日本宪兵队搜查和国民党军队抓壮丁的过往时,她已经不再是一个穷困潦倒的家庭主妇,而是拥有了一个新的身份,她是1949年11月在北京召开的第一届市妇女代表大会371名女代表中的一员。苏大妈与工人、农民、学生、教师、社会领袖、共产党高级干部,以及来自法国、印度、伊朗、朝鲜、越南和荷兰的国际友人坐在一起,大家齐聚一堂,庆祝共产党的胜利,并绘制红旗下妇女运动的蓝图。在会后,她接受了一位正在为党代会准备时事通讯的记者的采访。11月29日,一篇以采访为基础的专题报道得以发表,人们也因此有机会了解苏大妈的故事。[1]

苏大妈在政治上的积极性和她在革命时期北京的政治明星身份显示,在共产党领导下,人们依旧记得先前那些压迫民众的治安部队和管理系统,以及经济困难和社会混乱。妇女被要求在工厂、学校和街道参加"诉苦会",在那里她们得到培训,公开讲述自己的故事,并在阶级斗争和政治革命的框架下重塑自己生活中的日常细节。共产党的政府机构组织了这些活动,希望用政治意义和意识形态重新整合妇女那些非常个人和支离破碎的经历。干部们强调,妇女在过去遭受的苦难不是一个凶恶的警察或一个腐败的保甲长造成的,而是这些人所代表的反动政权对妇女的迫害。这样的革命言辞可以使干部们达到两个目的。首先,把国民党的国家机器谴责为一个剥削、镇压且必须被废除的反革命政权的象征。第二,对过去的苦难有着共同感受和对旧政权的仇恨,为妇女提供了一种切实的方式,让她们对共产党所主张的提供自由和安定生活产生感激之情;反过来,这种感激之情可以培养一种集体革命意识,有助于妇女团结起来,超越政治倾向和社会经济背景造成的分裂。

---

[1] "苏大妈事事能带头",源自北京市妇女联合会,84-2-6,"北京市第一次妇女代表大会会刊",1949年11月29日。

在共产党取得压倒性胜利之后,在为深化和扩大革命做准备的过程中,负责妇女工作的干部向共产党市政机关汇报,北京绝大多数妇女都被个人生计和物质利益的实际问题所束缚。她们中的大多数人是战时北京政治不稳定和长期贫困的受害者,这些苦难使得她们不喜欢也不信任无能而又残忍剥削人民的国民党政权。同样,对于革命政权行动迅速,为这座饱受战争摧残的城市带来和平与秩序,大多数妇女对此印象深刻。但是,妇女基本上对进一步的政治革命没有强烈的兴趣,而且她们在群众运动方面几乎没有实际经验。此外,基层报告认为,妇女并没有形成一种集体的声音。社会和经济的划分决定了妇女的世界观、社会价值观、道德标准、政治忠诚、文化生活、经济地位,最终甚至决定了她们的生存手段。在北京,尚没有一个组织能够代表不同阶层和社会背景的妇女,也没有一个组织能够有足够的力量推动任何激进的政治变革。根据一份资料表明,相当多的本地女性,约占37%,处于主要的生产、教育和政治活动机构之外。[1] 她们中的许多人来自底层居民社区。这个群体的巨大规模意味着,如果没有她们的参与和支持,共产主义革命仍将无法完成,也无法深入。

李侃如(Kenneth Lieberthal)用"多细胞有机体"来比喻20世纪50年代早期的天津社会,这一比喻同样可以用来描述北京的情况——"它需要复杂的合作形式才能发挥作用,但同时也允许细胞壁从整体中筛选出除了最基本的东西以外的所有微小部分。"[2] 共产党下决心引入新的代表手段和设计新的动员策略,去打破"小圈子",消除社会和经济障碍,并使年轻人和老人、富人和穷人、受过教育的人和文盲、无业者和有职业的人联合在一起,相互交流,共同建立社会主义新中国。正是在

---

[1] 北京市妇女联合会,84-2-4,"北京市妇女各界人数统计",1949年。
[2] Kenneth Lieberthal(李侃如), *Revolution and Tradition in Tientsin, 1949-1952*, Stanford: Stanford University Press, 1980, p.27.

这种政治环境下,妇女经历所具有的意义,特别是她们在战争和反革命政权下所遭受的痛苦,被永远地改变了。在这方面,中国共产党重塑了妇女苦难的政治意义,正是通过这些政治化的记忆和记忆的政治,这个新生的共产主义国家试图在妇女的个人经历和更大的革命进程之间建立持久的联系。此外,将妇女过往经历政治化的过程,以及在革命话语中解读妇女生活事件的技巧,为妇女提供了参与并支持革命中国政治进步的策略。

重塑街道经济

生活在红旗下的底层妇女会发现,革命政治不仅改变了她们对过往经历的解释,也改变了她们谋生的方式。接管政权之后,为了恢复被战争破坏的经济,共产党政府进行了数次职业状况调查。结果显示,北京的大多数成年女性没有工作。例如,对内一区第十派出所管辖的大方家胡同住户的调查表明,该胡同有成年男子(16岁以上)331人,成年妇女358人,小孩353人;其中未婚妇女73人,已婚的285人。"有职业的知识妇女10人,靠劳力生活劳动妇女5人(佣工2人、接活到家3人)",其余的都是无业。[1] 通过这些深入胡同的基层调查,共产党干部认为,大多数妇女对家庭收入贡献甚少,在经济上只能依赖其他家庭成员。同时,这些调查也确定了大量潜在的生产劳动力,这是革命国家重建城市经济,帮助个人摆脱贫困和获得匮乏的关键资源。需要明确的是,政府制订的长期经济计划是要将北平从一座"消费城市"转变为"工业城市",社会主义首都的经济未来将建立在强劲的工业部门之上。然而,这

---

[1] "调查结果"来自北京市妇女联合会,84-2-24,"内一区妇女重点调查的初步总结材料",1950年。

个伟大的工业前景无法在短时间内实现,目前在温饱边缘上挣扎的妇女需要立即得到帮助。在这种相当不确定的经济情况下,政府将以街道为基础的合作社视为一段时期内可行的方案,然后才能把妇女顺利分配到生产工作中去。

市政府当局通过各区政府,将居住在同一街道的妇女团结起来,集中资源制作手工业产品,并提供其他类型的服务。于是,在很短的时间内,建立了成千上万生产香烟、鞋底、刺绣、麻绳、火柴盒和牙刷等产品的合作社。还有服务型的合作社,例如为士兵浆洗和缝补棉衣。各区政府不仅通过其强大的宣传机器推动合作社项目,而且还协助其日常运作,并为其带来工作订单。例如,第五区政府派干部接管了位于紫禁城午门的国民党仓库,在那里他们发现了数千套全新的国民党军装。区政府决定把它们拆改加工成为共产党士兵和干部的制服,然后把缝改这些制服的合同分给该区的几十个合作社。[1] 政府也为合作社提供资金。例如,1950年2月,内七区妇女组交付按院胡同做鞋合作社打麻绳的工作,"由民政科贷救济粮一袋面作为资金,买纺车五辆,由按院胡同合作社领麻十斤",完成生产任务。[2] 一些合作社还寻求政府帮助销售产品。虽然政府尚不能支配市场,但它偶尔也会尝试为妇女生产的产品提供市场需求。有时,政府会让工作人员用自己的津贴回购那些在市场上无法吸引普通消费者的产品。[3]

需要注意的是,街道合作社很难实现政府为其制定的经济发展目标,因为合作社缺乏自主经营与自我发展的能力。有些合作社没有能够提供机会让妇女接触到广阔市场来增加就业;还有一些合作社在妇女还

---

[1] 中共北京市第五区委,40-2-116,"第五区妇女工作总结",1950年5月15日。
[2] "三月份审查工作情况汇报",来自中共北京市第五区委,40-2-55,"内七区妇女三月份审查工作情况汇报",1950年3月14日。
[3] "第七区妇女工作半年总结",同上,1950年6月。

没有完全准备好竞争之前,就把她们推向了市场。考虑到街道合作社存在时间短暂,很难评估街道合作社能在多大程度上改善了妇女的物质生活。然而,合作社不仅仅是一种商业运作,它们也是政治运动的一部分。虽然在经济上许多合作社失败了,但它们实际上实现了共产党的许多政治承诺。最重要的是,合作生产让政府开始重新安排城市的街道经济。政府的支持在很大程度上决定了合作社是否能够运营以及能够运营多久,共产党干部和政府官员非常清楚自己在分配合同和关键资源以及控制市场方面所拥有的影响力。来自特定背景的女性,如出身工人家庭、军人家庭、革命烈士家庭的女性都会受到特殊的照顾。[1] 通过对主要支持者的补偿和奖励,国家试图激励她们为全市重建作出新的贡献。在这方面,街道合作社最初是以会员制实践开始的,妇女可以自由加入,并根据她们的需要和倾向设立合作社。然而,她们的日常运营越来越依赖于政府的补贴和目标,这给了国家更多的机会和更大的影响力来组织妇女从事生产劳动,并为政府的倡议进行服务。当干部取代了邻居,政府扶持取代了邻里互助,社会主义计划经济开始渗透到普通妇女日常的经济生活之中。

妇女与社会主义基层治理

合作社是新中国所设计的基层运动之一,旨在为妇女创造一个空间,指导她们通过投身群众运动来学习探索新的政治声音和身份。但是,与那些镇压反革命敌人、接管城市工业、整顿市政府的大规模运动不同,这次运动没有要求妇女远离她们家庭去工作,也不需要特殊的政治

---

[1] "妇女审查情形"来自中共北京市第五区委,40-2-55,"第七区妇女工作半年总结",1950年6月。

训练或掌握新的工业生产技能。它把那些曾经在战时帮助贫困妇女谋生的日常邻里生产活动和经济交易,变成了新政权争取妇女支持的政治行动。除了参加街道合作社的活动外,政府还动员妇女参加妇女班、夜校,以及参加劳军、防疫等活动。通过这些街道层面的政治活动,新中国希望妇女能够表达自己的热情和政治信心;更重要的是,这场革命将长期处于城市政治边缘的妇女,置身于建立社会主义基层治理的政治运动的中心。

举一个很能说明问题的例子,韦亚芳是第七区第九派出所所辖境内的积极分子,她丈夫是吹鼓手,派出所认定她"政治上无问题""作风好""工作积极"。自从共产党接管这座城市以来,她每天都非常忙碌与兴奋,竭尽全力做着各种工作,比如她担任了"妇女代表、卫生组长、宣传队员、抗美援朝支会委员"等。当然,职务和代表资格意味着责任和义务。作为卫生组长,她接受民政干事和警察的领导,将各种指示传达给街道的群众,负责监督街道清洁、接种疫苗和公共卫生的培训。作为妇女代表,她代表邻居大约40户妇女向政府建言献策,其他任务包括(但不限于)庆祝三八国际妇女节、组织妇女健康和儿童保育的讲座、解释新婚姻法以及调解家庭纠纷。宣传工作要求她组织街道政治会议,准备墙报,以及领导一个街道剧团。她还是抗美援朝支会的一员,负责组织示威、学习会、"控诉大会"、征集当地居民的"和平宣言"签名,以及起草"爱国公约"。[1]

自1949年初接管以来,北京市政府创建了大量街道治理组织。特别是劳动阶级的成员被招募进来管理社会项目和社区服务。他们的参与、支持,以及最重要的是,他们的主动性和领导力,为他们在共产党领导下的新街道管理结构中赢得了长期而牢固的地位。但随着妇女被卷

---

[1] "积极分子概况"来自北京市政府,2-20-947,"第七区第九派出所群众组织概况"。

入繁忙的政治和行政活动,干部们开始感到担忧。这样的街道组织实在太多了,总数超过了20个。[1] 各种报告发现,大多数参与活动的人担任着三四个职位,有些甚至担任了七八个职位,在一个极端的例子中,妇女积极分子所担任的职位多达10个。[2]

从1950年到1952年3年多的时间里,各级党的政策研究小组和政府机构密切关注基层政权的建设工作。这些机构编写的报告都指向了同一组问题:冗余、效率低下、缺乏重点和协调,这些问题最终导致了1952年的行政改革。此次改革的核心是精简现有的街道组织,设立居委会。改革以后,除了少数在独立的妇女委员会任职外,积极分子通常只担任一个职务。在革命时代的北京,新的机构加强了街道作为一个主要为妇女寻求政治声音和探索政治可见度的空间,招募了大批妇女担任街道行政职位。一项对4个区19个居民委员会所做的调查显示,妇女占居委会成员的44%(157人中有69名妇女),占居民代表的69%(833名居民代表中有578名妇女),[3] 这些妇女往往也领导着其他团体。以兴盛胡同居民委员会为例,妇女在居民水站、合作社、街道红十字会和妇幼保健会中担任领导职务。[4] 当干部们读到这些令人印象深刻的数字和统计资料时,她们为自己在妇女参与政治进程中的作用而感到自豪。她们指责国民党政权拒绝为妇女提供在政治上的发言权,摧毁她们的阶级意识,并以此来压迫妇女。对这些共产党干部来说,推翻旧政权

---

1 "街道组织的混乱现象"来自中共北京市委,1-9-250,"关于城区街道组织的情况与改进意见",1952年10月14日。
2 同上。
3 "东单、宣武、西单、东四等四个区始建街道委员会情况统计表",1953年1月1日,来自北京市政府,2-5-63,"东单、西单、东四、宣武等四个区始建街道居民委员会的情况及存在的问题"。
4 "兴盛胡同居民委员会情况",1953年,来自北京市政府,2-5-63,"东单、西单、东四、宣武等四个区始建街道居民委员会的情况及存在的问题"。

的任务还包括改变性别的观念。正如王政所指,革命通过让妇女作为党在基层街道管理中的排头兵,"使公共领域女性化"。随着妇女成为"地方行政中的重要角色",共产党在"在居民日常生活中创造社会主义国家效应"方面取得了重大进展。[1]

在新政权下工作仅仅几个月后,底层妇女开始意识到,1949年中华人民共和国成立并不仅仅是从士气涣散的国民党到热情高涨的共产党的一种简单的政治力量更替,而是更具微妙和复杂的意义。共产党政府向北京居民承诺建立一个全新的中国,这包括有效和负责的管理,更自由和更幸福的社会,使人民变得更好和更安全的生活,以及更有生产力和政治参与的生活方式。在努力实现这些理想的过程中,它一方面郑重宣告要摧毁旧的国家机器,清除其设计者和执行者;另一方面,宣称在政治动员、政府领导和群众自愿相结合的基础之上,建立一种全新的政治和社会控制系统。人们期望这样一个系统能将伟大的革命志向转到可控的日常生活和工作之中。随着各种各样的运动对日常生活的渗透,改变了街道的社会和文化构成,革命进程不仅使妇女直接面对新的政治场景、行为标准、语言和意识形态,也试图影响她们的信仰和行为。

妇女发现,在1949年后的政治话语中,她们过往的一些经验仍然具有关联性,甚至获得了革命性的意义。她们用痛彻心扉的方式讲述了家庭暴力、配偶遗弃和极端的贫困,这些叙述强化了人们对于过去那些掠夺成性政权的质疑,同时也增加了共产党接管北京的合法化。然而,妇女的许多生存手段并没有通过共产党的道德和安全审查。在新的社会主义秩序下,这些生存手段受到谴责,甚至被视为犯罪。例如,根据共产党的法律,买卖妇女是一种刑事犯罪。私自买卖粮食及其他生活必需品

---

1 Wang Zheng(王政), "Gender and Maoist Urban Reorganization", in *Gender in Motion: Divisions of Labor and Cultural Change in Late Imperial and Modern China*, edited by Bryna Goodman(顾德曼) and Wendy Larson, pp.189-210.

将受到限制,随后被禁止,理由是这些交易行为有可能破坏社会主义经济秩序。卖淫(包括正式和偶尔的形式)被视为一种社会恶习,因此被取缔。1949年11月21日,中华人民共和国成立后不到两个月,北京市政府在一夜之间关闭了所有的妓院。第二天早上,它宣布:新中国成功地结束了这座城市对妇女长期存在的性剥削和经济剥削制度。同样重要的是,还实施了相当严格的道德准则,即禁止婚外性关系。有此种行为的男女都被批判为不符合社会主义价值观和"乱搞男女关系"。在社会主义道德继续把婚外性关系打上烙印的同时,新政府坚定地相信劳动和纪律的价值,尽最大努力利用妇女的生产能力来建设社会主义政治经济。

新政府在北京发动了很多运动,并且建立了为数众多的基层组织。妇女被要求积极参加这些街道的活动和组织,学习新的共产主义行为规范、语言和思想。培训她们表达自己的热情,发挥领导作用,她们的参与和贡献得到了公开的承认和表扬。但这种新的政治秩序对妇女的选择和生存手段的影响是复杂的。王政的研究已经向我们阐明,共产党试图改造女权运动,并对女权运动的积极分子的著作进行审查。[1] 共产党有意将劳动妇女推到所有运动的前沿,将她们置于街道管理活动的聚光灯之下,她们因此被赋予了进行政治表达的渠道和动力。尽管如此,妇女积极分子还是和其他所有的妇女群体一样,必须学习如何在政府领导下表达自己的观点,开展政治活动。

在妇女所关注的问题和日常事务中,有一部分根植于她们的过往经历。有的时候,这些问题和事务确实会影响革命的速度、方向和策略。举例来说,妇女缺乏集体政治经验,又经常囿于家庭杂事,这就要求干部们把更宏大的政治场景包装成日常工作和面对面的交流形式,拉近政治

---

[1] Wang Zheng(王政), *Women in the Chinese Enlightenment: Oral and Textual Histories.*

与妇女的日常生活。但是，随着政府把它的权力延伸到北京的四合院中，将妇女生活置于社会主义经济和基层控制之下，曾经让底层妇女在协商和维护自身利益时所拥有优势的关系网络和习惯受到了批评。即使政府没有立即根除所有过往的做法，也没有把每位底层妇女转变为共产主义积极分子，它还是开始将妇女保持过往优势的尝试与革命政治严格区分开来，20世纪50年代早期的基层运动标志着未来几年内，政府将大规模建设社会主义街道秩序，构建新妇女身份观念。革命政治的影响一直持续到20世纪80年代，随着改革开放，城市再次成为人口迁徙、城市化、工业化和全球化等进程的最前沿。这些进程再一次充分调动了妇女的各种劳动能力，也改变了妇女的个人生活。妇女再次游走于中国农村和城市，活跃于资本市场，接受国家的调控，她们的日常生活和生存手段，将再一次改变并重新定义北京和其他21世纪中国城市的社会秩序和道德意识。

参考文献

译者说明：参考文献按英文原书顺序排列，人名亦遵循原书表达，西文参考书目中，已有中文名或译名者，加注中文名；华人、日本人以西文名字发表著作者，尽可能加注中文名，以便读者查阅。

A

爱新觉罗·瀛生：《京城旧俗》，北京：北京燕山出版社，1988年。

Andreas, Peter, *Smuggler Nation: How Illicit Trade Made America*, New York: Oxford University Press, 2013.

Asada, Takatsugu（浅田乔二）：《1937—1945日本在中国沦陷区的经济掠夺》，袁愈佺译，上海：复旦大学出版社，1997年。

B

白宝华：《鞠躬、混合面、"献铜献铁"》，见中国人民政治协商会议北京市委员会、文史资料委员会编《文史资料选编》，第52辑（1995年），94—96页。

白淑兰等编：《北平市工务局 北平市之概略，1946年》，载《北京档案史料》1992年第2期，14—34页。

Bailey, Paul, "'Women Behaving Badly': Crime, Transgressive Behavior and Gender in Early Twentieth Century China", in *Nan Nü*, 8, no.1 (2006), pp.156–197.

程维荣：《中国审判制度史》，上海：上海教育出版社，2001年。

Barrett, David and Larry N. Shyu（徐乃力）edited, *Chinese Collaboration with Japan, 1932–1945: The Limits of Accommodation*, Stanford: Stanford University Press, 2001, pp.1–17.

北京燕山出版社编：《旧京人物与风情》，北京：北京燕山出版社，1996页。

北京市档案馆编:《日伪统治后期北京市各区工厂调查表》,载《北京档案史料》2001年第1期:64—88页。

北京市档案馆编:《日伪北京新民会》,北京:光明日报出版社,1989年。

北京市档案馆编:《日伪在北京地区的五次强化治安运动》,北京:北京燕山出版社,1987年。

北京市档案馆、中共北京市委党史研究室编:《北京市重要文献选编(1948.12—1949)》,北京:中国档案出版社,2001年。

北京市档案馆、中国人民大学档案系文献编纂学教研室编:《北京电车公司档案史料1921—1949》,北京:北京燕山出版社,1988年。

北京市社会科学历史研究所、《北京历史纪年》编写组编:《北京历史纪年》,北京:北京出版社,1984年。

Belsky, Richard(白思齐), *Localities at the Center: Native Place, Space, and Power in Late Imperial Beijing*(《地方在中央:晚期帝都内的同乡会馆、空间和权力》), Cambridge, MA: Harvard University Asia Center, 2005.

Bengtsson, Tommy, "Living Standards and Economic Stress", in *Life under Pressure: Mortality and Living Standards in Europe and Asia, 1700 - 1900*(《压力下的生活:1700—1900年欧洲与亚洲的死亡率和生活水平》), edited by Tommy Bengtsson(托米·本特森), Cameron Campbell(康文林) and James Z. Lee(李中清), Cambridge, MA: The MIT Press, 2004, pp.27 - 59.

Bernhardt, Kathryn(白凯), "Women and the Law: Divorce in the Republican Period", in *Civil Law in Qing and Republican China*, edited by Kathryn Bernhardt and Philip C. C. Huang(黄宗智), Stanford: Stanford University Press, 1994, pp.187 - 214.

伯骅:《"串房檐的"及其他》,见《旧京人物与风情》,北京:北京燕山出版社,1996年,309—312页。

Bodde, Derk(德克·博迪), *Peking Diary: A Year of Revolution*(《北京日记:革命的一年》), New York: Henry Schuman, 1950.

Boyle, John Hunter(约翰·亨特·博伊尔), *China and Japan at War 1937 - 1945: The Politics of Collaboration*(《中日战争时期的通敌内幕1937—

1945》), Stanford: Stanford University Press, 1972.

Bray, Francesca(白馥兰), *Technology and Gender: Fabrics of Power in Late Imperial China*(《技术与性别：晚期帝制中国的权力经纬》), Berkeley: University of California Press, 1997.

Brook, Timothy(卜正民), *The Confusions of Pleasure: Commerce and Culture in Ming China*(《纵乐的困惑：明代商业与文化》), Berkeley: University of California Press, 1998.

Brook, Timothy(卜正民), *Collaboration: Japanese Agents and Local Elites in Wartime China*(《秩序的沦陷：抗战初期的江南五城》), Cambridge, MA: Harvard University Press, 2005.

Broudehoux, Anne-Marie, "Neighborhood Regeneration in Beijing: An Overview of Projects Implemented in the Inner City since 1990", 1994, at http://www.mcgill.ca/mchg/student/neighborhood/, accessed on December 12, 2014.

Buck, David(鲍德威), "Railway City and National Capital: Two Faces of the Modern in Changchun", in *Remaking the Chinese City: Modernity and National Identity, 1900 – 1950*, edited by Joseph W. Esherick(周锡瑞), Honolulu: University of Hawaii Press, 2000, pp.65 – 89.

C

蔡万坤:《由会馆、驿站发展起来的旅馆业》,见杨洪运、赵筠秋编:《北京经济史话》,北京：北京出版社,1984年,115—118页。

Cao, Deborah(曹菡艾), *Chinese Law: A Language Perspective*, Burlington, VT: Ashgate, 2004.

Carroll, Peter J.(柯必德), *Between Heaven and Modernity: Reconstructing Suzhou 1895 – 1937*(《天堂与现代性之间：建设苏州（1895—1937）》), Stanford: Stanford University Press, 2006.

Casaultm, Andre, "The Beijing Courtyard House: Its Traditional Form and Present State", in *Open House International* 12, no.1(1987), pp.31 – 41.

Certeau, Michel de.(米歇尔·德·塞托), *The Practice of Everyday Life*(《日常生活实践》), Berkeley: University of California Press, 2011.

Chang, Jui-te(张瑞德), "Technology Transfer in Modern China: The Case of Railway Enterprises in Central China and Manchuria", in *Manchurian Railways and the Opening of China: An International History*, edited by Bruce A. Elleman and Stephen Kotkin, New York: M.E. Sharpe, 2009, pp.105 – 122.

Chang, Kia-Ngau(张嘉璈), *China's Struggle for Railroad Development*, New York: The John Day Company, 1943.

常人春:《老北京的风俗》,北京:北京燕山出版社,1990年。

常人春:《红白喜事:旧京婚丧礼俗》,北京:北京燕山出版社,1993年。

常人春:《老北京风情记趣》,北京:北京出版社,1993年。

Chao, Buwei Yang(杨步伟), *Autobiography of a Chinese Woman*(《一个女人的自传》), Westport, CT: Greenwood Press, 1970.

陈顾远:《中国婚姻史》,北京:商务印书馆,1937年;上海:上海书店,1992年再版。

陈涵芬:《北平北郊某村妇女地位》,学士毕业论文,燕京大学法学院社会学系,1940年。

Chen, Janet Y.(陈怡君), *Guilty of Indigence: The Urban Poor in China, 1900 – 1953*, Princeton: Princeton University Press, 2012.

Chen, Tina Mai(陈庭梅), "Female Icons, Feminist Iconography? Socialist Rhetoric and Women's Agency in 1950s China", in *Gender & History* 15, no.2(August 2003), pp.268 – 295.

Cheng, Weikun(程为坤), "The Challenge of the Actresses: Female Performers and Cultural Alternatives in Early Twentieth Century Beijing and Tianjin", in *Modern China* 22, no. 2 (April 1996), pp.197 – 233.

Cheng, Weikun(程为坤), "In Search of Leisure: Women's Festivities in Late Imperial Beijing", in *The Chinese Historical Review*, 14, no.1(2007), pp.1 – 28.

Cheng, Weikun(程为坤), *City of Working Women: Life, Space, and Social Control in Early Twentieth-Century Beijing*(《劳作的女人:20世纪初北京的城市空间和底层女性的日常生活》), Berkeley: Institute of East Asian Studies, University of California, 2011.

Chevalier, Louis, *Laboring Classes and Dangerous Classes in Paris during the*

First Half of the Nineteenth Century, New York: Howard Fertig, 1973.

Chiang, Yung-chen(江勇振), *Social Engineering and the Social Sciences in China, 1919 – 1949*, New York: Cambridge University Press, 2006.

Chiu, Vermier Y.(赵冰), *Marriage Laws and Customs of China*, Hong Kong: Institute of Advanced Chinese Studies and Research, New Asia College at The Chinese University of Hong Kong, 1966.

Chou, Shun-hsin(周舜莘), *The Chinese Inflation, 1937 – 1949*, New York: Columbia University Press, 1963.

Chudacoff, Howard P., *The Age of the Bachelor: Creating an American Subculture*, Princeton: Princeton University Press, 2000.

商务印书馆编辑部编:《辞源》(修订本),北京:商务印书馆,1988年。

Cohen, Myron L.(孔迈隆), "Writs of Passage in Late Imperial China: The Documentation of Practical Understandings in Minon, Taiwan", in *Contract and Property in Early Modern China*, edited by Madeleine Zelin(曾小萍) et al., Stanford: Stanford University Press, 2004, pp.37 – 93.

Constan, Samuel Victor(康士丹), *Calls, Sounds and Merchandise of the Peking Street Peddlers*(《京都叫卖图》), Peking: The Camel Bell, 1936.

D

《当代中国的广播电视》编辑部选编:《中国广播电视大事记》,北京:北京广播学院出版社,1987年。

邓云乡:《北京四合院》,北京:人民日报出版社,1990年。

邓云乡:《六十年前北京人经济生活杂述》,见《旧京人物与风情》,北京:北京燕山出版社,1996年,180—195页。

Deutsch, Sarah, *Women and the City: Gender, Space, and Power in Boston, 1870 – 1940*, New York: Oxford University Press, 2000.

Dikotter, Frank(冯客), *Exotic Commodities: Modern Objects and Everyday Life in China*, New York: Columbia University Press, 2006.

Dillon, Nara(温奈良) and Jean C. Oi(戴慕珍) edited, *At the Crossroads of Empires: Middlemen, Social Networks, and State-Building in Republican*

Shanghai, Stanford: Stanford University Press, 2008.

丁贤勇:《新式交通与社会变迁——以民国浙江为中心》,北京:中国社会科学出版社,2007年。

董光器编著:《古都北京五十年演变录》,南京:东南大学出版社,2006年。

Dong, Madeleine Yue(董玥), *Republican Beijing: The City and Its Histories*(《民国北京城:历史与怀旧》), Berkeley: University of California Press, 2003.

窦学谦:《中国妇女的地位、教育与职业》,毕业论文,燕京大学法学院社会学系,1937年。

Dryburgh, Marjorie, "National City, Human City: The Reimagining and Revitalization of Beiping, 1928 – 1937", in *Urban History* 32, no.3 (2005), pp.500 – 524.

杜丽红:《20世纪30年代的北平城市管理》,博士论文,中国社会科学院研究生院,2002年。

E

Eastman, Lloyd(易劳逸), *Seeds of Destruction: Nationalist China in War and Revolution, 1937 – 1949*(《毁灭的种子:战争与革命中的国民党中国(1937—1949)》), Stanford: Stanford University Press, 1984.

Ebrey, Patricia Buckley(伊沛霞)译, *Chu Hsi's Family Rituals: A Twelfth-Century Chinese Manual for the Performance of Cappings, Weddings, Funerals and Ancestral Rites*(《朱子家礼》), Princeton: Princeton University Press, 1991.

Edwards, Louise(李木兰), *Gender, Politics, and Democracy: Women's Suffrage in China*(《性别、政治与民主:近代中国的妇女参政》), Stanford: Stanford University Press, 2008.

Elder, Chris edited, *Old Peking: City of The Ruler of the World*, Hong Kong: Oxford University Press, 1997.

Ellema, Bruce A., Stephen Kotkin And Y. Tak Matsusaka(松阪庆久), "Introduction", in *Manchurian Railways and the Opening of China: An International History*, edited by Bruce A. Ellema And Stephen Kotkin, New York: M. E. Sharpe, 2009, pp.3 – 9.

Ellema, Bruce A. and Stephen Kotkin edited, *Manchurian Railways and the Opening of China: An International History*, New York: M. E. Sharpe, 2009.

Epstein, A. L., "The Network and Urban Social Organization", in *Social Networks in Urban Situations: Analyses of Personal Relationships in Central African Towns*, edited by J. Clyde Mitchell, Manchester: Manchester University Press, 1969.

Esherick, Joseph W.(周锡瑞), "Modernity and Nation in the Chinese City", in *Remaking the Chinese City: Modernity and National Identity, 1900 – 1950*, edited by Joseph W. Esherick, Honolulu: University of Hawai'i Press, 1999, pp.1 – 16.

Esherick, Joseph W.(周锡瑞) edited, *Remaking the Chinese City: Modernity and National Identity, 1900 – 1950*, Honolulu: University of Hawai'i Press, 1999。

F

Fei-shi(斐士) edited, *Guide to Peking and its Environs Near and Far*(《京师地志指南》), Tientsin and Peking: The Tientsin Press, 1924.

Ferlanti, Federica, "The New Life Movement in Jiangxi Province, 1934 – 1938", *Modern Asian Studies* 44, no. 5(September 2010): pp.961 – 1000.

Finnane, Antonia(安东篱), "Changing Spaces and Civilized Weddings in Republican China", in *New Narratives of Urban Space in Republican Chinese Cities: Emerging Social, Legal and Governance Orders*, edited by Billy K. L. So(苏基朗) and Madeleine Zelin(曾小萍), Leiden and Boston: Brill, 2013, pp.15 – 44.

傅秉常、周定宇编:《中华民国六法理由判解汇编》,台北:新陆书店,1964年。

Fu, Poshek(傅葆石), *Passivity, Resistance, and Collaboration: Intellectual Choices in Occupied Shanghai, 1937 – 1945*(《灰色上海,1937—1945:中国文人的隐退、反抗与合作》), Stanford: Stanford University Press, 1997.

G

Gamble, Sidney(甘博), *Peking: A Social Survey*(《北京的社会调查》), New

York: George H. Doran, 1921.

Gamble, Sidney(甘博), *How Chinese Families Live in Peiping: A Study of the Income and Expenditure of 283 Chinese Families Receiving from $8 to $550 Silver per Month*, New York and London: Funk & Wagnalls Company, 1933.

高树林等编:《河北人口史》,石家庄:河北人民出版社,1986年。

高叔平、高季安:《花市述往》,见北京市政协文史资料研究会、北京市崇文区政协文史资料委员会编:《花市一条街》,北京:北京出版社,1990年,10—27页。

Garrioch, David、Mark Peel, "Introduction: The Social History of Urban Neighborhoods", in *Journal of Urban History* 32, no. 5 (July 2006), pp.663–676.

Geertz, Clifford(克利福德·格尔茨), *Local Knowledge: Further Essays in Interpretive Anthropology*(《地方知识:阐释人类学论文集》), New York: Basic Books, Inc., 1985.

Giles, Herbert A.(翟理斯): *A Chinese-English Dictionary 2nd ed.* (《华英字典》第2版), Shanghai and Hong Kong: Kelly & Walsh, Limited, 1912年.

Gillespie, John, Albert H. Y. Chen(陈弘毅), *Legal Reforms in China and Vietnam: A Comparison of Asian Communist Regimes*, New York: Routledge, 2010.

Gilmartin, Christina Kelley(柯临清), *Engendering the Chinese Revolution: Radical Women, Communist Politics, and Mass Movements in the 1920s*, Berkeley: University of California Press, 1995.

Glosser, Susan L.(葛思珊), *Chinese Visions of Family and State, 1915–1953*, Berkeley: University of California Press, 2003.

Goodman, Bryna(顾德曼), *Native Place, City, and Nation: Regional Networks and Identities in Shanghai, 1853–1937*, Berkeley: University of California Press, 1995.

Goodman, Bryna(顾德曼), "The Vocational Woman and the Elusiveness of 'Personhood' in Early Republican China", in *Gender in Motion: Divisions of Labor and Cultural Change in Late Imperial and Modern China*, edited by

Bryna Goodman and Wendy Larson, Lanham, MD: Rowman & Littlefield Publishers, 2005, pp.265 - 286.

——Wendy Larson, "Axes of Gender: Divisions of Labor and Spatial Separation", in *Gender in Motion: Divisions of Labor and Cultural Change in Late Imperial and Modern China*, edited by Bryna Goodman and Wendy Larson, Lanham, MD: Rowman & Littlefield Publishers, 2005, pp.1 - 25.

Goodman, Bryna (顾德曼), and Wendy Larson edited, *Gender in Motion: Divisions of Labor and Cultural Change in Late Imperial and Modern China*, Lanham, MD: Rowman & Littlefield Publishers, 2005.

Granovetter, Mark S., "The Strength of Weak Ties", in *The American Journal of Sociology* 78, no.6(May 1973), pp.1360 - 1380.

关清贤、李善文:《密输犯:反抗日本侵略者的经济封锁》,见中国人民政治协商会议北京市委员会、文史资料委员会编:《文史资料选编》,第 38 辑(1990 年),162—164 页。

Guide to Peking, Revised edition, The Peiping Chronicle, 1935.

郭贵儒、封汉章、张同乐:《华北伪政权史稿:从"临时政府"到"华北政务委员会"》,北京:社会科学文献出版社,2007 年。

郭松义、定宜庄:《清代民间婚书研究》,北京:人民出版社,2005 年。

邝其照:《字典集成》,1868 年首版,1875 年再版,香港中华印务总局印刷出版。

H

韩光辉:《北京历史人口地理》,北京:北京大学出版社,1996 年。

韩延龙、苏亦工:《中国近代警察史》下册,北京:社会科学文献出版社,2000 年。

Esther Frayne Hayes, *At Home in China*, New York: Walter Neale, 1931。

何台孙:《张家口实习调查日记》,收录于《中国大陆土地问题资料(民国二十年代 1932—1941)》,台北:成文出版社,1977 年。

河北省交通厅史志编纂委员会编:《河北公路史》,北京:人民日报出版社,1987 年。

Henriot, Christian (安克强), *Prostitution and Sexuality in Shanghai: A Social History, 1849 - 1949*(《上海妓女:19—20 世纪中国的卖淫与性》), New

York: Cambridge University Press, 2001.
Hershatter, Gail(贺萧), *The Workers of Tianjin, 1900 – 1949*(《天津工人, 1900—1949》), Stanford: Stanford University Press, 1993.
Hershatter, Gail(贺萧), *Dangerous Pleasures: Prostitution and Modernity in Twentieth-Century Shanghai*(《危险的愉悦: 20世纪上海娼妓问题与现代性》), Berkeley: University of California Press, 1997.
Hershatter, Gail(贺萧), *Women in China's Long Twentieth Century*, Berkeley: University of California Press, 2007.
Hershatter, Gail(贺萧), *The Gender of Memory: Rural Women and China's Collective Past*(《记忆的性别: 农村妇女和中国集体化历史》), Berkeley: University of California Press, 2011.
Honig, Emily(韩起澜), *Sisters and Strangers: Women in the Shanghai Cotton Mills 1919 – 1949*(《姐妹们与陌生人: 上海棉纱厂女工, 1919—1949》), Stanford: Stanford University Press, 1986.
Howard, Joshua(何稼书), "The Politicization of Women Workers at War: Labour in Chongqing's Cotton Mills during the Anti-Japanese War", *Modern Asian Studies* 47, no.6 (November 2013), pp.1888 – 1940.
Hsiao, Kung-chuan(萧公权), *Rural China: Imperial Control in the Nineteenth Century*(《中国乡村: 19世纪的帝国控制》), Seattle: University of Washington Press, 1960.
华立:《清代保甲制度简论》,中国人民大学清史研究所编:《清史研究集》第6辑,北京: 光明日报出版社,1988年,87—121页。
(伪)华北政务委员会总务厅情报局编:《新春北京风景线》,北京:(伪)华北政务委员会总务厅情报局,1944年,87—121页。
Huang, Philip C. C.(黄宗智), *Code, Custom, and Legal Practice in China: The Qing and the Republic Compared*(《法典、习俗与司法实践: 清代与民国的比较》), Stanford: Stanford University Press, 2000.
黄兴涛、夏明方主编:《清末民国社会调查与现代社会科学兴起》,福州: 福建教育出版社,2008年。
Huenemann, Ralph William, *The Dragon and the Iron Horse: The Economic of*

Railroads in China, 1876 - 1937, Cambridge, MA: The Council on East Asian Studies, Harvard University, 1984.

J

金城主编:《三河县志》,北京:学苑出版社,1988年。
金受申:《老北京的生活》,北京:北京出版社,1989年。
京奉铁路管理局总务处编查课编:《京奉铁路旅行指南》,北京:京华印书局,1918年。
京绥铁路管理局编译课编:《京绥铁路旅行指南》,北京,京绥铁路管理局编译课,1922年。
Johnson, Kay Ann, Women, the Family, and Peasant Revolution in China, Chicago: The University of Chicago Press, 1983.
Jones, William(钟威廉)译, The Great Qing Code(《大清律例》), Oxford: Clarendon Press, 1994.
Judge, Joan(季家珍), The Precious Raft of History: The Past, the West, and the Women Question in China(《历史宝筏:过去、西方与中国妇女问题》), Stanford: Stanford University Press, 2010.

K

Ko, Dorothy(高彦颐), Every Step a Lotus: Shoes for Bound Feet, Berkeley: University of California Press, 2001.
Ko, Dorothy(高彦颐), Cinderella's Sisters: A Revisionist History of Footbinding, Berkeley: University of California Press, 2007.
Köll, Elisabeth(柯丽莎), "Chinese Railroads, Local Society, and Foreign Presence: The Tianjin-Pukou Line in Pre-1949 Shandong", in Manchurian Railways and the Opening of China: An International History, edited by Bruce A. Ellema and Stephen Kotkin, New York: M.E. Sharpe, 2009, pp.123 - 148.

L

Lam, Tong(林东), A Passion for Facts: Social Surveys and the Construction of the Chinese Nation-State, 1900–1949, Berkeley: University of California Press, 2011.

Lang, Olga, *Chinese Family and Society*, New Haven: Yale University Press, 1946.

老舍:《骆驼祥子》,北京:人民文学出版社,1962年。

老舍:《四世同堂》,天津:百花文艺出版社,1979年。

Lary, Diana, *The Chinese People at War: Human Suffering and Social Transformation, 1937–1945*, New York: Cambridge University Press, 2010.

Letcher, John Seymour, *Good-bye to Old Peking: The Wartime Letters of U. S. Marine Captain John Seymour Letcher, 1937–1939*, edited by Roger B. Jeans and Katie Letcher Lyle, Athen: Ohio University Press, 1998.

Levy Jr, Marion J., *The Family Revolution in Modern China*, Cambridge, MA: Harvard University Press, 1949.

李滨声:《老妈店》,见《旧京人物与风情》,北京:北京燕山出版社,1996年,457—469页。

李春雷:《中国近代刑事诉讼制度变革研究(1895—1928)》,北京:北京大学出版社,2004年。

Li Danke(李丹柯), *Echoes of Chongqing: Women in Wartime China*, Chicago: University of Illinois Press, 2010.

李景汉:《北京人力车夫现状的调查》,载《社会学杂志》1925年第4期,见李文海主编:《民国时期社会调查丛编:城市 劳工 生活》,福州:福建教育出版社,2005年,1153—1162页。

李景汉:《北平最低限度的生活限度的讨论》,载《社会学界》1929年第3期,1—16页。

Lillian, Li(李明珠), *Fighting Famine in North China: State, Market, and Environmental Decline, 1690s–1990s*(《华北的饥荒:国家、市场与环境退化,1690—1949》), Stanford: Stanford University Press, 2007.

Lillian, Li(李明珠), Alison Dray-Novey, "Guarding Beijing's Food Security in the Qing Dynasty: State, Market and Police", in *Journal of Asian Studies* 58, no. 4(1999), pp.992–1032.

李铁虎:《北平伪临时政府辖境政区沿革述略》,载《北京档案史料》1987年第3期,57—62页。

李文海等编:《民国时期社会调查丛编》,福州:福建教育出版社,2005年。

李玉汶:《汉英新辞典》,上海:商务印书馆,1918年。

李真:《日本毒化河北实态研究》,硕士论文,河北大学历史学系,2010年。

Lieberthal, Kenneth(李侃如), *Revolution and Tradition in Tientsin, 1949–1952*, Stanford: Stanford University Press, 1980.

林颂和:《北平社会概况统计图》,北平:社会调查所,1931年。

Lipkin, Zwia(李慈), *Useless to the State:"Social Problems"and Social Engineering in Nationalist Nanjing, 1927–1937*, Cambridge, MA: Harvard University Asia Center, 2006.

刘敦桢:《中国古代建筑史》,北京:中国建筑工业出版社,1984年。

刘昊:《从档案史料看北京沦陷区人民为根据地购运物资活动》,载《北京档案史料》1987年第4期,50—56页。

Liu, Lydia H.(刘禾), *Translingual Practice: Literature, National Culture, and Translated Modernity – China, 1900–1937*, Stanford: Stanford University Press, 1995.

Liu, Lydia H.(刘禾)编, *Tokens of Exchange: The Problem of Translation in Global Circulations*, Durham: Duke University Press, 1999.

《六法全书》,上海:上海法学编译社,1932年。

楼兆馗:《婚姻调查》,载《国立中央大学半月刊》1930年第14期,见李文海主编《民国时期社会调查丛编:婚姻家庭》,福州:福州教育出版社,2005年,69—96页。

陆德阳、王乃宁:《社会的又一层面:中国近代女佣》,北京:学林出版社,2004年。

吕果:"解放前后北平被服厂的女工",载《新中国妇女》,1949年1月。

Lu, Hanchao(卢汉超), *Street Criers: A Cultural History of Chinese Beggars*(《叫街者:中国乞丐文化史》), Stanford: Stanford University Press, 2005.

Lum, Peter, *My Own Pair of Wings*, San Francisco: Chinese Materials Center, Inc. 1981.

罗家伦:《妇女解放》,见梅生辑《中国妇女问题讨论集》,上海:新文化书社,

1923 年;上海:上海书店,1989 年再版,1—23 页。
Leutner, Mechthild(罗梅君):《北京的生育、婚姻和丧葬:19 世纪至当代的民间文化和上层文化》,中华书局,2001 年。

M

马文华、王葆安:《香河县志》,台北:成文出版社,1968 年。
马钊(Zhao Ma):《女性与职业:近代中国职业概念的社会透视》,见黄兴涛主编:《新史学:文化史研究的再出发》,北京:中华书局,2010 年,21—56 页。
Ma Zhao(马钊), "Female Workers, Political Mobilization, and the Meaning of Revolutionary Citizenship in Beijing, 1948-1950", in *Frontiers of History in China* 9, no. 4 (2014), pp.558-583.
Ma Zhao(马钊), "Wayward Daughters: Sex, Family, and Law in Early Twentieth-Century Beijing", in *Chinese Law: Knowledge, Practice, and Transformation, 1530s to 1950s*, edited by Madeleine Zelin(曾小萍) and Li Chen(陈利), Leiden and Boston: Brill, 2015, pp.176-203.
马芷庠:《老北京旅行指南》,1935 年,长春:吉林出版集团有限责任公司,2007 年再版。
MacGillivray, Donald(季理裴), *A Mandarin-Romanized Dictionary of Chinese* (《华英成语合璧字集》), Shanghai: The Presbyterian Mission Press(华美书馆), 1905.
麦惠庭:《中国家庭改造问题》,上海:商务印书馆,1935 年,上海:上海书店,1990 年再版。
麦倩曾:《北平娼妓调查》,载《社会学界》1931 年第 5 期;见李文海主编:《民国时期社会调查丛编:底边社会》,福州:福建教育出版社,2005 年,482—522 页。
麦倩曾:《中国工厂女工工资之研究》,硕士论文,燕京大学法学院社会学系,1931 年。
茅复山:《旧中国北平市户政》,见中国人民政治协商会议北京市委员会、文史资料委员会编《文史资料选编》,第 22 辑(1984 年),153—169 页。
Martin, Brian(布赖恩·马丁), *The Shanghai Green Gang: Politics and*

Organized Crime, 1919 – 1937, Berkeley: University of California Press, 1996.

Mathews, R. H.(麦氏), *A Chinese-English Dictionary*(《麦氏汉英大辞典》), Shanghai: China Inland Mission and Presbyterian Mission Press, 1931.

Medhurst, Walter H.(麦都思), *English and Chinese Dictionary*(《英汉字典》), 2nd ed, Shanghai: Mission Press, 1848.

梅佳编:《卢沟桥事变前后北平社会状况变化比较表》,载《北京档案史料》1998年第5期,20—32页。

Meyerowitz, Joanne J., *Women Adrift: Independent Wage Earners in Chicago, 1880 – 1930*, Chicago: The University of Chicago Press, 1988.

莫青等著、华之国编:《陷落后的平津》,上海:时代史料保存社,1937年。

Morrison, Hedda(赫达·莫里逊), *A Photographer in Old Peking*, Oxford: Oxford University Press, 1985.

N

Naquin, Susan(韩书瑞), *Peking: Temples and City Life, 1400 – 1900*(《北京:公共空间和城市生活(1400—1900)》), Berkeley: University of California Press, 2000.

Nedostup, Rebecca(张倩雯), *Superstitious Regimes: Religion and the Politics of Chinese Modernity*, Cambridge, MA: Harvard University Asia Center, 2010。

Ng, Vivien, "Ideology and Sexuality: Rape Laws in Qing China", in *Journal of Asian Studies* 46, no.1 (February 1987), pp.57 – 70.

牛鼐鄂:《北平一千二百贫户研究》,载《社会学界》1933年第7期,见李文海主编:《民国时期社会调查丛编:底边社会》,福州:福建教育出版社,2005年,697—736页。

O

Ocko, Jonathan K.(欧中坦), "Hierarchy and Harmony: Family Conflict as Seen in Ch'ing Legal Cases", in *Orthodoxy in Late Imperial China*, edited by Kwang-ching Liu(刘广京), Berkeley: University of California Press, 1990, pp.212-230.

P

Paderni, Paola(宝拉·帕德尼),"I Thought I Would Have Some Happy Days: Women Eloping in Eighteenth-Century China", in *Late Imperial China* 16, no.1 (June 1995), pp.1-32.

潘敏:《江苏日伪基层政权研究(1937—1945)》,上海:上海人民出版社,2006年。

Peng Juanjuan(彭涓涓),"Yudahua: The Growth of an Industrial Enterprise in Modern China, 1890-1957", Ph.D. diss., Johns Hopkins University, 2007.

Perry, Elizabeth(裴宜理), *Shanghai on Strike: The Politics of Chinese Labor*(《上海罢工:中国工人政治研究》), Stanford: Stanford University Press, 1995.

Perry, Elizabeth(裴宜理),"Popular Protest in Shanghai, 1919-1927: Social Networks, Collective Identities, and Political Parties", in *At the Crossroads of Empires: Middlemen, Social Networks, and State-Building in Republican Shanghai*, edited by Nara Dillon(温奈良) and Jean C. Oi(戴慕珍), Stanford: Stanford University Press, 2008, pp.87-109.

Pomeranz, Kenneth(彭慕兰),"Women's Work and the Economics of Respectability", in *Gender in Motion: Divisions of Labor and Cultural Change in Late Imperial and Modern China*, edited by Bryna Goodman and Wendy Larson, Lanham, MD: Rowman & Littlefield Publishers, 2005, pp.239-263。

Poon, Shuk-Wah(潘淑华), *Negotiating Religion in Modern China: State and Common People in Guangzhou, 1900-1937*, Hong Kong: The Chinese University Press, 2011.

Prerejevalsky, Nicholas M., *Mongolia, the Tangut Country, and the Solitudes of Northern Tibet*, London: Sampson Low, Marston, Searle & Rivington, 1876.

Q

齐鸿浩、袁树森:《老北京的出行》,北京:北京燕山出版社,1999年。

瞿鸿起:《老北京的街头巷尾》,北京:中国书店,1997年。

R

Ransmeier, Johanna S.(任思梅), "'No Other Choice': The Sale of People in Late Qing and Republican Beijing, 1870 – 1935", Ph.D. diss., Yale University, 2008.

Ransmeier, Johanna S.(任思梅), "A Geography of Crime: Kidnapping between Rural and Urban Spaces in Early Twentieth-Century China", paper presented at the Annual Meeting of the Association of Asian Studies, Toronto, March 2012.

Reynolds, Douglas(任达), *China, 1898 – 1912: The Xinzheng Revolution and Japan*(《新政革命与日本:中国, 1898—1912》), Cambridge, MA: Harvard University Press, 1993.

Richter, Amy, *Home on the Rails: Women, the Railroad, and the Rise of Public Domesticity*, Chapel Hill: University of North Carolina Press, 2005.

Rogaski, Ruth(罗芙芸): *Hygienic Modernity: Meanings of Health and Disease in Treaty-Port China*(《卫生的现代性:中国通商口岸卫生与疾病的含义》), Berkeley: University of California Press, 2004.

Ross, Claudia(罗云), Lester Ross, "Language and Law: Sources of Systemic Vagueness and Ambiguous Authority in Chinese Statutory Language", in *The Limit of the Rule of Law in China*, edited by Karen G. Turner et al., Seattle: University of Washington Press, 2000, pp.221 – 270.

Rowe, William(罗威廉), *Hankow: Commerce and Society in a Chinese City, 1786 – 1889*(《汉口:一个中国城市的商业和社会(1796—1889)》), Stanford: Stanford University Press, 1984.

Rowe, William(罗威廉), *Hankow: Conflict and Community in a Chinese City, 1796 – 1895*(《汉口:一个中国城市的冲突和社区(1796—1895)》), Stanford: Stanford University Press, 1989.

S

Scott, James C.(詹姆斯·C.斯科特), *The Moral Economy of the Peasant: Rebellion and Subsistence in Southeast Asia*, New Haven: Yale University Press, 1976.

Scott, James C.(詹姆斯·C. 斯科特), *Seeing Like a State: How Certain Schemes to Improve the Human Condition Have Failed*(《国家的视角：那些试图改善人类状况的项目是如何失败的》), New Haven: Yale University Press, 1998.

Sewell, William Jr., *Structure and Mobility: The Men and Women of Marseille, 1820–1870*, London: Cambridge University Press, 1985.

单树珂:《京师居家法》,上海：开明书局,1918年。

尚小明:《留日学生与清末新政》,南昌：江西教育出版社,2002年。

Sheehan, Brett(史瀚波), "Unorganized Crime: Forgers, Soldiers, and Shopkeepers in Beijing, 1927, 1928", in *New Narratives of Urban Space in Republican Chinese Cities: Emerging Social, Legal and Governance Orders*, edited by Billy K. L. So(苏基朗) and Madeleine Zelin(曾小萍), Leiden and Boston: Brill, 2013, pp.95–112.

史明正:《走向近代化的北京城》,北京：北京大学出版社,1995年。

Shi Mingzheng(史明正), From Imperial Gardens to Publics Parks: The Transformation of Urban Space in Early Twentieth-Century Beijing." *Modern China* 24, no.3(1998), pp.219–254.

清国驻屯军司令部编(日本军队驻清指挥部)编,《北京志》,东京：德间书店,1925年,见吕永和、张宗平译:《清末北京志资料》,北京：燕山出版社,1994年。

舒新城:《近代中国留学史》,北京：中华书局,1933年,上海,上海书店,1989年再版。

Sinn, Elizabeth(冼玉仪), "Moving Bones: Hong Kong's Role as an 'In-Between Place' in the Chinese Diaspora", in *Cities in Motion: Interior, Coast, and Diaspora in Transnational China*, edited by Sherman Cochran and David Strand, Berkeley: Institute of East Asian Studies, University of California, 2007, pp.247–271.

Slack, Edward Jr., *Opium, State, and Society: China's Narco-Economy and the Guomindang, 1924–1937*, Honolulu: University of Hawaii Press, 2001.

Smith, S. A., *Revolution and the People in Russia and China: A Comparative*

History, New York: Cambridge University Press, 2008.

So, Billy K.L.(苏基朗) and Madeleine Zelin(曾小萍) edited, *New Narratives of Urban Space in Republican Chinese Cities: Emerging Social, Legal and Governance Orders*, Leiden and Boston: Brill, 2013.

Sommer, Matthew H.(苏成捷), *Sex, Law, and Society in Late Imperial China* (《中华帝国晚期的性、法律与社会》), Stanford: Stanford University Press, 2000.

Sommer, Matthew H.(苏成捷),"Making Sex Work: Polyandry as a Survival Strategy in Qing Dynasty China", in *Gender in Motion: Divisions of Labor and Cultural Change in Late Imperial and Modern China*, edited by Bryna Goodman and Wendy Larson, Lanham, MD: Rowman & Littlefield Publishers, 2005, pp.29-54.

Spence, Jonathan D.(史景迁), *Death of Woman Wang*(《王氏之死：大历史背后的小人物命运》), New York: Penguin, 1998.

Spence, Jonathan D.(史景迁), *The Search for Modern China*, 2nd ed., New York: W. W. Norton & Company, 1999.

Stacey, Judith, *Patriarchy and Socialist Revolution in China*, Berkeley: University of California Press, 1983.

Stansell, Christine, *City of Women: Sex and Class in New York, 1789-1860*, Urbana: University of Illinois Press, 1987.

Stapleton, Kristin(司昆仑), *Civilizing Chengdu: Chinese Urban Reform, 1895-1937*, Cambridge, MA: Harvard University Asia Center, 2000.

Stent, George Carter, *A Dictionary from English to Colloquial Mandarin Chinese* (《英汉口语词典》), Shanghai: Statistical Department of the Inspectorate General of Customs, 1905.

Strand, David(史谦德), *Riskshaw Beijing: City People and Politics in the 1920s* (《北京的人力车夫：1920年代的市民与政治》), Berkeley: University of California Press, 1989.

Strand, David(史谦德), *An Unfinished Republic: Leading by Word and Deed in Modern China*, Berkeley: University of California Press, 2011.

Swallow, Robert W.(燕瑞博), *Sidelights on Peking Life*(《北京生活侧影》), Peking: China Booksellers Limited, 1927.

T

唐博:《民国时期的平民住宅及其制度创建:以北平为中心的研究》,载《近代史研究》2010年第4期,133—143页。

陶孟和:《北平生活费之分析》,北平:中华教育文化基金会社会调查部,1928年。

陶子亮:《以家庭妇女为主力的挑补绣花业》,见杨洪运、赵筠秋主编:《北京经济史话》,北京:北京出版社,1984年,193—196页。

The Civil Code of the Republic of China(《中华民国民法》),Ching-lin Hsia(夏晋麟)、James Chow(周福庆)、Yukon Chang(张育孔音译)译,Shanghai: Kelly & Walsh, Limited(别发印书馆), 1931.

The Criminal Code of the Republic of China, Ching-lin Hsia(夏晋麟)、Boyer P. H. Chu 译, Shanghai: Kelly & Walsh, Limited(别发印书馆), 1936.

Theiss, Janet M.(戴真兰), *Disgraceful Matters: The Politics of Chastity in Eighteenth-Century China.* Berkeley: University of California Press, 2005.

Thompson, E. P., "The Moral Economy of the English Crowd in the Eighteenth Century", *Past and Present*, 50(1971), pp.76–136.

Thomson, John(约翰·汤姆逊), *Through China with a Camera*, Westminster: A. Constable & Co., 1898.

Tsin, Michael(钱增瑗), *Nation, Governance, and Modernity in China: Canton, 1900–1927*, Stanford: Stanford University Press, 1999.

Townley, Susan, *My Chinese Note Book*, New York: E. P. Dutton & Co., London: Methuen & Co., 1904.

W

Wakeman, Frederic(魏斐德), *Policing Shanghai, 1927–1947*(《上海警察》), Berkeley: University of California Press, 1995.

Walsh, Margaret, *Making Connections: The Long-Distance Bus Industry in the*

USA, Aldershot, Ashgate, 2000.

Wang, Di（王笛）, *Street Culture in Chengdu: Public Space, Urban Commoners, and Local Politics, 1870-1930*（《街头文化：成都公共空间、下层民众与地方政治，1870—1930》）, Stanford: Stanford University Press, 2003.

王玲：《北京与周围城市关系史》，北京：北京燕山出版社，1988年。

Wang Liping（汪利平）, "Tourism and Spatial Change in Hangzhou, 1911-1927", in *Remaking the Chinese City: Modernity and National Identity, 1900-1950*, edited by Joseph W. Esherick（周锡瑞）, Honolulu: University of Hawaii Press, 1999, pp.107-120.

王其明：《北京四合院》，北京：中国书店，1999年。

王琴：《近代城市空间和女性职业的兴起》，硕士论文，清史研究所，中国人民大学，2003年。

王书奴：《中国娼妓史》，1933年，长沙：岳麓书社，1998年再版。

王印焕：《1927—1937年河北流民问题成因探析》，载《北京师范大学学报（社会科学版）》1998年第1期，102—109页。

王跃生：《清代中期婚姻冲突透析》，北京：社会科学文献出版社，2003年。

Wang Zheng（王政）, *Women in the Chinese Enlightenment: Oral and Textual Histories*, Berkeley: University of California Press, 1999.

Wang Zheng（王政）, "Gender and Maoist Urban Reorganization", in *Gender in Motion: Divisions of Labor and Cultural Change in Late Imperial and Modern China*, edited by Bryna Goodman（顾德曼）and Wendy Larson, Lanham, MD: Rowman & Littlefield Publishers, 2005, pp.189-210.

Ward, Graham, *The Certeau Reader*, Oxford: Blackwell Publishers, Ltd., 2000。

威县交通局编：《威县公路交通史》，邢台：邢台地区交通局编委，1988年。

Werner, E. T. C.（倭讷）, *China of the Chinese*, New York: Charles Scribner's Sons, 1920.

Weston, Timothy B.（魏定熙）, *The Power of Position: Beijing University, Intellectuals, and Chinese Political Culture, 1898-1929*（《权力源自地位：北京大学、知识分子与中国政治文化，1898—1929》）, Berkeley: University of California Press, 2004.

Widdig, Bernd, *Culture and Inflation in Weimar Germany*, Berkeley: University of California Press, 2001.
Will, Pierre-Etienne(魏丕信), R. Bin Wong(王国斌), James Lee(李中清), *Nourish the People: The State Civilian Granary System in China, 1650 – 1850*, Ann Arbor: University of Michigan, Center for Chinese Studies, 1991.
Wolf, Margery(卢蕙馨), *Revolution Postponed: Women in Contemporary China*, Stanford: Stanford University Press, 1985.
Wood, Elisabeth Frances, "Domestic Architecture in the Beijing Area, 1860 – 1930", Ph.D. diss., School of Oriental and African Studies, 1983.
Woods, Grace E., *Life in China*, Braunton Devon: Merlin Books Ltd., 1992.

X

习武一、邓亦兵撰:《北京通史》,第9卷,北京:中国书店,1994年。
肖红松、韩玲:《民国时期河北省的烟毒吸食问题》,载《河北学刊》2007年第3期,116—126页。
肖红松、李真:《抗战时期日本毒化河北实态研究》,载《日本问题研究》,第23卷,2009年第2期:1—7页。
Xiao Zhiwei(萧知纬), "Movie House Etiquette Reform in Early-Twentieth-Century China", *Modern China* 32, no.4 (October 2006), pp.513 – 536.
Xing Wenjun(邢文军), "Social Gospel, Social Economics, and the YMCA: Sidney D. Gamble and Princeton-in-Peking", Ph.D. diss., University of Massachusetts, 1999.
邢台地区公路运输史编纂委员会编:《邢台地区公路运输史》,石家庄:河北科学技术出版社,1993年。
Xu Yamin(徐亚民), "Wicked Citizens and the Social Origins of China's Modern Authoritarian State: Civil Strife and Political Control in Republican Beiping, 1928 – 1937", Ph.D. diss., Berkeley: University of California, 2002.
Xu Yamin(徐亚民), "Policing Civility on the Streets: Encounters with Litterbugs, 'Nightsoil Lords' and Street Corner Urinators in Republican Beijing", in *Twentieth-Century China* 30, no. 2 (2005), pp.28 – 71.

Y

颜惠庆主编:《英华大辞典》(第4版),上海:商务印书馆,1916年。

杨立新编:《大清民律草案·民国民律草案》,长春:吉林人民出版社,2002年。

杨念群:《民国初年北京的生死控制与空间转换》,见杨念群编:《空间、记忆、社会转型:"新社会史"研究论文精选集》,上海:上海人民出版社,2001年,131—207页。

杨念群:《再造"病人":中西医冲突下的空间政治1832—1985》,北京:中国人民大学出版社,2006年。

姚秀兰:《户籍、身份与社会变迁:中国户籍法律史研究》,北京:法律出版社,2004年。

Yeh, Catherine Vance(叶凯蒂), "Where is the Center of Cultural Production? The Rise of the Actor to National Stardom and the Beijing/Shanghai Challenge, 1860s – 1910s", in *Late Imperial China* 25, no.2 (December 2004), pp.74 – 118.

Yeh, Wen-Hsin(叶文心), "Huang Yanpei and the Chinese society of vocational education in Shanghai networking", in *At the Crossroads of Empires: Middlemen, Social Networks, and State-Building in Republican Shanghai*, edited by Nara Dillon(温奈良) and Jean C. Oi(戴慕珍), Stanford: Stanford University Press, 2007, pp.25 – 44.

严景耀:《中国的犯罪问题与社会变迁的关系》,北京:北京大学出版社,1986年。

尹钧科等著:《古代北京城市管理》,北京:同心出版社,2002年。

尹润生:《解放前北京的饭庄饭馆》,见中国人民政治协商会议北京市委员会、文史资料编委会编:《文史资料选编》,第14辑(1982年),206—213页。

Young, Arthur, *China's Wartime Finance and Inflation, 1937 – 1945*, Cambridge, MA: Harvard University Press, 1965.

Young, Helen Praeger, *Choosing Revolution: Chinese Women Soldiers on the Long March*, Chicago: University of Illinois Press, 2001.

余协中:《北平的公共卫生》,见李文海主编:《民国时期社会调查丛编:社会保障卷》,福州:福建教育出版社,2005年,337—356页。

Z

张镜予：《北京司法部犯罪统计的分析》，载《社会学界》1928年第2期，见李文海等主编：《民国时期社会调查丛编：底边社会》，福州：福州教育出版社，2005年，238—270页。

张金起：《八大胡同里的尘缘旧事》，郑州：郑州大学出版社，2005年。

张金起：《百年大栅栏》，重庆：重庆出版社，2008年。

张如怡：《北平的女招待》，毕业论文，燕京大学社会学系，1933年。

张文武、孙刚等编：《1928年北平特别市户口调查》，载《北京历史档案》1988年第3期，8—27页。

张小林：《清代北京城区房契研究》，北京：中国社会科学出版社，2000年。

赵纯孝：《京城旧事杂谈》，北京：群众出版社，1997年。

赵润田：《旅店业拾零》，见北京市政协文史资料研究委员会和北京市崇文区政协文史资料委员会编：《花市一条街》，北京：北京出版社，1990年，1—9页。

赵育民：《北京广播事业发展概述》，见中国人民政治协商会议北京市委员会、文史资料编委会编：《文史资料选编》，第14辑（1982年），182—194页。

Zheng, Lian, "Housing Renewal in Beijing: Observation and Analysis," at http://www.mcgill.ca/mchg/student/renewal/, 1995, assessed on December 12, 2014.

Zheng Yangwen（郑扬文）, *The Social Life of Opium in China*, New York: Cambridge University Press, 2005.

中国第二历史档案馆编：《中华民国史档案资料汇编》，第五辑，第一编，文化（一），南京：江苏古籍出版社，1986年。

中国人民政治协商会议北京市委员会、文史资料研究委员会编：《日伪统治下的北平》，北京：北京出版社，1987年。

周恩慈：《北平婚姻礼俗》，毕业论文，燕京大学社会学系，1940年。

周叔昭：《北平一百名女犯的研究》，载《社会学界》1932年第6期，见李文海等主编：《民国时期社会调查丛编：底边社会》，福州：福建教育出版社，2005年，271—323页。

周叔昭：《北平诱拐的研究》，硕士论文，燕京大学社会学系，1933年。

Zhou Yongming(周永明), *Anti-Drug Crusades in Twentieth-Century China*(《20世纪中国的禁毒史》), Lanham: Rowman & Littlefield Publishers, 1999.

左和玉:《从"文明结婚"到"集团结婚":从婚姻仪式看民国婚俗的变化》,载薛君度、刘志琴主编:《近代中国社会生活与观念变迁》,北京:中国社会科学出版社,2001年,196—238页。

Zurndorfer, Harriet(宋汉理), "Wartime Refugee Relief in Chinese Cities and Women's Political Activism", in *New Narratives of Urban Space in Republican Chinese Cities: Emerging Social, Legal and Governance Orders*, edited by Billy K. L. So(苏基朗) and Madeleine Zelin(曾小萍), Leiden and Boston: Brill, 2013, pp.65–91.

致 谢

2014年末的一个清晨,在瑟瑟寒风中,我带着儿子马恺洋来到圣路易斯森林公园,参观这里的密苏里州历史博物馆,打算了解一下圣路易斯的地方历史文化。在接下来一个小时左右的时间里,我们参观了"路易斯安那购地案""1904年圣路易斯世界博览会""密苏里州移民史"等几个展区。看着5岁的马恺洋即将失去参观兴趣,我赶紧见好就收,结束了"单独辅导",在博物馆礼品店里将他"放生"。马恺洋显然很享受被各式各样的玩具簇拥的感觉,我看着他小手划过那些介绍圣路易斯历史的书籍与传记、海报与明信片、拼图与毛绒玩具……不经意间,我的目光随着他的手指,落到了一摞车尾贴纸上,上面印着这样一句话:"循规蹈矩的女人很少创造历史"(Well-behaved women seldom make history)。马恺洋以这种出人意料而又分外有趣的方式,将美国妇女史领域的著名学者劳拉·撒切尔·乌尔里奇(Laurel Thatcher Ulrich)的这句大胆的名言带到我眼前,这句名言也恰好为我花费10年写成的这本书做了一个巧妙而诙谐的总结。

本书的主角是一群不循规蹈矩的中国妇女,书中的篇章讲述了她们如何在一座饱经战火的城市里创造历史的故事。本书记录了她们的生存体验,描述了她们与饥饿、贫困、家庭矛盾所做的不懈斗争。就在这些妇女设法克服重重困难、维持生计之时,她们也时常会和法律"打交道",以原告、被告或证人的身份,接受或协助警察和法庭的调查。这些生活经历被保存在历史档案之中,使我们今天得以了解她们的故事。通过努力发掘和细心拼凑妇女生存经历的各个片段,我希望能在其中找到一些具有更加广泛历史意义的结论。

这一系列研究工作是在巴尔的摩、布法罗、圣路易斯和北京四座城市完成的。在成书的过程中，我受益于众多导师、朋友和同事的深刻见解与评论。在约翰斯·霍普金斯大学，我有幸在罗威廉和梅尔清（Tobie Meyer-Fong）两位杰出历史学家的指导下完成学业。罗威廉教授在城市史和中国近代史等领域造诣深厚，正是在他的影响之下，我选择了自己的研究题目，并且逐渐确定了研究的框架和解读材料的方法。他的鼓励与耐心，还有那些极具启发性的建议，指引着我走过研究和论文写作的每个阶段。如果没有他的指导和支持，我很难想象能最终完成这本书。在罗威廉教授众多研究生的眼中，他是一位"儒家"仁君，而他的搭档梅尔清教授则深谙"法家"治世之道。她总是敦促我以富有批判性的方法去解读原始资料，大胆立论，开口须言之有物，下笔应流畅清晰，按时完成工作计划。对于我的博士论文以及这本书，梅尔清教授慷慨赐教，给予了不少中肯且"尖锐"的批评。多年来，我一直不断回顾与反思这些批评，力图使自己的研究与写作更进一步。这本书或许未必达到导师们理想的标准，但我希望它至少在某种程度上没有辜负他们的支持和信任。

除了以上两位导师，约翰斯·霍普金斯大学其他多位教授的教导也让我受益终身。玛丽·莱恩（Mary Ryan）教授既是美国妇女史研究的先驱，也亲眼见证了1970年代的女权运动，我有幸成为她的研究助手，听她介绍美国妇女史和城市史研究，并从中获益匪浅。她的"城市与性别"研讨班为我开启了一段激动人心的学术之旅，正是得益于这段美国史的学习经历，我在研究中可以不断探索中国的性别与城市历史研究的新领域。蔡欣怡（Kellee Tsai）教授在不断鼓励我的同时，也对我严格要求，从写好每一篇课堂读书报告到撰写博士论文，使我做好了充分准备，去应对写作过程中的各种挑战。路易斯·加兰博斯（Louis Galambos）教授在我的研讨班和求职试讲中提出了很多发人深思的问题。韩嵩（Marta Hansen）教授是我的论文答辩委员会成员，她仔细阅读了论文全稿，逐页点评。冉枚烁（Mary Rankin）教授与戴真兰教授曾经来约翰斯·霍普金斯大学做过讲座，我与她们有过交谈，得到了许多指导。在本书的写作过程中，我始终谨记以上各位老师的教诲，并尽最大努力将反思的成果融入写作之中。我的博士班的同学们——赵刚、彭涓涓、冯慧轩（Amy Hwei-shuan Feng-Parker）、朴世英（Saeyoung Park）、郭劼、曾金等，自发成立了"博士论文工作坊"，我们不仅阅读批评各自的论文草稿，还可以"吐槽"或互致"心灵鸡汤"，共同度过了这段艰辛的学术生涯。

在布法罗，司昆仑（Kristin Stapleton）教授帮助我开辟了一个新的学术阵地。她的友谊和对我学术研究的评论，不断支持和启发我，使我在寒冷的纽约上州度过了一段温暖时光。当我还是纽约州立大学的一名青年教师时，经常与历史系的几位年轻同事们把酒言"学"，其中包括艾米丽·斯特劳斯（Emily Strauss）、斯蒂文·费边（Steven Fabian）及戴维·金克拉（David Kinkela）。历史系的其他同事，特别是埃伦·利特维基（Ellen Litwicki）、玛丽·贝丝·希文思（Mary Beth Sievens）、约翰·斯特普（John Staples）、南希·哈格多恩（Nancy Hagedorn）、艾琳·莱昂（Eileen Lyon）、杰奎琳·斯万辛格（Jacqueline Swansinger）、珍妮弗·希尔德布兰德（Jennifer Hildebrand）、马库斯·温克（Markus Vink）、约翰·阿诺德（John Arnold）、彼得·麦科德（Peter McCord）等，他们都在本书成书过程中给予我莫大的帮助。

在圣路易斯，何谷理（Robert Hegel）教授一直对我研究北京四合院里的爱恨情仇深感兴趣，这源于他对老舍笔下老北京的挚爱，也因为他的研究涉足明清文学，对司法档案情有独钟。何谷理教授不仅帮助我提高学术研究水平，也无私地与我分享工作和生活的经验，使我尽快适应新的同事、新的学校、新的城市，开启了北美职场新篇章。在此，我还要向我在圣路易斯华盛顿大学的其他同事表达我的感激之情，他们是：陈绫琪（Letty Lingchei Chen）、管佩达（Beata Grant）、麦哲维（Steven Miles）、高林玲（Linling Gao-Miles）、包苏珊（Susan Brownell）、宋柏萱（Pricilla Song）、华乐瑞（Lori Watt）、马文·马库斯（Marvin Marcus）。

对我而言，北京是一座特殊的城市，这里不仅是本书的主角——城市底层妇女生活的地方，也是我出生、成长和学习的地方。正因如此，我可以按照档案提供的线索，走街串巷，回到历史发生的现场，寻找"时空穿越"的感觉。同时，我也在这座城市里结识了许多良师益友。最难忘的是中国人民大学清史研究所的老师和同学们，特别是戴逸、成崇德、黄兴涛、杨念群、朱浒、孔祥文、毛立平、刘文鹏、牛贯杰等，他们不仅总是大力支持我的研究工作，还把我档案调研的旅程变成一场归乡的欢庆。宋军教授最为了解历史档案。早在15年前，正是他为我打开了中国第一历史档案馆馆藏世界的大门；他也传授了我分类、整理和解读历史档案的诸多技巧。我的硕士研究生导师张研教授是研究清朝经济史的专家，是她的言传身教将我带入历史研究的专业领域。很可惜，张研教授英年早逝，我只能通过讲述妇女和家庭的经济生活来表达对她的感激与怀念。在北京大学图书馆以及中国国家图书馆影印资料时，我得到了赵夏、余华林、张婷、王建伟等朋友的帮助。如果没有他们，我的研究不可能如此顺利。而北京市档案馆的工作人员，特别是王勇、艾琦、刘焕晨、吴克萍、严秀、张雁，总是给我及时而重要的帮助，我对他们的感谢之情无以言表。

以上4座城市中的朋友与同事一直关注着我对现代中国底层妇女生活的考察，除此外，李榭熙（Joseph Tse-Hei Lee）教授也对我的研究表达了真诚的兴趣。他曾帮助我在美国历史学会以及亚洲研究学会的年会中组建研讨组，这些小组会议为我展示自己研究成果提供了宝贵机会,同时也让我得以向更大范围的听众听取意见。任思梅教授帮我翻译了本书一些离家潜逃妇女的血泪陈述,与我分享了她尚未发表的研究成果,并且向我提供了许多建议,对我的写作大有裨益。史谦德、张少强（Cheung Siu Keung）、张格物（Murray Rubinstein）、姜进、葛思珊、秦方、张小也、明克胜（Carl Minzner）、毛羽丰等教授也曾阅读过这份书稿中的部分篇章,我对他们的评论甚为感激,并且衷心希望他们对这个最终成果感到满意。此外,还有两位匿名读者的评论也无疑在本书的改进过程中发挥过重要影响。

塔尼娅·莱文（Tanya Levin）、陈丹妮（Annie Chan）和普可兰（Clarissa Polk）既是我的学生,也是我的朋友,他们在这本书的编撰过程中给予我不懈的支持和帮助。我也非常高兴能与哈佛大学出版社的编辑克丽丝廷·万纳（Kristen Wanner）合作,在编辑书稿的过程中,她的协助细致入微,大大提高了本书的质量,在我准备书稿时,她也为我提供了非常及时的指导。

本书第三章的初稿曾经以《胡同深处：20 世纪 40 年代北京的四合院贫民区与女性社交网络》（Down the Alleyway: Courtyard Tenements and Women's Networks in 1940s Beijing）为题发表在《城市史研究》（*Journal of Urban History*）2010 年 3 月第 36 期第 2 号上。第一章和第四章的部分内容曾用于《北京的女工、政治动员与革命公民身份的意义,1948—1950》（Female Workers, Political Mobilization, and the Meaning of Revolutionary Citizenship in Beijing, 1948-1950）以及《放浪少女：20 世纪早期北京的性、家庭与法律》（Wayward Daughters: Sex, Family, and Law in Early Twentieth-Century Beijing）等两篇文章中,前者发表在《中国历史学前沿》（*Frontiers of History in China*）2014 年第 9 期第 4 号上,后者则被收入曾小萍与陈利教授主编的《中国法律：知识、实践与改造,16 世纪 30 年代至 20 世纪 50 年代》（*Chinese Law: Knowledge, Practice, and Transformation*, *1530s to 1950s*)一书中。

最后,我终于可以对我的父母马大正、张玫说:"书写完了!"他们为了听到这句话,已经在大洋彼岸等待了很多年。我于2000年出国留学,屈指一算,已经整整16年,他们的付出,无法衡量,而我的感谢,也无以言表。还有一个要感谢的人是我的妻子李淑萍。从我出国求学,到毕业工作,再到定居美国,她自始至终陪伴我左右,用耐心与奉献支持我的工作。没有她无私的支持,这本书可能还需要更长的时间才能完成,也或许永远无法完成。我的儿子马恺洋与这本书一同长大,从一个神奇宝贝成长为一名英俊少年。这本书中有许多章节是在非常艰难的条件下写成的,铭记了我和他们共同度过的一段难忘人生旅程。

马 钊

2015年1月

图书在版编目（CIP）数据

弃夫潜逃：战时北平底层妇女的生活与犯罪：1937—1949 /（美）马钊著；孔祥文译. — 上海：上海教育出版社，2025.4. —（历史之眼）. — ISBN 978-7-5720-3123-6

Ⅰ. D693.968

中国国家版本馆CIP数据核字第20256H6D92号

Runaway Wives, Urban Crimes, and Survival Tactics in Wartime Beijing, 1937-1949, was first published by the Harvard University Asia Center, Cambridge, Massachusetts, USA, in 2015.
Copyright © 2015 by the President and Fellows of Harvard College.
Translated and distributed by permission of the Harvard University Asia Center.

上海市版权局著作权合同登记号：图字09-2025-0063号

责任编辑　余　璇　林凡凡
装帧设计　张景春
营销支持　徐恩丹

Qifu Qiantao: Zhanshi Beiping Diceng Funü de Shenghuo yu Fanzui（1937—1949）
弃夫潜逃：战时北平底层妇女的生活与犯罪（1937—1949）
[美] 马　钊　著
孔祥文　译

出版发行	上海教育出版社有限公司
官　　网	www.seph.com.cn
地　　址	上海市闵行区号景路159弄C座
邮　　编	201101
印　　刷	上海展强印刷有限公司
开　　本	890×1240　1/32　印张12　插页2
字　　数	300千字
版　　次	2025年5月第1版
印　　次	2025年5月第1次印刷
书　　号	ISBN 978-7-5720-3123-6/K·0035
定　　价	78.00元

如发现质量问题，读者可向本社调换　电话：021-64373213